U0455469

熊欢 著

身体、社会与运动

体育社会学理论十讲

BODY, SOCIETY,
AND SPORT

TEN LECTURES ON
SOCIOLOGICAL THEORIES
OF SPORT

社会科学文献出版社
SOCIAL SCIENCES ACADEMIC PRESS (CHINA)

前　言

　　时光荏苒，离《身体、社会与体育——西方社会学理论视角下的体育》的出版已有十二年。这十二年国际体育社会学在稳步发展中，迎来了新的挑战，也做出了新的尝试。而我国体育社会学也乘着新时代的春风，散播在中国大地，生根、发芽，为中国体育事业的发展以及社会的和谐与繁荣贡献力量。

　　随着越来越多的学生、学者投入体育社会学研究中，系统理论的重要性就凸显出来了。正如我在第一版的前言中所谈到的，对于学术研究而言，理论（体系）既是撑起一项研究（学科）的"骨"，又是它的"魂"。理论不仅能为研究设计提供视角（新研究假设/问题的灵感来源），对研究结果做出解释（产生新的观点和思想），还能指导社会实践（为人类社会的运转和革新做出指引）。因此，理论又被认为是"'为有源头活水来'的源头"。然而与自然科学不同，社会科学研究的核心是"人"，而人是多变的、发展的、复杂的、多样的，这就致使所有与"人"有关的社会现象都难以用统一的定律、定理的方式去提炼。面对社会科学研究的这种复杂性和特殊性，学者们于是各选道路，各立门派，循着不同的路径和方法去靠近和探索社会现象的本质，最终形成了不同的理论流派和研究范式。而随着时代的变迁、新生事物的出现，各个理论流派自身或在不断地更迭，或在开枝散叶，发展出新的观点和思潮，并促进了学科的繁荣与发展。

　　体育社会学作为介于体育科学和社会学之间的一门综合性学科，其发展离不开社会学理论的积淀。虽然在十多年前中国体育社会学研究或多或少存在只有"肉"（资料），没有"骨"（理论）的问题，但近年来，中国体育社会学研究已经越来越重视理论在研究中的作用了。我也常常会被学生问道："老师，这个现象我用什么理论去分析合适？""用这个理论去解释这个问题，可以不可以？""一项研究中能不能有多个理论出现？""如何构建研究的理论框架？""如何才能做到理论和经验资料的结合？""如何做到不套用理论？"这些问题的提出，一方面反映出年轻学者（学生）已经有较强的意识将经验研究和理论研究相结合，另一方面也折射出他们因为对社会学理论系统性知识（如派系渊源、承继关系、交互影响）掌握不足，而在应用中产生的困惑。因此，提升体育社会学研究者的理论素养和理论意识就显得十分迫切。社会学理论本身就很繁多，体育社会学理论也很庞杂，很多年轻学者会抓住一个理论，在一知半解的情况下就开始使用，而不去追问这个理论的来龙去脉，其在社会学理论结构中处于什么位置，这就造成了理论"生搬硬套"的问题。这当然与目前体育社会学课程设置（教材）以"主题板块"为主，缺乏系统理论的训练有很大关系。只有了解、熟悉现有理论（体系），才能对其灵活运用，也才能对其质疑、修正，推动理论革新和发展。当然，我们也要承认，理论的运用不是唯一的，相反，在不同的理论视角下，同一组材料、同一种现象会呈现不一样的意义，这正是社会学研究的魅力，也是全面认识体育的路径。

2011年出版的《身体、社会与体育——西方社会学理论视角下的体育》较全面地介绍了西方社会学理论视角及其在体育研究中的应用，在我国青年体育学者群体中起到了理论启蒙和应用参考的作用；以此书为基础开设的体育通识课程也在非体育专业学生中获得了良好的口碑。时隔十二年，随着新知识的产生、新观点的生成、新理论范式的出现，当然也是因为原版书售罄而盗版书泛滥以及二手书高价出售，写一本修订版的想法油然而生。

新的一版延续了老版的风格和整体思路，在内容上进行了增添和更新，在结构上更为均衡，在文字上尽量克服理论表达的生涩。在内容上除了原有的 9 个社会学主要理论派别，增加了"具身理论"一讲，这也是十余年来国际体育社会学讨论和使用急剧增加的理论流派，其推动了物质身体文化研究范式（PCS）的形成和发展，既是体育社会学研究的延续，又形成了与传统体育社会学抗衡之势。除此之外，每一讲都增添了新的研究案例，或者新兴分支流派的介绍，比如，在型构理论中增加了型构理论学派对健康与休闲的研究视域；在冲突理论中增加了对体育冲突功能的阐释；在符号互动理论中增加了互动仪式链理论；在结构化理论中增加了布迪厄的理论思想；在女性主义理论中增加了具身女性主义理论、生态女性主义理论、赛博女性主义与 esports 等新兴的流派。新版中各讲内部的结构也进行了调整，除导论以外，每一讲都包括五个部分，即引言、各理论流派及其沿革、在体育研究中的应用或理论拓展、对理论的批判与展望，以及启示（理论可分析或解决当下什么问题），力争使各理论脉络更加清晰，在体育研究应用中的主题更为突出。本书最后依然保留对国外相关学者的个人简介，并增加了十余年来活跃在体育社会学领域的西方学者，以便读者更加具体、直接、系统地了解国际体育社会学领域学者的学术成就，也可以作为学习的参考资料。

在这个新版中，我们决定将书名从《身体、社会与体育——西方社会学理论视角下的体育》更改为《身体、社会与运动——体育社会学理论十讲》。这一改变是经过深思熟虑的决定。首先，新书名更加精炼和直观，能够更好地反映本书的核心内容和主旨。我们希望通过这个新书名，读者能够立刻抓住书籍的重点——身体、社会与运动之间的复杂关系，以及体育社会学理论如何揭示这些关系。其次，新书名中的"体育社会学理论十讲"强调了本书的结构和特色。与原书相比，我们在这个版本中采用了更加系统和条理化的讲解方式，通过精心设计的十讲，逐一展开体育社会学的关键理论和概念。这种结构不仅使得内容更加易于理解和吸收，也为读者提供了一条清晰的学习路径。最后，我们希望新书名能够更广泛地吸引读者，无论是体育学科的学生、研究者，还是对体育社会学感兴趣的公众读者。通过更新书名，我们期待这本书能够触及更多人的心灵，启发更多的思考和讨论。因此，这次书名的更新，不仅是一个简单的变更，还是我们对本书内容和价值重新定位的体现。我们相信，新的书名《身体、社会与运动——体育社会学理论十讲》能够更准确地传达我们的意图，也更好地服务于我们的读者。

在新版的修订工作中，林金玉、李佳豫、陈海飞、夏成龙、李敏华、夏倩倩、李丽珍参与了新资料的收集和整理工作；李佳豫、林金玉对附录进行了整理和校对。每位成员的专业素养和团队协作，为本书的修订做出了显著贡献，在此向他们表达最诚挚的感谢。

在本书创作、出版过程中，我还深深地感受到了来自各方的支持与帮助，尤其要感谢上海体育大学。上海体育大学不仅提供了丰富的资源，还为我提供了一个探索和研究的宝贵平台。在这里，我得以深入了解体育学科的多个方面，这对我的写作有着不可估量的价值。

同时，我也要特别感谢社会科学文献出版社的编辑团队。在整个出版过程中，他们的专业知识、悉心指导和无私帮助，使得本书能够顺利完成。他们对细节的关注和对质量的追求，让本书的每一个部分都得到了充分的打磨和提升。

随着本书的完成，我将站在一个新的起点上，满怀期待地将它呈现给广大读者。这不仅是对过去积累的总结，更是对未来探索的开始。《身体、社会与运动——体育社会学理论十讲》是一次基于文字和思想的旅程，它邀请每一位读者一同探讨、思考甚至挑战体育社会学的诸多面向。尽管如此，由于多种原因，本书仍然存在一些不足之处。我诚挚地希望读者能够提出宝贵的意见和建议，更进一步，我期望本书能够成为我们之间互动的桥梁，共同促进知识的增长和理解的深化。无论您是学者、学生还是对体育社会学感兴趣的普通读者，我都衷心希望本书能为您带来新的视角和启发。

　　最后，我再次感谢所有支持和帮助过本书诞生的人，愿您在阅读本书的过程中获得愉悦和收获。

熊　欢

二〇二四年二月

上海

体育、身体与社会

——社会学对体育的诠释

一 引言

什么是体育运动？对于这个问题，几乎每个人都能根据自己的经验说出点儿自己的看法。对于小孩来说，老鹰捉小鸡、跳皮筋、拍皮球这些简单的游戏就是体育；对于锻炼的老年人来说，散步、下棋、跳舞、打太极拳就是体育；对于减肥的人来说，做几下俯卧撑、练几个仰卧起坐、跑跑步、跳跳健身操、做半个小时瑜伽就是体育；对于80后、90后的新新人类来说，旅游、爬山、冲浪、潜水、打电竞游戏都是体育。而对于那些不太爱运动的人来说，看场球赛转播、买个体育彩票、赌赌马、追追自己喜欢的球星也和体育有着紧密的联系。不错，在我们生活的空间里，体育无处不在。但关于"什么是体育①"这个问题，可能不同的人，在不同的历史阶段和文化背景下，对它的解释都不一样。不少学者试图给出一个广泛的定义来涵盖体育的本质和现象，但事实证明，没有一个定义是能够完全说清楚什么是体育的，特别是面对飞速发展的时代，语言已经变得苍白和迟滞了，冗长的赘述无法追上新体育现象的出现以及体育目标的迁移。因此，

---

① 这里的"体育"是一个广泛的概念，而不是专门指体育教育（PE）。

作为研究者，我们更应该去探索认识体育的视角，而不是一味追求对它的定义的整合。从西方学术界来看，其对于体育的认识经历了四个阶段。第一个阶段，学者们仅仅把体育作为一种个人的身体活动或者身体教育，这种思路使体育研究只停留在身体技术、心理训练、人体医学、教育等科学的范畴内。第二个阶段，学者们渐渐把研究体育的目光从身体延伸到了社会，不再仅仅把体育看作个人的身体活动或身体训练，而是把它作为一种社会的制度和文化现象来看待，这打开了体育研究的另一扇大门，扩展了人们观察和解释体育的视角，促进了体育研究的繁荣。第三个阶段，一些学者开始把观察体育的视角回归到了身体，但是此身体非彼身体。在后结构主义、女性主义以及文化研究兴起的背景下，身体已经不再是物质的载体，而是社会意义（权力）的载体；不再是自然的身体，而是社会的身体。运动身体的社会塑形及其承载的权力结构成为诠释体育运动的重心。第四个阶段，物质身体文化研究（Physical Cultural Studies）在近十几年兴起，又将抽象的、社会的身体拉回到了物质的、生命态的身体。运动的身体不再是"躯壳"（leib，身体存在的结构性、客观化特征），而是充满了主观感受，具有物质性、肉体性、能动性的身体（koper）。体育运动也因此成为学者们考察人类社会结构、物质文化和精神世界互动机制的绝佳话题。

二　社会学视域下的体育——从身体活动到文化实践

（一）体育概念的社会学之争

在西方学术界，学者们普遍认为"体育运动（sport）是一种制度化的、竞争性的、以一定身体运动技能为基础的、以个人享受或得到一定回报为动机的活动"[1]。这个概念界定也主要从身体和心理的层次来理解体育。对

---

[1] Coakley, J., *Sport in Society: Issues and Controversies* (New York: McGraw-Hill Publishing Co., 2001), p. 20.

于这个定义，也存在一些质疑。比如有人就提出：根据这个定义，下象棋是不是体育？因为下象棋并不是以身体运动技能为基础的。两个小孩相互追逐算不算体育？因为这项活动一定不是被制度化、有规则的活动。几个人在一起跳健身操，这种没有竞争的身体运动算不算体育运动？因而这种看似完善的定义并不能涵盖人们常识中的体育运动。

随着社会的进步和体育事业的不断发展，我们看到体育的目的和内容都大大超出了原来的范畴，体育的概念也出现了"广义"与"狭义"之分。在中文语境中，当用于广义时，一般是指体育运动，其中包括体育教育、竞技运动和身体锻炼三个方面；当用于狭义时，一般是指身体教育（PE）。① 在英文的背景下，"sport"主要指的是具有一定制度性（有规则）的体育竞赛；而"physical exercises"或"fitness exercises"主要指的是身体锻炼；"physical education"是指体育教育；"games"一般是指具有一定规模的竞赛活动；"sports activities"主要是指以竞技为核心的一般体育活动或者训练。在体育生理和医学界，常常用到"physical activities"即体力活动，这个概念更广泛，不仅包括以娱乐身心为主的体育活动或者体育锻炼，还包括劳动、日常生活中所进行的身体活动。这些分类的定义在某种程度上反映了人们对体育认识的变迁过程：从自然的身体运动到制度化的社会实践。因此体育研究也逐渐从教育学、科学、医学进入了社会人文科学的领域。

此后，越来越多的学者开始从历史、经济、政治、社会的角度来观察和研究：体育是以何种方式存在的？体育和它赖以存在的社会有什么样的外在、内在关系？人和人又是怎样在体育的方式下产生关系并推动社会发展的？体育带给人们什么，人们又是怎样改变体育的？总之，人们不仅想了解围绕体育所发生的社会现象，更想探究这些体育现象下更深层次的意义。人们不断地意识到体育不仅是个人的身体活动，而且是人类社会生活的一部分，因此要了解体育，需要从与体育相关的各个社会方面去讨论。与此同时，通过对体育的研究，人们进而对自己所生存的这个社会更加了解。

① 在本书中采用体育的广义概念。

（二）体育作为一种身体活动

sport 这个词最早起源于法语的 desport，意思就是休闲。而在英语中最早的关于 sport 的定义是一种娱乐，除此之外还有赌博、狩猎、游戏等需要以身体为媒介所进行的活动。波斯人认为 sport 是一种赢得胜利的活动。而现代希腊人对 sport 的理解，则强调其为塑造健壮体格的身体运动。从中国的文化背景来看，体育活动分为两种：一种是军队的训练；另一种是为了自身或大众的娱乐。无论是身体的训练还是身体的娱乐，体育在人们的观念中一直就是一种围绕身体的运动。这种观念持续影响着人们对体育的认识。作为人类的肢体承载和行为的外化实体，身体确实是体育最重要的物质基础。20 世纪前期，美国学者威廉姆斯关于"体育是以大肌肉活动为方式的教育"的观点盛行一时。这个观点给人们两个启示：第一，体育是一种教育手段；第二，体育是大肌肉活动或以大肌肉活动为主的身体活动。我们暂且不评判这个观点正确与否，它确实能代表一大批学者对体育最基本的认识。

其实，西方思想界从文艺复兴以后，才开始对体育有一定的阐述，而这些研究，或者更确切地说，这些观点都是围绕着身体-心灵教育这一主线的论述。这一时期，首先，人们开始抛弃精神领导身体的观点，意识到灵肉一致，因此体育在教育和社会生活中的价值重新得到肯定；其次，健全的思想寓于健全的身体重新得到重视；最后，人们开始注意到身体成长与教育的关系，体育开始把教育与医学作为自己的学科基础。

1762 年，卢梭（Rousseau）在法国出版了《爱弥儿》（Émile, ou de l'éducation）一书。他使用"体育"一词来描述对爱弥儿进行身体的养护、培养和训练等身体教育过程。卢梭的教育思想主要体现在其"自然教育论"之中。而自然教育论也是自然主义体育思想的理论基石。自然教育论的核心是强调对儿童进行教育必须遵循自然的要求，顺应人的自然本性，反对成人不顾儿童的特点，按照传统与偏见强制儿童接受违反自然的所谓教育，干涉或限制儿童的自由发展。他的自然教育有三个来源：自然、周围的人及外界事物。卢梭的自然主义体育思想的核心内容强调健康、强健的身体是儿童智育和德育的物质基础。他认为，感觉器官（身体）是儿童获得知识的重要工具，儿童通过各种感官积累丰富的感觉经验，为他们在下一阶段发展智力打下基础。因此，他特别强调感官的训练，尤其是对身体素质的训练。在《爱弥儿》一书中，卢梭用大量的篇幅叙述了各种感官的训练方法。例如，他主张在日常生活和游戏中锻炼触觉，通过画图、认识集合图形来训练视觉和观察能力，借助听歌曲和音乐来发展听觉，等等。卢梭认为教育"或受之于自然，或受之于人，或受之于物"。他认为，（1）人类的才能和器官的内在发展是自然的教育；（2）别人教我们如何利用这种发展是人的教育；（3）我们通过影响我们的事物获得良好的经验是事物的教育。在这三种教育中，只有人的教育是我们能真正加以控制的，它可以促进人的全面发展，而且在这种教育中，对身体的教育即体育发挥着极其重要的作用。首先，卢梭认为体育可以增强人的智力，这是从生物学角度来考虑的。他认为要培养儿童的智力，应当先培养智力所需的体力，"为了使儿童敏慧，你要给他的身体不断地锻炼，使他的身体强壮而健康，你应该让他奔跑、喊叫，让他成为有体力的人"①。其次，卢梭认为体育能够培养人的意志，这是从心理学角度出发的。他认为对于青少年要训练他们经得起将来有一天必然要遇到的打击，锻炼他们的体格，使他们能忍受饥渴和疲劳，通过体育锻炼来磨炼青少年的意志。最后，体育可以培养人的优良品质，这是卢梭从古代欧洲教育家的体育观点中汲取的养料。他让爱弥儿去亲自观察社会，在体育活动中体察人类的苦难和艰辛，因此，爱弥儿无论做什么事情都尽力去做，而且希望比别人做得更好。赛跑时，脚步要跑得最轻快；角斗时，要比对方强；工作时，技术要比别人巧。这就是在体育中培养的求实精神。

除了卢梭，洛克（Locke）也是早期关注体育教育的思想家。洛克认为

---

① 卢梭：《爱弥儿》（上卷），李平沤译，商务印书馆，1999，第59~61页。

应该从体育、德育和智育三个方面培养年轻人。洛克关于体育教育的理论主要体现于《教育漫话》这本书中。洛克在这本书中的第一句话就是"健康的精神寓于健康的身体，这是对于人生幸福的一种简短和充分的描绘"，"我们要能工作，要有幸福，必须先有健康"，"健康是为我们的视野和我们的福利所必需的，没有健康就不可能有什么福利、有什么幸福"，"凡是身体和精神都健康的人就不必再有别的奢望了，身体、精神有一方面不健康的人即使得到了别的种种，也是徒然"。① 从这些引语中，我们可以看到洛克指的健康是以身体健康为基础的。在他看来，身体强健的主要标准是能忍耐劳苦。他认为儿童应该从小就开始锻炼身体，并用自然的方法和手段（比如，他认为室外活动是比室内活动更加有效的教育方式）来进行锻炼，要让他们养成好的生活习惯。另外，洛克提出了绅士体育，表达了资产阶级这个新兴阶级在 17 世纪的教育要求。绅士体育的目的就是通过体育、德育、智育等世俗教育把资产阶级的子女培养成为新贵族——绅士。他主张把绅士体育的内容作为体育手段，教育目标是培养有德行、有才干、善于打理自己事业的绅士。他认为作为一名绅士，必须具备体、德、智"三育"才能实现自己真正的幸福。因此，洛克在体育锻炼和保健卫生方面提出了一系列符合当时科学水平的主张和建议。他提出的锻炼内容包括当时英国上层社会流行的游泳、划船、骑马、击剑、舞蹈和旅行。他还从医学角度出发，提出了一套具有科学性的保健主张，这在禁欲主义仍具有强烈影响力的时代产生了开创性的意义。

托马斯·阿诺德（Thomas Arnold）是另一位现代体育教育的启蒙者。西方人认为，他是对顾拜旦奥林匹克思想的产生最具影响力的人。阿诺德在体育方面的功绩在于他通过对英国拉格比公学（Rugby School）的改革，把英国传统的竞技游戏引入学校，初步形成学校体育体系。阿诺德生活的时代是英国的转型期，人们的精神和身体极度疲惫和脆弱，绅士教育的理念也岌岌可危。阿诺德想通过身体教育来改善人们的体质和精神状态。因

---

① 约翰·洛克:《教育漫话》，傅任敢译，人民教育出版社，1985。

此他把体育活动作为一门学科在学校广泛推广。英国传统的户外运动（游戏和比赛）本来就在拉格比公学之类的私立学校占有重要地位，最风行的是板球、橄榄球、划船和狩猎。阿诺德利用学生自治管理，使这类运动逐渐形成了有组织的竞赛活动（games）。1839 年 10 月，阿代莱德女王访问拉格比公学，对其体育大加赞扬。此后其他学校竞相仿效，从而使有组织的体育竞赛成为学校教育的一部分。随着英国的对外发展，"阿诺德方式"传到世界各地，对世界竞技运动产生了强烈影响。近代奥林匹克创始人顾拜旦到英国旅行时，很赞赏英国学校的体育竞赛，后来他在法国的学校中也开始积极推广。这时候的体育渐渐开始脱离个人的身体锻炼，而逐步走向制度化的过程。但是我们可以看到，人们对体育意义的理解也主要集中在体育对人类身体-精神的功能上。

17～18 世纪，人们主要从教育角度去认识体育，确立了体育在学校教育中的地位，奠定了体育教学的组织、手段、教材体系和教学方法的基础。19 世纪，近代实验科学开始成为探索体育运动内在规律的有力工具。德国人菲特（Gerhard Vieth）于 1794～1795 年出版的《体育百科全书》，第一卷是体育史，第二卷是体育科学，他在解剖学、生理学基础上对身体运动进行分类，并用数学、物理学加以解释，这两个方面都是首创。德国人施雷贝尔（Schreber）于 1855 年出版《室内医疗体操》。法国人布洛卡（Broca）1861 年创造多种人体测量仪器，在此基础上，1870 年，比利时人格特勒（Quetelet）出版《人体测量学》。这些著作奠定了体育科学的基础，但同时也限制了体育研究的视野。可以看出，在这个时期，体育教育学（Physical Education）和医学占据了体育研究的主要领域，体育也作为一种自然科学而被讨论和研究。这反映了体育研究仍以"身体活动"为核心思想。

（三）体育作为一种社会系统

从早期人们对体育的关注来看，无论是生理、心理还是道德方面，学者们大多把体育运动的关注点放在了个人的身体活动上。体育科学的形成也体现在以近代医学和教育学为基础的解剖学、生理学、心理学等方面。直到 18 世纪六七十年代，才陆续有学者把观察体育的视角从身体转移到了社会，这打开了体育研究的另一扇大门。

亚当·弗格森（Adam Ferguson）于 1767 年首次提出体育运动是社会生活的一部分。[①] 既然是社会生活的一部分，它就会有社会生活的各种表现。他观察到体育是一种集体仪式，它对社区产生了特别的影响。弗格森对体育的理解第一次把体育的概念从身体、心理层面延展到了社会层面。他看到了体育的社会意义。继他之后，体育的定义不断被发展。约翰·洛伊（John Loy）1968 年在《体育的本质：对定义的尝试》一文中递进式地对体育进行了定义。[②]

第一，体育是一种实际（actual）的游戏（play）和特殊的事件。"实际"强调了体育是客观存在和真实发生的，"游戏"强调了体育不是单纯的身体活动（physical activities），而是具有一定互动性、规则性的活动，这与个体的身体锻炼进行了区分。

第二，体育不是一种简单的游戏（play），而是一种制度化的游戏（games，竞赛）。这意味着，体育这种游戏不是临时的、偶发的、片段的，而是被（成文或不成文）"规定"下来，并且按照共同制定的程序、规范定期地进行，且具有持续性和普适性。

第三，体育进而是一种社会制度（social institution），即体育不仅是游戏（活动、事件）本身，还包含制定规则、运行比赛的团体、组织和机构。

第四，体育还是一种社会情形（social situation），即体育也包含其发生的历史、地理、文化、社会环境，同时也折射出参与者所处阶层、性别、种族等社会结构。

---

① Ferguson, A., *An Essay on the History of Civil Society* (Edinburgh: A. Millar & T. Caddel, 1767).

② Loy, J., "The Nature of Sport: A Definition Effort," *Quest*, 1968, 10 (1): 1-15.

第五，洛伊启用了斯梅尔塞（Smelser）的观点，认为体育是一个抽象的整体（abstract entities），它把不同模式的文化和社会结构结合到特定的价值观、知识、习俗、认可以及社会情境中，并制度化为某一项体育运动。也就是说，当我们说到足球运动时，我们想到的不仅是踢足球这个具体活动，还会想到世界杯、欧冠赛，想到国际足联、皇家马德里，想到马拉多纳、梅西、贝克汉姆，想到"冲出亚洲、走向世界"的口号。

综上，根据洛伊的定义，体育既是一种社会制度，即体育秩序是由一定社会团体组织、规定和支持的人类活动，又是一种社会情形，即人们参与体育活动的社会背景。虽然体育参与会有很多不同的社会情形，但洛伊认为这些社会情形大多可以被认为是一种社会系统（social system）。社会系统是指一组特定的人（部门）以及这些人（部门）之间通过互动建立起来的关系。① 将体育看作一种社会系统，为体育成为社会学研究对象的合法性提供了依据，也激励了学者们从新的角度去观察和探究体育活动，分析人类进行体育活动的动因、参与的程度以及体育活动对于社会生活其他方面的影响。

（四）体育作为一种文化实践

除了以上两个概念以外，还有社会学家认为体育就是一种文化实践（cultural practice），是人类在特定的社会环境中创造出来的一种生活方式，即文化②。与系统视角多强调客观关系不同，把体育作为一种文化实践，强调了体育的主体——人的能动性。就像其他文化实践现象一样，体育是人类在生活实践中和其生活紧密联系的文明的创造。③ 也就是说，体育不仅是在个人和集体历史之外形成的现实事物（actual play），还是人类实践的结果（being created）。马克思主义把实践理解为人为了自己的生存和发展所进行

---

① Caplow, T., *Principles of Organisation*（New York：Harcourt, Brace and World, 1964）.

② 这里更倾向于把文化理解为一种生活方式。

③ Coakley, J., *Sport in Society：Issues and Controversies*（New York：McGraw-Hill Publishing Co., 2001），p. 3.

的能动地改造和探索物质世界的一切社会性的客观物质活动，是人的存在方式。① 把体育作为一种文化实践去阐释可以让我们更清楚体育的本质。

第一，体育的客观现实性，即体育是人的客观物质活动，具有客观现实性。体育实践是一种能够使外部对象（社会文化）发生某种改变的现实的物质活动；体育实践的结果是现实的（如获得胜利、身体健康），但是实践的水平、广度和深度都受客观条件（如经济、政治、教育条件）的制约和客观规律（如生命周期规律、训练规律）的支配。

第二，体育的自觉能动性，即体育是在一定思想、价值观指导下进行的，不是消极适应环境，也不是本能活动（如条件反射的行为），而是人有意识、有目的的活动（如为了娱乐、健康、社交）。体育实践不仅能使对象（比如体育规则、运动的方式）按照人的意图和需要发生变化，同时还会主动去认识体育的本质和规律（如体育科学研究），充分体现出人的自觉能动性。

第三，体育具有社会历史性，即体育会随着人类的发展和时代的变迁而改变。体育实践是处于一定的社会关系中的人凭借和运用一定的物质手段所进行的现实的社会活动，因此其内容、性质、范围、水平等都受一定的社会历史条件制约并随着社会历史条件的变化而变化。换句话说，体育是历史和社会的建构，而并非一种固定的活动和一成不变的事实（social facts）。

总之，体育运动作为人类的高级文明活动，是人类的一种具有独立体系的文化形态，深刻地影响着人们的生活方式。同时，它折射着社会的各个方面，记录着社会发展的轨迹。20 世纪 70 年代，随着社会学理论在西方社会的渗透，西方体育界开始关注体育活动中的社会现象。② 他们或运

---

① 马克思：《关于费尔巴哈的提纲》，载《马克思恩格斯全集》（第 3 卷），人民出版社，2002，第 3~6 页。

② Mangan, J. A. and R. J. Park, "Introduction," in J. A. Mangan and R. J. Park（eds.）, *From "Fair Sex" to Feminism: Sport and Socialization of Women in the Industrial and Post-Industrial Eras*（London: Frank Cass and Company Limited, 1987）.

用历史分析或实证的研究方法，或通过文化解释的途径来揭示体育与社会、组织以及个人的关系，并深入思考体育现象背后更深层的社会文化意义。

三　体育——一种社会生活

体育是一门综合性学科，从不同的视角去观察体育现象，它所表现出来的特征就不同。比如，从生理学的角度，人们主要研究在体育活动和运动训练的影响下人体机能的变化；心理学试图探索人们在体育锻炼中的行为及与之相关的生命现象；教育学希望通过身体活动和其他一些辅助性手段进行有目的、有计划、有组织的教育过程；而对体育本质、体育价值的探讨则属于哲学的范畴。正如上一部分所述，这些学科大多把体育锁定在身体（物质的身体和精神的身体）的层面，而社会学家的视野拓展了人们对体育的认识。那么从社会学的视角出发，体育又是如何被诠释、关注和研究的呢？

（一）体育是社会生活的一部分

我们为什么要研究体育？因为体育现象已经是我们个人生活及社会生活不可分离的一部分。从世界范围来看，奥运会、足球世界杯、各类世界锦标赛、温布尔登网球锦标赛、NBA 篮球联赛、世界一级方程式等体育赛事在世界 200 多个国家和地区的电视里被转播，吸引了全世界人们的眼球，把不同国家、不同语言、不同文化都紧紧地连接起来了。从区域范围来看，每个国家和地区都会组织地方性的运动会、联赛和一些商业比赛。这些比赛不仅使体育在大众中更为广泛地传播，而且增强了各区域、社区的社会凝聚力。在商场里，我们会看到琳琅满目的体育商品，如运动鞋、运动服装等，简单到一副羽毛球拍，高级到多用跑步机，不管是便宜的还是高档的，都日渐成为人们购物车里的物品。现在的孩子几乎是在体育文化包围中长大的。不管是报纸、电视、广播还是网络，每天都以各式各类国内国外的体育赛事新闻轰炸着人们的感官。现在我们称之为"体育名人"的那些运动员，不只在田径场和体育馆才能见到他们的英姿，城市大大小小的橱窗里、广告牌上、公交车上都有他们的身影。很多年轻人更是超级体育迷，他们可能不知道国家领导人的名字、自己父母的生日，但会清楚地告诉你他们所崇拜的体育明星的身高、体重、生日、喜好。很多电子游戏也以体育为主题，孩子们在玩电子游戏的同时也熟悉了这些他们可能接触不到的体育项目的规则。人们不仅被动地看体育比赛、买体育商品和崇拜体育明星，更有越来越多的人积极地参与到体育中来。对于小孩子来说，家长们越来越关注他们身体素质的提高，除了每周的体育课以外，很多小孩子会参加至少一项体育兴趣班；老年人也加入体育锻炼的大潮中，每天都在广场、公园、小区空地上打太极拳、跳广场舞、散步；女性朋友为了保持好身材也纷纷"爱"上体育运动，健身房里，她们挥汗如雨。还有在篮球场、足球场的年轻人，体育运动是他们在辛苦学习和工作后释放压力的最佳方式。即使那些对体育很不感兴趣的人，其生活也同样没有离开过体育文化，特别是在大型体育赛事期间，比如北京奥运会举办前后，全中国的居民都在关注着它并和它紧密地联系在一起。因此，从世界范围到个人生活，从被动影响到主动参与，从政治经济到社会文化，从历史事件到当代最流行的话题，都或多或少和体育有着一定的关系。体育是社会生活的一部分，和各个社会领域息息相关。

（二）体育是一种政治制度

在很多国家，人们有这样的感受：体育和国家荣誉总是连在一起。特别是在大型国际比赛中，这种以国家为核心的集体主义、民族主义、爱国主义情绪特别强烈。各国人民都为自己国家的运动员欢呼、呐喊、加油，为获胜的运动员感到骄傲，为失败者感到沮丧。为胜利的运动员升国旗、奏国歌更是被看作一个国家最高荣誉的象征。此时，运动员并不代表自己，而是代表一个国家后面千千万万的人民。体育赛场也在全球化的环境下被各个国家视为提高国际声誉和地位的重要政治舞台。当然，体育和政治的结合并不总是能产生积极结果。在现代社会，我们也遇到了不少由体育带来的政治问题，比如国家、民族、地区由于体育比赛而产生的冲突。体育被政治操控的事件也时有发生。还有人借体育事件来游行、示威、提出政治诉求、制造政治事件。虽说体育不应该夹杂任何政治因素，但历史事件证明，体育一直被一些个人、组织和政府作为其政治行动的资源。从近代史来看，体育从来就是和政治、政府以及国家联系在一起的。20世纪七八十年代以来，西方体育社会学者基于体育与政治紧密联系的种种现实，明确提出"体育是政治的一部分，而体育政治则是体育的组成部分"。体育和政治的关系主要体现在以下几个方面。

首先，政治对体育的制约。体育与政治的关系主要体现在政府制定和执行体育政策的过程中。政治从某种程度上可以被定义为政府的行为，即权威机构利用权力制定符合其自身利益的规则或决定。[①] 政治对体育的制约正是建立在这个基础上。政治对体育的制约表现在两个方面：一是掌握体育的领导权；二是制约体育的性质。政治对体育的制约与影响主要表现在进入阶级社会以后，哪一个阶级在政治上掌握了政权，也就必然地要求掌握体育的领导权，并按照当时政治制度、经济制度的要求来制定体育的方针、政策、制度，确定体育的目的和任务，相应地建立起体育的组织领导机构，使体育为统治阶级的利益服务。

其次，政府对体育事业的投入和干预。体育本来是一种个人或群体的自发性活动，政府为什么要对体育进行干预呢？侯利翰（Houlihan）通过研究总结了七点：（1）维持公共秩序；（2）增强公民的健康体质；（3）提高国家、地区的声誉和地位；（4）增强公民的社会凝聚力；（5）宣传意识形

[①] Houlihan, B., "Politics and Sport," in J. Coakley & E. Dunning (eds.), *Handbook of Sports Studies* (London：SAGE, 2000), p.213.

态；（6）提高领导人的威信；（7）拉动经济发展。[①] 政府对体育的干预有两种形式：一是直接干预，将体育作为政治宣传的手段，恢复和断绝国际交往的手段，增强民族自信心、弘扬民族精神的手段；二是间接干预，将体育作为社会化的手段、社会安全阀的手段，特定社会群体将体育作为社会运动的手段。

再次，体育与国际政治的互动关系。体育之所以成为实现国家利益的重要手段之一，是因为它具有独特的外交功能。体育以其特有的方式，成为当今国际交流的一个重要载体，在国际关系舞台上发挥着越来越重要的作用。正如国际体育史委员会秘书长拉·英·斯卓姆所言，"体育在政治领域的重要意义，已经不仅表现在一个个国家之内，而且也表现在国家间的相互交往上"[②]。

最后，体育中的政治问题。体育不但会和外部的政治因素相互关联，而且体育事件本身就包含了很多政治因素。如什么运动项目能进入奥运会，谁制定体育比赛的规则，谁来组织比赛，在哪儿比赛，谁有资格参加比赛，奖励是怎样分配给个人或组织的。对这些问题的处理会出现各种各样的利益之争以及价值观的冲突，从而产生政治问题。因为我们对体育的认识乃是我们对优先的政治价值和社会价值看法的反映。事实证明了卡尔·冯·克劳塞维茨（Carl von Clausewitz）的名言，"体育是另一种方式表现的政治实践"[③]。

在中国，体育与政治的关系显得更加紧密。中国近代历史的长河里，从体育的引进到体育的发展，国家都把它作为一种政治工具。在旧中国政治腐败、经济贫困、文化落后的社会环境下，20世纪初许多仁人志士为了摘掉"东亚病夫"的帽子，积极倡导体育运动。体育从此被赋予了"强国

---

① Houlihan, B., *Sport*, *Policy*, *and Politics*: *A Comparative Analysis*（London: Routledge, 1997）.

② 拉·英·斯卓姆：《体育与政治》，徐刚生译，《体育文史》1987年第1期。

③ von Clausewitz, Carl, *On War*（Princeton, New Jersey: Princeton University Press, 1976），edited and translated by Michael Howard and Peter Paret, p. 176.

强种""富国强兵"的政治使命。能与世界"列强"在体育场平等竞争也是中华民族不甘落后的心声。新中国成立以后,"体育强国"的政治使命一直是体育事业发展的主要动力。政府投入了大量的财力、人力、物力发展体育事业。从"发展体育运动,增强人民体质"到"奥运战略,为国争光",中国体育在不同的历史阶段都有浓厚的政治色彩。

面对国际政治格局的新变化、各国政治的多元化、人类社会的政治化、体育的大众化和国际化,体育与政治的系统互动现象必将会继续存在下去。以后对体育与政治关系的研究将会向两个方面发展:一方面是围绕体育比赛中持续出现的政治问题而展开;另一方面是对体育政治环境发展的探讨。这包括如何在国际比赛中争取平等机会,比如,对欧洲中心主义和西方体育文化霸权的挑战;如何制定反兴奋剂政策来净化体育比赛的环境;国际体育组织应该扮演什么样的角色;如何应对新自由主义对体育的冲击;等等。

(三)体育是一种经济现象

随着工业社会、商业社会的发展,体育与经济之间的关系越来越密切。从宏观来看,经济的发展是体育事业发展的基础。从世界范围来看,所谓的"体育强国"后面都有着强大经济实力的支持。中国体育的崛起也是中国整体经济实力增强的结果。特别是进入全球化时代,经济对体育影响之大是前所未有的,甚至超越了政治因素的影响。一些经济实体、跨国公司的经济利益直接或间接地掌控着体育的运作,决定着体育的目的,影响着体育组织,潜移默化地改变着体育价值观。特别是在经济较发达的资本主义国家和地区,对一项体育运动的考虑和评价大多是从经济角度出发的,比如,这项运动流行程度怎么样,能吸引多少观众,如果举行比赛能卖多少门票,能拉多少赞助,转播权能赚多少钱。而对运动员的评价体系也存在这种经济倾向。除了把夺取比赛的胜利、获得奖牌作为评价运动员价值的标准以外,运动员与企业的关系、运动员受欢迎程度以及广告价值都成为体育明星们个人价值的具体体现。特别是在职业联赛中，经济组织及企业跟体育组织的关系就更加密切。比赛的场地，运动员的服装、器材，比赛的冠名权，甚至比赛的安排，比赛前后的记者招待会，都会受到企业的干预。总之，从 20 世纪 90 年代末到 21 世纪以来，在市场化、资本化、全球化的大背景下，经济因素在体育现象中扮演了越来越重要的角色，改变着国际体育生活。体育与经济的关系可以从以下几个方面来观察。

首先，体育与经济之间的关系可表现为体育的进步对经济发展水平的依赖，以及体育对社会经济发展日益突出的作用。通过对 2008 年北京奥运会奖牌分布及获奖国的经济状况进行比较研究可以发现，70% 的奖牌都为经济水平较高和人均寿命较长的国家所获得。奥运奖牌的数量在一定程度上反映出一个国家或地区的综合经济实力。一个国家或地区的国民总收入、国民平均收入等基本指标是体育运动发展的前提指标。同样，体育对社会经济的发展也起到了重要的作用。第一，体育事业的发展本身也包含着经济因素。体育是根据一定社会的要求，有目的、有计划、有系统地进行的教育和训练，是开发人的潜在能力的活动，是造就德、智、体、美、劳全面发展的新型人才不可缺少的一部分，这可以为生产发展和经济增长提供科学技术、熟练劳动力和专门人才。但我们也需要了解的是体育发展是超前的事业，因为体育人才培养周期长，所以体育的经济效益具有迟效性的特点。第二，体育活动直接会产生经济效益。2015 年中国体育产业总产值约 1.7 万亿元，占同期 GDP 的 2.47%。2015 年底，国务院印发的《关于加快发展体育产业促进体育消费的若干意见》（国发〔2014〕46 号）中提出，到 2025 年，体育产业总规模超过 5 万亿元。体育毋庸置疑是社会经济增长的重要来源之一。

其次，体育的商业化过程。体育的商业化就是指以竞技体育为主体的各类体育运动采取商业化的运作方式，以获取最大利润作为推动和发展体育运动的杠杆。所谓体育的商业化，应当是以体育竞技本身具有的娱乐性所带来的享受、竞技性所带来的刺激为主要产品，以成熟的商业模式为主要运作手段，以平衡各方面利益达到互利互惠为目的的一种体育运动的发展模式。最典型的就是奥运会的商业化运作。1984 年洛杉矶奥运会首次采用了商业化运作模式，并且一改奥运会长期亏损的历史。奥运会原计划耗资 5 亿美元，仅通过出售电视转播权就获得 3.6 亿美元的资金，从此，广播电视台免费转播体育比赛的惯例被打破。主办人尤伯罗斯又通过发行 25 种纪念币和 2000 张赞助券，集资近 1 亿美元。据 1984 年 12 月 19 日洛杉矶奥运会组委会公告，那届奥运会盈利 2.5 亿美元。1988 年汉城奥运会的成本为 40 亿美元，但组委会还是通过企业赞助、出售电视转播权（约 4 亿美元）等途径，使这届奥运会盈利 3 亿美元，开创了官办奥运会盈利纪录。1992 年巴塞罗那奥运会总投资为 96 亿美元，这个数字远远超过汉城奥运会。但此届奥运会通过出售电视转播权获得了 6.25 亿美元，企业家赞助 5.16 亿美元，再加上门票、纪念币、股票等收入，最终盈利 500 万美元。1996 年亚特兰大奥运会盈利 1000 万美元。此次极具商业色彩的奥运会耗资逾 17 亿美元，这些费用主要来自出售电视转播权、赞助商的赞助以及发售纪念品，结果使大型广告及商品宣传遍布比赛场地，亚特兰大市中心的每一寸土地都明码标价，可口可乐、IBM、耐克等商标随处可见。2000 年悉尼奥运会组委会的收入达到 17.56 亿美元，比 7 年前悉尼获得奥运会主办权时预计的高出了 80%。悉尼奥组委最初预计出售电视转播权可得 4.88 亿美元，但实际收入竟达到 7.98 亿美元，这一数字超过了 1996 年亚特兰大奥运会的 5.68 亿美元。此外，国际赞助项目的收入也从 9000 万美元增加到了 2.21 亿美元，同时，澳大利亚的赞助商还提供了 3.15 亿美元赞助，比预计的多 1.08 亿美元。2008 年北京奥运会不惜花重金 194.1 亿元，打造场地和其他设施，而最终也获得了 195.4 亿元的收入，净赚了 1.3 亿元。

除了直接收入以外，举办奥运会还促进了关联产业，如通信、交通、旅游、餐饮等行业的发展，从而产生巨大的间接经济效益。1984 年 9 月，美国经济协会通过调查洛杉矶奥运会对南加利福尼亚地区经济的影响发现，奥运会对这一地区的经济促进作用高达 32.9 亿美元，远远超过 1962 年西雅图世界博览会和 1982 年诺克斯维尔世界博览会；巴塞罗那筹办 1992 年奥运会时，正处于西班牙从 80 年代全国范围的经济危机中开始复苏的时期。筹办奥运会明显地加速了经济复苏；1996 年亚特兰大奥运会给美国带来的经济效益在 6 年间（1991~1997 年）约为 51 亿美元；而据澳大利亚旅游部报道，2000 年来澳大利亚的旅游者增加了 11%，同年 9 月来悉尼的旅游者增加了 15%，在 11 万名专程为奥运会而来的国际旅游者中有 88% 会成为回头客，在奥运会结束后的 4 年中，澳大利亚还会增加 110 万名观光者。由于举办了奥运会，澳大利亚 2001 年的出口收入增加了 5600 万美元。[①] 举办 2008 年北京奥运会也加速了我国国民经济的增长，在 2002~2007 年创造了约 194 万个新的就业机会。[②] 旅游方面，2008 年奥运会结束后游客对于北京的奥运气氛表现出了浓厚兴趣，2009 年上半年国内游客总人数达 8360 万人次，同比增长 21.4%，由此带来的旅游总收入达 1136.6 亿元，同比增长 19.1%。其中，大部分游客把参观奥运场馆列为北京旅游的"必选项"。[③] 奥运会还为北京房地产带来了巨大的发展空间。房地产投资急剧增长了 50.12%，到 2006 年，投资已增至 1719.9 亿元（217.7 亿美元）。[④] 伦敦奥委会主席塞布·科（Seb Coe）说："2012 年伦敦奥运会是一次千载难逢的机会，可以展示英国的伟大，从而产生持久的经济利益。"[⑤] 一份独立报告预计，到 2020 年，英国从主办 2012 年伦敦奥运会中获得的总收益可能会达到 410

---

① 《奥运会：体育赛事还是赚钱机器》，http：//finance.sina.com.cn/financecomment/2004 0813/1635947659.shtml，最后访问时间：2021 年 10 月 10 日。

② 周成：《体育赛事旅游的经济学研究》，《华南理工大学学报》（社会科学版）2007 年第 4 期，第 46~48 页。

③ 杨汛：《上半年本市旅游总人数总收入双增长》，《北京日报》2009 年 7 月 20 日，第 1 版。

④ 《北京房地产开发投资仍占固定资产投资一半以上》，http：//finance.sina.com.cn/chanjing/b/20070125/08133280461.shtml，最后访问时间：2021 年 10 月 10 日。

⑤ Coe, S., "London 2012 Was a Once in a Generation Opportunity to Showcase Everything That Makes Britain Great," Speech at Europa Press Breakfast Event, Madrid, 2013. Retrieved from GOV.UK: https://www.gov.uk/government/news/lord-coe-in-madrid-london-2012-was-a-once-in-a-generation-opportunity-to-showcase-everything-that-makes-britain-great，最后访问时间：2024 年 1 月 15 日。

亿英镑，凸显出奥运会对新商业合同、额外销售和外国投资的积极影响。受益于奥运会的经济的主要领域之一是建筑业，英国政府委托发布的一份报告显示，2012 年伦敦的建筑项目为英国经济带来了 73 亿英镑的增长。奥运会还对降低失业率产生了积极影响，伦敦奥运会在 2012~2015 年每年创造 17900 个额外的工作岗位，已有 70000 名无业的伦敦市民从事与奥运会相关的工作。① 奥运赛事对英国经济最直接的影响主要体现在 2007~2012 年，65 亿英镑用于基础建设的 ODA（官方开发援助），在 2008 年获得了将近 82 亿英镑的毛利润，ODA 所做的贡献是不仅使伦敦市、英格兰东南部和东部地区受益，还使整个大不列颠帝国从中受益。② 对于一座接连举办世界杯、奥运会的城市而言，旅游业总是能在第一时间得到发展，里约市政府旅游业研究中心的数据显示，2008~2014 年，巴西政府海外旅游业市场收益丰厚，从每年 12.6 亿美元飙升到了 21 亿美元。其中休闲旅游收入从 5.29 亿美元增至 7.79 亿美元，商务旅行收入从 3.6 亿美元增长至 6.38 亿美元。③ 可以说，举办奥运会的商机渗透到举办国经济和社会生活的方方面面，而动辄上亿美元的收入更是令政府和企业接踵而至。

再次，体育产业对社会经济的推动。随着社会的分工和经济的发展，体育产业从非独立行业逐渐成为独立行业，在国民经济中发挥着特定的功能。体育产业作为第三产业，主要满足人们丰富精神文化、提高身体素质、振奋民族精神等需求。但作为国民经济的一个部门，体育产业与其他产业有共性，即注重市场规律、讲求经济效益。目前体育产业的主要市场有健身娱乐业、体育用品业、体育竞赛转播业、体育博彩业、体育场馆经营、体育纪念品销售、体育广告业，而体育经纪业、体育电子商务、电竞产业等也有待于进一步开发。20 世纪 80 年代，美国体育产业的总产值大约占其

① "The Economic Impact of the 2012 London Olympics ［Infographic］," http：//www.visualinformation.info/the-economic-impact-of-the-2012-london-olympics-infographic/，最后访问时间：2021 年 10 月 10 日。

② 陈珊：《伦敦奥运的经济遗产》，《北大商业评论》2013 年第 4 期，第 97~101 页。

③ 潘寅茹：《巴西冲刺"奥运经济"》，《当代县域经济》2016 年第 9 期，第 6~7 页。

国内生产总值（GDP）的 1%，在各大行业总产值的排名中居第 22 位；20世纪 90 年代中期，美国体育产业的总产值已经超过了 3000 亿美元。在体育产业发达的北美、西欧和日本，体育产业已经进入了国内十大支柱产业之列。① 在全民健身、体育强国的发展战略下，我国出台了一系列政策规划，明确了各个阶段体育产业发展目标，极大地推动了我国体育产业发展。2017年，我国体育产业总规模已经突破 2 万亿元；2018 年，我国体育产业总规模已经达到 2.66 万亿元。② 国家体育总局预计到 2035 年，体育产业总量占GDP 比重将达到 4% 左右。③ 体育运动的发展必然扩大对相关产品或劳务的需求，为这些相关需求提供市场，推动这些产业的发展。作为 21 世纪的朝阳产业，体育产业与娱乐休闲产业仍在日益融合，体育事件仍然继续在跨国公司的营销支出中占据越来越大的比重。

最后，经济现象对体育本身的发展除有积极作用外，还滋生了很多负面影响。（1）体育的商业化会不会使体育离普通老百姓越来越远？为了经济利益，企业只愿意去投资那些盈利高的体育项目，如高级体育会所、体育俱乐部以及昂贵的体育商品等，而这些项目多以富有人群为目标消费者，以前最普通的体育运动可能会逐渐被这些新兴事物代替。而那些消费不起这些新体育产品的人将离体育越来越远，从而导致体育参与不平等以及阶层分化现象。（2）运动员的商业化所导致的异化。有许多体育精英成为商业的牺牲品。运动员成为企业的营利工具，成为可买可卖的商品，这和人的本质是相违背的。（3）商业化扰乱体育正常秩序，冲击着体育精神和体育价值观。滥用兴奋剂、职业性腐败、黑分、黑哨、假体育、假比赛、假球，这些都是体育运动过度商业化造成的后果，使体育运动失去魅力和价

---

① 卢嘉鑫、张社平：《体育产业发展——理论与政策》，北京体育大学出版社，2011。
② 《2020 年体育产业市场发展现状分析：提前完成十三五计划「组图」》，https：//baijiahao. baidu. com/s？ id = 16709791601863254 79&wfr = spider&for = pc，最后访问时间：2021年 10 月 10 日。
③ 《国家体育总局：预计到 2035 年体育产业总量占 GDP 比重 4% 左右》，https：//www. sohu. com/a/338162583_ 561670，最后访问时间：2021 年 10 月 10 日。

值，损害了奥林匹克理想，玷污了崇高的奥林匹克精神。

总而言之，商业化的体育运动已经是当代社会生活显而易见的一部分。它的出现和发展是工业化、城市化、交通和通信技术发展的结果，与资本运作的成熟以及社会阶层的分化也有着密切的联系。在全球市场的刺激下，体育的商业化在不断扩大。而体育的商业化也在影响和改变着体育的结构、目标、参与途径和价值。但不可否认的是，体育作为新兴产业推动了社会经济的发展，丰富了人们的生活。

（四）体育是一种教育手段

我们在第一部分讨论了体育的定义。体育从一开始就有很浓的教育色彩。"奥运之父"顾拜旦深刻地指出，古希腊人组织竞赛活动，不仅是为了锻炼体格和显示一种壮观场面，而且是公民教育的一种重要手段。他认为，体育竞赛活动既能磨炼人的意志，培养人的个性，同时又能锻炼身体。教育是影响人类发展进程的重要杠杆之一；体育（sport）作为一种能促进社会发展和个性发展的综合过程，必然与教育有着千丝万缕的联系和深层的交融。教育的过程可以包括学校教育、家庭教育和社会教化。当代社会，体育与这几个领域都有着深刻的互动关系。

首先，从学校教育来看，世界各国都很重视学校的体育教育。体育运动是学生生活很重要的一部分。在中国，体育不仅是一门课程，还有明确的达标要求。在西方一些国家，虽然体育不是一门必修课，也没有明确的学生达标要求，但校级体育赛事非常多。学校会组织各种各样的体育俱乐部或体育社团；学生都在特定的时间进行体育活动、组织体育比赛。有一些体育比赛是由学校赞助并组织的，还有一些是协会和社团组织的。无论以哪种方式去开展学校体育，国内外的教学机构都达成这样的共识：体育是学校教育的重要组成部分，它在实现素质教育中能够发挥积极的作用。（1）体育可以促进学生智力的发展，体育运动能促进大脑发育、改善人体机能，为人们从事智力活动打下良好的物质基础。它可以促进观察力、记忆力、想象力和思维能力等智力因素的发展。（2）体育可以增强学生的体质。学校体育不仅能直接传授体育知识和体育技巧，还能培养学生的终身体育意识、习惯和能力，使学生走向社会后，不仅有强健的体魄，而且有一定的体育素养，以适应现代生产方式和生活方式，也使学校体育功能最大限度向全社会延伸。（3）体育可以培养学生的竞争意识和进取精神。竞赛是体育运动的突出特点，作为运动者，都有尽快实现所追求目标的心理动机。学校体育以其丰富多彩的内容和形式，为培养学生的竞争意识和进取精神创造了良好的条件。（4）体育可以锻炼学生顽强的意志品质。任何一种体育运动的成效都是人们在长期磨炼的过程中获得的。在体育教学、训练和竞赛中，学生必须付出自己的最大努力去克服一个又一个生理上和心理上的困难或障碍，并且每前进一步往往都要付出努力。所以，长期、系统的体育教育，能有效地锻炼学生顽强的意志品质。（5）体育可以陶冶学生高尚的情操。在体育教学、课外锻炼和各种体育竞赛中，学生都将获得各种强烈的情感体验，而这种情感体验，具有鲜明、强烈、丰富、多样、易变等特点，对陶冶学生的情操具有特殊的作用。同时可培养学生的责任感以及相互信任、相互帮助、团结协作和助人为乐的精神。当然我们也可以看到学生在学校的体育经历不一定都是积极的，它还可能带来消极的影响。比如在体育参与中的歧视问题，那些体育成绩不太好的学生总是会受到老师或同学的歧视或忽视，或在体育参与中遇到这样或那样的挫折，形成消极的自我认同，体育在他以后的生活中就很可能是一个消极的符号。体育教育方式与手段的不科学、不合理也会影响学生身心、人格的正常发展，比如过度强调获胜会导致体育暴力的出现，给学生造成身心创伤。体育也成为性别差异化教育的重灾区。因为得不到足够的激励和重视，女学生的体育参与程度往往比男学生低；一些女学生对体育的热情和才能也不能获得足够多的培养；而那些体育成绩不好的男同学在学校会受到更多的歧视甚至欺凌。因此，体育运动加剧了教育中的性别不公，这种现象不是客观的生理因素造成的，而是制度和观念问题。随着时代的变迁，如何更公平、更有效、更人性化地制定以及实施学校体育教育政策，还需要做进一步的探讨和实证研究。

其次，从家庭教育来看，体育可以增进家庭成员间的相互交流、相互信任，保持家庭和睦，而且家庭对孩子的体育参与意识、体育兴趣的培养有着深刻的影响。研究表明，家庭对孩子体育的重视与否直接影响了他以后对体育的认识。在一项对女性体育参与的调查中发现，那些从小就在父母的监督下固定参加某项体育活动的女性在其成年以后还会保持同样的参加某项体育活动的习惯；而那些因为各种原因（包括经济制约、文化性别歧视）没有得到父母鼓励或支持而参加特定体育锻炼和活动的女性，在其成年以后也很少有自觉参加体育活动的习惯。[①] 一些家庭对孩子体育观念形成的影响主要是家庭健康观念、家庭体育活动开展情况和家庭体育消费情况。家庭教育有三种比较突出的模式：第一种是直接教育，比如家长直接传授给孩子体育技能、知识，或给孩子灌输运动的价值；第二种是家长扮演经纪人的角色，聘请第三方对孩子进行运动培训；第三种是间接教育，通俗地说就是以身作则。家长自身对体育运动的爱好和参与，会使其成为孩子模仿的对象，潜移默化地起到教育的作用。因此要培养学生的体育意识，家长要树立正确的健康观念，营造家庭的体育氛围，积极投资体育，给子女足够的锻炼时间，积极参与学校组织的以家庭为单位的体育活动。

最后，体育是社会化的一部分，社会对于体育意识的培养有着重要的作用。所谓社会化就是指人接受社会文化的过程，即指自然人（或生物人）成长为社会人的过程。在社会学家看来，人是社会性的，是属于一种特定的文化，并且认同这种文化，在这种文化的支配下存在的生物个体。刚刚出生的婴儿不具备这些品质，因此他必须度过一个特定的社会化时期，以熟悉各种生活技能、获得个性和学习社会或群体的各种习惯，接受社会教化，慢慢成人。特定社会对其社会成员的教化过程直接反映社会对人的规

---

① Xiong, H., *Urbanisation and Transformation of Chinese Women's Sport Since 1980*:*Reconstruction*, *Stratification and Emancipation* (London：VDM Publishing House, 2009).

范。在体育领域则表现为：什么人能进行体育活动，参与什么样的活动，什么时候参加，以什么形式参加。比如，男孩子多参加竞争较激烈的体育活动，如踢足球、打篮球等；而女孩子则多参加相对来说比较缓和的运动，如传统的跳皮筋、踢毽子等都是女孩子爱玩的体育运动，很少看到男孩子参加。再比如，在美国，男孩子喜欢玩棒球，但是很少有女孩子玩，女孩子玩的棒球则称为垒球，有着不同的规则。同样，在早期的英国精英教育中，橄榄球运动只在男孩子间开展，而且属于中产阶层的活动。无挡板篮球比赛（netball）只在女孩子之间开展。孩子们在社会化的过程中慢慢地接受社会对体育的这些规定，并内化为自己的体育行为。当然随着时代的进步、社会对性别多元文化的包容，男女专属体育运动的界限也不断被打破。社会开始接受女子橄榄球，也有男性开始玩 netball。社会通过大众传媒的方式改变着人们对体育的刻板看法，也改变着体育教育的固有内容和方式。

总之，现代体育的发展在全球范围内都渗透着教育的理念。同时体育的教育价值，如塑造性格、加强团结、培养情操等，也逐步被人们所认识。但是在体育与教育领域同样存在一些争论，比如，学校体育和其他科目的冲突关系，有些老师抱怨参加过多的体育运动会影响学生的学习；体质体育、快乐体育、素质体育的争论问题；在体育中孩子的越轨、暴力、欺凌问题；体育教育的地区公平问题；性别化体育教育所导致的社会排斥和不公平现象等。这些话题也逐渐成为社会学家研究体育与教育关系的重心。

（五）体育是一种传媒方式

如今体育已经成为电视、报纸、广播、网络不可缺少的主体板块。各个广播公司也不惜付出高额代价竞相争夺重大比赛的转播权。美国全国广播公司 NBC 付了国际奥委会 23 亿美元购买了 2004 年和 2008 年夏季奥运会以及 2006 年冬季奥运会的转播权。那些依靠大量观众的体育比赛如果没有媒体这个平台，相信很难生存并运营下去。体育和媒体的关系除了被经济的链条连接起来以外，还在文化空间里被紧紧地联系在一起。体育比赛、体育运动员以及有关的体育事件在媒体封面上的描绘方式与当下的文化环境以及意识形态有着密不可分的关系，这些都影响着人们如何看待体育以及社会。媒体也用其特有的技术、资源和渠道诠释着体育比赛，而那些不能亲自参加或观看比赛的观众和读者对体育的了解往往只能通过媒体对体育的播报。媒体把体育变为大众娱乐的重要部分。一个单项的体育比赛在电视卫星的帮助下，使全世界的人能同时观赏；体育运动员通过媒体的包装摇身一变成为名人吸引着全世界的人的关注，成为人们茶余饭后的谈资；广告商也正是看中了体育名人的知名度和号召力，把体育名人的画像贴到他们的商品上进行代言。越来越多的社会学家观察并意识到：体育和媒体这两个社会领域之间的交集越来越大，越来越复杂。20世纪80年代初，人们曾把体育与媒体的关系概括为"体育需要宣传，宣传需要体育"。体育和媒体同属社会文化的重要组成部分。二者在宣传教育属性，传递信息、传播知识等服务属性，以及市场商品交换属性等方面都有共同点。①

首先，在当今社会，体育的发展需要媒体作为平台。大众传媒已成为社会文化和经济的重要组成部分。作为一种文化力量，媒体无时无刻不在影响着人们的政治信仰、行为观念和生活方式。自17世纪报刊媒体出现以来，几乎所有被社会广泛接受的产品都借助了新闻媒体（广告）的力量而得以发展。从中国的知名产品到世界名牌，无不是依靠媒体的宣传推广，使自己从默默无闻到家喻户晓。研究表明，直到20世纪末，电视媒体成为影响公众生活最快捷、最直接的工具之一，电视成为大众传媒中推动体育产业发展的第一媒体。体育产业化既为电视媒体提供了新的挑战，又为电视媒体找到了新的机遇，电视媒体在"新闻策划"新理论的指导下，将更好地推动体育产业化的完善过程。当然，21世纪是网络的世界，网络将逐渐取代电视，把人们从世界各地连接起来，体育的传播也将随着网络的兴起而出现新的特征。在数字时代背景下，如何利用新媒体去传播体育知识、

---

① 田小虎：《对体育与媒体关系的认识》，《青年记者》2008年第5期，第34页。

技能，开发新的运动方式和技术（如在线健身、运动虚拟仿真技术），搭建体育文化社交平台等成为新的任务。

其次，媒体需要体育这个主题，因为体育是媒体的热点和卖点之一。体育作为一种特殊的社会文化现象有着独特的魅力。与其他文化形式相比，体育有着自身的优势，其表现为：比赛的规模性与垄断性；真实性与及时性；不可预见性与轰动性；参与性与趣味性。体育赛事本身就是一场没有剧本的表演，既有身体运动的审美又有高潮起伏的情节，在赛场外还会延伸出不少"八卦"的剧情。体育自身的优势形成了体育新闻报道的优势。体育为媒体带来的效益和影响促使各媒体加大对体育的报道力度，这不仅有力地促进了体育的发展，同时也为媒体带来积极的社会效益和经济效益。除了真实的体育赛事媒体播报以外，体育也是影视作品的重要素材，而体育电影大多围绕体育励志的主题，传播了正能量和主流价值观。还有综艺类节目也"盯"上了体育竞赛这个话题，将运动、竞技和娱乐结合起来，通过时尚的包装和定位来满足大众娱乐的需求，同时也获得了经济收益。

在认清了体育与媒体之间互助关系的同时，社会学家也观察到了体育媒体中出现的一些社会问题。他们主要从以下几个方面对体育和媒体的关系进行了研究。首先，从传播链来看，体育新闻是如何被制作、传播和接收的，它们又是如何被主流意识形态以及国家公共部门控制的。其次，从不同的视角来看体育和媒体的关系。例如，媒体与体育在商业领域的互动，媒体对体育中性别的诠释，体育媒体与种族问题，以及体育媒体对一个国家民族主义和爱国主义的影响，这些主题实际上从不同方面反映了社会的意识形态。再次，从媒体的发展趋势对体育的影响来看，如全球化趋势以及体育记者职业化问题。最后，对现代体育媒体的反思和批判。正如赫胥黎在他的《美丽新世界》中表达的忧虑：人类将会渐渐爱上工业技术带来的娱乐和文化，不再思考。而媒体更像一种隐喻，用一种隐蔽但是很有力的暗示来定义现实世界，钳制人们的思想。

（六）体育是社会意识形态的折射

体育与社会的关系不仅能从社会各个领域直接观察到，而且间接地与我们看不到的却又深刻影响着人们思想与行为的抽象的社会意识形态紧紧相关。意识形态（ideology），是指一种观念的集合。ideology 这个词是德崔希伯爵（Count Destutt de Tracy）在 18 世纪末创造的，用来界定一种 "观念的科学"（science of ideas）。意识形态是一个多种观念和表征（representation）的系统，它支配着一个人或一个社会群体的精神。换言之，它是个体与其真实的生存状态之间关系的再现，而这种再现也是人们的一种假想。意识形态是社会文化的重要组成部分，因为它反映了人们在具体行为、感知、思想后面的基本社会原则和价值体系。当然，意识形态不是人脑中固有的，而是源于社会存在。人的意识形态受思维能力、环境、信息、价值取向等因素影响，不同的社会群体生活的时代、制度和文化环境不同，对事物的看法和理解可能会完全不同，这就导致了意识形态之间的冲突。像 20 世纪的资本主义阵营和社会主义阵营的冷战，以及现在的西方文明和伊斯兰文明的冲突，都是由于意识形态的差异而产生的国际问题。为了维护主流意识形态、保持社会的稳定，体育无论在哪一个社会都发挥着重要的作用：从古代体育祭祀所传达的对自然、祖先、神灵的敬畏，到现代的体育竞赛所传达的和平、自由、竞争的精神，都是统治者要宣扬的意识形态。体育活动的创造和组织都是围绕着特定社会对身体、关系、能力、特点、种族、阶层等观念的集合——意识形态来进行的。通常来说，一个社会最流行的体育形式就是那些拥有权力和影响力的群体用来巩固其所提倡的意识形态的手段。

首先，一个民族、国家的意识形态会影响到它对体育的定位和发展策略。以自由主义、理性主义、适者生存进化论为核心的资本主义社会，一开始就强调了体育的竞争性。竞争的典范意义就是告诉人们生存资源的获得必须以实力为前提，要获得实力就得不断超越自己的身体能力，达到更高、更快、更强。在东方世界，人与自然和谐共生的世界观使更多人将体育运动作为自我修身的手段，因此体育运动被定位为促进"人的全面发展"。这是两种不同的体育运动意识形态。两种不同的体育运动意识形态会产生冲突，当然也会互相影响。西方体育文化霸权产生的基础就是它不断地传播、输出其体育意识形态和价值理念，并把不同的体育文化意识形态排除在其体系以外。那些不符合其价值范畴的体育活动被取名为"alternative sports"（可替代运动项目）。但是一些研究者发现即便是东方国家接受了一些西方体育项目，它们在参与过程中也会刻上本国的主流意识形态。比如，棒球比赛在美国和日本都非常流行，但是棒球运动所传递的价值观在两种不同文化和意识形态下截然不同。团队合作概念在日本棒球队中是最重要的，个人球员和教练的作用并没有被大力宣扬；然而在美国，个人英雄主义和情感的表现在棒球比赛中显得非常重要。当然，不同的意识形态和价值立场会在体育场上发生冲突，比如我们国家队在国际比赛中常常会以团队作战的方式，采用"田忌赛马"的比赛战略。但是在西方人眼中，这种以强打弱的方式是违背"公平竞赛"原则的，这是因为他们对公平的界定是以个体为单位的，这与其"个人主义"社会价值观是紧密相关的，因此西方人对"牺牲单个人利益而成就团体获胜"的战略是无法理解的，这是意识形态冲突的表现。

其次，即便是在同一个国家或地区，不同人群之间也会有意识形态的问题。我们可以从性别来看意识形态和体育的关系。性别意识形态主要是指人们对女性、男性以及男女关系的看法和观念。人们用这样的观点去判定什么样的是女人，什么样的是男人，男女关系的自然性以及道德关系。性别意识形态在体育活动中起了很重要的作用。在当代，大部分社会认为男人比女人更强，特别是在体力、身体技能以及对情绪的控制上。几乎整个 20 世纪，人们都在达成这样一种共识：女人在自然性上比男人要弱。我们可以从很多人的自然反应中看到体育中的性别意识形态。比如，一个女孩子打球打得很好，老师可能会表扬她："你看她打球的样子真像个男孩子。"如果一个男孩子跑得很慢，老师可能会批评他："你看你，跑得像个女孩子。"从这些评论中我们可以看到，人们潜意识中认为男孩子做的动作就是好的、对的，而女孩子做的动作就是差的、不正确的。这就是性别意识形态的影响。这导致了在体育领域中更多的性别歧视的产生，而这种性别歧视的本质就是对人（无论男女）的压迫。性别问题是当代体育研究中非常重要的主题，因为体育所传递的性别不平等意识特别明显，也是很多人所强调的男女在生理上就不平等的一个举证。也因如此，体育成为女性主义者进行论战的主要场所。体育还传递着种族和阶层等意识形态。比如，人们以肤色来衡量一个人的体育能力，如黑种人的爆发力好，白种人的技术好，黄种人灵活性强等。种族意识形态也常常被用来解释一个运动员为什么会取得某项体育运动的胜利。在西方阶层观念和体育也有着紧密的关系。比如，虽然都是有身体接触的激烈运动，橄榄球就被认为是富人玩的体育运动，而足球则被认为是工人的运动。因为橄榄球运动一开始只在私立学校进行，而那些能上私立学校的人都是富人的后代，因此会打橄榄球的人也都是富人；而现代足球的起源是工人在余暇时间在工厂狭小的巷子里进行的，因此足球被看作底层的工人阶层的活动。

从以上论述，我们可以看到体育和社会各个方面的紧密联系。总的来说，从社会学的角度来看，体育是社会的子系统（制度），同时也是一种社会行动和社会过程，还是一种文化现象。它是社会生活不可分割的一部分，同时也受到整个社会制度的塑造与制约。

四　体育——一种身体现象

（一）社会的身体

从 20 世纪 80 年代末开始，随着社会学思潮从现代走向后现代，逐渐有一批学者开始对以社会学宏观理论为主要思潮的体育研究进行反思。传统的社会学视野主要是从大社会、小个人的角度，强调社会中的个体；同时也倡导在特殊的现象中看到一般性，也就是说，要在不同个体的经验中总结出一般性的社会生活规律，然而它忽视了个体的特殊性和唯一性。在体育社会学研究领域也存在同样的问题。当功能主义、冲突理论、过程理论、结构理论、型构理论等宏观社会学理论在体育研究中大行其道时，一些学者开始用解释的、批判的、解构的思路寻找认识体育的新的突破口。他们感到以社会宏观理论来理解体育已经无法深入地解释那些新的、层出不穷的体育现象。在后结构主义思潮的引导下，他们把关注体育的目光从"社会"回归到了"身体"。但是这里的"身体"，已经不是早期人们所关注的物理性的身体，而是社会性的身体。

根据社会学对身体的理解，身体是社会实践的运载工具，而人类的身体在每一天的社会生活中不断地、系统地被制造、维持和表达着。因此身体是反映社会系统和社会实践的最好媒体。① 在这个基础上，社会学家认为通过以下三种途径才能真正地认识身体：（1）身体只能放在每一天的社会实践中才能被真正地理解；（2）身体是一个承载着社会意义和社会符号的标志系统和社会比喻；（3）身体不仅是符号系统，还反映了社会的权力关系。概言之，身体是一种社会实践；身体是一种社会符号；身体是一种权力关系。其中，以身体是一种权力关系的观点最为有力，这主要来自米歇尔·福柯（Michel Foucault）的论述。对于福柯来说，权力的产生和操纵并不是纯意识的产物，他认为，现代社会权力的具体焦点是身体。身体是现代社会权力运转的最原始场所，但是这种运转并不是自上而下的、强迫性的，而是细微的、渗透的和可再生的。在这个基础上诞生了以文化研究为框架的身体理论。

身体理论认为，身体是社会的建构，主要包含三个部分的关系：社会（society）、身体（body）和自我（self）。这三个部分其实没有明显的界限，但它们是相互支持的，并且支持的方向不同。社会给身体提供资源，但同时又规范和雕刻着身体。身体的起源和结束都是以肉体和生理性整体表现

---

① Turner, B. S., *The Body & Society* (Second Edition) (London: Sage Publications, 1996).

出来的。在出生和死亡之间它是"活着的身体"。"活着的身体"与"自我"之间没有非常清楚的界限，但是自我有自我意识的能力，并由身体反映出来。关于身体、社会和自我之间关系的讨论非常多。一些学者认为社会建构了身体，一种极端的观点认为"根本就没有身体，有的只是社会实践"①。另一种极端的观点认为"身体组成了自我，如果你认为自我能够脱离身体而思考，那么你就错了"②。身体被认为是活着的、能够被反映并且能够被述说的，它承载着自我表达的任务并反映了社会的话语权力。"通过身体进行思考和表达"成为后现代主义的标语。

（二）运动的身体

体育是人类身体和社会结合的最佳桥梁。③ 在"劳动的身体变为欲望的身体"（工业化到后现代化）之际，体育成为学者们探索"在身体中产生并表达"的社会秩序与社会权力的新领域。身体是构成体育活动的物质基础，也是表达体育精神的最好载体。④ 通过体育制度的规训、体育实践的形塑、体育文化的展演，身体在运动中被建构起来。体育社会学研究重点之一就是阐明身体作为一种"符号"是如何在体育运动中被赋予意义并建构起来的。⑤ 其中，影响最为深远的是福柯的身体权力理论。在福柯主义学者的视野中，体育运动或身体锻炼是一种"规训、惩罚、控制和约束"身体的政

---

① Delaporte, F., *Disease and Civilation*: *The Cholera in Paris*, *1832* (Cambridge, MA: MIT Press, 1986), p. 6.

② Johnson, M., *The Body in the Mind*: *The Bodily Basis of Meaning*, *Imagination*, *and Reason* (Chicago: University of Chicago Press, 1987).

③ Xiong, H., *Urbanisation and Transformation of Chinese Women's Sport Since 1980*: *Reconstruction*, *Stratification and Emancipation* (London: VDM Publishing House, 2009), p. 59.

④ Hargreaves, J., "The Body, Sport and Power Relations," in J. Horne, D. Jary, and A. Tomlinson (eds.), *Sport*, *Leisure and Social Relations* (London: Routledge & Kegan Paul, 1987), pp. 139–159.

⑤ Hargreaves, J. and Vertinsky, P., *Physical*, *Culture*, *Power and the Body* (London: Routledge, 2007), p. 8.

治工具，是消费文化精心编制的理想神话，是性别文化的延续和阶级区分的角斗场。①

以福柯为代表的体育研究旨在解释现代知识的增长和身体戒律之间存在的权力消长，即从知识和身体关系的变迁来反映体育权力制度的形成和演变，大体可分为两大方面：一是运用福柯的监狱模式研究体育中的纪律制度以及权力关系；二是直接受到福柯后期著作《性经验史》的影响来解读生物权力（bio-power）与统治活动的关系。

一些学者认为体育以现代科技的形式作为一种纪律机器对身体进行控制并施加权力。他们认为"体育制造并规范了所谓的运动员身体"②。运动员身体被认为是特殊的身体，它象征着健康、强壮、富有纪律性以及生产力强等特点。体育也可以被理解为控制与规范身体的生产器械以及展示单纯形体与其意志能力的场所。同样，学校体育的纪律制度把身体明确划分为阶层、性别和种族相对应的社会身份，身体是被支配且服从的。③ 因此，体育在福柯主义视野下是现代纪律权力的代表。

随着福柯主义从"权力技术"到晚期"自我技术"的理论转向，体育学者们也逐渐从关注运动身体的外部规训，转移到关注运动身体的内部规训。内部规训一般是指个体主动对自己的身体进行管理与塑造，是一种自我规训，或者叫作自治。现代社会健身文化的兴起正是自我规训的最佳体现。一些学者抨击了人的身体在后现代消费资本主义下被技术化和政治化的过程。正如克罗斯利（Crossley）所述，大概没有哪种身体塑造实践比健身健美（bodybuilding and fitness）更符合福柯笔下的"身体纪律"了。克罗斯利认为健身房更接近福柯式的圆形监狱隐喻，他直言健身房是规训身体

---

① Jarvie, G., *Sport, Culture and Society: An Introduction* (London: Routledge, 2006).

② Cole, C. L. and M. Orlie, "Hybrid Athletes, Monstrous Addicts, and Cyborg Natures," *Journal of Sport History*, 1995, 22 (3): 229.

③ Hargreaves, J., *Sport, Power and Culture* (Cambridge: Polity Press, 1986), pp. 161-181.

全景式的现代监狱①，因为健身运动和其他身体实践的本质都是为了训练出驯良的（docile）身体。健身文化的核心实践——workout 构成了一个高度仪式化的活动空间，身体被有目的地培养，体重、体型和身体管理变得异常重要。而这个过程并不是外力施加给身体的，而是身体内化了外在的标准和要求形成的自治。正如瑞尔（Rail）所指出的，科学健身（产品和项目）制造了愉快、健康、积极的"生物公民"（biocitizen）形象，"健康"生活成为一种公民内化的道德（biomorality）② 和自我监控方式，同时也使身体成为现代科技话语体系的附属品。③ 像医学建构了我们对疾病的理解一样，健康身体的话语也是被社会文化一步步构造出来的。健身运动是一种"呵护"身体的健康机制，更是"监控"身体的文化自治。总之，在福柯主义的假设中，运动身体是无力的、被动的、受压制的，虽然身体被看作体育权力的载体，但是同时社会力量也在操纵着通过运动身体所表达出来的权力。这一点恰好成为女性主义者对现有体育秩序和权力进行抨击的最佳突破点。

　　社会学关于身体社会权力关系的假设为女性主义者在讨论性别之差以及性别平等方面的论述开辟了新的视角。女性主义者对于身体有两种截然不同的观点，一种观点否认男女之间的身体差异。他们认为正是人们所谓的男、女在身体方面的差别使社会存在的性别不平等现象合理化了，由此人们认为男女差异（不平等）是想当然的，是普遍的，也是无法避免的。还有一种观点承认男、女在身体上的差异，并且积极地接受这种差异。他们认为只有认识了男、女在身体上的差异才能真正地找到解放女性身体的办法，使女性身体更加强大并得以释放。其实这两种观点反映了本质主义

---

① Crossley, N., "In the Gym: Motives, Meaning and Moral Careers," *Body & Society*, 2006, 12 (3): 25.

② Rail, G., "The Wellbeing Imperative: On Bio-Others, Rescue Mission and Social Justice," ISSA 2015 World Congress Book of Abstract, Paris Descartes University, Paris, 2015, June 9-12, p. 1.

③ Pronger, B., "Rendering the Body: The Implicit Lessons of Gross Anatomy," *Quest*, 1995, 47: 435.

和建构主义的区别。他们讨论的焦点在于女人生来就是女人，还是后天被培养为女人。更进一步说，女性身体是真实的，还是被演绎的？在第二次女性主义浪潮以后，大多数女性主义者支持并不断论证性别是一种社会建构，而不是自然的产物。从福柯身体与权力关系的角度来看，女性身体就是通过各种话语权，包括医学、科学、技术、宗教和体育等建构起来的。所谓话语权就是认识文化是如何被塑造的一系列的结构性方法。[①] 从这种意义上讲，女性身体就是男性为了维持其父权制度而通过话语建构起来的一种文化的意识形态。比如，对于女性体型的话语规定了女性身体的大小、体型、姿态等来限制其身体的自由。中国女性的缠足就是典型的以男性审美为核心，限制女性身体自由的案例。在当代，女性对时尚、苗条、漂亮的追求也被女性主义者认为是男权社会的话语和权力制造的，这些话语和权力以符号的形式在女性身体实践中展现出来，并成为维持性别不平等和权力等级制度的文化机制。

根据以上论述，运动的身体就是社会身体的延续，反映了社会权力关系，折射出社会结构对个体的约束。

（三）身体的运动

虽然身体受到体育权力的管束，但它不总是被动的、消极的、压抑的，体育运动作为社会实践活动，也会赋予身体主动性、积极性、变革性。身体在体育运动中也会改写本身的符号烙印和权力关系。特别是在梅洛-庞蒂生命态身体和布迪厄（又译作布尔迪厄）结构化身体理论框架中，这种思潮影响着学者们对身体与运动的观察。

与福柯所描述的"被动的""规训的"身体不一样，梅洛-庞蒂眼中的身体是活着的（lived），是生命态的。以梅洛-庞蒂为核心的身体现象学研

---

① Ransom, J., "Feminism, Difference and Discourse: The Limits of Discursive Analysis of Feminism," in C. Ramazanoglu (ed.), *Up Against Foucault* (London: Routeledge, 1993), p. 123.

究者认为，自我、社会和符号秩序都是通过身体构成的。人们受特定情境中潜意识的限制，通过身体——主体产生的知觉诠释了身体活动的意义，强调身体在现实生活中的决定性而不是被决定性。①

首先，生命态的身体理论认为运动知识、技能的培养与自我意识之间有着密切的关系。② 特别是在运动训练和竞赛中，需要有自我意识。自我意识越强，越能掌握好技能，并能产生强大的意志力去克服身体的极限，增强持久的耐力，激发潜能，最后战胜自我。在运动中，身体不是被动地去接受规训和监督，也不完全是知识权力压迫的对象，身体有一定的能动性，去甄别和选择知识与技术对运动身体的要求和规范，或者选择逃避（离开这项运动），或者选择抵抗（采用与之完全相反的运动技术来进行这项运动）。

其次，"身体的运动"强调运动的身体体验对运动参与者有重塑主体自我的意义。在梅洛-庞蒂理论框架中，身体是结合了物质层面和意识层面的综合体。而身体的物质性和意识性可以融合于身体体验中。无论是积极的身体体验还是消极的身体体验都可以作为中介变量，影响人们的体育运动行为和认知③，重塑运动对个体的意义系统。例如，Allen-Collinson 和 Owton 考察了女性健身热潮现象，他们认为女性在体育锻炼中所产生的强烈的感官体验（如体温上升、控制、疼痛感）重塑了运动中自我的意义（一个强大的女人）。④ 熊欢与王阿影的研究也表明运动实践中的身体体验可促使女性健身者从关注"客体的身体"转向关注"主体的身体"，并使女性健身者不断反思以往的性别经验，重新定义健身活动对自我的意义。⑤ 健身可能不

① 克里斯·希林：《文化、技术与社会中的身体》，李康译，北京大学出版社，2011，第66页。

② Andreasson, J., "'Shut up and Squat!' Learning Body Knowledge Within the Gym," *Ethnography and Education*, 2014, 9 (1): 1-15.

③ 林金玉、熊欢：《农村妇女健康促进的体育行动与策略——基于广东省清远市 J 村妇女的行动研究》，《上海体育学院学报》2021 年第 1 期，第 9~19 页。

④ Allen-Collinson, J. and Owton, H., "Intense Embodiment: Senses of Heat in Women's Running and Boxing," *Body and Society*, 2015, 21 (2): 245-268.

⑤ 熊欢、王阿影：《性别身体的挑战与重塑——健身场域中女性身体实践与反思》，《上海体育学院学报》2020 年第 1 期，第 49~58 页。

仅是苗条、性感的审美符号，也是自我赋权与独立精神的象征。

最后，"身体的运动"表明个体的思想、运动经验和运动行为与之所处的社会规范（结构）是交织在一起的。[①] 如 Shilling 与 Bunsell 发现女性健美运动员在与传统性别秩序互动的过程中由于违反社会性别规范和审美观念被"污名化"，可她们基于个体的动机和身体体验并没有停止训练。她们对"肌肉"的追求违反了主流性别话语，所以她们的身体形象在社会主流意识中仍然是被嫌弃的，她们也无法改变自己所处的社会地位。[②] 这说明身体实践主体性的生成并不能离开其所处的社会环境和结构。同样有研究发现，社会规范也会影响运动身体的主体体验与主观感受，例如，在瑜伽运动中，女性练习者从身体状态、身体技术等方面感受到瑜伽是适合"女性"规范的运动，因此会有更多的积极体验，并表现出对身体技术的不断追求和性情系统的不断内化；而在拳击运动中，有些女性练习者会受到来自"女性"规范的影响，为了不损害自己的"女性特质"进而主动限定练习的强度和时间，阻断了自身在拳击运动中的表现和获得更多运动体验的可能。[③] 因此个体能动、身体体验和社会规范并不是全然孤立的存在。

关于身体的能动（主体性）与其所在的社会结构（结构性）之间到底有什么关联，布迪厄、吉登斯的结构化理论进一步做出了阐释。结构化理论在看待社会时，其基本预设就是社会的结构与行动具有相互构成的性质，而身体是核心要素。吉登斯和布迪厄都认为身体既受社会结构的形塑，又积极主动再生产着社会结构。吉登斯在《社会的构成》中提到，"所有的社会系统无论其多么宏大，都体现在日常生活中的惯例，扮演着人的身体的

① Shilling, C. and Bunsell, T., "From Iron Maiden to Superwoman: The Stochastic Art of Self-transformation and the Deviant Female Sporting Body," *Qualitative Research in Sport*, *Exercise and Health*, 2014, 6 (4): 478-498.

② Shilling, C. and Bunsell, T., "The Female Bodybuilder as a Gender Outlaw," *Qualitative Research in Sport and Exercise*, 2009, 1 (2): 141-159.

③ 熊欢、王阿影：《性别身体的挑战与重塑——健身场域中女性身体实践与反思》，《上海体育学院学报》2020 年第 1 期，第 49~58 页。

无秩序与感觉性的中介，而这些惯例又反过来体现着社会系统"。① 布迪厄则明确提出"身体处于社会世界中，但社会世界也处于身体之中"。② 结构化理论似乎为我们观察运动身体提供了某种"中间道路"。

首先，为了同时弥补主观主义与客观主义的不足，布迪厄提出一个重要概念——惯习。惯习描述了一种社会化的主体（socialized subjectivity）③，同时也描述了一种对人的实践行为、习惯、"品位"（taste）和身体技能进行定型的分化系统，而个体的"身体"与"实践"构建了个体的社会生活的内涵。④ 身体惯习概念的引入把体育运动从政治、经济、社会现象，重新聚焦到社会生活的身体现象。体育运动可在身体层面（其中包括对身体的描述、理解和认识）构建和保持一种社会阶层（或群体）的特质。因此某一个特定阶层（群体）的运动参与状况，也可以折射出该阶层（群体）的身体行为、态度、偏好。布迪厄在他关于体育和阶级的著作中，明确地将特定活动的身体属性与阶级关联起来。在布迪厄的启发下，一些学者也讨论了体育活动的身体惯习与性别规范的联系。

其次，结构化理论阐述了身体资本与经济资本、文化资本和社会资本的转换。布迪厄通过身体资本的转换观点，分析了一部分工人阶级通过职业体育将身体资本转换为经济资本的现象，但是他们只能从事一些被精英阶层认为是下等人的体育运动，如足球、篮球、拳击等，并且工人阶级的身体资本难以转换成文化资本和向上流动的社会资本。相反，精英阶层从事带有精英意味的体育运动时，在正式或非正式的场合上特定身体能力的展示，将上等阶级的身体资本转化为文化资本和社会资本。对这种运动的参与，又成为此阶级建立社会资本的手段。正如希林所说："所有这些情景都体现出支配阶级在排他性社会场合中对于身体的安放与管理，在这种场

---

① 安东尼·吉登斯：《社会的构成》，李康译，生活·读书·新知三联书店，1998，第102页。
② 克里斯·希林：《文化、技术与社会中的身体》，李康译，北京大学出版社，2011，第66页。
③ Fowler, B., *Bourdieu and Cultural Theory* (London：Sage, 1997).
④ Bourdieu, P. and Wacquant, L. J. D., *An Invitation to Reflexive Sociology* (London：Polity Press, 1992).

合里人们如此打造彼此的接触，以求各种资源未来的积累。"[1]

最后，结构化的身体理论为体育（健康）生活方式的形成提供了理论思考。结构即支撑社会生活的一套相互依托的规则和程序，这些规则和程序同资源结合，赋权或约束了社会行动，并在社会行动发生时被再生产。[2]正如吉登斯提出的结构二重性，既是约束又是使能（enabling）。布迪厄在结构化理论的基础上阐释了健康生活方式的理论模型[3]：结构变量，即阶级状况、年龄、性别与种族/民族、集体、生存条件为社会化与体验提供了社会背景；社会化与体验影响了生活选择（能动），并与结构变量一起构成了生活机会（结构）；生活选择与生活机会的互动与依托组成了行动倾向（惯习），导致了实践（行动），包含如吸烟、饮食、健身及其他与健康相关的行动；健康的诸实践构成了健康生活方式的模式，并通过惯习反馈的再生产或修正，重新导向新的结构的生成（见图0-1）。在此基础上，熊欢论证了体育作为一种社会实践，如何将身体的主体经验嵌入健康的结构化过程中，促发"使能-结构"的互动，进而影响个体的健康。她认为从社会学视域来看，体育运动最重要的作用在于它可以发生使能作用，促成个体健康内部经验的获得，从而增强个体对健康生活的选择能力，以此创造更多的健康机会，进而再生产或者修正与健康相关的结构环境，赋权/能个体。[4]

从"运动的身体"到"身体的运动"，使我们在体育中观察身体的视角发生了改变，同样也改变了我们对体育认识论的定位。身体应该是体育运

① 克里斯·希林：《文化、技术与社会中的身体》，李康译，北京大学出版社，2011，第66页。
② Sewell, W., "A Theory of Structure: Duality Agency, and Transformation," *The American Journal of Sociology*, 1992, 98 (1): 1-29.
③ Huppatz, K., "Pierre Bourdieu: Health Lifestyles, the Family and Social Class," in Collyer, F. (ed.), *The Palgrave Handbook of Social Theory in Health, Illness and Medicine* (London: Palgrave Macmillan, 2015).
④ 熊欢：《社会学视域下育龄妇女健康体育干预的综合效应与社会机制研究》，《北京体育大学学报》2021年第1期，第83~94页。

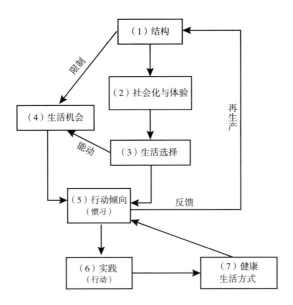

图 0-1　健康生活方式形成的理论模型示意

动的主体，体育运动应该成为赋能身体的途径[①]，而不应该是规训、压迫身体的工具[②]。

　　无论是后结构主义（以福柯为代表）还是现象学（以梅洛-庞蒂为代表），或是结构化理论（以布迪厄、吉登斯为代表），对运动身体的阐述把体育研究的视角逐渐从宏观、抽象的社会制度回归到了对体育最基本的载体——身体的论述上。从身体的经历我们可以看到体育作为社会实践是如何形成并得到规范的；身体是如何在体育中被社会和文化符号化的；身体又是如何在体育实践中建立并传达社会权力关系的。从身体来反映体育社会系统，从体育运动实践来赋权/能身体，成为体育社会学以及文化研究的一个新方向。

---

① 熊欢：《社会学视域下育龄妇女健康体育干预的综合效应与社会机制研究》，《北京体育大学学报》2021 年第 1 期，第 83~94 页。

② 熊欢等：《凡身之造：中国女性健身叙事》，社会科学文献出版社，2021，第 313~318 页。

五　体育社会学的研究视角

前面我们讨论了体育是如何与社会生活的各个方面相结合的，又是如何被社会生活和身体经历描绘、诠释和改写的。无论是从社会制度上还是从身体的角度，体育都是社会的一部分，因此我们在研究体育的时候，必须把体育作为一种和其他社会系统互相依存的社会系统和文化现象来看待。这需要我们用社会学的视野来探索体育，用社会学理论来分析体育，用社会学的方法来研究体育。体育社会学主要是从社会本质上来把握体育的特征、功能、手段、途径，目的在于促进体育运动和社会系统的正常运作，最终为人的发展服务。体育社会学研究对象包括：（1）体育社会现象；（2）体育的社会结构、特点；（3）体育与社会（发展）的相互关系；（4）体育社会问题；（5）体育形态；等等。不仅如此，体育社会学还为体育研究提供了一套完整的、系统的理论框架和分析方法，这为体育从身体科学发展到社会科学奠定了坚实的基础。从理论体系看，体育社会学理论有三个主要视角：一是宏观理论视角（如结构功能主义理论、冲突理论、型构理论、结构化理论）；二是微观理论视角（如社会行动理论、符号互动理论）；三是批判主义视角（如批判主义理论、新马克思主义、女性主义、后结构主义）。当然这三个主要视角并不是截然区分的，而是你中有我，我中有你。理论本身也都不是一成不变的，而是在反思与批判中不断地自我修正和发展。

（一）宏观理论视角

从宏观的角度把体育作为一种社会制度是体育社会学最经典也是应用最为广泛的一种研究倾向。一方面，社会学家想通过体育制度的发展来反映整个西方社会制度的变迁；另一方面，他们希望进一步探索体育如何嵌入社会生活并对社会稳定与进步发挥积极作用。

结构功能主义为体育宏观层面的研究提供了理论的基石。结构功能主义社会学家认为体育是一种社会制度，它向体育参与者传递着某种社会价值观，并维持着社会的秩序。但是，他们也强调体育对社会的功能只有在与其他社会要素的结合中才能体现出来，这些要素包括家庭、教育、宗教等。首先，体育是一个次文化体系（sub-cultural system），它可以教会人们基本的社会价值观与道德标准，这也体现了体育的社会情感功能。其次，体育实践可以通过集体的展示将社会成员整合起来。最后，体育也是一种社会角色塑造的工具，它会影响个体社会角色的学习过程。社会学家要探讨的是体育如何帮助社会、社区、组织以及团体平稳地运转，同时也探讨个体如何在参与体育的过程中为社会做出贡献。这一系列的研究充分体现了"社会学试图用一个范式和过程来反映社会如何塑造个人"的研究思路。在结构功能主义者的视野中，社会结构的力量是无比强大的；社会事实（包括运动规则、规律）是操纵人类行为（体育活动）的"看不见的手"，形成了（体育运动的）有机秩序。

对体育制度形成的历史社会学研究也是一个重要的研究方向，型构理论在这个研究领域中的贡献是巨大的。与结构功能主义静态的系统论不同的是，型构理论强调了社会（发展）过程，并认为社会是在历史过程中由互相依靠的人群以及他们之间相互依赖的关系网络构成的，这为更好地理解体育化（sportization）过程奠定了基础。比如，18世纪到19世纪的欧洲，现代体育是如何在历史、经济、政治和情感等因素的作用下形成的？体育参与如何在一个社会过程中成为人们生活的一部分？体育又是在什么样的社会历史条件下进行了职业化、商业化的变迁？以及体育暴力的产生与控制问题，体育和国家主义、殖民主义的关系，在全球化过程中媒体、消费主义对体育的影响等。这些研究试图从特殊的现象中找到社会发展的普遍规律，并对这些规律进行总结和归纳，这也是社会学研究的一种经典思路。

如果说功能主义理论强调的是社会秩序的和谐，冲突理论则强调了社会分化和社会冲突及其对社会运转产生的影响。冲突理论为理解体育中出现的剥削、压迫、冲突、矛盾、不平等、排斥、分层现象提供了重要的理论视角。一些社会学家认为体育是由那些掌握经济和社会权力的人所组织和赞助的，目的是确立一种建立在资本基础上的竞争、生产与消费的关系。体育渗透于精英阶层并巩固其特权，同时体育也成为经济剥削与压迫的工具。体育运动员在体育参与中不自觉地建构了一种不符合他们自身利益需求的社会结构。运动员对于自身劳动力控制的缺乏是导致体育异化的最根本原因，也是体育不平等现象出现的根源。当然，很多社会学家也从性别制度、种族制度角度讨论了体育冲突、矛盾和不平等现象的社会根源。比如，女性主义者认为体育是以宣扬男性文化为主并被男性控制的社会制度，这是造成体育中性别不平等的根源。因此他们认为要消除体育中的不平等就要对以男性为主导的体育模式进行抵抗，并重新建立体育秩序。种族制度也是社会学家研究体育冲突、矛盾、不平等现象的出发点。他们认为种族歧视是体育中的制度性缺失。比如，白种人通过自己在体育比赛中的优秀表现可以得到社会的肯定；但是对于有色人种来说，获得社会认可的可能性小得多。社会学家认为，这不是个人能力的差别，而是制度的阻碍。除此之外，残疾人、贫困人群、青年人、老年人的体育参与都是社会学家关注的问题。他们试图探讨社会制度如何导致了体育现象中的分层、不平等问题，而这种不平等又对社会产生了哪些危害。这种研究方向充分反映了社会学视野关注边缘性和社会危机的特点。

（二）微观理论视角

从微观角度了解并诠释体育行动/互动过程所产生的意义是体育社会学另一个重要的理论维度。社会学除了倡导要宏观地把握系统规律，进行预测以外，也要求社会学家对观察到的社会现象进行充分理解并做出意义诠释。

社会行动理论为从微观层面探讨体育的意义和价值提供了分析框架。从社会学视角来看，体育不仅是人类的一种行为（更偏重心理学的范畴），更是一种社会行动，是一种有意向性的身体行为。正如韦伯所观察到的，人类社会现代化的过程伴随着社会行动的不断理性化，体育运动在现代化的进程中也逐渐理性化。"体育专业化""商业化""职业化""科技化"都是现代人（社会）对体育运动的追求不断理性化的表现。然而在这个过程中，也有很多人抱怨现代体育开始丧失以往的魅力。体育活动作为一种社会行动，它的魅力在哪里呢？其魅力就在于，体育参与过程会生成对个体/群体/国家/社会的意义。例如，根据体育人类学家格尔茨（Geertz）对巴林人斗鸡的田野调查，他发现斗鸡活动对于巴林人来说不仅是金钱性质的赌博（功能性的），还是有关"生与死"的社会存在与文化隐喻。

体育参与过程中意义的产生是通过互动完成的，在互动中又会产生新的体育符号、仪式，以及身份认同。符号互动理论为解释这些问题，如"运动员、教练、体育观众以及其他体育参与者的互动""人们如何定义自己或定义别人为运动员""人们如何在体育参与中实现自我存在意义或被剥夺自我存在的意义"等提供了分析框架。一些社会学家强调要从局部与个体的研究来反映体育的真实特点，并质问这些特点是如何被人们创造出来并影响他们的体育认知与行为的，总之要从微观层面去理解社会生活以及人们的体育行为。比如，研究运动员在不同阶段（训练、竞赛以及退役后）的社会身份以及自我认知；体育参与者是如何把体育行为和其他社会因素（工作、家庭、教育、传媒等）结合在一起并进一步影响自己的体育参与的；体育参与者与体育组织（政府、社团、小团体）的互动；人们在体育过程中的自我满足、自我意识、自我认知等。这种从小的社会点入手去理解大的社会现象的方法是当代社会学研究的主流。

（三）批判主义视角

"批判性思考"是社会学研究的一个特质，批判主义在体育社会学研究中也已然成为一种揭示体育社会文化现象的核心视角。无论是文化研究学派、新马克思主义、女性主义、后结构主义，还是最近兴起的物质身体文化研究，都保持着一种批判的眼光在审视体育社会文化现象。

首先，解释和研究体育亚文化问题。比如，体育如何维持亚文化圈的行为模式？体育亚文化圈如何整合它的成员从而实现他们追求的目标？体育亚文化圈成员是如何适应主流文化的？值得注意的是，很多对体育亚文化功能的分析是围绕着体育失范来展开的，如越轨、欺骗、药物滥用以及兴奋剂问题。另外，一些社会学家也非常关注体育亚文化是如何抵抗主流文化的压力的，如足球流氓文化、体育赌博文化、体育暴力文化的产生与控制等都是西方社会学家关注的问题。社会学家独有的危机感和灵敏的研究触角把常常被我们忽视的、非主流的、隐藏在深处的并以为是想当然的体育现象与体育问题挖掘了出来，并给人们以警示。

其次，全球化和体育霸权的研究。全球化进程实际上是以西方文明为主导、以工业和商业利益为核心、以西方产品（包括物质和文化产品）的推广为目的的过程。社会学家观察到体育在这个过程中起了不少作用，具体表现在现代体育的形式、内容、规则按照西方的模式逐步统一。最有说服力的就是奥运会在世界范围内的普及。但同时，我们看到各个国家和民族也在倡导体育的民族性和多元化以强化地区的差异和民族的自我认同感。最有代表性的就是跆拳道、柔道等东方运动在西方世界的流行，并成为奥运项目。因此现代体育的发展过程被看作全球化和多元化相互交织、并行发展的过程。在全球化的背景下，社会学家关注到：（1）东、西方体育文化对立的消失，多元化的出现；（2）东、西方体育文化的融合；（3）新兴体育文化的出现；等等。但一些学者也在强调全球化背景下的体育霸权问题。他们注意到长期以来，大多数发展中国家在国际体坛上没有受到足够的关注和重视，缺少足够的话语权。西方价值观念、西方文化、西方体育模式和规则强加于发展中国家身上，强权体育的现象屡见不鲜。许多全球性的比赛项目设置和规则制定是按照发达国家的游戏规则进行的，而发展中国家的体育项目则很难迈进世界体坛的赛场等。总之，全球化的思路越来越受到西方体育社会学研究的青睐，这和体育自身的发展有着密切的联系，也是体育进一步发展的必然要求。

再次，体育大众文化研究。文化研究（culture studies）曾经被学术界认为是一个比较分散、无系统性的研究派别，但是现在文化研究已经是学术界一个成熟的人文学科。文化研究关注的是当下的流行文化以及文化背后的社会意义。虽然文化研究跨越领域非常多，但是其分析模式基本围绕着"解构"为核心，也就是用批判的态度揭示在我们的文化生活中被人们遗失或忽视的问题。体育作为一种流行文化，长时期没有得到文化研究的关注。同样，在传统的体育社会学研究中，体育一直被社会学家以政治、经济和社会制度的形态进行论述，即使是对体育文化的论述也是从历史、社会过程以及人类学的角度来进行的，而文化研究并没有进入体育研究的学科正统。20世纪90年代，随着后结构主义和身体理论在文化研究中的大量应用，体育文化研究（这里强调的是"体育的文化研究"，而不是"体育文化的研究"）成为一个新的视角，被用来解析当代体育现象隐藏的社会与文化意义，如大众媒体对体育的影响、球迷现象、女性体育问题、体育中的文化身份问题、体育身体与权力关系等。体育文化研究方法强调述说和倾听，以个人或集体的经历为主，以批判的态度分析问题，它并不强调系统性和固有的研究范式，而是鼓励研究的多样性，这和传统社会学实证方法论有一定的区别，却越来越受到年青一代研究者的青睐。文化研究的引入，为体育社会学研究注入了新的活力，它不仅为层出不穷的当代体育现象提供了研究工具，也为体育研究开拓了新的视野。

最后，物质身体文化研究（Physical Cultural Studies）。在体育文化研究的基础上，物质身体文化研究是为了应对自然科学对身体运动机能研究（过度）科学化倾向（bio-scientization），以及传统社会学研究对运动身体过度抽象化的阐释，物质身体文化研究者提出应该从运动身体的物质性、经验性、具身性、人文性等综合特点角度去考察身体运动方式，及其承载的文化意义和社会权力。他们注重对现实世界中运动身体及其多元表现形式的研究，揭示身体运动对社会分裂（阶级、性别、民族等）的生产和再生产过程。同时，也关注身体运动发生的复杂的政治、经济、社会和技术背景，考察身体在运动中的经验、表达与呈现，以便深刻透视体育文化的全貌。物质身体文化研究还强调体育社会学研究需与行动反思及社会变革紧密相连，因而带有显著政治批判色彩。

我们探讨了社会学的研究视野以及在社会学视野中体育被阐释、呈现的角度和途径。从以上论述中我们可以看到，社会学开辟了新的视角来描述和理解在特定社会文化下产生的和体育有关的行为、态度、互动、冲突、权力、权利以及体育（文化）的发展和演变，同时为体育研究提供了一种全新的、系统的研究方法。但是当遇到具体的问题时，则需要用具体的社会学理论去发现并分析问题。社会学理论可以为我们的研究提供基本的框架：用批判性思维提出问题、分析问题、解释现象、得到启示、发展理论。在以下各讲中，我们就要具体介绍各种社会学理论以及它们在体育研究中的应用。

系统、整合与体育秩序

——结构功能主义理论的视野

一 引言

功能主义（Functionalism）是社会学最经典的理论派别之一，也是对早期西方体育社会学研究影响最大的理论体系。功能主义建立在对社会结构和系统功能的剖析上，因此也被发展为结构功能主义（Structural-functionism）。[①] 结构功能主义认为社会是一个相互联系、寻求平衡的系统，整个社会系统及其各个子系统间存在一个自我修复的协调机制，协调表现为社会良性运行状况。结构功能主义强调社会共识与秩序对社会发展的重要性，并认为社会功能是整个社会有效运行的基础。

20 世纪 30 年代到 60 年代间，结构功能主义理论在北美体育社会学中占据统治地位，并对体育社会学的研究发展产生了重要的影响。在结构功能主义的视域下，社会学家把体育作为一个社会系统来看待，并试图从不同方面挖掘体育自身的运转模式及其对社会整体的作用。最核心的研究观点认为体育是促进社会整合或解决社会冲突的重要方式，是社会秩序的一种延伸。虽然 70 年代后，结构功能主义遭到了西方体育社会学界的质疑和

---

① Zeitlin, I. M., *Rethinking Sociology: A Critique of Contemporary Theory* (New York: Appleton-Century-Crofts, 1973), p. 12.

强烈的批判，但是结构功能主义传统仍然深刻地影响着体育社会学研究的思维范式。还有一些理论家也开始探索新结构功能主义理论模式及其在体育社会学研究中的潜力。

二　结构功能主义理论及其沿革

（一）早期功能主义理论

功能主义肇始于 19 世纪社会学始祖孔德（Auguste Comte），斯宾塞（Herbert Spencer）和杜尔凯姆（Émile Durkheim）发展了其理论观点。

孔德认为社会中的个人、团体和制度对整个社会的作用，十分类似于生物器官对有机生命的作用。斯宾塞的社会有机体学说更是把社会假设为一个由相互依赖的各个部分组成的系统，并第一次提出了后来成为功能主义核心范畴的基本概念：结构、功能、分化、同质性和异质性、功能相互依存等。

斯宾塞比较了社会结构和生物结构的相似性，他认为：（1）社会和生物体一样都有一个成长和发展的过程；（2）社会和生物体一样，随着自身尺寸的增大，其内在结构的复杂性和差异性也在增加；（3）随着结构差异的出现，功能也开始出现差异；（4）社会和生物体一样，其中的各个器官/部分是相对独立但又相互影响的；（5）各个器官/部分本身也是一个子系统，有其运作规律；（6）社会和生物体一样，当整体的机能被损坏而不能运作时，其中的子系统有可能还会存在一段时间。

杜尔凯姆在构建自己的理论时，借鉴了斯宾塞的很多观点。杜尔凯姆认为当我们分析社会时，必须先搞清楚各个组成部分整合的程度，并确定各个组成部分分别对社会整体的功能。在功能主义基本的认识范畴下，杜尔凯姆明确指出社会是由各种"社会事实"（social facts）组成的，这些社会事实独立于人类的控制之外，同时维持着社会秩序并决定着人类社会的发展。他认为任何社会学解释都应该首先指出某一现象的原因，其次指出它的功能。[①] 但值得注意的是，社会各个组成部分的成因必须和其功能分开来研究；同时要认识到社会整合作为一种选择机制对各个组成部分的存在与持续发展有着重要作用。[②] 延续此思路，杜尔凯姆撰写了《自杀论》。杜尔凯姆认为自杀虽然是一种个人行为，但更是一种社会现象。他用实证的方法试图阐述为什么天主教徒的自杀率比基督教徒的自杀率要低。他首先分析了自杀的原因：自杀是因为某人的焦虑和压力得不到释放和缓解。其次阐释了宗教的社会功能：（1）宗教具有增强社会凝聚力功能；（2）社会凝聚力可以为社会成员提供减压的心理支持；（3）天主教比基督教有更强的社会凝聚力，因此天主教徒的自杀率相比基督教徒来说较低。杜尔凯姆用自杀这一社会现象很好地诠释了功能主义理论在解释社会现象时的视角。杜尔凯姆因此被誉为现代结构功能主义最重要的奠基人，也为使美国社会学"从经验主义理论化的泥潭中解脱出来"[③]做出了贡献。

20 世纪两位人类学家马林诺夫斯基（Bronislaw Malinowski）和拉德克利夫-布朗（Alfred Reginald Radcliffe-Brown）对现代功能主义的形成也起了重要作用。功能学说在早期的人类学那里主要是针对进化论、传播论和历史论等思想而产生的。受杜尔凯姆的影响，人类学家主张理解文化特质的功能是研究社会的必备工作。拉德克利夫-布朗强调，整合是每个社会生存的必备条件，社会中的结构与组织都是为此而存在并运转着的。经济结构、宗教仪式和亲属家族组织也都是为社会整合而存在的。[④] 马林诺夫斯基则认为社会制度之起源乃是为了满足人类的生理需求。他指出每一种风俗、概

---

① Zeitlin, I. M., *Rethinking Sociology: A Critique of Contemporary Theory* (New York: Appleton-Century-Crofts, 1973), p. 36.

② Turner J. and A. Maryyanski, *Functionalism* (Menlo Park, CA: Benjamin Cummings, 1979), p. 96.

③ 刘易斯·A. 科瑟：《社会学思想名家》，石人译，中国社会科学出版社，1990，第 636 页。

④ Radcliffe-Brown, A. R., *Structure and Function in Primitive Society* (Glencoe, IL: Free Press, 1952), p. 16.

念、物质、思想、信仰都具有很重要的功能，都是社会整体不可或缺的一部分。① 尽管他们各自的侧重点不一样，但都认为：社会是由相互关联的要素构成的统一体，这种统一体的最小单位是个人，而个人则以种种形式与他人相结合，形成一定的社会关系网络，确立各自的社会角色，发挥不同的社会功能。这种联系和维持联系的制度，被他们称为"社会结构"。

（二）结构功能主义理论的成熟与发展

现代功能主义的集大成者要属塔尔科特·帕森斯（Talcott Parsons）。帕森斯的结构功能主义思想主要体现在他的两部名著《社会系统》（1951）、《现代社会体系》（1971）中。帕森斯首先将社会秩序确立为其社会学理论的中心议题。帕森斯假定任何社会中都存在一种大体一致的价值观念和行为准则，而社会秩序正好来自人们这种大体一致的价值观念，价值观念成为人们行动的指南。比如西方社会里的宗教就代表着此类价值观念，它告诉人们什么是可以做的和什么是不可以做的，而社会结构（角色、组织和制度）则实行和维护着这些社会价值和目标。② 帕森斯在他晚期的著作中重点发展了他的社会系统论。③ 帕森斯把社会系统分为四个子系统：行为有机体（人的生理系统），它由行动者的躯体和神经系统组成；人格系统，它由行动者的动机和取向组成；社会系统，它由多个行动者或角色之间的互动和关联组成；文化系统，它由行动者通过学习而获得的抽象东西组成。这四个子系统分别履行以下四类功能。

其一，适应（A）——行为有机体的生物特性决定着系统适应的性质，并为满足适应性功能需求提供基本能量。

其二，目标实现（G）——人格系统履行的功能，行动系统要求满足的

---

① Malinowski, B., *The Dynamics of Cultural Change*（New Haven, CT: Yale University Press, 1945），p. 20.

② Parsons, T., *The Social System*（Glencoe, IL: Free Press, 1951），p. 67.

③ Parsons, T., *The System of Modern Societies*（Englewood Cliffs, NJ: Prentice-Hall, 1971），p. 47.

正是在聚合和调节个体目标的基础上实现的。

其三，整合（I）——社会系统是由各个行动单位通过制度化关系连接而成的，因此满足着行动系统的整合要求。

其四，模式维持（L）——文化系统中所包含和保存的价值规范为整个行动系统提供着基本模式。

以社会系统为例，帕森斯认为其中每一个制度领域都分别履行着这四个功能。比如，经济领域是为了满足适应功能；政治是为了目标实现；社会机构和组织的出现是为了完成社区的整合功能；文化、价值观与意识形态执行了模式维持的功能。同时，帕森斯还强调社会是具有一切必要生存功能的有机系统，是社会行动者之间相对稳定的社会关系模式的组合。在社会系统中，个人之间的相互作用是按照一定规范进行的。帕森斯的系统理论对体育社会学初期的研究起到了非常重要的指导作用。

帕森斯的学生默顿（Robert King Merton）在批判的基础上，继续发展了结构功能主义理论。首先，默顿严厉地批评帕森斯的理论过于抽象和宏大。他认为建立这种宏大理论的时机尚未成熟，而主张大力发展所谓的中层理论——介于经验总结性微观理论和宏大社会理论之间的理论。其次，默顿还批评了过去的结构功能主义理论的三个错误。（1）功能同一性观点，即认为社会系统的任何局部对整体社会都具有功能性。默顿指出，在现代社会中，有许多东西并不具有全社会的功能，而仅仅对社会的某个部分具有功能。（2）功能普遍性观点，即认为社会的任何一种活动或仪式都完成了某些对社会有益的功能。而在默顿看来某些活动或仪式对社会的某些部分具有有益的功能，而对社会的其他部分则可能不具备任何功能，有的可能具有负功能。（3）功能不可替代性观点，即把某些制度看成不可替代的。默顿则认为，可以有一系列相互替代的社会制度来发挥同样的功能。因此，默顿将注意力从帕森斯的宏观理论（the grand theory）转向了中层理论（the middle-range theory）。在默顿看来，社会学更需要建立在抽象程度较低的基础上，更具经验性和可操作性。他指出，社会结构的功能可以是"显功能"，也可以是"潜功能"。所谓显功能是指那些人们可以预料到的和容易为大多数人所认识的功能。而所谓潜功能则是指那些不明显的、不为人们所预料的和不易为大多数人所认识的功能。① 同时他也提出了"正功能"和"负功能"的说法。有些功能能够满足社会的需求，则是"正功能"；如果社会结构的某一部分阻碍社会需求的满足，则被视为具有"负功能"。默顿的理论后来常常被用来解释社会"失范"现象。他提出的理论仍然保持了帕森斯结构功能主义理论中系统思想的精华，并完善了功能分析的方法，将结构功能主义推进到了一个新阶段。

总体来看，结构功能主义发展至今，大致可以分为三个类型：个人主义功能主义（individualistic functionalism）、人际功能主义（interpersonal functionalism）、社会功能主义（societal functionalism）。个人主义功能主义的代表人物是马林诺夫斯基，他提倡社会制度以及社会价值观必须为社会成员个人的心理需求（如情感、身份认定）和生理需求（如饥饿、性）服务。他认为每个社会都要满足其社会成员的基本需求，虽然他也承认这种对个人需求的表达有时会受到整体文化的影响。人际功能主义的代表人物是拉德克利夫-布朗。这种功能主义范式主要强调人与人之间的互动。拉德克利夫-布朗认为，人们之间的互动活动如相互送礼、开玩笑、串门儿等都会减少社会紧张感。这种互动机制被看作降低社会紧张程度、增强人与人之间的联系并整合社会的解决方案。社会功能主义则以杜尔凯姆（及其继承者）的理论为代表。杜尔凯姆认为功能就是那些满足社会系统需求的实践活动。他认为一项功能的成因和效果是相辅相成、互惠互利的。比如，很多社会制度包括对罪犯的惩罚制度，这是出于社会反犯罪的集体情感。而这种反犯罪的集体情感也可以看作惩罚制度的结果，因为惩罚功能使得这种反犯罪的集体情感得到维持。结构功能主义一方面强调"部分"，而把"整体"作为反射各"部分"功能和效果的"挡板"；另一方面强调"整体"，并认

---

① Merton, R. K., *Social Theory and Social Structure* (Glencoe, IL: Free Press, 1957), p. 62.

为只有当"组成部分"对"整体"做出贡献时，才值得人们去研究。①

综上所述，结构功能主义代表了一种整体论的方法论，它也通常被认为是一种"协调"理论。结构功能主义不太提及社会冲突，而是倡导和谐的社会关系和稳定的社会秩序。它认为任何社会都有一定的基本需求，社会各部分都应为满足这些需求服务。②结构功能主义学家认为社会系统的有效运转主要是为了：（1）对社会成员的社会教化，使他们学习和接受社会主导的文化价值观；（2）增强社会成员的联系、促进合作关系；（3）激励人们通过社会许可的方式来实现社会所认可的目标；（4）防止外界的干扰，以达到整体社会系统的稳定。只要这四个方面的需求能够得到满足，社会秩序就可以很好地维持，社会成员个体也会受益。结构功能主义认为社会最基本的需求是社会秩序的稳定。

二战后，结构功能主义在社会学中的应用达到了鼎盛时期。但20世纪40年代到50年代，结构功能主义在社会研究中盛行的同时也遭到了一些社会学家的质疑和攻击，这种趋势持续到了六七十年代。虽然在社会学界，结构功能主义遭到了广泛的批判，但是这个时期，结构功能主义在体育研究中扎下了很深的根基。它对20世纪60年代末70年代初体育社会学发展起到了关键性的作用。

三　结构功能主义理论在体育社会学研究中的应用

20世纪60年代，结构功能主义激发了一批体育社会学家用整体论的范式把体育作为一种社会系统进行探索。同时，人类学研究也开始采用结构功能主义研究模式，对宗教、体育仪式及其在社会团体协作中发挥的作用

---

① Demerath, N. J., *Synecdoche and Structural Functionalism System Change and Conflict* (New York: Free Press, 1967), p. 506.

② McIntosh, I., *Classical Sociological Theory: A Reader* (Edinburgh: Edinburgh University Press, 1997), p. 93.

进行了细致的分析。最早用结构功能主义分析体育问题的学者有顾瑟·卢森（Günther Lüschen）、克里斯托弗·斯蒂文森（Christopher Stevenson）、哈利·爱德华兹（Harry Edwards）、约翰·洛伊（John Loy）、卡列文·黑尼拉（Kalevi Heinila）、多々纳·秀雄（Hideo Hatano）、约翰·普里（John Pooley）、罗格·芮丝（Roger Rees）和玛丽·赛格尔（Mary Segal）等。一方面，他们想通过体育的发展来反映整个社会的变迁；另一方面，他们希望进一步探索体育是如何嵌入社会生活并对社会稳定与进步起到积极作用的。研究议题主要包括：（1）体育本身对个人及社会发展的积极影响，如体育的社会凝聚功能、社会协调功能、精神寄托与信仰功能、人格培养和健康促进功能、社会融入功能、文化传播与传承功能等；（2）体育作为社会子系统自身的运行机制及其与其他社会部门的交互作用机制，比如体育与经济部门、教育部门、文化部门、公共政策部门等的关系研究。

（一）杜尔凯姆：宗教、整合与体育

体育与宗教，看似两个完全不同的社会领域，却有着很多的相似之处，并有着千丝万缕的联系。历史学家、人类学家从历史根源探究了体育的宗教起源，而社会学家更加关注体育和宗教对社会整合与社会秩序作用的相似之处。从宗教的社会功能引申到体育的社会功能，这是结构功能主义对体育的最初认识，也成为探讨体育秩序最经典的理论工具。

杜尔凯姆生活的年代正是法国社会处于空前动荡的时期，其间法国正经历着工业化、城市化、世俗化、专业化和世界大战等重大历史变革。因而，杜尔凯姆的社会学理论相对保守，他的理论多关注探究社会秩序的本质及维持秩序的困境等问题。从方法论的角度出发，杜尔凯姆热衷于针对"社会事实"的社会学研究，这些"社会事实"是指那些独立于个人控制并决定我们命运的社会力量。[①] 例如，杜尔凯姆研究了特定的社会类别（如基

---

① Durkheim, E., *The Rules of Sociological Method*（Glencoe, IL：Free Press, 1938/1895），p. 13.

督教和天主教）中自杀率的差异，他发现那些生活在相互联系较紧密的社区的人，由于家庭和宗教秩序较稳定，自杀的比例远低于那些缺乏紧密联系社区的人。这些"社会事实"在一定程度上增加或减少了那些寻求自杀的个人的行为。卢森沿用杜尔凯姆的这种研究方法，发现新教徒比其他宗教组织成员更愿意参加有组织的、强调个人主义的体育活动。① 卢森认为这个"社会事实"也许与现代体育强调的价值观以及新教所倡导的诸如严格自律的清苦生活和个人主义相吻合。

　　杜尔凯姆理论的精华还反映在他对现代劳动分工与社会秩序的理解上。杜尔凯姆认为，原始社会通过一种"机械的"社会团结的方式来实现社会融合，其中各个团体成员分享类似的角色、工作、信仰和理想。他们拥有一种共同的道德秩序或"集体良知"。这种机械的团结行为需要简单的劳动力分工、强有力的社会化力量、极少的个人主义以及社会角色的简单复制等要素的支持。反过来，工业社会需要一种"有机团结"来整合社会。"有机团结"的主要特征是更细的专业分工和横跨劳动力分工的"功能性的相互依存"关系。正因为在工业社会，社会成员的社会分工、社会角色、个性不同，才会形成一种谁都离不开谁、互相依赖的整合模式。在专业分工不断细化的过程中，现代世俗主义进一步提升了对"个人主义"的崇拜，而这种道德框架难以继续维护社会团结协作的进行。② 工业化社会的另一弊端是日益加深的在个人之间存在的社会道德标准的沦丧与叛逆行为。阶级摩擦、斗争与犯罪等社会问题的出现反映出集体良知的不断弱化。杜尔凯姆认为法国社会的现代化进程是"道德平庸变迁的阶段"，他认为一种更加凝聚的"有机团结"社会将会出现。那时"新理念、新模式"的出现是"社会和谐的向导"，但是这种"具有远见的超越现实的社会"阶段会如何

---

① Lüschen, G., "The Interdependence of Sport and Culture," *International Review for the Sociology of Sport* 2（1967）：127-142.

② Durkheim, E., *The Division of Labour in Society*（Glencoe, IL: Free Press, 1964/1893），pp. 170-172.

到来仍值得探讨。①

杜尔凯姆认为同社会结构一样，宗教中同样存在"机械"-"有机"二元对立的特征。他认为宗教仪式能够功能性地重塑集体良知。在传统社区，宗教活动有助于建立共同的敬拜行为，通过社会化和道德教化努力达到社区成员团结协作的目的。宗教的影响涉及自然与社会，无处不在。"宗教礼节"规定的"行为规范"成为人们日常生活中需要遵守的标准。宗教仪式细节及过程能进一步强化族群的行为规范。②

杜尔凯姆认为体育比赛中所呈现的各种仪式脱胎于传统的宗教活动之中。③ 最早的游戏就是古代宗教仪式的部分，它们深刻体现着社群的宗教信仰体系。追溯到公元前3000年，美洲土著印第安人进行的球类比赛活动就具有很强的宗教象征性，这些比赛的结果甚至代表生与死的战斗（输球的一方头目将被处死）。其实从历史来看，许多球类比赛活动起源于基督教出现之前，那些非教徒通过虔诚的敬拜方式来祈求风调雨顺、国泰民安。例如，在古代西班牙，摩尔人入侵者在春季举行的球类比赛活动已经转变为基督徒的大斋期节日（四旬期，即从圣灰日至复活节前的40天）。在中世纪时期，人们通过在忏悔日（基督教大斋期的前一天）举行球类比赛活动的方式来增强社区间的团结协作精神。人们通过这些类似于宗教仪式的体育活动来达到抵御外来的物质、军事和精神等层面的威胁，增强社会团结的目的。④ 体育活动还可以唤起一种神圣感，运动队可以被作为图腾使用，构成体育活动的仪式和禁忌既向个人揭示了社会秩序，又塑造了个人对过去、现在和未来的叙述。在杜尔凯姆眼中，体育活动或许是宗教仪式的载

---

① Durkheim, E., *The Elementary Forms of the Religious Life* (New York: Collier Books, 1961/1915), p. 475.

② Giddens, A., *Capitalism and Modern Social Theory* (Cambridge: Cambridge University Press, 1971), p. 108.

③ Giddens, A., *Capitalism and Modern Social Theory* (Cambridge: Cambridge University Press, 1971), p. 111.

④ Muchembled, R., *Popular Culture and Elite Culture in France 1400 - 1750* (Baton Rouge: Louisiana State University Press, 1985), p. 130.

体，又或许是世俗社会的黏合剂。

宗教对体育的影响也深刻地反映在现代体育的发展过程中。现代体育不仅保持了宗教仪式的很多特点，还深受新教文化影响。[①] 现代体育所具有的严格的组织结构、清晰的管理制度和明确的奋斗目标等特征与新教的价值观有异曲同工之处。然而，我们也看到，不同的信仰体系和文化认知所产生的冲突也在动摇着社会秩序的稳定，这种现象深刻地体现在体育系统与外在的、更广泛的社会系统之间存在的复杂的结构性关系中。早期的一些体育社会学者也对体育活动所具有的宗教功能进行了宏观的分析。

在杜尔凯姆理论观点的启示下，欧维尔曼（Overman）就新教道德伦理对现代体育的影响以及社会学起源问题进行了研究。欧维尔曼认为基督教新教主义在以下七个方面推动了现代体育的发展。第一，"禁欲主义"强调自律精神和超越自我的价值观，这为争取荣誉而克服体育训练中的艰辛提供了价值基础。第二，"理性化"将宗教信仰的实现与人的因素联系在一起，使人的本性在体育中得到了展现。第三，"个人主义"将个人的命运与万能的上帝联系在一起，这使体育参与者对自己的行为和结果有强烈的责任感。第四，"目标指引"能确保按照结果来评估人的行为，这使得现代体育行为都以输赢的结果作为评判的标准。第五，将成功与否和人的道德标准联系在一起。第六，"工作伦理"定义劳动是一种自发的倡导的行为。第七，"时间伦理"强调时间是需要被有效利用的资源。上述新教主义伦理标准已经被广泛应用于现代体育活动之中。[②]

从现代体育的演化过程来看，体育规则和体育精神的产生确实和其嵌入的文化环境有着紧密的关联。布伦伯格（Bromberger）更加具体地讨论了这种关联。他在《论足球的世界观与宗教观》一文中就足球比赛和宗教仪式进行了考察。布伦伯格归纳了足球比赛与宗教仪式在七个方面的相关性。

① Giulianotti, R., *Sport: A Critical Sociology* (Cambridge: Polity Press, 2005), p.7.

② Overman, S.J., *The Influence of the Protestant Ethic on Sport and Recreation* (Aldershot: Avebury, 1997), p.163.

第一，足球比赛在"盛大的空间"（体育场馆）进行，足球场设施完善，场内比赛气氛热烈，这与宗教场所相似。第二，与宗教仪式相似，依照权力等级，观众被有序地安排就座，其中政治领袖和主要官员坐在核心位置。第三，与宗教仪式的时间性、周期性和季节性相似，重大足球比赛赛程具有严格的时间安排和比赛周期，还有不同的赛季，比如世界杯、洲际杯等足球比赛的时间表一般很早便安排就绪。第四，参与者的角色具有类似宗教仪式的特点，球迷穿戴具有鲜明特色的服饰并沉浸于紧张的比赛气氛之中。第五，足球运动拥有有序的领导体制，正如宗教组织结构一样，上自国际足联下至各国足协，各种管理机构一应俱全。第六，与宗教仪式的程式化相似，足球比赛拥有严格的日程安排：赛前准备、热身阶段、运动员入场、进行上/下半场比赛、比赛结束、观众退场。第七，与宗教仪式一样，足球比赛具有凝聚人气的特点，相互陌生的观众聚在一起分享比赛的快乐与意义。布伦伯格对于足球比赛的观察与分析同样适用于在世界各国开展的其他体育活动。布伦伯格认为足球比赛的各个细节，包括场地、观众、VIP 席位的设定、比赛时间的安排、球员的准备活动、入场、开球、结束，都有着强烈的宗教痕迹。[①] 而体育的这种宗教性使其对维持社会团结一致的秩序做出了巨大贡献。

一般来说，虔诚的宗教信仰者非常看重精神力量的作用。宗教信仰者，特别是在工业化社会前的一些宗教信仰者常常会认为人与事、物间存在精神力量的转换关系。比如，运动员佩戴的护身符就是一种宗教象征；而啦啦队的表演也可以被视为一种宗教仪式，通过这种活动起到提振运动员士气等精神层面的作用[②]；再如，通常正式的体育比赛活动一定会在预定的时间举行，比赛前有各种仪式，观众也会通过各种方式如呼喊名字、吹哨、挥舞旗帜或标语等来表达他们对崇拜对象的虔诚。这些"敬拜对象"包括

[①] Bromberger, C., "Football as World-view and as Ritual," *French Culture Studies* 6（1995）：293-311.

[②] Robertson, R., *The Sociological Interpretation of Religion*（Oxford：Blackwell, 1970）, pp. 50-51.

他们喜爱的国家代表队、体育明星、运动项目等。从本质来看，体育明星具备了图腾化的特质：他们虽然与其支持者一样居住在尘世间，但是在某种场合（体育氛围）中就被符号化为人们敬拜的对象。这其实和动物祭品的神圣意义是一样的道理。但是在体育中，也不是所有的运动员或俱乐部都成为被敬拜的对象，只有那些成功的、富有感染力与冲击力的俱乐部或运动员才能成为最具代表性的敬拜对象。相反，成绩平平的俱乐部则乏人问津。俱乐部的支持者通过在体育馆哼唱助威歌、挥队旗、穿队服和寻找球星签名等积极的仪式来公开表达他们对俱乐部的喜爱之情，体育俱乐部在重大比赛中获胜后，其支持者通过各种狂欢活动来庆祝胜利，由此推动了社区各阶层间的融合。

一种社群现象扩展到国家范围，就是我们所看到的体育民族主义的兴起。代表国家的民族主义已经成为现代领土范畴的集体主义。罗贝拉（Llobera）认为体育和民族主义均被视为强化社会团结的有机组成部分。[1]诸如在奥运会和各类世界杯等重大国际体育比赛中有许多以国家为核心的神圣祭奠仪式，比如赛前唱国歌、开幕式各国家代表队进场、比赛后的升国旗仪式都可以被看成人们对"国家"崇拜的宗教仪式。通过这些仪式、活动增强了各国内部的凝聚力。大众传媒在转播这些国际体育赛事的同时也扮演了宣传民族主义的重要角色。通过它们的实况转播与解说，观众和他们支持的国家队被紧紧地拴在了一起，从而达到了全民族为同一目标奋斗的效果，由此增强了民族内的凝聚力，在国家的范畴内达到进一步融合的目的。

有关"世俗宗教"（secular religion）和"市政宗教"（civil religion）的概念更有助于我们进一步理解现代文化实践活动对国家机器所产生的宗教功能。所谓"世俗宗教"是指那些不以神灵为基础的理论、哲学和思想，但它们扮演着宗教的角色，规范着人们的行为及思想。比如，西方学界认为共产主义就是最典型的世俗宗教；而一些学者把美国人对自由市场的信

---

[1] Llobera, J., *The God of Modernity* (Oxford：Berg，1994), pp. 109–110.

仰也作为当代世俗宗教的代表。"市政宗教"也可以称作民间宗教，是一个国家政府（统治者）所倡导的意识形态及道德价值观。这些宗教的表达通常是通过国家领导人的讲话或由国家领导人所召集的聚会来体现的。统治者通过这些"政治活动"来达到宣传其政令以及向公众"施教"的功能，诸如皇家婚礼、国庆等重大节日庆典、纪念日集会或体育赛事等现代活动都发挥着这样的宗教功能，同时为增强国家凝聚力起到极大的作用。比如，具有"世俗宗教"之称的澳大利亚橄榄球已经渗透到社会生活的各个方面。① 这项运动的意义超越了运动本身，在澳大利亚，它已经成为现代"失落的社会"的强心剂。而作为美国"市政宗教"的棒球则崇尚"国家超越自我"的理念，反映了美国统治者力求通过棒球运动激发美国的爱国主义精神和美国之路的优越性。

虽然杜尔凯姆的结构功能主义理论非常深入地分析了体育活动的宗教功能及其对社会的整合作用，但是对于不同社会团体、机构、信仰体系以及文化之间的矛盾冲突问题，杜尔凯姆并没有做出详细的分析。比如，清教徒们认为体育运动分散人们从事生产性活动的精力，是危险的，因而反对人们参加体育活动。然而，他们不能成功阻止那些在 17~18 世纪，美洲新大陆上刚刚富裕起来的城市贸易者和土地拥有者进行体育活动。② 再如，在宗教改革发展的历史进程中出现的邪教组织，破坏了社会秩序的稳定，更有悖于体育精神，直到 19 世纪后期，整个北美社会对开展体育和娱乐活动的理念才有了积极的认识。这些历史事实反映了宗教和体育活动之间的冲突。而在现代社会，宗教对于体育的干扰也在不断加深。例如，在苏格兰格拉斯哥的两个俱乐部"突击队"（Rangers）和"凯尔特"（Celtic），前者是由很强的新教联盟主义者组成，历史上反天主教；后者是由爱尔兰天主教发起，拥有很多爱尔兰民族主义追随者。这两个俱乐部的竞争关系除

① Alomes, S., "Tales of a Dreamtime," in I. Craven (ed.), *Australian Popular Culture* (Melbourne: Cambridge University Press, 1994), pp. 46-65.

② Gorn, E. J. and W. Goldstein, *A Brief History of American Sports* (New York: Hill and Wang, 1993), pp. 34-41.

了其他结构性的因素以外，更重要的表现在其宗教意识形态上的严重对立。再如一些宗教还存在各种观点对立和歧视，如种族歧视、种姓歧视、性别歧视等，这不仅剥夺了一部分人进行体育运动的权利，也埋下了仇视的种子。现代社会中因宗教教规引发的体育冲突也源源不断，例如，因为宗教信仰，伊朗女人是不可以露出身体的，女性不仅参与体育活动存在诸多不便，就连观摩体育赛事也难以尽兴。以全球瞩目的奥运赛事为例，几乎所有的水上项目，如游泳、跳水和女性参与的田径、体操，基本被禁播。一位伊朗女球员曾经因在比赛时未佩戴头巾（未遵照教规）而被终身禁赛。这些实例可以表明，在其他社会因素参与之下，体育常常不能发挥稳定社会秩序、增强社会凝聚力的社会功能。同样，在不同的文化圈，新教主义所倡导的体育活动或体育精神也并不能起到同样的效果。比如起源于日本的合气道，其文化底蕴是日本文化，而不是西方理性主义。对于合气道创始人植芝盛平（Morihei Ueshiba）及其追随者来说，他们厌恶将合气道纳入激烈的体育竞技比赛之中，他们提倡的是个人与宇宙间能量和谐共存的关系。① 这就是基于文化冲突的体育理念冲突，而杜尔凯姆的结构功能主义理论并没有涉及这些问题。

综上所述，最古老的运动是古代宗教仪式的一个组成部分。通过共同的信仰，各个社区、个人紧密地团结在一起。现代体育受到了新教主义文化价值观的影响，保留了与宗教仪式相似的仪式、制度和精神层面的追求等。在杜尔凯姆眼中，体育活动或许是宗教仪式的载体，又或许是世俗社会的黏合剂。然而，我们也看到，不同的信仰体系和文化认知所产生的冲突也在动摇着社会秩序的稳定，这种现象深刻地体现在体育系统与外在的、更广泛的社会系统之间存在的复杂的结构性关系中。下面谈到的帕森斯和默顿的理论将在体育功能主义分析框架内提供更深刻的探讨。

---

① Guttmann, A. and Thompson, L., *Japanese Sports* (Hawaii: University of Hawaii Press, 2001), pp. 148-149.

（二）帕森斯：体育系统的维持与发展

帕森斯的理论不仅受到杜尔凯姆的影响，还受到韦伯、马克思等的影响。帕森斯的理论也影响了许多早期的体育社会学者，如卢森（Lüschen）、洛伊（Loy）、黑尼拉（Heinila）和凯尼恩（Kenyon）等。帕森斯的理论聚焦于"社会制度对社会系统维持的平衡"。在体育领域，帕森斯的 AGIL 模型常常被学者们用来探讨如何维护体育系统的平衡并实现其社会功能。除此之外，帕森斯的理论也试图回答个人如何在体育系统中实现与社会整合的问题。对于帕森斯来说，社会系统必须通过四个功能性前提（AGIL）才能维持其系统的稳定性（见图1-1）。体育作为一个社会系统也必须满足这样的功能性前提才能维护自身的运转。首先，一个国家的体育管理机构必须制定财务预算与计划报告，以此来实现其适应整个社会经济结构的功能（adaption）；其次，体育目标的制定和实现必须咨询专业人士，这样才能达到目标实现（goal attainment）；再次，通过惩罚违纪行为以及制定体育法规实现整合，增强凝聚力（integration）；最后，体育所倡导的公平竞赛等公共价值观被一代一代地传承下来，可以实现模式维持（latency）。换言之，体育系统的维持和运行必须建立在经济、政治、制度化（法律）、文化价值这四大社会因素之上。这也成为现代体育制度建设的几大要素。

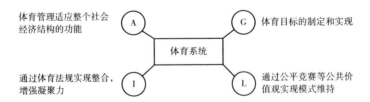

图1-1　体育系统内结构与功能示意

除此之外，在帕森斯理论的影响下，现代体育机构与组织还可通过举办体育比赛来细化 AGIL 模型的变量，如根据体育比赛的表现对运动员或俱乐部进行排名；按标准化体育规则，使用中立的裁判来达到比赛的公平性；

随着体育项目的发展，不断完善竞赛规则，使比赛更加公平公正；放弃过去单一的统一化训练指导，针对个人的特点，制定训练策略；用具有个性化的语言来激励运动员实现自身价值；随着体育比赛的快速发展，其集约化与复杂性程度大大提高，这就需要更多具备专业能力的社会中介的参与，通过专业化的劳动力分工来完成在一项体育赛事中的不同工作等。这些要素（变量）都是在当代社会环境下，影响体育系统的平衡并保证其正常运转的关键。

帕森斯的结构功能主义理论可以作为研究体育系统以及体育秩序的理论依据。在帕森斯"社会系统"理论的框架中，体育社会学者把体育作为一项整体社会行动、组织、机制、体系来进行宏观的体育社会学的分析。1967年，德国社会学家顾瑟·卢森（Günther Lüschen）发表在《国际体育社会学评论》（IRSS）上的一篇名为《论体育与文化的互相依赖关系》的文章，以行动系统为参照探讨了体育运动在文化与社会中的功能与失调，并对体育与文化的演进做了进一步的思考。卢森认为，在早期文化中，体育的功能是普遍的，通常是宗教性、集体性的，且在训练技能方面具有代表性，与成人和战争技能有关，而现代体育的功能更加体现在它对社会秩序的维持以及整合的作用中。[①]

15年后，卢森对体育的内部系统以及体育作为一个社会系统和其他社会系统的关系进行了新的结构性分析。他认为体育系统（尤其是体育竞赛及其等级系统）反映了基本的人类社会制度，体育中的竞争性和分级制就是我们现代社会的一个缩影。[②] 卢森在研究中总结出体育团体作为一个社会系统，它的结构层次与功能性问题如表1-1所示。

[①] Lüschen, G., "The Interdependence of Sport and Culture," *International Review for the Sociology of Sport* 2（1967）：127-142.

[②] Lüschen, G., *The System of Sport-problems of Methodology, Conflict and Social Stratification*（Champaign, IL：Stipes, 1981），pp. 197-213.

表 1-1　体育团体作为一个社会系统的功能

结构层次	功能性问题
价值观(成就感、公平性等)	范式的维持
标准(对比赛的定义、比赛的规则制定、对最佳团队的定义等)	整合
小集体主义(进攻或防守、团队核心领袖、派系主义、友谊等)	目标的达成
角色(团员的正式、非正式权利与义务,团队中前锋、调解人、替罪羊等角色)	适应

资料来源：Lüschen, G., "Social Stratification and Social Mobility among Young Sportsmen," in J. W. Loy and G. S. Kenyon (eds.), *Sport, Culture and Society* (New York: Macmillan, 1969), pp. 258-276。

克里斯托弗·斯蒂文森（Christopher Stevenson）和他的导师约翰·尼克松也是体育结构功能主义研究的开拓者。他们确定了体育在社会层面的五项基本功能：（1）社会情感功能，即体育活动有助于维持社会心理稳定；（2）社会化功能，即体育有传播社会道德和价值标准的作用；（3）整合功能，即体育有整合社会成员、团体以及不同文化圈从而达到社会和谐的功能；（4）政治功能，体育被用于意识形态的宣传，作为统治的工具；（5）社会流动功能，体育是一种社会资源，社会成员可以通过这种资源来提升自己的社会地位。①

虽然哈利·爱德华兹（Harry Edwards）的很多研究也是建立在结构功能主义基础上的，但是他很少被西方学者认为是体育功能主义的代表，这是因为他的政治态度及对北美种族主义的评论与保守主义相矛盾（保守主义被认为是结构功能主义的基础）。然而，他所编著的，也是北美最早的一本体育社会学教材《体育社会学》（1973）流露出一种"冲突功能主义"的观点。比如，他对球迷给出了一个独到的功能性解释："作为一种具有社会化和价值维持功能的社会制度，体育为球迷提供了一个机会，重审了既定的价值观和信仰，使球迷建立一种可接受的信仰和方法来解决他们在世俗生活中所遇到的问题和不愉快。但是，这种体育的功能不是普遍性的，

---

① Stevenson, C., "Sport as a Contemporary Social Phenomenon: A Functional Explanation," *International Journal of Physical Education* 11 (1974): 8-14.

因为体育价值观是通过不同体育项目内在特征来实现的，因此应该结合体育的不同内部特征来看这个问题。"① 这两个方面结合起来，不仅解释了球迷的热情，而且解释了为什么体育运动的追随者以男性为主。

除了一些社会学家从宏观层面把功能主义理论运用到体育与整体社会的关系的讨论以外，还有一些学者用功能主义理论的视角从中观层面对体育团体内部结构与角色，以及团体之间的关系进行了研究。例如，洛伊（Loy）分析了体育团队中的领导角色及其社会功能。他从工具性（instrumental）层面和表达性（expressive）层面对领导者在团体内部与外部关系结构中扮演的角色分化进行了分析。从工具性层面来看，为了适应外部的文化要求，赢得比赛是关键，领导者因此扮演着技术指导和管理者的角色；从团体内部来看，领导者要执行团队的决策，因此他是一位任务型领导，队员是领导实现其目的（获胜）的手段。而从表达性层面来看，领导要了解、训练和控制队员才能维持整个团队与外界的协调关系，因此领导扮演的是教育者和道德领袖的角色；而从团队内部来讲，领导要使团队有凝聚力，维持队员之间的相处关系，此时领导就扮演着情感领袖的角色，队员就成为领导者工作的目的，而不是手段了（见表1-2）。

表1-2　团队领导角色和功能的强制性在体育团队中的关系

	外部（文化）	内部（结构）
工具性层面（队员作为一种手段）	适应性问题——赢得比赛领导角色——教练作为技术指导和管理者	决策制定——执行团队的决定领导角色——作为任务领导的团队成员
表达性层面（队员作为一种目的）	模式的维持和队员的挑选——了解、训练以及控制队员领导角色——教练作为教育者和道德领袖	整合问题——使队员能很好相处领导角色——作为情感领袖的团队成员

资料来源：Loy, J. W. and Kenyon, G. S. (eds.), *Sport*, *Culture and Society* (New York: Macmillan, 1969), p. 69。

① Edwards, H., *Sociology of Sport* (Homewood, IL: Dorsey Press, 2005/1973), p. 243.

芮丝（Roger Rees）和赛格尔（Mary Segal）进而对运动队中的领导角色进行了研究。通过考察北美两个大学的橄榄球队，他们分析了任务型队长（task leaders）和社会情感型队长（socio-emotional leaders）的产生过程及其功能。任务型队长一般是运动队里面技术最好的球员，而社会情感型队长往往是那些为团队凝聚力贡献最多的球员。因此，在选任务型队长时，队员们倾向于选那些技术好、有能力的人；而在队里多年的经验则是决定社会情感型队长的一个重要因素。[①]

卡列文·黑尼拉（Kalevi Heinila）和多多纳·秀雄（Hideo Tatano）的结构功能主义观点对于以英语为母语的体育社会学家来说并不那么广为人知，因为他们的大多数出版物是以各自的母语——芬兰语和日语出版的。芬兰学者黑尼拉于1966年在《国际体育社会学评论》上发表的《论国际体育群体间的冲突》一文从结构功能主义的角度讨论了善意功能在体育意识形态中的意义。[②] 除此之外，黑尼拉还采用帕森斯所提出的社会系统的四个基本功能（适应、目标实现、模式维持和整合）把足球运动作为一个社会系统来分析。首先，他认为足球的技术特点提升了系统的目标实现功能，因为足球技术的基本要求就是确立自己的目标并调整目标的轻重缓急，最终确定实现目标的手段；其次，足球训练反映了适应功能，因为训练的过程中要求运动员适应环境并从环境中获得资源，使之得以生存和发展；再次，足球比赛实现了它的价值和模式维持功能，比赛传达了一种能力和竞争的价值观，这是体育最基本的模式；最后，裁判则体现了生物体的整合功能，因为裁判可以维持整场比赛的秩序和比赛的整体感。[③] 多多纳·秀雄是一位日本学者，他于1981年在《国际体育社会学评论》上发表的名为

① Rees, R. and Segal, M., "Role Differentiation in Groups: The Relationship Between Instrumental and Expressive Leadership," *Small Group Behaviour* 15 (1984): 109–123.

② Heinila, K., "Note on the Inter-group Conflicts in International Sport," *International Review for the Sociology of Sport* 1 (1966): 31–40.

③ Heinila, K., "Football at the Crossroad," *International Review for the Sociology of Sport* 4 (1969): 5–30.

《体育作为文化的模式性建构：论体育的系统分析》的文章强调了体育符号的重要性。按照帕森斯的观点，他将体育符号分成了三类：一是认知性或工具性体育符号；二是表达性体育符号；三是评价性或综合性体育符号。他将体育符号与体育系统联系起来，并运用于体育现象的宏观及微观分析之中。最后，他指出，即使体育不是一个封闭和独立的系统，我们也可以系统地分析这些复杂的体育现象，我们可以从分析体育系统与其他社会系统之间的结构功能性内在关系与动力机制入手。[①]

（三）默顿：体育功能的类型

默顿将社会行动的功能划分为显功能（manifest functions）和潜功能（latent functions）两大类。显功能是指社会活动者有意识地在社会系统中发挥的积极作用。潜功能是指不被社会活动者有意识发挥或认可的功能。除此之外，默顿也从功能的结果出发，把社会行动分为负功能的（dysfunctional）和正功能的（eufunctional）。负功能的活动或许对某些特定的社会团体有一定作用，但是在总体上会损害社会体系的健康发展。而正功能的活动则比较中立，不会对社会系统产生任何效果。例如，用体育活动来宣传反对吸烟，其显功能是增强了公众"吸烟有害健康"的意识；其潜功能是将有共识的观众（认为吸烟有害健康的群体和反对这种认识的群体）绑在了一起；其正功能体现在对于那些外来的参观者，这种宣传没有任何意义，因为他们并不长期生活在这个社区；其负功能则是有可能使人们对吸烟者产生神经性恐惧，甚至使吸烟者远离体育。

默顿还强调在社会系统中文化目标与社会结构（或"机构工具"）间可能存在割裂关系。[②] 例如，穷人社区与富人社区可能具有共同的文化目标，但是穷人社区没有实现这些目标的机构工具。20 世纪 20 年代，美国意

---

① Tatano，H.，"A Model-construction of Sport as a Culture：A Working Paper Towards a Systematic Analysis of Sport," *International Review for the Sociology of Sport* 16（1981）：5-28.

② Merton，R.K.，"Social Structure and Anomie," *American Sociological Review* 3（1938）：672-682.

大利裔移民渴望实现美国梦（财富创造），但是缺乏结构性的工具（教育、平等的就业机会）来实现这些目标。结果，许多美国意大利裔移民通过犯罪来达到他们的文化目标。默顿认为个人对其文化目标与机构工具的回应可以总结为服从、创新、遵守、回避、反抗这五个方面。[①] 以美国橄榄球运动为例[②]，美国高中和大学（社会结构）组织开展的橄榄球运动的文化目标是强化男青年的男子汉形象（文化价值），对于这种文化目标，学生们的回应可以分为五种。

其一，服从：个人在认可的机构服从于特定的文化目标。如在大学进行橄榄球运动时表现出积极、勇猛、相互竞争的"男子气"行为。

其二，创新：个人将其文化目标实现于其他领域。如在大学之外进行其他的体育运动时也表现出积极、勇猛、相互竞争的"男子气"行为。

其三，遵守：个人不认同其文化目标，但遵守机构工具。如经常参加橄榄球队的活动，详细了解其比赛规则和过程等，但并不表现出积极、勇猛、相互竞争的"男子气"行为。

其四，回避：个人既不认同文化目标也不认同机构工具。如根本不参与橄榄球这项体育活动。

其五，反抗：个人用其他激进的方式来反对文化目标和机构工具。如参加非竞争性的体育活动或干脆离开体育机构等。

服从是维护社会系统稳定的最有效的功能性策略，尽管美国橄榄球运动所体现的维护男子汉形象的文化目标的局部功能是负面的，但是在维持特定团体结构稳定方面的作用是显著的。此外，默顿认为，社会制度的某些方面可能对某些人起作用，但对其他人则不起作用。例如，在国庆节期间举行体育赛事是很常见的。这对希望观看奥运会的球迷来说很方便，但对那些可能更愿意和家人在一起的运动员来说就不那么方便了。

① Merton，R. K.，*Social Theory and Social Structure*（New York：Free Press，1968），p. 97.

② Giulianotti，R.，"Durkheimian Elements，Religion，Integration and Social Order in Sport，" in *Sport：A Critical Sociology*（Cambridge：Polity Press，2005），p. 10.

受到默顿理论的影响，结构功能主义也常常被用于解释和研究体育亚文化问题。比如，体育如何维持亚文化圈的行为模式，又如何来整合它的成员从而实现他们追求的目标，他们又是如何适应主流文化的。值得注意的是，很多对体育亚文化的功能分析是围绕着体育失范来展开的，比如越轨、欺骗、药物滥用以及运动员使用兴奋剂问题。另外，一些社会学家也非常关注体育亚文化是如何抵抗主流文化的压力的。普里（Pooley）对体育亚文化结构的分析最为深入，他研究了美国少数民族足球俱乐部以及主流文化对这种民族体育文化的同化问题。他提出了两个基本问题：（1）在何种程度上参加少数民族足球俱乐部会积极地或消极地影响成员与主流文化的融合？（2）从结构和功能的层面上来看，俱乐部里哪些要素是直接影响文化融合的原因？最后他发现俱乐部内部的政策是阻碍融合或同化的主要原因。①

帕森斯理论的假设基础是社会系统能够在整体上有效地自动运行，但实际上，体育管理机构经常受其内部纠纷影响，甚至无法运作下去，比如财政紧缩面临破产、会员流失、队员间的利益冲突、管理层和队员间的不和等。而默顿的"中层理论"则通过研究社会系统内部特殊因素对整体系统的影响，从更谨慎和实际的角度修正了帕森斯的结构功能主义。默顿认为现代社会存在结构性差异，进而解释了功能性角色的偏差问题。和帕森斯一样，默顿过多地描述了对特定结构和文化环境的社会回应，却没有进一步解释这种社会回应存在的原因和复杂性。同时，帕森斯和默顿强调功能主义视角下的社会秩序和社会需求的重要性，但是他们忽视了分析社会系统间各个团体的冲突问题。

在这个方面，冲突理论代表人物刘易斯·A. 科瑟（Lewis A. Coser）于1956年所著的《社会冲突的功能》一书，为体育功能的挖掘拓展了新的维度，结构功能主义也因此被大量地运用到体育情境中的群体竞争和群体冲

---

① Pooley, J., "Ethnic Soccer Clubs in Milwaukee: A Study in Assimilation," in M. Hart (ed.), *Sport in the Sociocultural Process* (Dubuque, IA: Wm. C. Brown, 1976), pp. 475-492.

突的研究。科瑟在书中分析了社会冲突的 16 项功能，其中 4 项和体育冲突研究有关：（1）团队的约束功能；（2）释放敌意的安全阀功能；（3）找寻对手的替罪羊功能；（4）获得同盟的功能。最详尽地用此观点来研究体育冲突和紧张关系的学者包括诺贝特·埃利亚斯（Norbert Elias）和艾瑞克·邓宁（Eric Dunning）。埃利亚斯和邓宁从 1966 年开始就以橄榄球比赛为案例研究在比赛中两队之间的对立、紧张、对抗处境以及在各队内部成员之间的合作与竞争关系，从结构功能上分析了队与队之间、队员与队员之间以及参赛者与观众之间，如何在结构及过程中实现平衡，在比赛中促进竞争、表现超越，以达到整体比赛的完美性。

（四）戈夫曼：微观体育秩序

欧文·戈夫曼（Erving Goffman）将杜尔凯姆社会学理论发展到一个新的阶段。杜尔凯姆理论主要是从宏观社会学的视角进行阐述，而戈夫曼则主要从社会交互影响的微观层面对社会功能进行分析。[1] 戈夫曼所研究的主题其实与杜尔凯姆十分相似，例如，有关社会生活中的社会秩序和宗教仪式问题等，二者的不同在于戈夫曼的研究出发点是个体而不是整体。[2] 虽然如此，戈夫曼的微观论其实也受到了杜尔凯姆对个体论述的观点的启发，例如，"人的个性非常神圣，它是不能违背也超越不了的，而最优质的个性是在与别人分享与交流的过程中产生出来的"[3]。在杜尔凯姆的基础上，戈夫曼延伸为："社会共同的价值观"反映在个人的公开"表现"中；而个人在公共场所的表现就是"对社会道德价值观进行抒发和重塑"的一种仪式。[4]

戈夫曼认为，现代社会中每个人的"面子"都是"神圣的"。"面子"

---

① 戈夫曼也是符号互动理论的代表人物。

② Burns，T.，*Erving Goffman*（London：Routledge，1992），pp. 361-362.

③ Goffman，E.，*Interaction Ritual*（Harmondsworth：Penguin，1967），p. 73.

④ Goffman，E.，*The Presentation of Self in Everyday Life*（Harmondsworth：Penguin，1959），p. 45.

代表了人在社会交往活动中积极的一面，而社会交往活动中的各种礼节有助于维护个人的面子。这些礼节包括正面积极性的礼节和负面消极性的礼节，这两种礼节都起到保护个人形象的作用。积极性的礼节包括相互间的寒暄、问候以及其他有助于建立和维护社会交流的"现实可行的礼节"。消极性的礼节包括可规避性礼节，如减少与陌生人的身体接触、在繁忙的大街上两人相撞时相互道歉等。杜尔凯姆认为礼节是在社会交往活动中保护自身形象（面子）的规则，戈夫曼从正负两方面，进一步补充了杜尔凯姆关于礼节功能性的观点。

　　戈夫曼的"戏剧模型"是将社会互动比喻为一幕戏剧演出，作为社会演员，我们努力向观众展示自己独特的形象。我们的角色、剧本、道具以及舞台设计等各个方面被有机地以"印象管理"的方式组织在一起，实现了维护戏剧正常演出的效果。如果我们的演出不顺利，或者观众对我们的相关信息提出疑问，其结果将影响我们的诚信和演出的业绩。[①] 同样在真实的社会生活中，个人也不得不为了自己的"面子"而受到"印象管理"的约束去进行"社会表演"，其结果就是维护了社会的正常秩序。以此为出发点，戈夫曼就体育明星的行为进行了分析。戈夫曼认为，由于体育明星的面孔为大家所熟知，所以体育明星的"面子"更加具有"神圣性"，因而他们在交往活动中带有很多的正面和负面的礼节。例如，体育记者问候和介绍运动员时会用很多赞美之词积极肯定他们取得的成就。当采访者或观众对某些问题产生误解或感到困惑时运动员会主动道歉。而体育明星也会仔细地进行自己的"印象管理"，比如注意仪表以及举止等以免向社会传递对其声誉不利的信息。戈夫曼还提出了"战略互动"模型，其是用游戏（game）作为一种隐喻去了解动态互动的。这一模型特别适用于研究体育运动，运动员和团队通过欺骗、误导、假装和闪避来强化其竞争

---

① Goffman, E., *The Presentation of Self in Everyday Life*（Harmondsworth：Penguin，1959），p. 46.

优势。[1]

戈夫曼微观社会学的理论框架被一些体育社会学家应用到体育研究中。比如，针对英国足球，朱利亚诺蒂（Giulianotti）和奥尼尔（O'Neill）用戈夫曼"印象管理"的分析模式向我们展示了足球俱乐部的球迷和警察之间的社会互动。[2] 他们讨论了这两者如何在"印象管理"的作用下，在互动中扮演自己的角色，维护自己的形象，并以此维持整个体育秩序。除此之外，英格汉（Ingham）用戈夫曼微观社会学的视角对职业体育中的亚文化问题进行了研究。[3] 他的研究弥补了戈夫曼未能分析体育中的结构性压制问题的不足，同时也指出戈夫曼未能在伦理道德层面分析个人的社会表演，比如一些社会活动者以个人利益为中心并缺乏诚信，对于这种现象，戈夫曼并没有做过多的解释。比瑞尔（Birrell）则更加详细地用戈夫曼的理论讨论了体育问题。[4] 比瑞尔认为，体育比赛是一种礼节性的竞技比赛，个人通过展现其勇气、竞技状态、气质和完整性等综合素质来实现其英雄形象。[5] 他们的性格要素中具备了戈夫曼式的"将个人的整个竞争力随时保持在良好的状态和完全的自我控制下"的能力。这与体育经典定义相似，即体育的伟大表现在"压力下的优雅"之中。换言之，在高压下展示自己的最佳竞技水平是体育精神的展现。这也体现了个人为了适应更重要的社会环境，而不得不对自己进行自我控制的社会事实。

综上所述，无论是宏观结构功能主义还是微观结构功能主义，就像杰·科克利（Jay Coakley）所指出的，"体育结构功能主义者们大多是站在

① Goffman, E., *Frame Analysis* (Cambridge: Harvard University Press, 1974), p. 56.
② Giulianotti, R., *Scotland's Tartan Army in Italy* (Aberdeen: University of Aberdeen Press, 1991), p. 503.
③ Ingham, A. G., *Occupational Subcultures in the Work World of Sport* (Reading, Mass: Addison-Wesley, 1975), p. 178.
④ Birrell, S., *Sporting Encounters* (Amherst: University of Massachusetts Press, 1978), p. 61.
⑤ Birrell, S., "Sport as Ritual," *Social Forces* 60 (1981): 365-372.

统治者以及体育决策集团的立场上的"①。他们的研究分析大多也是为了论证体育作为一种统治工具对于现行社会制度的维持，其所提出的体育政策符合统治者维持社会秩序的目的。比如，在青年人群中发展集体体育项目是为了在年轻人中间树立一种团结合作的价值观；发展学校体育运动以及组织校际比赛是为了培养学生对母校的忠诚和荣誉感；发展妇女体育运动是为了激励女性的成就感，让她们觉得不被排斥在社会主流之外，从而减少社会矛盾；奥林匹克运动的开展被认为是为了树立一种国际亲善形象来宣传国际主导的价值观，从而达到世界大同。很多学者喜欢采用结构功能主义的观点，是因为他们倾向于看到体育的积极方面；而处于统治地位的集团更喜欢用体育功能主义来美化现有社会，避免社会矛盾和激进的社会运动，从而最大限度地维护他们已有的特权和社会影响。直到 20 世纪 60 年代，体育功能主义的传统一直影响着西方体育界的话语权和发展趋势。

四　对结构功能主义理论的批判与展望

（一）结构功能主义理论的局限性

从 20 世纪 30 年代末到 60 年代初，功能主义理论在北美体育社会学研究中一直处于主导地位。到了 60 年代，一些学者不仅对这种理论在体育社会学研究中的方法、逻辑、意识形态以及政治态度等方面提出了批评，而且对功能主义理论本身产生了质疑。

从方法论来讲，批评家们认为，功能主义理论一方面存在很强的主观目的性，另一方面又过多地依赖自然科学，强调社会的"生物功能"。首先，他们认为功能主义理论冗长而赘述，对社会结构和系统的定义含糊。

---

① Coakley, J., *Sport in Society: Issues and Controversies* (New York: McGraw-Hill Publishing Co., 2001), p. 37.

批评者认为结构功能主义所定义的各个社会变量都是建立在彼此关系的基础之上的，研究者很难在实际研究中度量。其次，结构功能主义者自认为其观点是建立在所谓科学的基础上，倡导用实证主义的方法去研究社会问题，功能主义者把社会看成了简单的生物体，而忽视了社会中很多的可变因素。随之而来的就是对实证主义研究方法论的反思，并对早期北美的体育社会学所倡导的价值中立、统计分析的量化研究方法进行了批判。在意识形态以及政治态度上，批评家们认为结构功能主义的观点比较保守，过度强调用社会制度保持平衡，无法解释社会变革。一是因为它忽视了社会变化和冲突；二是它只强调研究那些有利于维持社会系统永恒性的因素，导致功能主义者忽视了约束；三是它假设人是社会结构中的一个细胞，是由社会支配的被动体。这种假设导致他们在分析体育现象时常常忽视体育参与者的主观因素。

对于功能主义理论本身，批评家们认为其存在两个基本的偏见：一是强调当代性而忽视历史性以及社会变迁；二是强调整合而忽视不同。首先，他们认为功能主义理论框架是建立在当代社会发展所出现的问题之上的，它没有充分反映社会发展变化的历史过程。一些理论家认为功能主义理论框架不包含历史因素，他们假设现在所发生的事情与以前的事情没有任何关系，因此在研究问题时只考虑当前的因素而不去探究历史对此事件是否有影响。[①] 但也有学者反对这样的抨击，他们认为，杜尔凯姆、帕森斯、默顿等功能主义的创始人在理论建构中实际上考虑到了社会历史演变的因素。而在其后的体育功能主义研究中，很多学者也注意到了这些问题，比如黑尼拉在1969年对足球的研究中，采用了帕森斯的功能主义分析模型，描绘了足球从业余体育活动转向职业化过程中统一的标准、规则是如何形成并促进足球运动的形成和发展的。[②]

---

① Zeitlin, I. M., *Rethinking Sociology: A Critique of Contemporary Theory* (New York: Appleton-Century-Crofts, 1973), p. 142.

② Heinila, K., "Football at the Crossroads," *International Review for the Sociology of Sport* 4 (1969): 5-30.

除此之外，批评家们还认为，结构功能主义过于强调社会的规范性、一致性，这样夸大了社会的整体性、统一性、稳定性及和谐性，忽视了社会冲突的重要性。[①] 这种思潮在 20 世纪 60 年代末到 70 年代初引起了学界关于社会同一性与矛盾性的争论。结构功能主义认为社会是一个统一体，社会成员拥有同样的行为标准与道德观，而社会秩序是建立在这种大家一致默认的标准之上的，社会变迁也是缓慢有序的。冲突理论则认为社会成员其实分为统治群体与被统治群体，而社会秩序就是建立在统治群体对被统治群体的操纵和控制上的。社会变迁是由被统治群体对统治群体的反抗造成的，因此是无序、快速和激进的。对统一性和冲突性的争论也影响到了当时的体育社会学研究，因此体育社会学明显分成了两个派别。我们可以从迈克尔·诺瓦克（Michael Novak）在 1976 年所著的《体育的欢乐》[②] 和简-玛丽·博姆（Jean-Marie Brohm）在 1978 年所著的《体育：时间的监狱》[③] 来进行比较。

《体育的欢乐》一书中写道："体育发挥的是一种服务于信仰的功能，信仰反映出人们的一种无意识的文化需求，而体育恰恰符合了这种需求。"[④] 比如棒球反映了一种乡村文化。棒球比赛的单位是独立的队员个体，但是队员之间又是互相鼓励、互相帮助和协同努力的关系，这符合美国乡村的文化追求。而橄榄球则是反映现实生活的一种运动，各种障碍、突破、防守、反击、暴力、激烈的竞争等特点都是移民在美国社会生活的写照。篮球则象征着黑人城市文化风格，世故、精明、冷静、诱骗、迅速、引人注目但华而不实。通过这些类比，诺瓦克认为体育其实也和宗教的功能相似，反映一种文化并维持着人们对这种文化的信仰。但诺瓦克同时也指出，体育也可能在娱乐化及职业化的影响下丧失这种功能。

和诺瓦克的观点相反，博姆认为体育是一种政治、意识形态和欺骗大

---

① Cohen，P.，*Modern Social Theory*（New York：Basic Books，1968），p. 203.

② Novak，M.，*The Joy of Sports*（New York：Harcourt，Brace & World，1976），p. 13.

③ Brohm，J.-M.，*Sport：A Prison of Measured Time*（London：Ink Link，1978），p. 215.

④ Novak，M.，*The Joy of Sports*（New York：Harcourt，Brace & World，1976），p. 17.

众的工具。体育在西方实际上是由资产阶级控制并担负着维持资本主义生产模式及资本主义规则的一种职能。博姆认为体育掩盖并混淆了阶级冲突。在统治集团的控制下，体育被利用来去政治化、掩盖阶级压迫、培养年轻劳动力、传扬一种商品关系。博姆认为必须采取革命行动来建立一种新的体育秩序。

除此之外，还有学者批评结构功能主义理论对社会生活的描述过于确定，缺少对社会行动者创造力的关注，缺少对黑暗面的审视，为此，结构功能主义需要更强大、批判性的权力关系理论。

（二）新结构功能主义的诞生

20 世纪 80 年代以来，随着老一辈社会学家的隐退和新一代社会学家的崛起，社会学理论的发展呈现崭新的景象。新结构功能主义的兴起就是一个重要表现。新结构功能主义的代表人物有德国社会学家卢曼（Luhmann）、明希（Munch）和美国社会学家斯梅尔塞（Smelser）、科勒米（Colomy）等。但新结构功能主义观点的最有力倡导者，当数美国年轻的社会学家杰弗里·亚历山大（Alexander），他首先使用"新结构功能主义"一词，并在此方面提出了富有创建性的理论观点。最重要的是，他用这一新的观点对社会学理论传统做了诠释与重建。

亚历山大自 20 世纪 80 年代以来，出版了一系列有影响的理论著作，旗帜鲜明地倡导新结构功能主义观点。他在《新功能主义》（*Neo-functionalism*）一书的导言中，首次系统阐述了新结构功能主义观点。他指出，新结构功能主义虽然不是帕森斯功能主义的翻版，但二者的确有某种亲缘关系。他说"功能主义"这一术语"所指的并非一套概念，一种方法、模式或意识形态。毋宁说它指的是一种传统"[①]。他认为应从以下方面去理解这一理论传统。（1）结构功能主义虽然没有在解释性方面提供一种模式，但它提供的是社会各部分之间相互关系的基本图景，在更具描述性方面提

① Alexander, J. C., *Neofunctionalism*（Beverly Hills：Sage, 1985），p. 9.

供了一种模式。（2）结构功能主义像关注结构一样关注行动，包括表意性的行动（expressive action）和目的性行动。（3）结构功能主义认为整合是一种可能性，而社会控制的变异和过程是事实。均衡论尽管不能作为对实际社会系统分析的参考点，但可以作为结构功能主义系统分析的参考点。（4）结构功能主义假定人格、文化与社会之间的区分对社会结构来说是必要的，而且它们之间的作用所产生的紧张是变迁和控制的持续根源。所以，结构功能主义除了关注社会性或制度性的分析外，也需要关注主体性和社会化问题。（5）结构功能主义把分化看作社会变迁的主要形式，分化也是导致个人化与制度性强制的主要形式。

　　亚历山大指出，随着人们对功能主义传统的再认识，已形成了一种明显的关注功能主义的学术取向。他说："已经出现的这种新认识与其说是一种理论，不如说是一种广义的学术趋向。新功能主义与传统的以帕森斯为代表的功能主义的关系是扬弃或超越。"用亚历山大等人的话说，就是"重建"。亚历山大对功能主义理论的重建，突出表现在其方法论和研究取向等方面的转向。

　　首先，从方法论来看，新功能主义的方法论基础是后实证主义，而传统的功能主义的方法论基础是实证主义。亚历山大在其《社会学的理论逻辑》第一卷中，通篇分析了后实证主义与实证主义在方法论上的对立性。他提出，传统的实证主义有四个基本假定：第一，认为经验观察与非经验陈述之间有认识论上的根本分野；第二，认为普遍性或抽象性的东西对经验趋向的学科没有重要意义；第三，认为一般性和理论性的问题只能通过经验观察来加以评价；第四，认为科学的发展是"渐进性的"，即直线性和累积性的。后实证主义也有四个基本假定：第一，所有科学资料都受理论的指导，事实与理论的区分既不是出于认识论上的需要，也不是出于本体论上的需要，而是出于分析上的需要；第二，科学成果并不仅仅依赖于经验证明；第三，一般性理论的形成是武断的和平行的，不是怀疑性的和垂直的；第四，只有当经验事实的变化为新的理论所认识后，才会出现科学观念的根本变化。

亚历山大基于其后实证主义观点，对传统的科学观做了更新。他提出："科学可以被看作这样一种学术过程，它产生于两种不同的环境脉络之中：一是经验观察到的世界，二是非经验的形而上学世界。"① 根据这种科学观，社会学研究可以在不同的概括性水平上进行，而且可以提出不同的话语方式。但受社会历史等因素的影响，话语方式的选择又受到一定限制。所以，研究不仅依赖于经验基础，还依赖于非经验的意识，即认为社会学理论在时空上并非沿科学的方向连续发展，而是由传统所传递并为人们所创造的。

其次，从研究取向来看，新功能主义倾向于新的理论综合。二战后西方社会学理论的发展经历了两个阶段。第一阶段是从二战后到 20 世纪 60 年代初。在此阶段，帕森斯和默顿的功能主义理论占据主导地位。第二阶段是从 60 年代到 80 年代初。在这一阶段，功能主义观点受到了强烈批评，而各种替代性的理论观点纷纷登场。亚历山大称当时社会学界的情形犹如国王死了，群龙无首。但 80 年代后，社会学理论的发展出现了重大转机。新功能主义等一批新的追求理论综合的观点开始出现。亚历山大称这一发展为"新理论运动"。新理论运动的出现具有重要的学术和社会背景。从学术方面来看，后实证主义等观点的兴起，赋予学术界以新的希望。从社会方面来看，人们对科学以及社会学自身有了新的认识，更接近"和平的多元主义"。亚历山大等新功能主义的倡导者明确指出："新功能主义本身或许比任何其他的理论更能代表一种典型的综合性理论形式。"② 他们认为正是在这一点上，他们坚持了帕森斯功能主义的基本宗旨，并认为帕森斯的分析模型为这种新综合提供了唯一可靠的基础。他们试图融合不同的理论观点，在行动与秩序之间、冲突与稳定之间、结构与文化之间确立起新

---

① Alexander, J.C., *Theoretical Logic in Sociology* (Berkeley: University of California Press, 1982), p. 2.

② Alexander, J.C., *Neofunctionalism* (Beverly Hills: Sage, 1985), p. 10.

的关系。而追求综合的一个重要努力方向是实现微观分析与宏观分析的结合。

亚历山大的理论综合体现在对社会行动和社会结构的重新解释上。他在批判地吸收各种微观理论观点的基础上，提出了一个新的分析模型。根据其解释模型，个体的行动是应变行动（contingent action），它具有解释性和策略性两个基本要素和特征。他认为行动沿两个基本维度发展——解释性和策略性，行动是可理解的，但它同时又是实践性和功利性的。行动的这两个方面应该被看作经验意识流中的分析性要素。它们既不代表不同种类的行动，也不代表单一行动中不同时点的不同侧重方面。任何行动都是解释性和策略性的；每一个过程在任何一个时间都是连续发生的。①

亚历山大所说的行动的解释性由两个不同的过程构成：典型化和创新。前者是指从现象学观点来看，所有行动者都把自己对世界的理解当作真实的。这构成了社会行动的意义性方面。但典型化的行动并不是重复性的，人们总是在寻求创新。从策略性的特征来看，行动并不仅仅在于理解世界，它同时是为了改变和作用于世界。行动者总是在努力通过实践去实现自己的创新。但亚历山大同时又提出，应变行动并不等同于经验观念上的个体行为。他说行动总是发生在一定的集体性结构环境之中。而构成行动环境的要素或系统有三种：人格、文化和社会。前两者属于行动的内部环境，而社会是行动的外部环境。他认为，行动可以看作在心理、文化和社会环境之间的流动。这样，行动过程便与结构（或秩序）要素连成了一体。正是在这一点上，亚历山大得出结论："由于应变行动是意义性的，所以对意义的性质和要素的更复杂的理解成为任何微观与宏观结合的中心问题。"②意义与文化系统密切关联。所以亚历山大考察的重点问题是文化及社会的

① Alexander, J. C., *Action and Its Environments* (New York：Columbia University Press, 1988), p. 312.

② Alexander, J. C., *Action and Its Environments* (New York：Columbia University Press, 1988), p. 7.

分化。

综上可以看出，亚历山大的社会行动和社会结构观已超越了帕森斯的观点。他的理论强调两个突出的思想：一是社会行动的应变性；二是多维的社会结构观。他的研究为我们认识社会行动与结构的关系提供了新的视角，为功能主义理论的发展注入了新的活力。如科勒米所说："功能主义没有死亡，相反，有迹象表明功能主义传统正在获得新生。"①

80 年代以来，在新结构功能主义浪潮中，学者们也开始用这种新的思路来研究体育现象，这些研究主要体现在对体育内部冲突和多元性的讨论上，比如在不同文化圈下体育发展模式、体育精神的本质、体育商业化问题、体育与个人、体育与政府、体育与社会团体之间的冲突与合作关系等问题。同时，一些学者也提出体育社会学研究应该综合其他研究理论对传统的单一理论分析模式进行补充。比如卢森就提出应该将体育生理学、体育心理学、体育社会学以及体育哲学合并起来建立一套新的体育科学分析模式，这样不仅整合了体育科学，而且拓展了体育社会学的视角。②

五　结构功能主义理论对体育研究的启示

对于结构功能主义学者来说，体育是一种社会制度，它向体育参与者传递着某种社会价值观，并维持着社会秩序。但是，体育对社会的功能只能在与其他社会要素的结合中才能体现出来，这些要素包括家庭、教育、宗教等，这为体育社会学家的研究提供了诸多的启发。

首先，结构功能主义者认为体育首先是一个次文化体系（sub-cultural

① Colomy, P., "Recent Development in the Functionalist Approach to Change," *Sociological Focus* 19 (1986): 139-158.

② Lüschen, G., "On Theory of Science for the Sociology of Sport: New Structuralism, Action, Intention and Practical Meanings," *International Review for the Sociology of Sport* 25 (1990): 69-83.

system），它可以教会人们基本的社会价值观与道德标准，这体现了体育的社会情感以及维持社会秩序的功能。围绕着这一功能，我们可以研究体育运动在控制和释放紧张情绪中所发挥的作用；体育在增强社会凝聚力中所发挥的作用；体育参与对个人和社会发展所发挥的作用等。同时，结构功能主义者认为运动队在基本的社会价值观和道德标准上达成共识，才能使整个体育系统保持平衡并降低解散的风险。为保持体育系统的平衡，我们可以研究如何鼓励运动队成员遵守运动队的价值观和规范；如何应对球员挑战运动队的主流价值观和规范的现象；如何协调集体主义与个人主义行为的关系；分析理解职业体育中的球员交易、解雇问题；运动队的球员、教练在体育系统中的工作方式；等等。

其次，结构功能主义者认为，体育实践可以通过集体的展示将社会成员整合起来，同时，体育也是一种社会角色塑造的工具，它会影响个体社会角色的学习过程。为此，我们就体育在个人、团体、社区之间的协调和整合中所发挥的作用，体育在和谐社会中的贡献，如何发展和组织体育活动，奥运会与全球和平和发展，如何增加体育的机会，学校体育和校外体育计划的重要性，设置精英体育成功课程的重要性，增加对运动员的监督和控制的重要性等方面展开研究。

再次，社会流动功能主义者认为，体育运动为个人提供了一个提高社会地位和改善经济条件的机会。为此，可以就体育的经济功能、体育的拼搏精神对个人的成功所发挥的作用，体育在个人的社会化进程中发挥的作用，直接或间接参与体育运动所带来的机会（升学、就业）等方面进行研究。

最后，用结构功能主义理论的视角可以解释很多体育现象。例如，体育制度及其背后的经济、政治、社会、文化因素；体育治理的系统性问题；运动健康促进的社会机理；学校体育对学生社会化的影响；大力弘扬体育精神的系统因素；等等。

简而言之，结构功能主义理论有助于学者探讨体育如何帮助社会、社区、组织以及团体平稳地运转，同时也有助于探讨个人如何在参与体育的过程中为社会做出贡献。但是学者们在应用结构功能主义的同时也要注意到结构功能主义的不足，需要克服传统结构功能主义的"反个人主义"、"忽视变迁"、"保守主义"以及对社会多元化的轻视等缺点，要在新结构功能主义的倡导下，突破原有分析模式的局限，更加有针对性地对新时期所出现的体育现象进行解释和分析。

阶级、分层与社会排斥

——冲突理论的视野

一　引言

冲突理论（Conflict Theory）是 20 世纪 50 年代中后期形成的社会学经典理论之一，着重探讨了社会冲突的本质和根源及其在社会生活中的作用等。如果说功能主义理论强调的是社会价值观的分享与社会秩序的和谐，冲突理论则强调了社会分化及其产生的冲突。卡尔·马克思（Karl Marx）是冲突理论学派的主要代表人物，他认为社会的存在取决于人们如何组织起来为满足他们的物质需求而努力。从原始社会到先进的工业社会，社会前进的动力是生产力与生产关系的互动。根据马克思主义理论，生产力和生产关系的矛盾必然会导致社会阶级的分化。一方是统治阶级，另一方是被统治阶级。冲突理论认为社会冲突是维护社会秩序和导致社会变迁的根源。

冲突理论思潮也激发了学者对体育制度更深入的思考，例如，体育是如何渗透于精英阶层并巩固其权力与特权的、体育如何变成经济剥削与压迫的工具、体育中的经济与政治的关系等。根据冲突理论，体育也是由那些掌握经济权力的人所组织和赞助的，目的是确立一种建立在资本基础上的竞争、生产与消费的关系。在体育领域中，冲突理论被广泛用于讨论由于阶级剥削所产生的体育的异化、阶级在体育中的冲突、体育分层现象、体育中的社会排斥与歧视、体育冲突的功能等问题。

二　冲突理论及其沿革

进入 20 世纪 60 年代后，西方各种社会矛盾日益激化，造成社会动荡不安，结构功能主义理论已无法应对这些新出现的社会矛盾，人们渴求对社会凸显的种种冲突和矛盾进行理论上的解释，因而产生了冲突理论。

（一）"社会冲突"的概念与特征

社会冲突是指社会主体之间由于需求、利益、身份、地位、价值观念的差别和对立而引起的相互反对的社会互动行为。从这个概念来看，社会冲突有几层含义：首先，社会冲突是发生在社会领域内的互动行为；其次，社会冲突是社会主体之间的互动行为；再次，社会冲突是社会主体之间由差异或对立引起的互动行为；最后，这种互动一般来说是反对或对抗。

社会冲突具有普遍性、复杂性、时代性、多样化等特征。从时间和空间角度来看，社会冲突在各个历史时期、世界各个区域都存在。自从有了人类历史，就有了社会冲突，从原始社会到阶级社会，再到社会主义社会，冲突依然没有消除；从空间角度来看，不同国家、不同区域，就是同一国家的不同地区都存在各样的社会冲突，即便这些冲突的内容有别、形式各异、性质不同、影响力不一，但都普遍存在于社会之中。社会冲突是复杂的，这个复杂性不仅体现在刚才所提到的内容、形式、表现的多样化、复杂化，还体现在社会冲突产生（因素）的复杂性上。换言之，社会冲突是一种错综复杂的社会现象。首先，社会冲突的根源是多因性的，它不是单一的原因引起的，而是诸多原因综合作用的结果。其次，社会冲突的结果（影响或者功能）是复杂的、多重性的：它可以造成社会的混乱，也可以促成社会的进步；它可以引起人际关系的紧张，也可以维护人们的团结；它可能造成国际关系的倒退，也可能加速国际同盟的建立。再次，社会冲突之间可能是相互关联、相互转化的，一个社会冲突可能导致另一个社会冲突的产生，或者一个社会冲突的解决又引起了新的社会冲突；另外一些社会冲突也可能会相互转化，比如种族间的冲突有可能转化为经济冲突，而经济冲突也可能转化为政治冲突；一些非对抗性的冲突有可能会变为对抗性的冲突（如战争、革命），对抗性的冲突也有可能渐渐变成一种意识形态层面的斗争。当然社会冲突具有时代特征，在不同时期，社会冲突的形式与表现会不同，在人类社会文明化初期，社会冲突更多的是以暴力、战争的形式呈现；而到了全球化时代，社会冲突更多的是以经济制裁、文化宣传、意识形态的对抗来体现。最后，社会冲突是多样的，有宏观层面的冲突，比如阶层冲突、种族冲突、国家间的冲突，也有中观层面的冲突，比如社会部门之间的冲突、地域（比如农村与城市）间的冲突、群体间的冲突等，还有微观层面的冲突，比如人际冲突，像家庭内部冲突、婚姻矛盾、办公室政治等都是这类，还有个体身份认同的冲突、角色冲突等。当然社会冲突还有其他的分类，比如经济冲突、政治冲突、文化冲突、价值观冲突等。总之，社会冲突是社会作为一个运作整体的重要特征，只有认识了社会冲突产生的根源，理解了社会冲突的作用，才能掌握社会运作的规律。

（二）冲突理论的主要代表人物及思想

关于冲突理论的论述，最初起源于马基雅维利（Machiavelli）和霍布斯（Hobbes）。之后，卡尔·马克思和马克斯·韦伯（Marx Weber）对冲突理论进行了进一步的阐述。除此之外，齐美尔（Simmel）、达伦多夫（Dahrendorf）对这一理论的认识发展也起到了重要作用。最早使用"冲突理论"这一术语的是美国社会学家科瑟尔（Coser）。他反对帕森斯认为冲突只具有破坏作用的片面观点，力图把结构功能分析方法和社会冲突分析模式结合起来，修正和补充帕森斯理论。这一系列的努力使冲突理论最终在 20 世纪 50 年代成为一门独立的社会学理论。

马基雅维利和霍布斯奠定了批判现实主义对于人类社会研究的基础。他们认为分析个人行为的依据应该以人们在威胁和暴力的物质社会中的个人利益或兴趣为基础。社会秩序的建立和维护必须靠有组织的高压政治（强制）。在意识形态领域有一种信仰（或者宗教、法律），还有隐藏起来的对于权力的斗争，想法和道德并不是优先于行动的，而是由社会创造的，并服务于党派之间的利益冲突。

根据马克思主义理论，社会不平等的根源在于生产资料的私有制以及由此产生的生产力与生产关系之间的矛盾。冲突的根源在于人们在生产中处于不平等的关系状态，尤其是在生产中对生产资料占有的不平等关系所导致的利益争夺。冲突主要表现为生产力与生产关系和上层建筑之间、不同群体间的阶级冲突，其中生产力和生产关系的矛盾是导致不平等的相关冲突的根源；阶级冲突是其主要表现形式，阶级的产生为冲突提供可能。冲突在私有制和资本主义的条件下表现为阶级斗争，即不同阶级的人为了寻求各自的利益而进行的斗争，最终导致社会由一个阶级统治另外一个阶级，具体表现为统治阶级对被统治阶级（资产阶级对无产阶级）剩余价值的剥削，也就使得资本主义的劳动产生了劳动产品的异化、劳动本身的异化、人的本质的异化、人与人的异化。另外，劳动力和资本之间的经济关系促使社会关系产生。经济活动是人类为生活和其他社会组织关系提供条件的基础。物质生活的生产方式为经济、政治和精神生活提供条件，当生产力与生产关系之间的矛盾积累到一定程度时就会导致社会变迁。

韦伯和马克思一样认为人类对各自物质利益尤其是经济利益的追求导致了冲突，但是韦伯认为经济利益冲突不是导致社会冲突的唯一因素，与冲突相关的三个潜在因素包括权力、财富和声望。报酬分配不均、低水平的社会流动等也会造成冲突。因此，韦伯并不赞同把经济结构当作冲突唯一的解释范式，而是认为其是由多种因素如个人和文化因素造成的。韦伯将马克思的阶级分层转向以财富、权力、声望分层，并认为为了地位和声望的争夺所产生的冲突会越来越多。另外，韦伯还认为冲突来源于权威支配结构，当传统权威社会向法理权威社会发展时，法理权威社会中科层制组织不断完善，支配也走向理性化。理性化一方面塑造了符合现代性的经济秩序、政治秩序，另一方面又带来了一系列的社会冲突和危机，其最终结果是把人类装进了一个铁笼之中。因此，在韦伯眼中，"价值理性行动"（value rational action）是冲突的另外一种方式，冲突遍布社会生活和人们相互关系的各个角落，社会生活的行为常常是个人和组织之间冲突的持续。用他自己的例子来说，即使是在棋类俱乐部也有可能会有小派别的矛盾。①总之，韦伯强调了社会冲突来源的多样性，社会生活本身就是一个对权力不断竞争的过程，社会冲突是社会权力结构中的冲突。

与韦伯一样，齐美尔认为社会冲突是普遍存在和不可避免的社会形式，但他也指出了社会冲突的形式有作为手段的冲突与作为目的的冲突。社会冲突是可以被用来解决二元分歧，并促进群体结合、缓解社会矛盾，使社会群体最终达到和谐的。②科瑟尔则对齐美尔的冲突功能进行了更细致的阐述，认为社会冲突是人们对价值、稀缺地位的追求，是权力和资源的斗争。在这种斗争中，对立双方的目的是破坏以致伤害对方。与此同时，科瑟尔也强调社会结构的不平衡性是导致冲突的根源之一。冲突是人际关系的组成部分，这主要由价值观、信仰、地位、资源和权力的分配引起。处于不同地位和社会阶层的人对于利益和社会整体结构的不同态度是冲突产生的重要原因。科瑟尔认为冲突是一种社会过程，对于社会结构的形成、统一和维持有一定的作用；在一定条件下，冲突具有保证社会连续性、降低对立两极产生的可能性、防止社会系统僵化、增强社会组织的适应性和促进社会的整合等正功能，即社会冲突具有安全阀的作用。

达伦多夫认为阶级冲突是工业社会变迁的主要动态因素。但是，与马

---

① Hughes, J. A. et al., *Understanding Classical Sociology*: *Marx*, *Weber*, *Durkheim*（London: Sage Publications, 1995）.

② Simmel, G., "The Sociology of Conflict," *American Journal of Sociology* 9（1904）: 490-525.

克思和韦伯的观点不同的是，达伦多夫将自己的分析建立在对权力的参与和排斥之上，尤其是在权力结构中的位置。达伦多夫在他早期的著作《工业社会中的阶级与阶级冲突》中，认为社会冲突的根源在于社会权威结构，每一个权威结构中都有利益和权力的不平等分配，权威者与无权威者为了争夺稀缺资源进而争夺权力，并产生冲突。达伦多夫认为社会具有两面性，一面是和谐的，另一面是冲突的，和谐与冲突二者相互抗衡。对于达伦多夫来说，职权不属于个人，而属于合法权利所处的位置。权力分配不均导致上级下级的区分。达伦多夫认为在任何一个社团或者组织中，拥有权力的人总会想方设法去维护自己的地位，而处在从属地位的人会争取改变这一现状，这造成了社会冲突。科林斯（Collins）也指出因人们对物质资源的占有和支配关系的不同，职业位置会出现上、中、下三个阶层，这些职业阶层通过互动仪式链形成社会结构，不同阶层之间的流动就会引发职业位置与权力关系的改变，从而引起各种各样的冲突。

总之，对于冲突理论家来说，纠纷和冲突是不可避免的，社会冲突是社会生活的中心过程，他们源自社会中不同地位（position）的人的权力和势力的分配不均。[①] 而社会的进步只能在人们意识到这种社会不均/不平等，并在社会和经济生产实践中采取行动来改变它时才有可能实现。[②] 冲突理论产生后，在西方社会学界引起了巨大反响，它很快渗透到社会学各分支学科的经验研究中，在政治社会学、组织社会学、种族关系、社会分层、集体行为、婚姻家庭等领域出现了大量以冲突理论为框架的论著，在当代社会学发展中产生了重大影响。

三　冲突理论在体育社会学研究中的应用

冲突理论被广泛运用到体育社会学研究中来分析和解释体育实践中发

---

① Loy, J., *Sport and Social Systems* (California: Addison-Wesley Publishing Company, 1978).
② Adam, B. N. and Sydie, R. A., *Sociological Theory* (London: Sage Publications, 2010).

生的冲突现象以及社会矛盾，比如体育与社会权力及特权的动态关系、体育中经济资源和权力的不平等分配问题等。同时，冲突理论学家也提出了解决这些冲突与分歧的策略。① 杰·科克利（Jay Coakley）认为冲突理论在体育中的运用通常集中在研究体育与社会特权和势力变化的关系上。研究的具体问题包括：运动员身体和伤痛之间的关系、社会中体育与社会经济之间的不平等关系、体育商业化的结果、富人如何依靠体育来培养和发展兴趣等。② 斯纳德（Snyder）和斯普雷泽（Spreitzer）认为以冲突理论为依据来分析资本主义制度下的体育问题，可以揭示：（1）体育代表着社会经济结构，向人们灌输着资产阶级意识；（2）体育反映和加剧了大型社会中财富和权力分配的不平等；（3）体育强化了专家政治和精英文化的工具性、官僚性；（4）在资本主义制度下，体育参与代表了一种被异化的劳动力，人们被囚禁在一种错误的意识当中。③ 总的来说，体育冲突理论主要关注的是体育如何反映阶级关系；体育又是如何被用来维持社会中拥有财富和权力的人的利益；在商业化下，利润动机如何扭曲体育和运动经历；等等。

（一）马克思：体育剥削、异化与阶级斗争

1. 体育剥削

马克思撰写的《政治经济学批判》大部分内容是在 19 世纪上半叶的英国完成的，他目睹了资本主义工业化的强化和蔓延。马克思把资本主义理解为一种先进的、以市场为基础的制度，在这种制度下资本家主要为商品生产提供资金。资本主义社会生产关系中主要有两个利益直接冲突的阶级，

---

① Coakley, J., *Sport in Society: Issues and Controversies* (New York: McGraw-Hill Publishing Co., 2001).

② Coakley, J., *Sport in Society: Issues and Controversies* (New York: McGraw-Hill Publishing Co., 2001).

③ Synder, E. and Spreitzer, E., "Social Stratification and Sport," in E. Synder and E. Spreitzer (eds.), *Social Aspect of Sport* (New Jersey: Prentice Hall, 1989).

包括拥有和控制生产资料（如土地或工业机器）的统治阶级（资产阶级）和只能出售自己劳动力的工人阶级（无产阶级）。资产阶级购买无产阶级的劳动，拥有所生产的产品，另外还从产品的价值与其生产所消耗的资本（包括工人的工资）之间的差额中获得剩余价值。人们与生产过程的相互关系决定了人们之间的互相联系以及在特定社会结构中个人的地位。对于马克思来说，资本主义作为一种社会制度，是建立在资本家对工人阶级的剥削上的，为了实现利润最大化，资本家采取压低工人工资和提高生产率的方式，有着明确的利益取向。

马克思主义者认为随着资本主义经济的发展，体育社会参与模式在精英体育的专业化和商业化的发展中被日益边缘化，精英体育随即出现赤裸裸的剥削问题。劳动者的劳动（labour）分为必要劳动和剩余劳动，必要劳动生产劳动力价值（表现为工资），剩余劳动形成剩余价值。剩余价值是雇佣工人在生产过程中创造而被资本家无偿占有的超过劳动力价值的价值，资本主义剥削就是剥夺了雇佣工人所创造的剩余价值。[①] 从马克思的剥削观可以看出，剥削停留在私有制层面的经济剥削上。实际上人类社会除了私有制经济剥削外，还存在形形色色的诸如权力寻租与剥削、社会资源垄断与分配不公、同工不同酬等非经济剥削行为。同样，体育当中也存在各种各样的剥削行为。李高尔（Rigauer）认为运动员的成就可以被转化为一种商品，并在市场上以货币形式交换其等价价值。[②] 简单地说，工厂的工人用劳动换取工资，就像运动员用体力、技术换取金钱或实物补偿一样。瑞内恩（Rheenen）指出剥削在美国大学运动员中随处可见，大学运动员感受到的剥削比简单的经济或教育剥削要复杂得多。[③] 伦纳德（Leonard）也提到美国大学里的剥削是一个多面性的校际体育现象，它包含财政、教育、种

---

① Marx, K., *Capital* (Oxford: Oxford University Press, 1867), p. 1999.

② Rigauer, B., *Sport and Work* (New York: Columbia University Press, 1981), p. 69.

③ Rheenen, D. V., "Exploitation in the American Academy: College Athletes and Self-perceptions of Value," *International Journal of Sport and Society* 2 (2011): 11-26.

族、社会和道德等方面的内容。① 大学和一些机构将大学运动员当作其销售门票、获得收入和增加捐赠者支持、提高学校知名度等的手段。大学管理者则是把业余主义当作一种剥削的意识形态。② 布朗（Brown）认为对美国大学、（美国）全国大学体育协会（NCAA）等机构来说，把大学运动员定义为业余运动员有助于学校实现利润最大化，因为业余运动员为 NCAA 及其机构产生的利润属于教育项目的一部分，所以不需要纳税。③ 但对于大学运动员来说，不被视为雇员，没有工资或其他福利，由此，大学生运动员受到了经济、教育和社会等多重剥削。④ 在经济剥削方面，以边际收益产品（MRP）为标准，若大学运动员的经济报酬低于边际收益产品，那么他们就是被经济剥削了。⑤ 布朗通过研究发现，大学中的橄榄球运动员获得的补助远低于边际收益产品，他们一直处于被剥削的状态。③ 在教育剥削方面，评判的标准是学校是否为运动员提供真正的教育机会。美国一流的州立大学都在招收那些在学业上无法胜任这些学校严格课程的黑人学生，黑人学生被录取仅仅是为了参加校际田径比赛。这些一流大学利用黑人学生的体育天赋，但经常忽视他们的教育需求。比蒙（Beamon）对 20 名男性黑人运动员进行质性研究发现，运动员作为一种商品被学校使用，这是因为他们被迫将大部分时间花在运动上而不是学术和职业发展上。⑥ 瑞内恩（Rheenen）在一项对 581 名在校大学运动员进行的调查研究中发现，将近 1/3 的参与者表示被

① Leonard, W. M., "The Sports Experience of The Black College Athlete: Exploitation in the Academy," *International Review for the Sociology of Sport* 21 (1986): 35-49.

② Eitzen, D. S., *Sport in Contemporary Society* (6th ed.) (New York: Worth Publishers, 2001), p. 209.

③ Brown, R., "Do NFL Player Earnings Compensate for Monopsony Exploitation in College?" *Journal of Sports Economics* 13 (2014): 393-405.

④ Rheenen, V. D., "Exploitation in College Sports: Race, Revenue, and Educational Reward," *International Review for Sociology of Sport* 48 (2013): 550-571.

⑤ Sandy, R. et al., *The Economics of Sport: An International Perspective* (New York: Palgrave Macmillan, 2004), p. 70.

⑥ Beamon, K., "'Used Goods', African American Student-Athletes' Perception of Exploitation by Division I Universities," *The Journal of Negro Education* 77 (2008): 352-364.

自己的学校教育剥削。① 另外，还存在政治剥削，有研究指出政治剥削对大学运动员和职业运动员是类似的，因为他们都没有对 NCAA 及其成员机构或职业特许经营权的真正决策权，同时由于学校没有工会、仲裁委员会，大学运动员没有机会行使他们的权力。② 冲突理论学者对大学运动员在不同领域所受剥削的揭示与剖析只是窥豹一斑，在体育商业化的进程中，资本（权力）对运动员、体育爱好者的剥削已经成为资本主义体育的常态。

2.对体育异化的反思与批判

马克思在《1844 年经济学哲学手稿》中使用异化概念来研究经济和劳动异化的问题。他认为资本主义社会的异化劳动包括劳动产品的异化、劳动的自我异化、人同自己的类本质③相异化、人同人相异化，其中人同自己的类本质相异化是劳动产品的异化与劳动的自我异化的必然结果。随着研究的逐步深入，马克思用商品拜物教（merchandize fetishism）④ 的概念来描述资本主义商品经济中的商品以及货币崇拜现象。马克思认为劳动产品一旦作为商品来生产，就带上了拜物教性质。⑤ 也就是说，当商品内在的劳动社会性质表现为劳动产品本身的物的性质时，物与物的关系反过来掩盖人与人的关系、支配人与人的关系，使人们拜倒在商品的脚下，也使得人被物化，最终人与人的关系是被笼罩在商品与资本的关系之中的。

法兰克福学派继承了马克思的观点，把晚期资本主义时代的大众文化称为"文化工业"。文化工业是指借助现代科技手段大规模地复制和传播文

---

① Van Rheenen, D., "Exploitation in the American Academy: College Athletes and Self-Perceptions of Value," *The International Journal of Sport & Society* 2（2011）：11-26.

② Eitzen, D.S., *Fair and Foul: Beyond the Myths and Paradoxes of Sport*（4th ed.）（Lanham, MA: Rowman and Littlefield, 2009）, p. 190.

③ 类本质是指人是有意识的存在物，其本质是人的自由自觉的实践活动，类本质是马克思批判异化劳动的准绳和基础。

④ 在以私有制为基础的商品经济中，人与人的社会关系被物与物的关系所掩盖，从而使商品具有一种神秘的属性，似乎它具有决定商品生产者命运的神秘力量。马克思把商品世界的这种神秘性比喻为拜物教，称之为商品拜物教。

⑤ 《马克思恩格斯全集》（第 23 卷），人民出版社，1972，第 69 页。

化产品的娱乐工业体系。文化工业同商业融为一体，具有了商品化、物化的特性。文化产品生产和消费服从市场的机制和规则，纳入了市场交换的轨道，文化产品不再由它本身的内在价值决定而是由交换价值决定；文化产品的工作者主要关心经济效益，而非文化价值。由是，在利益的驱动下，文化工业中的产品具有标准化和同一化的特征。文化工业按照一定的标准、大规模生产各种复制品，所有的文化产品都按照一个虚假的公式不断地在进行重复与模仿，使得文化产品千篇一律、整齐划一，扼杀了艺术的创造性，使文化创作者的主体性丧失。另外，法兰克福学派指出文化产品看似为人们提供了娱乐和消遣，给人以精神享受，实则不然。他们认为文化产品只是劳作的延伸，旨在恢复精力以进行下一次的生产活动。不仅如此，大众文化决定商品的生产，控制和规范着消费者的需要，成为支配个体闲暇时间与幸福的力量，更成为集权主义控制大众舆论、操纵人们精神和意识的强制手段，扼杀了个性的自由与发展，是一种精神鸦片。总的来说，在科学技术的推动下，大众文化具有集权化的特性，是一种潜在的支配和操纵社会性力量的意识形态。由于工具理性、技术理性的扩张，生活世界遭受金钱和权力的侵蚀而日趋商品化、官僚化。体育作为大众文化的一部分，自然而然地会受到文化工业中工具理性、技术理性的影响并呈现商品化的特征。

体育的商业化发展是一个长期的过程。在古希腊，运动员一词指的是为奖品而竞争的人，罗马竞技场的观景区则需要买票才能进入。[①] 在 19 世纪末和 20 世纪初，由于现代资本主义在大多数工业化社会中占据了主导地位，职业化和商业化的进程越来越深入男性精英运动中。为了使收入最大化，许多团队体育项目被俱乐部老板和管理者组织成联赛，同时修建体育场馆以容纳更多付费观众。自 20 世纪 60 年代初以来，随着国际付费电视网络的发展，精英体育经历了更为夸张的商品化形式。例如，从 19 世纪 60 年代初开始英国精英职业足球就更加注重其娱乐价值和明星球员在场外与时

---

① Miller, A., *Ancient Greek Athletics* (New Haven, CT: Yale University Press, 2006), p.11.

尚、电影和音乐行业的合作。① 从 20 世纪 80 年代后期开始，在英国和西欧大部分地区通过商品销售、广告商的资金投入、出售俱乐部股权，特别是付费电视收入的增长，足球呈现高度商业化的特征。② 英国顶级足球联赛的年度电视转播合同价格从 1984 年的 2600 万英镑增加到 2016 年的 1.70 亿英镑。在北美，付费电视也是体育高度商品化的重要推动力。在大学体育中，全国大学体育协会篮球锦标赛的电视转播合同价格从 1985 年的 4000 万美元飙升至 2011 年的 7.7 亿美元。体育赛事高度商业化的过程使得媒体公司对体育政治和文化起到了主导性作用。如果某项运动中的组织结构不符合媒体公司的利益，那么这些公司就能利用自身的影响力推动变革，从而实现利润最大化。例如，英国和澳大利亚的橄榄球联赛实际上是由一流的媒体公司拥有和控制的，为了实现商业电视的利益和在主要城市中追求新的消费者，媒体公司对联赛进行了彻底重组，许多俱乐部被关闭或被强制合并。另外，在美国和澳大利亚的主要联赛中，管理机构已经建立了一种高利润的联盟商业模式，联赛只对被授予特许经营权的受邀成员开放。与此同时，体育界最具商业性的精英联赛和锦标赛也变得品牌化，例如，NBA、NFL 和一级方程式锦标赛通过商品化过程从体育竞赛转变为全球性的商品标志，与迪士尼、微软和耐克等公司品牌并驾齐驱。③ 高度商品化的过程意味着一流的体育俱乐部不再是在单一地理区域内拥有单一产品线的本地公司。④ 像纽约洋基队、达拉斯牛仔队、皇家马德里和曼彻斯特联队这样的俱乐部更像是跨国公司，拥有从世界各地聘请的精英运动员，并在服装和纺织品、保险、食品和旅游等多个领域进行国际营销。⑤ 在北美，精英体育俱乐部的

① Cohen, S., *Images of Deviance* (Harmondsworth: Penguin Books Ltd., 1971).

② Giulianotti, R. and Robertson, R., "Forms of Glocalization: Globalization and the Migration Strategies of Scottish Football Fans in North America," *Sociology* 41 (2007): 133-152.

③ Cvetkovkh, B. A. and Kellner, D., *Articulating the Global and the Local: Globalization and Cultural Studies* (Boulder, Colorado: Westview Press, 1996).

④ Hardy, S., "Entrepreneurs, Organizations, and the Sport Marketplace: Subjects in Search of Historians," *Journal of Sport History* 13 (1986): 14-33.

⑤ Giulianotti, R. and Robertson, R., *Globalization and Football* (London: Sage, 2009).

所有权被亿万富翁联盟主导，2013 年有 47 位亿万富翁干预联盟，防止其降级，从而永久地保证了有利可图的会员资格。许多精英俱乐部的管理者在运营时主要关注俱乐部的利润或资产价值的增长模型。在 20 世纪末美国职业棒球联盟中，即使是表现不佳的球队如佛罗里达马林鱼队和匹兹堡海盗队，也都为了确保利润而压缩了预算。

根据法兰克福学派的观点，体育商品化的过程破坏了体育运动的完整性，体育运动变成了纯粹的电视娱乐活动，[①] 失去了其原本的吸引力。例如，美国的体育运动比赛经常被不必要的休息打断，这样做纯粹是为了迎合电视广告。20 世纪 90 年代初，欧洲杯足球赛更名为欧洲冠军联赛，这在很大程度上是为了给欧洲最大、最富有的电视市场提供更可观的收入。在板球运动中，赛程已从传统的几天比赛模式向较短赛程过渡，20 世纪 60 年代开始推出了单日比赛，也被称为"限制轮数赛"或"即时赛"，每队只有一个限定投球轮的击球局。从 2003 年开始，推出了"Twenty 20"赛，即规定每局 20 回合，这一赛制的更改使得比赛时间缩短，不仅吸引了更多的球迷观看，而且吸引了大型电视台和赞助商的加入。然而，板球比赛时间的缩短，使得板球运动中击球手与投球手之间因竞争形成的许多复杂的美学、策略和技能消失了。

另外，体育商业化不仅破坏了体育的完整性，还出现了更为严重的腐败作假现象，包括操纵比赛结果、操纵单项投注（为赌博故意操纵比赛，如在足球比赛中故意吃黄牌）、打假球（将得分限制在特定范围内）等。从19 世纪起，板球、赛马和拳击等早期现代运动都出现了一些操纵比赛作假的案件。近年来，国家和跨国卡特尔（同业联盟）在操纵欧洲足球、板球和美国大学（足球和篮球）体育赛事上受到了大量关注。[②] 国家和跨国卡特尔操纵比赛的目的在于通过在合法或非法博彩市场上进行有担保的赌博从

---

① Lasch, C., *The Culture of Narcissism* (London: Abacus, 1979), pp. 106-107.

② Declan, H. and Stewart, M. C., *The Fix: Soccer and Organized Crime* (Toronto: McClelland & Stewart, 2010).

而获得经济收益。全球赌博市场每年有 2000 亿 ~ 5000 亿英镑的收入，其中80% 以上涉及非法赌博，尤其是通过亚洲市场进行的赌博。

除此之外，体育的高层管理和治理机构一直受到许多腐败案件的指控困扰。20 世纪 90 年代，世界足球管理机构国际足联（FIFA）的领导层深陷一桩价值 1 亿美元的贿赂丑闻；2022 年世界杯决赛主办权在授予卡塔尔过程中普遍存在的腐败也有详细报道。俄罗斯反对派政党声称，在 2014 年索契冬奥会 500 亿美元的预算中，有 250 亿 ~ 300 亿美元被寡头及其政治盟友贪污。在印度，包括奥组委主席在内的 10 名主要体育官员在 2010 年新德里英联邦运动会后被指控腐败。按照法兰克福学派的观点，日益增多的跨国腐败和其他金融犯罪的案例，突出了体育已经从一种文化实践领域转变为一种不断扩大交换价值的商品。

最后，根据马克思冲突理论的观点，在体育商品化过程中出现了不同类型的阶级冲突。第一，当职业运动员为争取更高的工资和更好的条件与雇主斗争时会发生劳资纠纷和对比赛控制权的争夺。例如，在美国职业棒球大联盟（MLB）中，1972 ~ 1995 年发生了八次罢赛和停赛；在国家冰球联盟（NHL）中，1992 ~ 2013 年发生了四次停赛，包括 2004/5 赛季的取消。在职业网球领域，1990 年举办了男子 ATP 巡回赛，当时许多顶尖选手组织起来以获得对年度巡回赛的更多控制权；美国西北大学的橄榄球运动员赢得了组建联盟的合法权利，进而获得了职业运动员的认可。第二，自 19 世纪初以来，围绕耐克（Nike）和阿迪达斯（Adidas）等体育用品公司的工厂在东南亚剥削劳动力的争议不断。反对这些做法的运动团体包括"干净衣服运动"、"学生联合抵制血汗工厂"和"反贫困战争"。① 以上不同类型的冲突反映了体育商业化背后的社会分化与裂痕，也是体育产生异化的根源。

综上，在（新）马克思主义者视野中，体育是资本主义的一种工具，是剥削性的，更是维持资本家地位（社会结构）的一种方式。因此，体育

---

① Giulianotti, R. et al., "Sport Mega-Events and Public Opposition: A Sociological Study of the London 2012 Olympics," *Journal of Sport and Social Issues* 39 (2015): 99–119.

是作为"鸦片"而存在的，它为大众提供了娱乐而导致了一种"虚假的意识"[1]。

3. 体育与阶级斗争

如何解决体育剥削与异化的问题，马克思并没有对此进行深入探讨，但他在《资本论》中谈到体育既是发展身体的教育，又是无产阶级斗争的工具，可以通过体操等操练工人，为无产阶级斗争服务。[2] 然而，在资本主义社会中，体育被资产阶级牢牢控制可以被解释为一种倒退的意识形态。随后，体育得到了西方马克思主义研究者的特别关注。拉尔夫·米利班德（Ralph Miliband）曾说："马克思主义社会学对体育的研究和叙述也许不是社会学最主要的任务，却是最不能被忽视的任务。"[3] 其实，早在19世纪后半期到20世纪前期，欧洲大陆的社会主义者和共产主义者已经对体育产生了浓厚的兴趣，他们认为体育是特殊的政治、社会实践，具有较强的意识形态。西方马克思主义者关于"身体的文化"和"体育"的研究真正产生于20世纪后半期，并在很多方面得到了社会主义和共产主义组织的支持（例如，苏联和二战后的"东方"阵营）。1850~1930年工人阶级体育的发展体现了早期社会主义者和共产主义者对体育以及身体文化的理解和认识，以及对马克思主义理论的实证需求，这一发展也是对主流意识形态（功能主义）的抵制。

第一个社会主义/共产主义工人阶级体育运动出现在1917年革命之后的苏联。在当时，体育只是被用来强健"战时共产主义"时期国民的身体素质。在"十年身体文化"（Decade of Physical Culture）时期，出现了三种不同的体育发展思路，并被三个不同的共产主义组织，即教师组织、科学家组织以及政治家组织所青睐。这三种思路如下所示。（1）无产阶级文化的

---

[1] Synder, E., "Social Stratification and Sport," in E. Synder and E. Spreitzer（eds.）, *Socal Aspect of Sport*（New Jersey：Prentice Hall1，1989），p. 178.

[2] Marx, K., *Capital*（Oxford：Oxford University Press, 1867），p. 199.

[3] Miliband, R., *Marxism and Ethics*（Oxford：Oxford University Press, 1977），p. 53.

概念：除了体育在重要政治事件中的贡献之外，"生产-体操"的概念被用来促进劳动力的生产；（2）卫生保健的概念：体育被看作健康教育很重要的一部分，但是有些"特殊"体育，比如拳击、足球、体操、举重等项目则被认为容易造成身体伤害，是对健康不利、比较具有竞技性的项目；（3）斯巴达克斯①的概念：非专门、非专业化的表演性竞技类运动项目。这三种思路对于身体文化和体育的理解有很多相似的地方。第一，它们都反对资本主义关于竞技体育，尤其是对运动表现的追求。第二，它们都倾向于由共产主义知识分子来发展和组织体育文化领域，而不是由所有的社会成员来组织和发展。第三，它们认为体育是一种解决社会问题的方法，例如，酗酒和疾病。第四，参与体育活动被认为是妇女解放运动的一种重要途径。第五，前四种思路都体现了发展、实践和创新"身体文化"（包括体育课、休闲、游戏和体育）的社会需求。第六，强调苏维埃体育应由国家和政府高度统治。总体而言，苏联在列宁的领导下更加充分地认识到体育运动在提高军事和工业实力方面的作用。② 斯大林在执政期间继承和改造了马列主义的思想，推行"劳卫制"，使群众体育成为国家建设计划的组成部分，对群众体育的管理也实行了集权型的体育管理体制。③ 斯大林时期苏联的体育得到了蓬勃发展，体育不仅为战争服务，还作为进行社会主义教育的有力武器，使群众的体育权利得到平等的实现。此外，劳卫制和集权式体育管理体制也使得苏联在奥运会中取得了巨大成功。苏联的体育运动被视为推进国际无产阶级斗争、挑战资产阶级准则以及在医疗保健、军事训练、妇女解放和政治教育方面的重要机制。④ 苏联体育的发展也是马克思主义思想首次在体育领域的运用和进行制度化尝试的结果。⑤

---

① 斯巴达克斯是罗马帝国奴隶反抗的领袖。

② Riordan, J., "Marx, Lenin and Physical Culture," *Journal of Sport History* 2 (1976): 152–161.

③ Edelman, R., *Serious Fun* (New York: Oxford University Press, 1993), pp. 124–245.

④ Rigauer, B., "Marxist Theories," in J. Coakley and E. Dunning (eds.), *Handbook of Sports Studies* (London: Sage, 2001), pp. 309–321.

⑤ Riordan, J., *Sport in Soviet Society: Development of Sport and Physical Education in Russia and the USSR* (Cambridge: Cambridge Univeristy Press, 1980).

在西方的社会主义阵营，体育也成为组织工人阶级和政治动员的手段。19 世纪末，欧洲工业化的发展促进了劳动生产率的提高，社会经济、物质财富的增长，8 小时的工作制使得工人阶级在闲暇之余对娱乐性的体育活动表现出较大的兴趣，这一系列的社会生活的变化都推动了欧洲工人阶级体育组织的快速发展。一战后，欧洲工人阶级的运动员也开始有了自己国家或国际层面的体育组织：1920 年，他们成立了卢塞恩社会民主体育国际（Lucerne Social Democratic Sports International，LSDSI）；一年后，在法兰克福美因河流域成立了共产主义 "红色体育国际"（Red Sports International，RSI）。1931 年和 1937 年国际社会主义工人阶级在维也纳和安特卫普举行了工人奥林匹克运动会，意图表达他们的政治抵抗情绪。由于民主社会主义和马克思列宁主义对体育的认识不同，LSDSI 和 RSI 之间在意识形态上的矛盾也开始显现。

19 世纪 50 年代初，德国工人阶级在莱比锡组织了一个 "体育俱乐部"。这一组织抵制所有政治上的反潮流，并对工人体操协会负责，这一名称在 1919 年的时候被改为工人体操和体育协会。一直到 19 世纪末 20 世纪初，德国社会民主党（SPD）依旧影响着工人阶级的体操和体育运动。1919～1933 年，共产主义的影响力开始持续增强，这导致工人阶级体育运动分化为社会党和共产党两个部分。意识形态上的冲突一直持续到 1933 年，这时国家社会主义削弱了工人阶级体育运动及其组织。1850～1933 年，德国工人阶级的体操和体育运动呈现如下值得关注的特点：（1）政治上、意识形态上以及组织上和社会党、共产党的目标紧密联系；（2）对资产阶级理想的批判被认为是对资本主义体育批判的一部分；（3）试图证明和发展社会主义和共产主义的目标与形式的体育实践（体育政治和社会政治的融合）；（4）社会党和共产党之间在体育的定义上产生了日益严重的分歧；（5）对资产阶级意识形态下的竞技体育（如奥林匹克运动）逐渐接受并适应。总的来说，德国工人阶级的体育运动在政治上、意识形态上和组织上都与社会主义/共产主义工人阶级运动相结合，社会主义/共产主义工人阶级运动也把体育当作阶级斗争的一种工具。

1895 年，英国建立了工人号角自行车运动俱乐部，随着工人的参与规模不断扩大，在 1923 年、1930 年分别成立了工人体育运动联合会和全国工人体育协会。这一时期英国工人阶级中对非正式的、有组织的体育兴趣和参与数量都得到了增长。一方面，工人的体育参与被看作一种娱乐性的和不以消费为主要形态的参与形式；但同时，又被看作一种有价值的、与日益增长的团队型竞技体育（比如，足球）相联系的身体娱乐方式。因此，人们所接受的"工人阶级体育"越来越多地成为所谓的中产阶级或者资产阶级体育文化的一部分。另一方面，一小部分受过教育的中产阶级社会主义者批判这一发展，他们认为应该为大众建设一种更文明、更高水平的文化，这一文化包括体育在内。① 他们认为体育的商业化不应该成为工人阶级文化的组成部分，因为这将导致政治上的被动。而对于一般意义上的体育以及体育在社会和政治上的功能，他们的意见也与资产阶级有所不同。但是，与共产主义国家相比，很多学者认为体育在英国从来没有变成社会主义运动的意识形态工具，它一直处于社会主义运动的边缘地带。体育组织是完全无关政治的，是在人们的休闲时间发生的，同时包含对资本主义文明和文化的抵触和适应。② 哈格里夫斯（Hargreaves）就认为："英国工人阶级运动并没有把体育当作一个整体来认真看待，实际上，英国的工人阶级运动一直都忽略了体育在工人阶级生活中持续发展的重要性，而默许了这一领域被无情的中产阶级、资产阶级目标和组织所占领。"③

在欧洲大陆，工人体育组织不仅提高了工人的健康和休闲娱乐水平，还积极参与了各种政治斗争，因而具有政治性。在第二次世界大战前夕，法西斯主义在欧洲出现后，欧洲工人阶级进行了反法西斯主义的政治斗争。

---

① Holt，R.，*Sport and the British：A Modern History*（Oxford：Oxford University Press，1992），p. 142.

② Holt，R.，*Sport and the British：A Modern History*（Oxford：Oxford University Press，1992），pp. 146-148.

③ Hargreaves，J.，*Sport，Power and Culture*（Cambridge：Polity Press，1995），pp. 92-93.

1936年，各国工人体育阶级拒绝参加在巴塞罗那举办的奥林匹克运动会，以示对德国法西斯的反对。在第二次世界大战后，左翼政治和工业运动在不同的欧洲国家发展了更为重要的工人体育运动，如意大利全民体育联盟（UISP），这也预示着全民体育政策的实施效果显著。

从上述列举的不同体育组织中可以看到对19世纪后半期以及20世纪前60年社会主义/共产主义体育的特征总结，这将有助于我们理解马克思主义的体育社会学。

（1）工人阶级占中心位置。

（2）一方面，体育在工人阶级运动中占边缘位置；另一方面，体育又为建立一个自由民主的无产阶级文化创造了可能。

（3）工人阶级体育运动经历了资产阶级化的过程，因此，也融合了资产阶级的价值和规范。

（4）作为革命阶级斗争的一部分，工人阶级体育运动将成为政治上的解放运动。

（5）无产阶级体育只是部分，并且是有偏见的，它和社会主义/共产主义政治紧密相结合。

（6）工人阶级体育运动有国际化倾向，因此它也影响了国际团结，卷入国际阶级斗争中。

（7）苏联/苏维埃的体育模式表现出社会主义/共产主义作用：提高了身体健康和文化教育水平以及日益增长的工人劳动和生产力；准军事化训练为发展高水平竞技体育运动提供了保障；促进大众娱乐活动、解决社会问题；促进妇女解放，实现政治和意识形态的社会化。

所有这些社会和政治因素都可以在20世纪二三十年代马克思主义理论发展的过程中找到。由于日益发展的体育在资本主义和共产主义社会的不同特点，二战以后，学术界开始系统地用马克思主义理论研究体育。马克思主义体育社会学的发展首先在苏联，接着在其他一些有马克思主义理论学术研究传统的国家展开，比如英国、法国、意大利和德国。当然，在20

世纪中叶，在兴起的共产主义国家，马克思主义是体育研究的重要理论依据，而这些研究主要是针对体育中体现出的阶级现象所展开的。

（二）韦伯：体育、身份与社会分层

1. 体育、地位与身份

和马克思一样，韦伯承认经济动力在整个社会秩序形成过程中的重要性。然而不同的是，韦伯认为虽然经济因素是社会分层的重要变量，但在特定社会中，还有一些其他社会因素对社会分层起着同等重要的作用。韦伯把衡量社会阶级的重要指标放在了社会地位上。社会地位不仅是由经济条件决定的，更是由其所拥有的社会权力所决定的。韦伯指出，任何一种组织都必须以某种形式的权力为基础，才能实现其目标，只有权力才能变混乱为有序。如果没有这种形式的权力，组织的生存都是非常危险的，就更谈不上实现组织的目标了。权力可以消除组织的混乱，使组织的运行有秩序地进行。韦伯认为政治权力没必要和经济权力或财富统一，他认为"受制于经济条件的权力当然不等同于权力。人们追求权力不仅仅是为了获得经济上的富有"[1]。在韦伯的理论框架内，处于相同社会地位的群体不仅经济情况相同，而且拥有相同的生活方式，这种生活方式通过社会互动一方面将他们紧密联系在一起，另一方面通过群体内成员所享有的特权与处于其他地位的群体成员区别开了。根据韦伯的说法，"这种优先权也许是身着特殊服饰、享用特殊美食的人专有，而别人禁用的"[2]。这一解释能帮助我们更好地了解体育和社会地位之间的关系。

在运用韦伯社会等级之间关系的分析模式方面，不得不提到凡勃伦（Veblen）和布迪厄（Bourdieu）。凡勃伦指出那些在社会体系中处于顶端位置的人一开始依靠繁杂的礼仪显示其与劳动大众的区别。到了现代，人

---

[1] Weber, M., "Class, Status and Power," in K. Thompson and J. Tunstall （eds.）, *Sociological Perspectives* （Harmondsworth：Penguin, 1971）, pp. 250-264.

[2] Weber, M., "Class, Status and Power," in K. Thompson and J. Tunstall （eds.）, *Sociological Perspectives* （Harmondsworth：Penguin, 1971）, pp. 250-264.

口流动性大为加强，所谓精英阶层要想给陌生人留下富有的印象，最好的办法就是大量消费，所以人们常常可以看到，他们一掷千金，买东西从不讲价，过着佳肴美酒、肥马轻裘、歌舞升平的奢侈生活。通过采用特殊的、引人注目的休闲方式把自己和那些每天都从事工作的人区分开，这是凡勃伦《休闲阶级理论》的核心。此书出版于1899年，在书中凡勃伦分析了19世纪末美国资本主义活动的社会重要性。依照韦伯的思路，凡勃伦认为在他那个年代，等级的基本形式和资本主义，还有财富分布的不均衡是紧密联系在一起的。然而，他同时也观察到一旦通过财富积累建立等级，统治阶级就会通过重塑理想的精英生活方式来将自己与等级低的社会人群分开。对于凡勃伦来说，社会地位不是被动地与财富相联系的，一些统治阶级为了维持社会地位，不得不使自己看起来很忙，因此花费了大量的时间和金钱在休闲活动上，这也是上层阶级参加休闲娱乐活动的一个动因。

　　界定阶层休闲生活方式的依据来自方方面面，包括衣服的款式、旅行的方式、艺术和文化的品位、荣誉头衔、徽章还有其他各种在广义文化领域被称为有品位的东西。[①] 而从体育来看，凡勃伦发现，战后，统治阶级可以通过体育展示其物质优越性、塑造狭义的形象、提升社会交往、促进下一代的全面发展和教育、评估那些需要提升地位的新贵。凡勃伦认为体育是统治阶级（男人）唯一合法的致力于展示其勇猛的体质特征的公共领域。他还认为体育是勇猛特征的现代救赎。那些好战的性格、行为和术语等都与场地运动（比如狩猎）和田径运动有关，只有统治阶级才可以参与其中。体育为精英群体提供完美的机会来确定他们与别的群体的界限。凡勃伦的著作集中讨论了社会上层的活动，他也暗示了社会等级随着社会发展分化得越来越细，变得越来越复杂，这也将影响体育的表现形式与阶级属性。[②]

---

① Sugden, J. and Thomlinson, A., "Theorizing Sport, Social Class and Status," in J. Coakley and E. Dunning (eds.), *Handbook of Sports Studies* (London: Sage, 2006), p. 317.

② Sugden, J. and Thomlinson, A., "Theorizing Sport, Social Class and Status," in J. Coakley and E. Dunning (eds.), *Handbook of Sports Studies* (London: Sage, 2006), p. 317.

布迪厄指出在资本主义社会，体育产生于教育领域并被"精英分子"优先享用。在英国的私立学校（公学），贵族和资本主义社会上层家庭的孩子占大多数。公学是为了培养有责任和担当的社会精英（绅士），运动竞赛（games）因此被大力提倡，起到了强化精英阶层社会优势地位的作用。[①] 他把现代体育的理性主义融入以阶级为基础的业余体育哲学中，"从现代意义上来说，体育是道德和理想的结合体，尤其体现了占统治地位阶级的思想与价值观"[②]。打网球或者打高尔夫球、骑马或航行，在布迪厄看来，都是用来使参与者获得特殊性的方式和途径。而社会中下等阶层或者工人阶级参与的体育则是一种"以被观看的模式为普通大众服务，进一步说就是满足大众娱乐消费的方式"[③]。因此，他认为底层人们的体育活动并不是自我满足、自我娱乐的身体练习，而是为了从中获取经济利益。由是，布迪厄阐明了是阶级状态定义了阶级的内涵并将此内涵反映在体育之上的。上层阶级利用体育活动来维持自己的特权和优势地位；下层阶级的运动可能就是一种谋生的方式。从这一角度来看，体育参与不仅是一种个人选择、个人喜好，它也是建立在潜在参与者的可利用经济资源之上、建立在活动中占主导的社会地位之上、建立在体育的文化价值之上、建立在个人与这些内涵的关系之上的社会现象。[④]

体育还是一个可操作的文化空间。以足球运动为例，足球比赛中的"体育空间"是指运动员、观众、赞助商和媒体等因素所构筑的互存竞争的情境关系网。布迪厄强调体育空间并非内部封闭的，而是形成结构化体系的活动和消费的一部分。根据韦伯的理论，资本主义体育是一种社会终止形式，其潜在的会员会被审查和排斥，而体育文化的内部世界被严格地控制和管理。类似的情形发生在体育俱乐部会员制中，那些入会条件，不论是

---

① Boudier, P., "Sport and Social Class," *Social Science Information* 17 (1978): 823.

② Boudier, P., "Sport and Social Class," *Social Science Information* 17 (1978): 825.

③ Boudier, P., "Sport and Social Class," *Social Science Information* 17 (1978): 828.

④ Sugden, J. and Thomlinson, A., "Theorizing Sport, Social Class and Status," in J. Coakley and E. Dunning (eds.), *Handbook of Sports Studies* (London: Sage, 2006), p. 318.

书面的还是非书面的，都被视为获得参与资格的潜在障碍。要成为俱乐部的
新进成员，必须能够：（1）有足够的能力和俱乐部的负责人沟通；（2）遵守
俱乐部的着装要求；（3）有一定的技术并可以胜任一定水平的竞赛。很显
然，这是一个建立在布迪厄关于经济资本和文化资本基础之上的开放式的
选择。① 布迪厄认为如果人们对体育项目的选择不受其经济条件以及文化资
本的制约，那么其选择往往依赖于他对每种体育活动内在的和外在的利益
的感知和评估，② 体育活动中的阶层也可能因为消费而发生变化。

　　布迪厄也认识到体育和休闲活动与主导文化的冲突一直没有停息，而
文化又和政治相联系。正如贾维（Jarvie）和马奎尔（Maguire）所认识的一
样，虽然布迪厄强调体育是中产阶级相关的特殊生活方式，但实际上体育
也是人们一种无意识的习惯和选择，是个人兴趣的产物。③ 对于布迪厄来
说，体育在任何社会学研究分析框架中都带有阶级的烙印，比如体育是社
会排斥的一种标记，是统治阶级文化特权的象征，是对工人阶级进行统治
和防范的一种方式；它代表了工人阶级中优秀的体育从业者社会流动的潜
在资源，它联系了存在于阶级之间的地位特征，它表现了身体用来诠释社
会原则和文化内涵，以获得物质资本和文化资本的能力；等等。④ 布迪厄以
他特有的细腻的方式将马克思和韦伯的思想交织在一起，他的继承者指出，
综合韦伯和马克思对阶层的分析模式不只是联系起了关于体育和阶级的简
单的抽象理论，还以一种动态的方式思考体育参与和体育倾向，以及如何
从本质上把体育和生产以及社会等级的再生产相联系的过程。⑤

① Sugden, J. and Thomlinson, A., "Theorizing Sport, Social Class and Status," in J. Coakley and
E. Dunning (eds.), *Handbook of Sports Studies* (London：Sage, 2006), pp. 318-319.

② Boudieu, P., *Distinction-a Social Critique of the Judgement of Taste* (London and New York：
Routledge & Kegan Paul, 1986), p. 212.

③ Jarvie, G. and Maguire, J., *Sport and Leisure in Social Thought* (London and New York：
Routledge, 1994).

④ Sugden, J. and Thomlinson, A., "Theorizing Sport, Social Class and Status," in J. Coakley and
E. Dunning (eds.), *Handbook of Sports Studies* (London：Sage, 2006), p. 319.

⑤ Sugden, J. and Thomlinson, A., "Theorizing Sport, Social Class and Status," in J. Coakley and
E. Dunning (eds.), *Handbook of Sports Studies* (London：Sage, 2006), p. 319.

2. 体育中的社会分层

在所有的社会中，人们被年龄、性别、力量、身高、民族、种族和技能等社会和生物特征分成不同的群体。当这些特征在社会中都有各自不同的价值和社会地位时，社会的不平等和社会分层体系就产生了。实际上，个体差异是根据社会价值来评估和排序的，最终的等级是建立在特权、荣誉、重要性、资源占有权以及其他一些由这些特征所产生的结果之上的。戴维斯（Davis）和摩尔（Moore）在《社会分层的相关原则》[1] 一文中提到所有的社会都不是无阶级的（classless），所以在讨论社会地位（position）问题时，关键的不是讨论个人所拥有的地位，而是关于地位的体系（system）：为什么不同的地位会有不同的特权？为什么特定的一些人才可以得到这些地位？他们二人认为分层是社会的需要，因为社会是一个复杂的运行机制，这种运行机制将其社会成员分布在社会中的不同位置，并诱使这些成员在所处的位置尽守其责。竞争性的机制更重视人们得到位置的积极性，而非竞争的机制则更重视人们在位置上履行职责的积极性。如果不同位置的人的职责相同，那么所有人都是平等的。如果社会中不同位置的人的权利和要求不同，那么社会就必然是分层的。因此，在社会中，不论是复杂还是简单，都会根据威望和受尊敬的程度来区分人，也因此产生了不平等。

1953 年，涂敏（Tumin）在《社会分层的相关原则——批判性视角分析》一文中总结了戴维斯和摩尔的观点并逐一进行了批判，还说明了社会分层这一现象具有的五种特点，分别是社会性、陈旧性（ancient）、普遍存在性（ubiquitous）、形式多样化（diversity in its forms）以及结果性（consequential），并利用这五种特点说明不同的社会分层都是在类似的社会进化过程中形成的，这些社会进化过程分别是社会分化（differentiation）、

---

[1] Davis, K. and Moore, W. E., "Some Principles of Stratification," *American Sociological Review* 10 (1945): 242-249.

社会等级（*ranking*）、社会评估（*evaluation*）和社会回报（*rewarding*）。[①]不论是戴维斯和摩尔还是涂敏，他们都是从功能的角度来分析社会分层的。功能主义者认为社会阶层是普遍存在的，在功能上也是社会需要的。实际上，社会分层结构维持了社会的稳定和融合。根据这种观点，社会中的阶层越高，其对社会的功能作用就越大。

与功能主义理论的观点不同，首先，冲突理论认为社会分层是社会不平等产生的动因，是不公正和不人道的。在阶级社会中，法律和管理机构使用权力和高压政治维持了社会的不平等，这种不平等根植于社会控制和歧视中。其次，当代社会的官僚性质也加剧了社会分层与不平等。从这个角度来看，冲突理论学家认为被压迫的一方需要发挥作用来反抗统治阶级，进而影响权力的分配。最后，这种批判性的观点并不认为社会流动机制是开放性的，相反，它是封闭的、自守的，而人们所处的地位就是已有的权力结构限制社会向上层流动的重要原因。虽然社会分层存在于各个社会中（也许，除了很小的一些原始部落之外），但是用于划分人群的标准（或分层体系）不同。其具体应用在体育研究中，主要有以下几种分层方法：从经济角度来分层；从社会地位角度来分层；从年龄、性别、民族、种族等群体类别（更具体地说是基于身体差异的类别划分）角度来分层。

以社会经济因素和社会地位来分层是比较普遍的方法，也就是我们常说的阶级（阶层）的经济地位是决定其体育行为的重要因素。除了经济地位，韦伯认为生活机会、劳动力市场上的收入机会、财产或商品的所有权、所属社群都会影响其体育参与的方式，出现差异和分层。韦伯将社会群体分为非正式的团体和正式的现代组织。在种族、宗教和青年团体这些非正式的团体中，荣誉、自尊和共同的生活方式通常是影响成员行动的关键因素。而以政党为代表的正式的现代组织，以深思熟虑和理性的方式，尤其

---

① Tumin，M. M.，"Social Principles of Stratification：A Critical Analysis，" *American Sociological Review* 18（1953）：387.

是在政治领域以及社会、文化和经济领域所追求的特定目标是其成员社会行动的关键因素。韦伯将权力与阶级、地位、团体和政党联系在一起，这种分析框架更能帮助我们发现体育分层现象中复杂的社会因素。例如，许多职业体育俱乐部的所有者通过与社会和文化领域内的知名机构建立联系，并控制这些机构来追求地方、国家和跨国的地位和荣誉。一些社会心理学家认为，体育粉丝对运动队的支持往往是出于对地位的追求，体育迷们愿意公开支持一支球队时，往往是这支球队取得了胜利，体育粉丝通过沉浸在"光荣的效应"（basking in reflected glory）中来获得更高的自尊、地位和荣誉；当球队失败时，许多体育粉丝会产生"失败效应"（cutting off reflected failure）的连锁反应。①

随着社会学的发展，学者们意识到除了以经济为基础的阶层划分以外，还有别的量度来体现不同团体之间的利益冲突和矛盾。特别是在体育社会学的研究实践中，发展起了以年龄、性别以及种族为核心的分层方法。根据年龄和性别分层是最基本、最常用的方式，因为年龄和性别是通用的、确定的生物性和社会性的代表，它们为在多样化的社会情境中讨论不同的态度和行为提供了社会学的分析标准，而这些分析往往又反映了社会的不平等与冲突。② 除此之外，它们也决定了生活中特殊环节的角色行为，这些行为促进或者阻碍了社会进程。③ 根据洛伊（Loy）、麦克柏森（McPerson）和凯尼恩（Kenyon）的观点，年龄和性别分层将带来三个结果：（1）年龄和性别分层是规范化的标准，这些标准进入社会体系中时，它将进一步起到角色分化的作用；（2）与年龄和性别相关的标准涉及相关社会情境中确定或者不确定的行为，包括休闲时间的使用；（3）年龄和性别分层是年龄

① Wann, D. L. and Branscombe, N. R., "Die-Hard and Fair-Weather Fans: Effects of Identification on Birging and Corfing Tendencies," Journal of Sport and Social Issues 14 (1990): 103-117.
② Riley, J. and Foner, A., Aging and Society. Volume 3: A Sociology of Age Stratification (New York: Ruessel Saga Foundation, 1972).
③ Loy, J., Sport and Social Systems (California: Addison-Wesley Publishing Company, 1978), p. 206.

歧视和性别歧视的表现，在生活方式和生活机会方面，按年龄先后顺序或者按性别分类的个人将受到歧视。[①]

从年龄分层的角度来看，大多数社会系统的年龄是非均衡性的，也就是说，不同的年龄阶层有不同的与年龄相关的规范，这些规范决定了人们的行为合适与否，体育也不例外，比如老年人体育和年轻人体育间的冲突，老年人广场舞与青少年篮球的场地之争。在我国，年轻人与老年人之间的体育参与分层尤其明显，老年人经常参与广场舞、慢跑等柔和的运动，而很少会去参加受年轻人喜欢的较为剧烈的体育运动，如篮球或者在健身房进行高强度的抗阻力运动。虽然这种现象的出现有生理和身体上的原因，但是在某种程度上文化建构起的分层也是导致这些现象出现的根源。

从性别分层的角度来看，人类被自然地分成了男性和女性。虽然男性与女性不是截然对立、对抗的两个"阶层"，但是在某些领域，还是会存在高、低层级化的区分。体育自古以来就被认为是男人的领地。体育中的性别分层反映了男女性别之间的差异以及人们在体育参与上对不同性别的不同态度。在欧洲，古希腊和古罗马时期，女性被禁止参与任何体育活动。后来，也只有骑马、滑冰和自行车等运动被认为是适合女性参与的。维多利亚时期的女孩子和妇女参加体育运动被认为有违这一时期对妇女的理想要求。体育中的性别差异源于历史，即体育被视为男性的专利，由男性来参与是天经地义的事，而女性参与体育则受到种种限制。被动、遵从于丈夫、考虑周全、小心翼翼被认为是保持女性形象的标准，同时这些性别标准也限制了她们在体育运动上的能力发挥，使她们处于体育中（相对于男性）的弱势地位。现在，虽然越来越多的女性参与到体育活动中来，但是在参与过程中她们依然遇到压制，甚至是歧视。身体（生理性）能力的差异是体育性别歧视的基础，[②] 性别间的社会分层则使这种自然性的身体差异

---

① Loy, J., *Sport and Social Systems* (California: Addison-Wesley Publishing Company, 1978), p. 206.

② 熊欢:《性别、身体、社会：女性体育研究的理论、方法与实践》，中国社会科学出版社，2016，第51页。

被打上了社会烙印，男性可以想当然地保持其在体育中的特权地位，同时维持自己在性别结构中的主导性。

除了以经济、年龄与性别为社会和体育分层的标准之外，种族和民族也是用于社会分层和决定社会地位与声望的标准。种族问题的研究是体育社会学研究的一个热点，不是因为它是一个生物性标准，与年龄和性别一样，它也是一种社会的建构与描述。体育运动作为一种社会活动和文化意识形态也在某种程度上强化了种族差异，制造了种族歧视。这些歧视和不平等将影响这些群体成员的社会性，包括他们认识体育角色的过程和参与体育体系的过程。关于体育中种族分层和歧视的研究主要集中在对北美和南非体育发展状况的相关研究中。

在北美，自19世纪晚期开始，关于体育的歧视和分层就已经受到了关注和研究，种族歧视在竞技体育领域的表现主要集中在西方经济发达国家和移民国家，美国和一些欧洲国家表现尤为突出。在1936年德国柏林奥运会上，希特勒提出"意志高于一切"和"雅立安人至上"的荒谬言论，这种荒谬言论是希特勒发动第二次世界大战和至今仍抱有种族歧视信念的人的一个重要思想基础。然而美国黑人运动员欧文斯一人夺得四枚田径金牌，彻底粉碎了这种荒谬的种族歧视言论。在北美，黑人运动员主要从事拳击和赛马等体育项目，他们以奴隶身份参与这些项目，来对抗来自别的种植园的奴隶，这样的比赛往往被奴隶主或者种植园主投以大量的赌注。比赛获胜的黑人运动员可以获得优待和地位，甚至有时可以获得自由和家庭。在19世纪晚期到20世纪早期的北美，黑人运动员被大量引入拳击和赛马这样的比赛中，例如，在1875年首次肯塔基德比大赛中，15名运动员中有14名是黑人运动员。[1] 然而，由于19世纪末持续高涨的对黑人运动员的歧视，他们不得不退出赛马比赛，到1898年，最后一名黑人运动员退出了职业棒球的比赛。[2] 1920～

---

[1] 熊欢：《性别、身体、社会：女性体育研究的理论、方法与实践》，中国社会科学出版社，2016，第352~353页。

[2] Peterson, R. W., *Only the Ball Was White* (N. J.：Prentice-Hall, 1970).

1960 年在北美关于种族的研究主要集中在社会和经济的不平等所引起的黑人在主流文化、家庭关系、社会心理以及政治上的孤立。然而，帕克（Park）认为种族偏见和歧视可能只是暂时的表现，少数族裔在生活中不断地被鼓励放弃他们自身的文化和生活方式来适应主流文化。在帕克的著作中，这一过程被分为四个阶段：交流、冲突、适应和同化。[1] 运动也被看作少数族裔社会融入的策略。

在南非，歧视和不平等主要源于政治上的种族隔离制度。范登·伯格（Van den Berghe）在其著作中质疑了马克思主义理论以经济角度为出发点的阶级分析模式。他认为，社会阶级决定生产方式的分析模式无法解释在种族隔离之下所产生的一系列社会问题和冲突，因为此时肤色是比土地和资本占有权更能体现社会地位的标志。20 世纪六七十年代，一种更为普遍的用于分析种族、种族主义和种族关系的社会学架构得到推广。[2] 这就是建立于韦伯主义之上，由约翰·雷克斯（John Rex）提到的种族问题分析模式。雷克斯认为种族关系状况涉及一种特殊的组织间的冲突，这一冲突导致了按人种划分的群体位于社会阶层的突出位置。雷克斯用这一架构分析了英国黑人和白人在工作机会方面的不同，从而得出种族和种族歧视源于黑人处于社会底层，被排斥在白人主导的主流社会之外。[3]

随后，美国作家哈利·爱德华兹（Harry Edwards）提出了一系列包含在体育政治经济学中的黑人体育问题：黑人运动员是怎样被剥夺财富的？黑人体育斗争是怎样影响黑人解放的？为什么在自由之国（美国）直到 1932 年才有路易斯·斯托克斯和泰达·皮克特两名美籍非裔妇女参加奥运会？是谁在黑人运动员的表现和比赛中获益？在体育和休闲的范围内，黑人运动员是怎样代表权力和影响权力的？社会异化、种族资本主义、帝国

---

[1]　Jarvie, G., "Sport, Racism and Ethnicity," in J. Coakley and E. Dunning (eds.), *Handbook of Sports Studies* (London: Sage, 2006), p. 337.

[2]　Cashmore, E., *Making Sense of Sport* (London: Routledge, 1996).

[3]　Jarvie, G., "Sport, Racism and Ethnicity," in J. Coakley and E. Dunning (eds.), *Handbook of Sports Studies* (London: Sage, 2006), p. 338.

主义和殖民主义从哪种角度能有效地解释黑人体育的发展历程？作为黑人马克思主义者和黑人激进作家，詹姆斯（James）的《越过边境》① 对 20 世纪 50 年代到 60 年代初期的板球和加勒比社会的关系做了经典的论述。詹姆斯认识到有组织的运动以及对其的狂热不只是一种简单的社会活动，更是反抗和自由的潜在信号。20 世纪 60 年代，板球被看作个人反抗社会（阶级、殖民地、国家、外围等）强加于运动员的、阻碍个性充分发展的合法表达。

除了种族背景的差异之外，民族背景的差异也对人们的体育参与起到了很大的作用。从历史的角度来看，早期的田径俱乐部严格限制可接受的社会和经济身份，其中大部分是盎格鲁－萨克逊的新教徒。莱斯曼（Riesman）和丹尼（Denney）的观点类似，在 1951 年发表的《足球在美国——文化传播的研究》一文中他们解释了第二代欧洲移民如何引导体育参与的民族转变。② 从那时起，体育参与的形式就变得广泛并具有专门性了。例如，早期犹太人主导篮球项目，后来篮球变成了一项黑人运动，尤其是美国东部和北部城市中心的黑人喜欢的运动。与之类似，在加拿大，长曲棍球最初是印第安人的体育项目，但是在 19 世纪 50 年代白人接管了这项运动并使之成为不同文化群体之间歧视和分离的典型例子。

与民族起源/出身（origin）紧密联系的是国家身份（national origin）。毫无疑问，国家身份是体育中的一个重要组成部分。国际体育体系能够确定国家身份，并具有独特作用。"体育在确定国家身份和归属感方面被证明有独特效果。"③ 这一理解首先来自观看团体或者个人比赛的时候所分享的强烈的国家身份认同感。艾伦·夏普（Alan Sharp）对此进行了简单清晰的描述，他介绍了观看苏格兰足球的经历，"在比赛前、比赛的过程中和比赛结束以

① James，C. L. R.，*Beyond the Boundary*（Durham：Duke University Press，1993）.

② Riesman，D. and Denney，R.，"Football in America：A Study in Culture Diffusion，" *American Quarterly* 3（1951）：309-319.

③ Guoqi，X.，*Olypic Dreams：China and Sports*（*1895 - 2008*）（Cambridge，MA：Harvard University Press，2008），p. 1.

后，我都感觉自身是和苏格兰的胜利或者失败紧密联系在一起的"①。当然，也有其他形式的身份，但是无一能像国家身份这样有强烈的认同需求，那些拥有悠久历史的国家的人以及有过被侵略历史的国家的人，这种国家认同感更加强烈。这种认同和忠诚让人感觉更像是部落联系的体现而非现代的社会体系。因此，当国家队比赛失利的时候，就会产生集体荣誉受辱的感觉。这种情况经常反映在政府和政治家的立场上。

（三）体育与社会排斥

冲突理论不仅常被用来分析社会分层现象，也常被当作研究体育中社会排斥问题的理论工具。关于"社会排斥"（social exclusion）的研究起源于 20 世纪初至五六十年代，当时主要的研究对象是贫困以及由贫困所带来的弱势地位。这个名词在 20 世纪 90 年代被广泛运用于政治领域。政策制定者、执行者还有学者经常使用这个词。直到 20 世纪末出版的很多书籍和文章主要关注的还是经济排斥，也有部分文章尝试去讨论社会分裂的新形式，尤其是与雇佣和失业有关的变化类型。② 那么，到底什么是社会排斥呢？

社会排斥是一个富有争议的术语。关于社会排斥的定义，不同的学者有不同的见解。这一定义可一直追溯到韦伯，他界定了排斥是社会封闭的一种形式。③ 他认为排斥的封闭是一个组织在从属化（subordination）的过程中以牺牲别的一些组织的利益为代价来保护其特权位置的做法。社会排斥的理念源于 20 世纪 60 年代的法国，最早是由法国学者勒内·勒努瓦（Rene Lenoir）提出的。在法国，社会排斥的本意是指："个人与社会整体之间关系的断裂，即个人脱离于社会整体之外。"而所谓的被排斥的人是那些需要社会保护的人群，比如残疾人、单亲父母、失业者、孤寡老人、留

---

① Sharp, A., "A Dream of Perfection", in I. Archer and T. Royle (eds.), *We'll Support You Evermore: The Impertinent Saga of Scottish Fitba'* (Edinburgh: Souvenir Press Ltd., 1976).

② Littlewood, P., *Social Exclusion in Europe: Problems and Paradigms* (London: Ashgate, 1999).

③ Parkin, M., *Marxism and Class Theory: A Bourgeois Critique* (London: Tavistock, 1979).

守儿童。伯恩（Byrne）充分说明了社会排斥是"一种不平等的后工业化资本主义创立灵活的劳动力市场过程中必需的、固有的特征"[1]。洛希（Roche）把社会排斥分为广义概念和狭义概念。广义概念涉及社会专门领域，被认为或多或少地被排斥在纷繁复杂的经济、社会、政治、文化资源和活动之外；狭义概念则主要集中在工作和薪酬领域产生的经济上的不平等。[2] 斯尔维（Silver）进一步确定了社会排斥的三个主要范式，即"团结型"（solidarity）、"特殊型"（specialization）和"垄断型"（monopoly）。以上范式同时表现于理论取向、政治意识及民族思想中，强调排斥过程的不同原因、发展公民身份和社会整合的独特观念。[3] 总体来说，研究者往往根据自身的需要对社会排斥概念给出有利于其研究的定义，将"社会排斥"广泛地定义为个体不能参与基本的政治、经济和社会活动或者对其社会、政治和公民权利的否决。

在某种意义上，社会排斥是社会分化（social differentiation）过程的延伸。社会排斥的部分观点可以追溯到社会学中关于社会分化的理论。社会分化研究的第一个阶段，是杜尔凯姆关于社会分工、机械团结与有机团结的论述。第二个阶段，是以帕森斯为代表的关于社会结构和社会分化的宏观理论。第三个阶段，是社会排斥理论。但是总的来说，社会排斥是指人们被排斥或分化在社会之外，是与社会包容（social inclusion）相对的概念。至于排斥的具体情况，则视具体语境来判断，比如，失业者、外来务工人员、残障人群、妇女（在用工过程中的被排斥）、学校教育中的排斥和自我排斥、外国人在某国生活时面临的社会文化方面的排斥和自我排斥等，在每种语境下，被排斥的人群都是相对于占据主要资源或者主要地位的人而言的，因此，社会排斥也是社会分化的一种表现。

---

[1]　Byrne, D., *Social Exclusion*（Milton Keynes：Open University Press, 2005）.

[2]　Roche, M. and Van Berkel, R., *European Citizenship and Social Exclusion*（Ashgate：Aldershot, 1997）, p. 4.

[3]　Silver, H., "Social Exclusion and Social Solidarity：Three Paradigms," *International Labour Review* 133（1994）：531-578.

20世纪70年代，进行体育社会学研究的部分学者开始意识到体育领域中也存在排斥现象，并开始尝试解释这些现象。但是运用排斥理论的并不多，大部分研究依然用冲突理论来描述体育中的排斥现象。一直到20世纪90年代末、21世纪初，体育领域社会排斥的研究才开始受到人们比较多的关注。通常情况下，体育排斥具有两个层面的含义：一是社会排斥视域中的排斥，二是体育作为一个整体概念（或称为体育共同体）其内部的排斥。由此，对体育排斥的概念可以做以下界定：体育排斥是指不同群体间因制度、经济、文化（技术）等因素或者实施主体观念的偏颇，造成的某一社会群体的体育权益遭到拒绝的状态。总体来说，体育领域中社会排斥关注的主要是以下几个群体：失业者或者经济收入低的人群，即妇女、残疾人、老年人、少数族裔以及学生等。

社会排斥虽然有很多方面，但贫穷是社会排斥的核心。① 经济上的不平等不仅导致了冲突，也产生了排斥。没有或者很少占有社会生产和生活资源的人（have-not）在基本生活保障得到满足之前无暇顾及体育参与或享受体育所带来的快乐，而对于占有生产和生活资料的人（haves）来说前者属于被排斥的对象。这就是比如在高尔夫、网球或者高档的健身会馆中很难寻觅到失业者或者经济不宽裕者身影的原因。迈克尔·科林斯（Michael Collins）和詹姆斯·布勒（James Buller）在2003年发表了《是不是所有高水平青年运动员都有平等的机会参与奥运会？》② 一文，文中采用个案分析的方法研究了高水平青年体育中的社会排斥现象，揭示了在英格兰并不是所有有能力的年轻人都有平等的机会参加奥运会。文章总结出，大部分参赛者来自中产阶层或者相对富裕的家庭，只有极少数来自较低的社会阶层或者是缺乏食物的地区。

体育运动中也存在大量基于性别的社会排斥。从职业运动员的薪资来

---

① Collins, M. and Kay, T., *Sport and Social Exclusion*（London：Routlege，2002），p. 34.
② Collins, M. and Buller, J., "Are All Talented Young Sports People Being Given an Equal Opportunity of Reaching the Olympic Podium?," *Journal of Sport and Social Issues* 27（2003）：420-442.

看，2018 年 WNBA 状元秀阿贾-威尔逊的年薪仅为 5.36 万美元，而 NBA 状元秀德安德烈-艾顿的年薪是 816.5 万美元，艾顿的薪金是威尔逊的152 倍。[①] 从大型马拉松体育赛事参与率来看，2018 年男性跑者占 73.1%，女性跑者占 26.9%，比赛中男女之比大约为 3∶1，虽然女性跑者和男性跑者的绝对数量都在增加，但女性参赛者的比例并没有明显增加，甚至还略微下降。[②] 随着女性变老，她们的体育参与也开始减少，并且这一减少趋势比男性要快。除此之外，女性体育参与更多地受到家庭责任的制约。更重要的是从性别意识形态上，女性被认为"不适合"体育，从而被排斥在体育之外。[③] 性别所产生的体育排斥除了表现在对女性体育参与权益的漠视以外，还表现在对那些在体育运动方面表现不佳的男性所产生的社会排斥与歧视上。体育领域中所产生的社会排斥映射出了整个社会性别利益的不均衡。

至于残疾问题，在 20 世纪 90 年代以前一直没有得到社会学研究者的关注。[④] 这是因为残疾人并不像其他激进分子一样通过示威和抗议来争取他们自己的权益，也是因为他们的问题大多被认为是医学问题而不是社会学问题。但是残疾是一个很显著的社会分化问题。一个人一旦残疾就意味着被孤立、歧视、排斥。在任何一个案例中，残疾人都被看作与其他社会公民相比没有权利的群体。与那些没有残疾的人相比，在社会生活的很多方面残疾人都遭受了不公平的待遇。有 3/4 的残疾人是依靠社会福利来生活的，再加上社会阶级和性别的因素，他们参与体育的机会和比例比非残疾人要低得多。在公共领域（包括体育），残疾人几乎是被"隐形"起来的。残疾

① 《WNBA 顶薪只有 11.5 万美元为何只是 NBA 的 1/266?》，https：//sports.qq.com/a/2018 0829/062737.html，最后访问时间：2021 年 10 月 10 日。
② 《2018 年中国马拉松大数据报告出炉：为每一位跑者的贡献点赞!》，https：//www.sohu.com/a/300518772_487948，最后访问时间：2021 年 10 月 10 日。
③ Xiong, H. et al., "From Exclusion to Inclusion: Changes in Women's Roles in Folk Sports and Indigenous Physical Culture in China," *The International Journal of the History of Sport* 35 (2018): 1603-1621.
④ Davies, T., "Disabled by Society," *Sociology Review* 3 (1994).

人体育的出现也是为了帮助"治疗"和"康复"。路德维格·加特曼
(Ludwig Guttman)医生于1948年组织了第一届国际轮椅运动会并由此激发
了英国残疾人体育运动的发展。1960年第一届残疾人奥运会在罗马举行并
随之成为一项重要的赛事，1961年英国残疾人体育联合会成立。但是这时
对于普通残疾人参与体育的情况并没有翔实的资料统计。1983年中国残疾
人体育协会成立，其目的在于帮助所有的残疾人，并动员组织残疾人参加
体育锻炼，增进健康，促进康复，丰富他们的业余生活，增强他们的生活
信心和勇气，使他们能同健全人一样参与社会。从《2020中国残疾人事业
统计年鉴》的数据来看，残疾人体育参与率2017年为10.9%，2018年为
12.9%，2019年为14.6%，尽管普通残疾人体育参与率逐年提升，但是与残
疾人人口相比，其体育参与率仍然不容乐观。[①]

体育产生社会排斥，但同时也是消除社会排斥的形式之一。一些政治
家和社会团体通过各种努力，比如加大对体育社团的资金支持等来使人们
摆脱原有的团体特征，比如贫困、受教育水平低、被分化、失业、健康程
度低或者犯罪等，使人们更好地融入社会，以促进社会融合。还有的学者
也在探讨体育作为社会参与的一种方式促进"边缘人群"社会融合的路
径。[②]虽然人们在努力以体育为平台或媒介来改善或者消除排斥，但其中依
然存在各种困难和问题。（1）参与并不能平衡社会排斥，很多事实证明，
处于社会底层，在体育或者更广泛的休闲领域内参与面窄的群体大部分是
妇女、非白领或者残疾人，社会排斥分布广泛，很顽固并且难以被轻易克
服，社会排斥的核心是贫穷。（2）对体育的社会排斥的评估较少且缺乏依
据。正如政治家、传媒和公众所认为的那样，所要寻找的证据不是简单地
由结果来衡量，而是在更广泛的范围内由更复杂的、相互重叠的，甚至有
时候相互矛盾的结果来衡量，而这些都需要时间，但是不管是行政人员还

---

① 《2020中国残疾人事业统计年鉴》，https://www.zgtjnj.org/navibooklist-n3020013050-1.
html，最后访问时间：2024年2月22日。

② Xiong, H. et al., "Embracing City Life: Physical Activities and the Social Integration of the New
Generation of Female Migrant Workers in Urban China," *Leisure Studies* 39 (2020): 782-796.

是政治家都没有足够的耐心来理解这项工作的难度。（3）体育很少能单方面地产出经济、环境、健康、安全或者社会福利。[①] 这些问题都暗示了体育中的排斥现象会在今后很长一段时间内继续存在。

（四）体育冲突的功能

虽然剥削、压迫、分层、歧视与排斥等社会问题都是社会冲突的表现，但正如前文所述，冲突也有积极作用。体育社会学家也探讨了体育冲突的功能。

1. 体育的社会安全阀功能

冲突可以作为社会的一个安全阀，它通过允许冲突来维持社会结构的稳定。社会为解决矛盾和冲突而形成制度，这种制度能为社会或群体中的成员提供正常渠道，帮助一个动乱的群体"净化空气"，从而可以让人们释放和宣泄敌对情绪，防止敌意的累积，从而维持群体的稳定。在体育领域中，"冲突"的安全阀功能凸显。在现代社会，体育竞技是转移社会矛盾的一种途径。人们在体育比赛中设立了假想敌，在"虚拟"的战场上，可以合理地发泄自己（与对立方）的情绪，通过身体对抗使现实中的冲突得到缓解。美国的青少年犯罪率一直居高不下，为了降低青少年的犯罪率，解决城内贫穷青年所带来的社会治安问题，政府提出了午夜篮球计划，即在夏季晚上 10：00 至凌晨 2：00 的高犯罪率时段把 17~21 岁年龄段的青少年集中起来参加篮球联赛，并且现场还有两名身穿制服的警察维持秩序。[②] 这一举措的实施，使得马里兰州治安混乱的社区青少年犯罪率逐渐下降。从科塞的安全阀功能进行分析，青少年会产生犯罪的行为与青少年本身自我认知不足、精力旺盛、自控能力弱有关，家庭环境、社会不良风气的影响，也很容易导致他们产生危害社会的行为。午夜篮球计划的实施，

[①] Collins, M. and Kay, T., *Sport and Social Exclusion* (London：Routlege，2002)，p. 34.

[②] Hartmann, D. and Depro, B.，"Rethinking Sports-Based Community Crime Prevention：A Preliminary Analysis of the Relationship Between Midnight Basketball and Urban Crime Rates，" *Journal of Sport and Social Issues* 30（2006）：180-196.

正好使得深夜流浪在街头的青少年聚集在一起，其旺盛的精力和不良情绪找到了发泄口和突破口，转移了他们的注意力，使得犯罪率降低。从午夜篮球计划的实施与结果，我们可以看到体育具有安全阀的功能，维持了社会的稳定。另外，在研究失足青年的暴力倾向时，特卢森发现失足青年参加跆拳道尊重他人、强调信心、身体自控、荣誉、耐心和责任的宗旨和技术训练后，暴力倾向降低了。瓦康德通过调查在芝加哥黑人聚居区传统的高度组织和信誉良好的拳击训练馆的职业拳击手的日常生活和训练发现，职业拳击手通过训练在技能不断成长之余，还学会了尊重同行拳击手，并将拳击当作一种职业来管理自己的体育道德规范，使得他们远离街区的暴力。

2. 整合功能

虽然体育领域内的冲突时常发生，这些冲突不仅包括运动员之间的冲突，还包括运动员与俱乐部、官员、裁判等的冲突，但体育领域内的冲突并不都是有害的，有些冲突也是积极的，不仅可以保护运动员自身的权利和利益，促进群体内部的整合和稳定，增强群体的认同，还可以促进体育运动技术的发展。从 NBA 的 5 次停摆事件我们可以看到，球员与俱乐部老板常因劳资问题发生冲突。1964 年的 NBA 首次停摆是因为球员利益未得到保护，球员工会的地位没有得到承认，时任球员工会主席的海印索恩为了保护球员和工会利益号召球员罢赛，并且施压于 NBA。为了让全明星赛顺利举行，总裁沃尔顿·肯尼迪同意在全明星赛后与球员工会进行谈判，在这一次谈判中球员工会的地位得到认可，球员们的利益得到保障。NBA 第二次停摆发生在 1976 年，当时 NBA 完成了与 ABA 的合并，并规定没有毕业的大学生不能进入联盟打球。球员工会主席保罗·西拉斯认为这是一种歧视行为，并号召球员游行示威，还将 NBA 告上法庭。最终劳资双方达成协议允许家庭条件不佳的球员提早进入 NBA。1994 年的第三次停摆是因为资方要求采用硬性工资帽，并对新秀合同进行限制。劳资双方在谈判后才重新达成了新的劳资协议。NBA

的第四次和第五次停摆分别发生在 1998 年和 2011 年，均因劳资协议问题。从球员与俱乐部老板、官员的冲突所发生的停摆事件中，我们均可看到资方的妥协，以及球员的自身利益和权利得到有效的保障。NBA 作为全球最大的职业赛事，也是拥有黑人等少数族裔比例较高的团体，赛事内发生的一举一动都会受到各方的关注。2020 年 8 月，美国警察枪杀黑人引发了 NBA 球员为抗议美国警察暴力执法而进行罢赛，此次 NBA 的罢赛为黑人发声提供了舞台，也引起了球队、政府的高度重视，推动了社会解决黑人社区、歧视的问题。

另外，运动员与裁判发生的冲突也会促进体育运动技术的发展。为了体现裁判的公平公正与判罚得当，在 2016 年国际足联认定的联赛中首次采用视频助理裁判（Video Assistant Referee），主裁判可借用视频回放技术做出正确判罚，这一技术的应用在一定程度上避免了裁判员与运动员之间的冲突。

体育团体与外部的冲突也有利于体育团体内部的整合以及社会矛盾的化解。有调查研究发现，当学校运动会结束以后，以班级为单位的集体内部凝聚力、向心力会更强，因为与其他团体竞争的同时，班级内成员的矛盾与分裂会得到一定程度的转移和缓解，在争取共同利益的基础上，达到团体内部的整合。

总的来说，体育（团体）内产生的冲突，以及与外部团体产生的冲突在一定程度上有助于社会整合，促进个体自身的权益得到有效保障，同时促进新的体育整体的发展。

四　对冲突理论的批判与展望

（一）冲突理论的局限性

冲突理论作为社会学经典理论之一，为社会问题提供了研究的出发点和分析方法，但是冲突理论也存在过于强调宏观结构和冲突机制的作用，忽略个体的主体性与能动性的特点。随着科学技术的发展和时代的进步，冲突理论已不能充分解释在工业社会中发生冲突的原因。除此之外，冲突理论代表人物众多，没有形成统一的观点体系。就本书中所列举的几个代表性人物而言，冲突理论受两大传统的影响：一方面是马克思阶级冲突论，另一方面是韦伯社会分层论。科瑟尔的观点结合了功能和冲突两个方面，认为社会系统的每个部门都是相互联系的，每个部门与社会系统的整合和适应程度一致时社会运行就通畅，但是社会系统的运行不可避免地伴随着紧张或者失调等冲突现象。达伦多夫则认为社会现象本身就充满了辩证关系，凡是有社会生活的地方就存在冲突，冲突可以加以疏导控制，也可以暂时被压制，但是无法被彻底根除，社会中的每一个要素都有可能促进社会变迁或者破坏社会整合。

在体育研究领域，尽管冲突理论为体育社会学分析提供了坚实的依据，开阔了人们的视野，丰富了研究的成果，但是冲突理论从未脱离结构功能主义的阴影。在用冲突理论分析体育社会学的过程中，有以下三点不足之处[①]：第一，冲突理论忽视了资本主义社会中体育有允许个人和团体参与的可能性；第二，冲突理论假设了社会生活的各个方面是由经济状况决定的，掌握经济权力的人（haves）会运用手中的权力来控制和剥削那些生活在社会排斥状态的没有权力的人（have-nots），但这个假设是否具有普适性，还需要探讨；第三，在分析人们如何来识别自己和组织社会生活的时候，冲突理论低估了性别、年龄、种族、民族、残疾等其他影响因素。

（二）冲突理论的展望

经典冲突理论是从宏观层面对社会运行机制的理解，因此会忽略个体

[①] Coakley, J., *Sport in Society: Issues and Controversies* (New York: McGraw-Hill Publishing Co., 2001).

行动的力量，造成其理论解释力度的不足与局限性。为了弥补这一缺陷，冲突理论学者的研究也逐渐向中观和微观的靠近。比如韦伯在马克思宏观结构的解释中运用因果推论模型进行补充与完善；科塞、达伦多夫则从中观的视角侧重于对影响冲突的各种变量进行经验性分析；科塞建立了冲突与群体内部结构及制度变迁之间的功能关系，认为如果冲突围绕现实问题发生，那么冲突的激烈性较弱，若围绕非现实问题发生，那么情感介入越多冲突就越激烈；齐美尔则从微观层面运用实证的意识假设强调对各种互动形式的研究，关注个体文化与客观文化的冲突，但齐美尔并没有从个体的行动中凸显冲突的机制。

　　20世纪60年代后期社会批判理论的兴起，实际上也是对冲突理论的一种补充与发展。特别是新马克思主义的崛起，从认识论与方法论层面解决了主客体分离的研究模式问题。新马克思主义以古典哲学的人本主义为认识基础，以马克思的政治经济学批判为认识方法，主张用主体、客体相互转化和制约的认识模式来代替冲突理论的主体、客体相分离的研究模式，从主体-客体的立场揭示了发达工业社会由科技的异化而导致的人的主体性的消解，并从意识形态、文化、技术工具理性角度挖掘社会冲突的宏观和微观机制。这种方法论的转向也影响了冲突理论学者对体育中的剥削、压迫、异化、歧视、排斥等社会问题研究的路径，加强了主体与客体相结合的研究模式，并广泛运用在体育种族主义、体育的商业化、体育制度的腐败、性别等议题的探讨中，如运动员的身体异化、男女体育参与资源的不平等、体育中男性气质霸权、体育中女性的地位等。[①] 这些研究成果更突出了社会冲突机制中结构、制度、个体等因素的相互制约和影响，也为充分发掘体育中的冲突机制提供了更为广阔的视角和方法。

[①] Molnar, G. and Kelly, J., *Sport, Exercise and Social Theory: An Introduction* (London: Routledge, 2012), p.118.

五　冲突理论对体育研究的启示

马克思把社会看成各种社会结构与社会关系的总和，而这些社会结构与关系正是由经济动力决定的。冲突理论因而更多关注由于社会不平等和社会变迁所产生的特定社会关系。冲突理论的主要目标和结构功能主义相同，都是试图解释社会作为一个体系是如何运转的。与功能主义不同的是，马克思主义认为，当被剥削的一方开始意识到改变生产关系的重要性并采取积极的行动，社会冲突是可以消灭的，社会的巨大进步是可以实现的。

根据冲突理论，体育也是由那些掌握经济权力的人所组织和赞助的，目的是确立一种建立在资本基础上的竞争、生产与消费的关系。冲突理论引起了西方理论界对体育的强烈思考，如体育是如何渗透于精英阶层并巩固其权力与特权的、体育如何变成经济剥削与压迫的工具、体育中的经济与政治的关系等。冲突理论学者还认为在资本主义社会，体育工人出卖他们的劳动力。在劳动力市场上，他们并不是行动主体。虽说体育对人类的发展是一种潜在的、有创造性的和有意义的平台，但对于职业运动员来说，这种意义被资本牢牢地控制，至少是限制起来。资本主义形式的体育被认为是对体育以及运动员的异化，也就是说，体育运动员在不自觉的体育参与中建构了一种不符合他们自身利益的社会结构。对于自身劳动力控制的缺乏是导致体育异化的根本原因。

冲突理论将社会变迁与结构、组织与群体利益、资源平衡联系起来，可以用于解释社会冲突现象、冲突的类型、社会冲突的后果、冲突的控制、社会的不平等、社会变迁等。冲突理论对于分析当今中国体育产业化、商业化过程中所产生的问题有很好的指导意义。比如，体育参与中分层现象的出现；体育中的不平等以及社会排斥问题；商业化和职业化中，体育剥削的产生及社会冲突的出现；体育的商品化过程；体育中的权力分配。

　　总之，冲突理论在分析体育中的不平等、排斥现象及在体育中产生的冲突时起到了工具性的作用。同时，运用冲突理论来研究体育可以反映出在社会转型时代，社会权力与资源的分配以及重建机制。

社会的"型构"与体育文明进程

——型构理论的视野

一　引言

型构理论（Figurational Theory）有时也被称为"过程理论"（Process Theory），中国学者对于这个社会学理论也许还比较陌生，但是它的主旨思想却和中国传统的社会理论有着异曲同工之处。型构理论认为社会是在历史过程中由互相依靠的人群以及他们之间相互依赖的关系网络所构成的。型构理论在社会学领域一直没有得到足够认可和关注，但是这个理论派别的学者对体育社会学却有着非常显著的贡献。如果说其他社会学理论是在成熟了以后才被社会学家应用到体育研究中的，那么型构理论则是在社会学家们研究体育发展的过程中逐渐形成并完善起来的。20世纪80年代，型构理论作为一套综合性的社会学理论在欧洲大陆的学术界开始被广泛接受并应用。它对体育的历史、发展和演变以及体育化进程的研究有着非常重大的影响。随着对型构理论的不断修正和发展，近年来人们在体育休闲、健康和体育政策等领域取得一系列研究成果。

二　型构理论及其沿革

（一）"型构"的概念与意义

型构社会学（Figurational[①] Sociology）也被叫作"过程社会学"（Process Sociology），是由 20 世纪德国著名社会学家诺贝特·埃利亚斯（Norbert Elias）创立的。埃利亚斯探讨的主题十分广泛，但几乎都离不开"型构"与"过程"这两个概念。型构理论的核心在于"figuration"，中文的直译是"形成，定型"。因此也有学者把这个理论翻译成"形成理论""过程理论""组构理论"。埃利亚斯眼中的"figuration"是"由相互依赖、相互影响的人组成的一个整体结构"[②]。埃利亚斯强调世界并不是两元的、一分为二的，也不是静止的、孤立的，而是变化的、相互依赖的，因此他把"figuration"概念化为历史网络和相互依赖关系所形成的结构，并认为世界就是在这个基础上形成的。

埃利亚斯批判了把个体同社会分开来看的两分论观点。他认为把个体和社会视为两个互不相关、独立存在的事物只能蒙蔽研究者的双眼，使他们看不清事实的真相。对于埃利亚斯来说，"个体"和"社会"这两个概念是不可分割的。[③]"型构"（figuration）这个概念就建立在这一基础上，并传递着这样一个观点：社会学关心的不是个人（homo clausus），而是众人（homines aperti），是那些捆绑在一起的变化无穷的人群。他认为："人一生都要依赖其他人的存在而存在，人类这种相互依存的网络关系把独立的个人绑在了一起。相互依存的关系就是型构的连接，即相互依赖、相互作用的人们组成的一个结构。人首先在自然性上或多或少地要依赖别人，其次

---

① figurational 在第一版中被翻译为"组构"，在这版中采用"型构"这个翻译。

② Elias, N., *The Civilizing Process*, Volume 1：*The History of Manners*, trans. by E., Jephcott （Oxford：Basil Blackwell，1978），p. 261.

③ Elias, N., *What Is Sociology？* （London：Hutchinson，1978），p. 119.

在社会学习、教育、社会化以及互惠活动中需要依赖他人的存在。"① 埃利亚斯认为社会学中所说的"社会力量"（social forces）实际上是由人与人在相处中产生的约束力所构成的。把社会结构同人的因素分割开来观察只能得到错误的结果。更进一步地说，社会结构及型构是由人所形成的，而社会结构和型构所带来的束缚力又反作用于这些制造出它们的人身上，这个过程就是社会过程。换而言之，社会过程并不是一个客观事实和存在，而是由众多人的行动以及行动间所产生的互动关系所组成的，因而会随着人的改变而改变。但同时埃利亚斯也指出，虽然社会过程并不是一个客观存在，但它也不是人能够设计、规划和选择的，这正是社会生活的真实写照，埃利亚斯称之为"盲目的社会过程"（blind social process）②。

型构社会学的主要特点是强调过程和关系，其主要目标是鼓励社会学家用"过程"的思维去观察和思考社会问题，特别是在研究社会关系的时候要把它看成一个关系不断涌现并相互限制的过程。他认为相互依赖的关系即型构以社会捆绑的形式在不断地流动、转移和变迁，这个过程存在于任何形式的社会发展中并能够被清楚地分辨出来，因为这种相互依赖关系的变化并不是任意的，也不是随机的。相反，这个关系中的个人或团体是在多重的社会捆绑中以某些特殊的关系相连接的，因此会有一定的规律。马克思主义认为经济关系是社会关系中最重要的，而型构理论则认为虽然经济关系很重要，但是随着社会情形的变化，经济关系也会变化，在某种社会情形下，政治关系或情感关系可能会显得更为重要。这个观点主要强调了型构的两重特点："给予"与"限制"。型构在给予人们生存的必备条件的同时也限制了个人的行为和思想。在型构，或者说是"变化的互相依赖的关系"里，核心因素是权力，这个"权力"并不是指某个人

---

① Elias, N., *The Civilizing Process*, Volume 1: *The History of Manners*, trans. by E. Jephcott (Oxford: Basil Blackwell, 1978), p. 261.

② Elias, N., *Involvement and Detachment* (Oxford: Basil Blackwell, 1987), p. 99.

或团体所拥有的东西，而是所有人类关系的特征。① 埃利亚斯认为权力的问题就是关于"相对平衡"的问题，没有绝对的拥有，也没有绝对的失去；没有完全的强大，也没有完全的弱小。权力总是在社会的进程中随着不断涌现的新的经济、政治形态以及社会情感不停地转化、流动。

（二）埃利亚斯与型构理论的形成

埃利亚斯最著名的著作是《文明的进程》，该书基本思想是社会结构的发展与人们社会行为和习惯的变化是有密切关联的。他在书中所提出的"文明的进程"并不带有评价的意味，比如哪种文明先进或哪种文明落后。我们习惯把文明看成一种摆在我们面前的现成财富，但在埃利亚斯看来，"文明的表现"绝非天然如此，文明是一种过程，是数百年逐步演变的结果，是心理逐步积淀为规范的结果。《文明的进程》一共有两卷：第一卷主要谈及了社会对身体（暴力）的控制以及社会礼节问题，第二卷则考察了国家的形成以及社会变迁、社会制度等宏观层次的问题。他考察了西欧从中世纪到 20 世纪文明的演变，认为在这期间社会态度和社会标准的变迁是人们不断地给自己增加社会压力、制定更加严格的规则从而控制人类自然情感和行为所产生的结果。这个过程并非计划好的，而是人类在寻找外部限制和自我控制平衡的过程中自然实现的。人们不断地把外部的社会规则内化为自我意识来指导和衡量自己的行为，不仅如此，当这些社会规范上升到感性层面时就会成为一种社会意识，比如人类羞耻感、负罪感等。

埃利亚斯谈到，文明的进程中与体育的发展息息相关的是对暴力的社会控制。他认为，人类一开始非常喜欢观看那些血腥、暴力的运动，他们从这种攻击他人的暴力行为中得到视觉的快感和心理的满足。这和人类最初的"适者生存"的生活环境有关。这样，身体的暴力成为一种符号性的宣言。但是，随着社会的发展，这种情形在逐渐发生变化，人们逐渐开始

---

① Elias, N., *What Is Sociology?*（London：Hutchinson，1978），p. 74.

厌恶这种血腥的身体暴力。埃利亚斯认为这有两方面的原因：一是社会开始强制性地控制那种由暴力所带来的诱惑；二是对暴力的禁忌被内化为人们自身的一种意识。这样的结果就是，当人们破坏了这种禁忌，内心会自然而然地产生一种罪恶感。这种对身体暴力的反感也渐渐蔓延到语言方面，导致对语言暴力的社会反感，因此，对那些喜欢咒骂和使用污秽语言的人，社会也同样有一种共同的厌恶感。

在我们一般人的理解里，"暴力"和"文明"是相互对立的。但是埃利亚斯认为，在西欧的文明化进程中，这两者是相互影响并相互依赖的关系。他认为西方的文明就是中世纪期间在人们用暴力推翻君主立宪和贵族制度的过程中产生的。在这一系列的斗争中，稳定和有效的社会制度渐渐形成。更具体地说，西欧的文明过程是利用暴力来消除旧的制度，从而实现社会安定和经济增长的过程。同时，文明的进程和社会劳动分工的加强、社会关系的确定以及民主化进程息息相关，在这个过程中，个人的权力逐渐萎缩，取而代之的是公共的制约，这就是我们现在所体验到的文明的进程。"文明的进程"这个理论对现代体育的研究起到了很重要的作用。

埃利亚斯的另一个重要理论是关于人类的认知和价值观之间的关系的。从传统的观点来看，认知和价值观一直被认为是抽象的、静止的、非此即彼的。有的人认为价值观是带有主观性的，有的人认为价值观应该是客观的；一些人提倡"价值观自由"，一些人则认为价值观无可避免地带有个人偏见。对于埃利亚斯来说，投入（involvement）与超脱（detachment）的平衡存在于所有的人类行为中。根据埃利亚斯的观点，超脱是人类的一种共有的能力，比如原始人制造工具，会使用火，这些都是人类在某种程度上脱离内在和外在环境的限制而发明创造出来的。埃利亚斯并不认为这些创造仅仅是为了解决饥饿问题，而是认为其反映了人类超越自己所处环境，展望和创造未来的一种能力，这种超越的能力也是人类自我管理的重要内容。[①] 换句话说，这种超脱现实的能力是人类所共有的，只是有的人可能强

---

① Elias, N., *Involvement and Detachment* (Oxford: Basil Blackwell, 1987), p. 36.

一点，有的人可能弱一点。但是埃利亚斯同时认为超脱总是和投入混在一起的。他认为人在看一件事物的时候不可能完全地客观（超然）也不可能完全地主观（投入），即使有这种情况，其也只可能发生在刚出生的婴儿身上，他们没有任何感觉地看着这个世界。[①] 因为除了死人之外，任何成年人的行为都处于完全的投入和完全的超脱这两个极端的中间，问题就在于如何平衡这两个极端。而它们的平衡在不同的社会、不同的人群以及不同的个人那里也是有所不同的。

从这个理论中可引出埃利亚斯对科学方法的讨论。埃利亚斯认为知识最开始被认为是"神秘"的、"魔幻"的，而后逐渐变成"符合事实"和科学的代言词。其实在任何社会，这两种形式的知识都存在。即使是原始社会，人们对事物的认识也有其现实、客观的一面；而在发展程度很高的现代社会，人们对事物的认识也会有神化和迷信成分。有的时候人们很难判断什么是主观的（投入），什么是客观的（超脱）。一种客观的、科学的知识很可能在很早以前被认为完全是一种主观的认识。因此我们不能简单地、非此即彼地、固定地看人类认知的发展与价值观之间不断变化的关系。埃利亚斯认为没有"终极的真理"，社会学家在观察和解释一种社会现象时也不能完全地超脱自身价值观的束缚，因为埃利亚斯认为社会学家和其他的社会成员一样也生活在学术圈以外的世界，扮演着和一般人一样的社会角色，参与着和其他人一样的社会活动，这些都会影响到他们的价值观和判断，因此他们在做研究时不可能完全地超脱。但在埃利亚斯看来，这未必不是一件好事，因为作为研究社会现象的学者，社会学家在某种程度上需要从自我的社会体验中发掘问题、提炼理论。因此，对于社会学家来说，如何完全地超越现实生活，保持完全的价值中立、完全的客观不是社会研究需要解决的主要问题，这种绝对中立也是不可能做到的，重要的是，社会学家如何来平衡自我经验（投入）和科学探索（超脱），尽量不使个人的价值观和经验主导对社会科学的研究。

---

① Elias, N., *Involvement and Detachment* (Oxford: Basil Blackwell, 1987), p. 3.

　　综上，型构理论注重从历史的过程来看待社会事实，并认为社会生活是由在历史过程中互相交织的网络关系组成的，而这些关系也随着历史的发展在不断地发生变化。传统社会学把人和社会看成两个各自独立的实体，而埃利亚斯推翻了这种两分法，提出两者不可分割，正是宏观的社会和微观的人之间的互动形成了个人、国家乃至社会的整个文明的进程轨迹。他提供了一种新的历史研究方法：不仅研究社会经济，而且考察人的情绪气质和思维方式的变迁；不仅重视重大事件，也从小处着手，探讨人的行为举止和日常生活，以小见大。

　　埃利亚斯是 20 世纪为数不多的被公认为真正伟大和经典的社会思想家之一。在 20 世纪 30 年代，他写了现在被誉为现代经典的《文明的进程》和《宫廷社会》等著作。自从他的作品在 20 世纪 80 年代被翻译成英语以来，越来越多不同的学科在书籍和文章中使用埃利亚斯学说作为分析情感、身份、身体、暴力和国家形成历史的依据，这些书籍和文章涵盖了健康、性、性别、犯罪、民族和种族身份以及全球化等领域。当许多批判家谈论社会学作为一门学科是如何分裂的时候，埃利亚斯提供的不是这个问题的"解决方案"，而是思考如何建立一门将许多不同的社会学思想联系在一起的实践社会学。这些思考体现在埃利亚斯所提倡的"相互关联"的社会学方法论原则上：（1）虽然社会是由从事有意行为的人组成的，但人类行为组合的结果往往是无计划和无意的；（2）人类个体只能被理解为彼此之间的相互依存关系，作为社会关系网络的一部分，或者他通常所说的"型构"，从本质上来说，人类都是社会性的，只存在于我们与他人的关系中，并通过我们与他人的关系，发展出一种社会建构的"习惯"或"第二天性"；（3）应该从关系而不是国家（宏观）的角度来理解人类社会生活，例如，应该从权力关系的角度来思考个人和社会单位之间不断变化的权力"平衡"或"比例"；（4）人类社会只能被理解为由长期的发展和变化过程组成的存在，而不是一种永恒的状态或条件；（5）社会学的研究立场在社会的、情感的投入与超脱之间不断移动。当然，这些理论贡献并非埃利亚斯完全独有的，在其他社会学家的工作中都可以找到。然而，他的方法独特之处在于对日前广泛传播的各种社会学观点——结构主义、符号互动、冲突理论、历史社会学、民族和国家形成理论的结合或综合。① 可以肯定的是，埃利亚斯的理论方法越来越受到广泛的讨论和应用。2020 年 Palgrave 出版社首次推出埃利亚斯研究丛书，以吸引跨学科的型构理论者，在丛书编纂发起声明中表示：埃利亚斯的社会理论不仅应用于社会学，还应用于体育、心理分析/心理学和社会心理学、教育、犯罪学、国际关系、历史、人文（艺术、音乐）、政治学和公共卫生等领域。② 可以预见，对埃利亚斯的社会学理论和方法的讨论与研究将会不断涌现。

三 型构理论在体育社会学研究中的应用

型构理论对体育研究起到非常重要的作用，特别是对欧洲体育发展史的研究有着至关重要的影响。型构理论认为体育在社会中扮演着非常重要的角色，因为体育是一种集体的创造物，它为人们提供了一种有规则但又愉悦身心的社会形态，使人类原始的暴力性在受到规范的社会组织中得到一个倾泻的出口。埃利亚斯旗帜鲜明地反对社会理论二元论的立场，并主张打破自然科学和社会科学的界限，为体育社会学研究提供了无限的想象力。型构理论对体育研究的贡献主要在以下几个方面体现出来：首先是型构理论对体育现象的基本解释；其次是对体育文明进程中身体、暴力和情感控制的研究，特别是足球流氓问题研究；再次是对体育、休闲与健康问题的探讨；最后是关于全球化和体育的关系的研究。

（一）人类的型构与体育

型构理论认为社会是由相互依赖的人的关系所组成的。"型构"的定义

---

① van Krieken, R., *Norbert Elias* (Routledge, 1998), p.5.
② https://link.springer.com/series/16153.

就是个人或团体之间相互依赖关系的模式。型构理论认为无论是家庭、社团还是工作单位都可以被看作一种拥有权力平衡与紧张机制的型构。埃利亚斯在解释型构理论的关键概念时常常用体育作为范例。他认为体育比赛能最好地诠释参与者之间相互依赖的关系。如果我们不能直接从一个社团、教会、政党、国家中看到由人与人之间的互动关系所形成的型构,那么在足球场上,我们可以直接清楚地从球员之间的跑动、传接、配合、对抗等连续动作中认识到型构存在的形式。[①] 在角斗士的对抗中,尽管双方都想置对方于死地,他们之间也存在着相互依赖的关系。体育组织中的型构关系不仅涉及场上的运动员,还涉及裁判、观众、比赛组织者、官员、赞助商、俱乐部的管理机构、媒体等。[②] 这些要素之间的互动关系使体育比赛不可能脱离社会的其他部门而运转。在埃利亚斯看来,在人与人之间的型构关系中,权力关系中的主体是互相依赖的,且权力具有流动性,虽然这种流动常常是不对称的,但是其充分反映了在型构中社会关系的千变万化。

正是埃利亚斯的型构理论使体育和休闲研究进入了主流社会学,主要表现在:(1)他用体育作为实例来说明人类的型构关系;(2)他对于互相依赖关系的论述使我们在看待体育现象时不再局限于体育本身,而是从更广泛的其他社会领域去研究体育现象;(3)他把体育放在有偿工作以外的业余活动范畴中进行了研究。埃利亚斯把业余活动范畴按常规性强弱分为三个层次:第一个层次的业余活动包括那些为满足生理需求而进行的活动以及家务劳动,这是最有常规性的;第二个层次是包括那些既需要人们负一定的责任,同时又会给人们带来自我满足的活动,如志愿者工作、宗教活动、自我提升活动(如看书、看报、自学等),这些都属于半常规化的活动;第三个层次就是休闲活动,它们属于非常规的业余活动,包括最原始

---

① Elias, N. and Dunning, E., *Quest for Excitement: Sport and Leisure in the Civilising Process* (Oxford: Basil Blackwell, 1986), p. 199.

② Elias, N. and Dunning, E., *Quest for Excitement: Sport and Leisure in the Civilising Process* (Oxford: Basil Blackwell, 1986), p. 207.

的娱乐活动、虚拟游戏、放松活动等。[①] 伴随着工业社会的到来，礼俗社会[②]对休闲活动的控制逐渐松动，这使人们进入了一个更加轻松的环境。正如喝酒使人们暂时忘掉社会禁忌、逃离那种常规化的生活状态一样，虚拟活动可以唤醒人们内心隐藏的、在现实生活中得不到宣泄的情感。体育就是一种最常见的虚拟活动，它会制造出很多人们在现实生活中不可能得到的经历，带给人们意想不到的愉悦。但埃利亚斯同时也认为，包括体育在内的虚拟活动并不是孤立的，而是融合在人类日复一日的生活经验中。在"文明的进程"理论中，埃利亚斯更进一步地说明了体育是如何镶嵌于社会情感、社交以及休闲活动中并被规范化的。

（二）暴力、控制与体育化

学术界普遍认为"sport"这个词的现代含义是在 18 世纪的英国开始形成并得到普遍应用的。埃利亚斯试图用"文明的进程"理论去解释为什么体育化（sportisation）首先发生在英国。埃利亚斯所谈及的"体育化"是指体育规则、规范的形成，比如对体育比赛平等参与、公平竞争等的规定。这些体育比赛的规则从无到有，从模糊到清晰，从只有概要到细节充足，从口头传授到书面条文并受到一定的监督，变得越来越规范化；与此同时，体育参与者在比赛中自我控制、自我约束的意识也在不断增强，并逐步意识到要在争取体育比赛胜利的同时保护自己不受伤害，这个日益理性和"文明"的过程就是体育化的过程。[③]

埃利亚斯强调，在古希腊，体育主要是为了战斗而进行的身体训练，

---

① Elias, N. and Dunning, E., *Quest for Excitement: Sport and Leisure in the Civilising Process* (Oxford: Basil Blackwell, 1986), pp. 96-98.

② "礼俗社会"是德国社会学家滕尼斯提出的一个社会类型。在此种社会里，社会关系主要建立在亲族关系或私人友情的基础上，人与人之间的关系亲密且融洽。农业社会具有此类特征。

③ Elias, N. and Dunning, E., *Quest for Excitement: Sport and Leisure in the Civilising Process* (Oxford: Basil Blackwell, 1986), pp. 21-22.

因此体育包括了很多暴力和搏斗的因素，同时体育比赛也缺乏固定的规则。在当时的希腊社会，人们极度缺乏身体安全感，文明意识也相对较弱，因此身体的暴力给人们带来的羞耻感和罪恶感比较弱。而古罗马人继承了希腊体育的某些元素，并在自己特殊的地理和人文环境下，孕育并发展了角斗竞技、战车竞技、斗兽表演和海战表演等血腥的竞技体育文化，为体育赋予了野蛮与嗜血、观赏与娱乐、政治与战争等文化特质。英国的学者发展和延伸了他的研究，分析了中世纪体育活动的特点及其与现代体育的不同之处。中世纪的体育比赛和现代体育比赛相比，规则非常随意，很多比赛的规则都是通过口头传诵继承下去的。每一个地区、每一个村庄对于同样的体育比赛都有着不同的规定，而且规则也是可变动的，根据环境、参与人数的不同而不同。除此之外，暴力在体育比赛中是公开被允许的，这和现代体育比赛有着很大的差异。虽然体育比赛不是真正的战斗，但是中世纪的体育比赛有着强烈的战争的象征意义。

随着社会的文明化，社会对暴力行为开始进行控制，人们对暴力的态度也开始改变，血腥和暴力的体育文化逐渐地被人们所摈弃。因此体育不仅要给人们提供由身体"搏斗"所带来的释放和宣泄，也要确保人们在这个"斗争"中不受伤害，这样就要为体育比赛制定规则。埃利亚斯和邓宁（E. Dunning）认为体育化的过程最早发生在英国而不是其他欧洲国家，是和英国国家制度的形成与社会权力平衡的机制有关的。德国和意大利在 18 世纪还处于地区割裂的状态，但英国和法国在 18 世纪初就是相对统一的国家了。法国一开始就是一个高度集权的国家，人民要绝对服从统治者制定的规则，没有选择的自由，这导致了后来法国大革命的爆发。但是从整个 17 世纪英国国家统一的过程来看，高度的集权主义在英国内战中被削弱，君主的权力同时受到了很大限制。更进一步来看，虽然英国的海军力量非常强大，但是君主的统治还必须依靠陆军的合作和支持，正因如此，那些在陆军的统治阶层分享了君主的权力，具体来说就是通过议会制度实现了权力的分享。议会制度的形成促成了"文明萌芽"的产生，这成为体育化的一个先决条件。在埃利亚斯看来，英国政治的议会制度化和人们娱乐活动的体育化过程几乎是同时开始的。贵族为了更好地统治人民，使社会处于相对稳定的状态，需要禁止那些暴力行为的出现。这种思路也影响了他们对体育活动的管理，他们希望在让人们从娱乐活动中得到身心满足的同时，也能对血腥的暴力加以控制。因此"俱乐部"就这样诞生了，它成为规范和组织人们体育活动的主要制度。而议会制度中两个党派的争斗其实和田径场上两个队的比赛很相似，是一种权力的斗争、平衡与转移的过程。在议会中两个敌对的阵营通过非暴力的辩论和平地把权力从输的一方移交给赢的一方。议会制的执行不仅依赖于制度的保证，还是人类自我约束的结果；同样，体育比赛也需要一种制度（外在的规则）保证和自我（内在的道德）约束，这推动了体育化过程的发生。

型构理论学家认为娱乐活动的体育化有两个主要浪潮：第一个浪潮是在 18 世纪，一些娱乐活动比如板球、猎狐、赛马和拳击等开始逐渐规范化和制度化，形成现代体育运动；第二个浪潮是在 19 世纪，足球、橄榄球、网球和田径等项目完成了其现代化过程。埃利亚斯专门对猎狐运动进行了研究。他认为在 18 世纪和 19 世纪，猎狐运动开始逐渐改变，那种直接杀死猎物的快感逐渐被追逐猎物的过程带来的愉悦所代替。除此之外，型构理论家埃利亚斯和邓宁还特别分析了足球运动的变迁，根据"文明的进程"理论，他们探讨了足球运动从一种民间的消遣活动变为一种有规则的现代体育运动的过程。[①] 他们强调了中世纪的足球是一种在底层社区里开展的无规则、无组织的野蛮运动。这时的足球比赛是按照当地的习俗进行的，并没有成文的规则，因此比赛常常是无序的，经常会造成骨折甚至死亡。除此之外，"不文明"的因素还包括两队队员数目可不等，公平竞争的概念完全不存在。直到 19 世纪进入英国私立学校以后，足球运动才开始它的体育化进程。为了保证比赛的相对公正、减少伤害，学校开始设置足球的比赛

---

① Elias, N. and Dunning, E., *Quest for Excitement: Sport and Leisure in the Civilising Process* (Oxford: Basil Blackwell, 1986), pp. 175-190.

规则。与此同时，型构理论学者认为体育比赛的规范化满足了学校对文明的要求并提升了学生的自我控制能力，防止了聚众闹事。

邓宁和谢尔德（Sheard）所写的《野蛮人、绅士和运动员》[①] 一书是型构理论关于体育化的研究的代表之一。它沿用了邓宁和埃利亚斯在研究中世纪足球发展时使用的理论框架和方法模式。这本书的完成标志着以型构理论社会学为核心的莱斯特学派的形成。这本书主要有三个主题：一是团队体育的发展，二是体育职业化，三是足球流氓问题。《野蛮人、绅士和运动员》一书强调了英国私立学校在 19 世纪体育化中所起的作用。这些私立学校有着很浓的英国传统和很强的独立性，而拥有自主性是足球、橄榄球等体育运动在这些私立学校发生体育化的前提条件。该书也探讨了社会"文明的进程"是如何对体育比赛产生影响并使体育中的暴力得到控制的。同时他们也用型构理论解释了现代体育的特点，如竞争性、职业化、荣誉感、严肃性、有偿性等是如何产生的。特别是在提到现代体育比赛越来越严肃时，该书作者采用了埃利亚斯"功能性民主化"的观点来解释这一点。埃利亚斯认为，在西方国家形成的过程中，众多权力逐渐得到平衡。这一过程是随着人际关系网的不断扩大和延展在社会中完成的。人与人之间相互的压力和控制使统治者和被统治者同样受到约束。这个道理也同样可以用到现代体育的研究中。邓宁和谢尔德认为，制约现代体育的因素很多，没有一项体育比赛是可以依靠个人或单一因素的力量完成的，就是高水平的运动员也需要其他因素与之互动才能体现出其水平，如比赛对手、观众、裁判等。因此在体育中也逐渐产生围绕权力、资源的斗争，最后各方权力逐渐达到平衡。除此之外，邓宁和谢尔德还强调，随着体育化进程的推进，胜利感逐渐成为运动员在体育比赛中追求的目标。而要想获取胜利，运动员必须要严肃地看待比赛，积极地进行赛前训练和其他的准备工作，而不能再把比赛当作自娱自乐的活动，体育开始变成一种职业。

---

① Dunning, E. and Sheard, K., *Barbarians, Gentlemen and Players：A Sociological Study of the Development of Rugby Football* (Oxford：Martine Robertson, 1979).

当越来越多的元素加入体育比赛中时，运动员就不再是为了自娱自乐参加体育比赛，而是代表了更广泛的群体，比如说城市、国家和地区。正因如此，他们必须满足他们支持者的要求，比如对比赛精彩程度的期待以及对从自己所支持的团队的胜利中得到满足感的期盼。在这种情况下，邓宁和谢尔德认为比赛队员可能为了取得胜利而采取非法的暴力行为。乍一看这和埃利亚斯所论证的暴力的文明化进程相悖，但是邓宁解释道，在文明化的进程中，虽然人们逐步意识到暴力是一件不好的、可耻的、罪恶的行为，也逐步排斥和反对体育中的暴力表现，但是在越来越复杂的社会关系中，当竞争越来越激烈，压力越来越大，对个人的能力要求越来越高时，人们会故意利用暴力手段来达到让自己获胜的目的。但这和早期的暴力不同，早期的暴力是一种"表达性"的暴力，是人性最原始的表达；而现在的这种暴力是一种"功能性"的暴力，是人为的操作，人们对其也有一定的控制力。这两种不同暴力的区别使我们更加明白为什么最近几年越是高度职业化、国际化和大众化的现代体育比赛，暴力行为越是不断地在增多。

除此之外，《野蛮人、绅士和运动员》一书对足球流氓现象做了一定的解释，认为它是一种亚社会群体的捆绑现象。之后，在《足球流氓根源》[①]一书中，莱斯特学派才更完整地论述了这一当代的社会问题。在研究的初期，学派认为，足球流氓现象是 20 世纪 60 年代出现的一个新的社会现象，它是社会发展到一定阶段时，由社会秩序的混乱和阶级的冲突引起的，和体育暴力的历史根源没有多大的关系。但是在回顾了体育流氓在英国文明化进程中的历史渊源后，他们把研究的重心转移到探讨为什么足球流氓以及那些社会底层无法很好地融入比较"文明"的大社会上。他们得出的结论是这些来自工人阶层的社会底层，也就是产生足球流氓的阶层是一种断片性(segmental) 捆绑，而不是像其他社会群体那样是一种功能性

---

① Dunning, E. et al., *The Roots of Football Hooliganism: An Historical and Sociological Study* (London and New York: Routledge and Kegan Paul, 1988).

（functional）捆绑。这种断片性的捆绑在实际生活中具体呈现出普遍失业、贫困，男性中心主义盛行以及这些问题所造成的群体成员具有强烈攻击性、强迫性、狭隘性等特点。他们有很强的"我们群体"和"你们群体"之分的意识和情感，对非本群体的成员会产生强烈的憎恶和敌对情绪。具有断片性捆绑特点的年轻男性会和与自己相类似的人聚集在一起，和来自其他城市的球迷打斗。足球是他们发泄情绪、寻找假想敌人的最佳场所。随着交通和科技的发展，足球流氓现象不仅限于较小的地区间的冲突，而且逐步扩展到了国家层面，甚至成为国际问题。这种发生在工人阶层中间的冲突现象是马克思阶级二元论无法解释的，因为与工人阶层发生矛盾的对象并非与他们敌对的资产阶级。

（三）身体、情感与休闲运动

埃利亚斯指出，在十七八世纪，人们开始对炫耀武力不感兴趣，而更注重表现有教养的身体形象，在欧洲皇室也开始出现宫廷礼仪。这就是埃利亚斯说的文明的进程中受控制身体的出现。19 世纪的欧洲，对身体进行社会管理的意识逐渐获得世人的认可。附着在身体上的性别、年龄、肤色、胖瘦、健全/残疾、衣着、举止谈吐都有了特定的文化意义。对身体的管理能够反映一个人的类型、社会地位、阶级或者某种意图。

埃利亚斯还从动态的视角将精神分析作为文明化进程的理论方法，认为植根于个体精神本质的精神结构——本我、自我和超我，是随着历史发展而发生变化，特别是随着社会阶级的动态变化而变化的。只有了解个体精神的变化，社会学家才能更好地去解释那些与日常生活有关的社会行为的变化。埃利亚斯认为上层社会为了与其他社会阶层拉开距离，创造了新的行为标准；然而随着时间的推移，这些模式也被其他社会阶层所采用。这种动态与布迪厄所说的区隔非常相似。随着时间的推移，采取这些新的行为模式不再是有意识的，而是成为第二天性。在文明化的过程中，"外在"的社会约束逐渐转化为自我约束，并或多或少地转化为一种习惯性的、自动的个体对自我的调节。①

埃利亚斯反对将身体、情感或社会关系视为一个个分散或单一的实体，他一直将身体视为社会关系和历史进程中的晴雨表，并很早就主张将身体关系和生活经验作为整个社会关系的一部分来考察。他对文明进程中的"铰链"（hinge）——习得与未习得（learn and unlearn）相互关系的分析在身体社会学中发挥了核心作用。埃利亚斯的"铰链"是指人类习得和未习得的知识、习惯、行为、情感和具身体现方式之间的缠绕关系。"铰链"的概念为详细分析日常身体习惯（穿着、饮食行为、性展示、情感表达和身体改造）的形成与社会结构变化的关系，以及分析身体与情感体验之间的关系奠定了基础。② 根据埃利亚斯的说法，社会结构的变化带来了行为方式、情感表达和人格张力平衡的变化。③

随着日常生活稳定下来，人类强烈的情感会以"受控"的方式表达出来，这是现代运动和休闲形式的重要特征。型构理论学者认为，对愉悦情绪"有控制"的释放、对刺激"有限制"的追求是许多现代体育和休闲活动的基础。人们对休闲的追求是为了解除（文明社会）常规化生活对身体与情感的控制。然而，型构理论学者也发现，文明程度越高的社会，这种解除控制的方式，即休闲运动本身却会受到越多的控制（如规则更加严格）。④ 在人们想借助体育休闲活动来释放情感、寻求刺激，解除"文明"的控制的同时，运动规则也会限制他们在运动中身体的表达与情绪的宣泄。因此，休闲运动需要达成情感释放（寻求刺激）与体育规则规范之间的平

---

① Maguire, J., *Reflections on Process Sociology and Sport："Walking the Line"* (1st ed.) (London：Routledge, 2013).

② Atkinson, M., "Norbert Elias and the Body," in Turner, B. (ed.), *Routledge Handbook of Body Studies* (London：Routledge, 2018), pp. 49-61.

③ Elias, N., "On Human Beings and Their Emotions：A Process-Sociological Essay," in Featherstone, M. et al. (eds.), *The Body：Social Process and Cultural Theory* (Sage Publications, 1991).

④ Dunning, E., "On Problems of the Emotions in Sport and Leisure：Critical and Counter-Critical Comments on the Conventional and Figurational Sociologies of Sport and Leisure," *Leisure Studies* 15 (1996)：185-207.

衡。如果规则过于僵化，体育和休闲活动将变得重复和乏味；反之，过度追求兴奋，则容易导致暴力和越轨行为的产生。不过，康奈利（John Connolly）等人指出，其实在埃利亚斯早期作品中，是可以找到一种更复杂的方法来调节情感的文化标准和社会结构之间的关系的。埃利亚斯阐释了一种文化动力，其将情感、暴力控制等与仪式化行动联系在一起。他认为可以通过仪式化的社会行动（体育文化、传统等），而非严格的运动法规来控制运动中的情感表达与身体暴力。[①]

虽然型构理论的观点对现代体育的出现以及体育与情感的联系有深刻的见解，但约瑟夫·马奎尔（Joseph Maguire）也指出，埃利亚斯和邓宁等人的研究对象多以产生"战斗兴奋"（battle excitement）的体育运动为主。这从侧面也反映了，在大多数型构理论学者的观念中，体育休闲的主要功能是"激发愉快的兴奋形式"，但是这种认知也忽视了体育运动中人们对自我实现和自我呈现的追求。[②] 因为在体育运动中，除了不断产生高度的"战斗兴奋"，其他运动情绪在建构运动身份，以及文化、阶级、性别、种族、性和道德身份等方面也有着重要的意义。[③] 因此，有必要将型构理论情感研究的议题范围扩大，以更详细地探索体育运动中身份、品质、自我表达、情绪管理等方面的议题。

（四）体育的全球化进程

现代体育在全球化进程中的发展和演变依然是型构理论学家关注和研究的重心。尽管埃利亚斯在探究全球化进程和文明之间的相互关系方面，只是片面地关注了现代体育的全球传播，但其跟随者马奎尔试图沿用型构

---

① Connolly, J. and Dolan, P., *Gaelic Games in Society*：*Civilising Processes*, *Players*, *Administrators and Spectators* (New York：Palgrave Macmillan, 2020).

② Maguire, J., "Towards a Sociological Theory of Sport and the Emotions：A Process-Sociological Perspective," in Dunning, E. and Rojek, C. (eds.), *Sport and Leisure in the Civilizing Process* (London：Palgrave Macmillan, 1992), p. 110.

③ Duquin, M., "Sport and Emotions," in Coakley, J. and Dunning, E. (eds.), *Handbook of Sports Studies* (London：Sage, 2000), p. 477.

理论的方法去分析我们现在常常提到的"全球化"概念，探讨现代体育在全球化进程中的传播。马奎尔在体育全球化领域做了大量的研究，涉及主题包括媒体-体育综合体的作用、体育的全球扩散、欧洲体育的美国化、运动员移民问题、民族国家与身份政治、奥林匹克与地缘政治等。马奎尔认为在理解体育全球化进程时，需要避免几个概念陷阱：（1）诉诸二分法思维；（2）运用单一因果逻辑和解释；（3）倾向于将这些过程视为由群体的有意或无意行为所支配的；（4）缺乏对性别权力的充分说明。此外，马奎尔反对将全球化概念等同于同质化的论点。① 马奎尔认为全球化不单纯是人类发展的必然结果或是偶然结果，而是人类实践所产生的必然和偶然结果的结合物。他强调全球化并不是简单的世界一体化，全球化是一个社会进程，是物质和精神产品的流动冲破区域和国界的束缚，影响到地球上每个角落的生活的过程。但马奎尔同时也认为这个过程是一个长期的、起伏发展的历史现象。按英国学者戴维·赫尔德（David Held）的说法，全球化是一个体现社会关系和交易的空间组织变革的过程，此过程可以根据其广度、强度、速度以及影响来评价，其中产生了跨大陆或区域的流动与活动、交往与权力施行的网络。② 科技进步是一切社会变迁的原动力，交通和通信技术的进步是全球化的依托。具体来说，在漫长的演进史上，人类从动物本能发展而来的对于世界的影响能力和感知能力一直呈现出加速增强、提高的趋势。到了近几百年间，由于人类构造出一个不断进步的、开放的近现代科技体系，并在此基础上创造出一个拥有巨大威力的工具系统，人类能力快速地增强，人类的触角迅速延长和延伸。逐渐地，我们生活的有限空间——地球表层完全进入人类控制或观测的范围之内，这也使居住在不同地域、不同民族的人们大大加强了对同一事物的影响和认知，以至于整个人类正在构成一个互相依赖、互相制约的系统，人类的生活世界步步走向

---

① Giulianotti, R. (ed.), *Routledge Handbook of the Sociology of Sport* (London： Routledge, 2015), p. 440.

② Held, D. and McGrew, A. (eds.), *Globalization Theory： Approaches and Controversies* (Cambridge： Cambridge University Press, 2007).

一体。

在全球文化一体化的过程中，另一相反的趋势——多元化也在推进自己的现实进程，它是对一体化的脱离、反抗，从更广的意义上说，也是一种对一体化的刺激和弥补。全球文化的多元化表现在多个方面，既表现在打破全球文化一体化趋势上，也表现在人们（国家、地区）对于一体化的不同选择上，同时还表现在各种一体化本身的不成熟上。而最为直观地看，这种多元化表现在全球文化生产和消费的多样性与离散性上。这里我们仅以文化的地域化、民族化为例进行说明。我们知道，人类长期分离的历史使各国文化表现出明显的地域化、民族化特征。今天，出于民族利益和民族感情的考虑，强化地域性、民族性成为众多民族国家的文化战略选择。而这也是解决民族认同问题的重要措施。所谓文化地域化、民族化实际上就是保持或巩固自己民族文化的特色和"主权"，抵制外来的全球一统力量。在第三世界国家这种抵制似乎正在越来越强烈。在反对全球文化一体化的潮流中，地域化、民族化正在表现出强大的分裂作用。从根本上说，全球多元化的存在和发展与全球一体化所带来的人类利益矛盾有关，尤其和政治经济中心与边缘的矛盾有关。总之，型构理论认为全球一体化和多元化的潮流是两种并行的、互斥又互补的过程。西方力量对全球（非西方部分）的影响是一种文化交流，而不是一种单向的过程（文化统治）。①

体育全球化也是一个复杂的、长期的、分布不均匀的过程。现代体育运动的全球扩散是体育化的一个方面。在型构理论学者眼里，全球化和体育化进程是相互联系的，而且都没有明显的起点和终点。为了说明体育化与全球化的关系，马奎尔借鉴了历史学家罗兰·罗伯逊（Roland Robertson）提出的文明化五个阶段，提出了体育化五个阶段模型（见表3-1），这个模型将体育化与全球化（文明化）联系起来。

---

① Molnar, G. and Kelly, J., *Sport, Exercise and Social Theory*（Abingdon, Oxon：Routledge, 2013）.

表 3-1　体育化五个阶段模型和全球化（文明化）的五个阶段

体育化五个阶段模型 （马奎尔）	全球化（文明化）五个阶段 （罗伯逊）
第一阶段（1750~1800 年） 体育化始于 18 世纪，在这一阶段，过去的主要运动，如板球、猎狐、赛马和拳击等，开始成为现代运动	**萌芽阶段（1400~1750 年）** 罗马天主教会影响范围扩大，日心说、现代地理学和公历开始出现与传播
第二阶段（1801~1870 年） 第二拨现代体育运动主要由英国下层社会来传播。此外，足球、橄榄球、网球和田径运动开始采用现代形式，传统民间游戏开始衰落。在前两个阶段，运动化与议会化联系在一起。这两个过程表明了更高水平的文明导致更少暴力的休闲活动的发展	**初始阶段（1751~1875 年）** 出现同质的和统一的国家概念；形成正式化的国际关系、标准化的公民个人和更坚固的人类概念
第三阶段（1871~1920 年） 现代体育的全球"起飞"（take-off）：体育运动的国际传播，成立国际体育组织，第一次举办国际锦标赛和比赛以及标准化规则体系的演变。在这个阶段，英国人是主要的参与者。他们倾向于赢得国际比赛，改良其他国家的运动文化	**"起飞"阶段（1876~1925 年）** 全球化趋势的表现增加。伴随着全球竞争——例如，奥运会和围绕诺贝尔奖的竞争以及第一次世界大战等全球冲突，全球交流形式的数量和速度呈指数级增长，经济和政治联系日益增多
第四阶段（1921~1960 年） 体育运动美国化开始，美国开始用夺标体育精神取代英国绅士的公平竞争价值观。西方和其他国家之间以及西方民族国家内部开始争夺（体育）霸权。现代体育创始国衰落，各国本土抵制西方（体育）文化	**大国争夺霸权阶段（1926~1969 年）** 大国为建立新的世界秩序和统治而不断进行斗争、争端和战争，如第二次世界大战和冷战。这个阶段也包括第三世界国家的团结发展
第五阶段（1961 年至今） 随着文化交流的增加、现代体育的日益标准化和对现代夺标体育霸权的挑战，体育文化出现一定程度的裂解混合。此外，运动是男性的专属领域的观念开始受到挑战。西方对全球体育的控制开始从赛场上消失。西方国家可能正在经历自我怀疑和不确定性	**不确定性阶段（1970 年至今）** 全球意识澄清，全球机构的数量增加，全球大众传播和大众媒体发展指数级加速。此外，公民权利已成为一个全球性议题，围绕种族、性别的全球性辩论层出不穷

资料来源：Molnar, G. and Kelly, J., *Sport, Exercise and Social Theory*（Abingdon, Oxon：Routledge, 2013），p. 165。

具体来说，在西方文明化的初始阶段，统一的国家概念、公民概念逐渐形成时，18世纪英国的消遣娱乐也开始向体育化方向发展，在此期间，板球、猎狐、赛马和拳击开始成为现代运动。在体育化的第二个阶段，在西方社会文明化进程加快的同时，休闲运动在英国下层开始传播，足球、橄榄球、网球和田径运动等从民间起源的项目也逐渐开始采用现代竞技的形式。碰巧的是西方体育化的前两个阶段与英国议会制度的形成是相关联的。英国在政治制度上消除"暴政"的要求，也促使他们开展了对体育活动中"不文明"行为的控制。这也论证了高水平的社会文明会促使人们减少暴力性的休闲活动，使人们开始采用"文明"的方式享受休闲时间。西方休闲运动被赋予了"文明"的共同价值，产生了严格的竞技规则，这为现代体育的发展和全球传播提供了契机。随后的第三个阶段便出现了体育的全球传播，也被认为是现代体育的"起飞"（take-off）阶段。在此期间，以西方（欧洲）文化为主导的体育文化在全球传播，主要表现为国际体育赛事的举办以及体育国际规则的逐渐形成。这个时期，西方殖民者（以英国为主）也凭借其文化霸权，将现代体育文化向其殖民地输入。而为了赢得国际比赛，西方体育运动形式与规则也在不断地改良。第四个阶段也被称为体育的美国化阶段，美国的夺标主义取代了英国绅士业余精神；从全球化来看，也是大国争夺霸权阶段，西方和非西方民族国家在全球范围内重新组合，随之建立其新的世界秩序。体育化第五个阶段是非西方国家开始崛起，甚至成为体育强国。那些以前被殖民的国家（印度等）开始击败他们的前殖民者（尤其是英国）。这一时期，非洲、亚洲和南美国家脱颖而出，标志着"局外群体"的出现。他们在世界体育力量的对决中，加强了对"场外"的控制，在一定程度上限制了西方体育霸权的扩张。马奎尔指出，在这一阶段体育文化的加速融合也以文化传播为特征，如东方武术进入西方，并在西方传播。另外，这一阶段女性主义对男性体育霸权的挑战也是体育力量平衡发展的一个重要表现。①

---

① Maguire, J., "Globalization and Sportization: A Figurational Process/ Sociological Perspective," *Avante* 4（1998）: 67-89.

　　除了将全球化与体育化发展阶段有机结合起来分析以外，型构理论还有助于分析体育全球化几个关键的议题。

　　首先，媒体-体育综合体（media-sport complex）议题。全球媒体-体育综合体是一个奇观，奥运会、世界田径锦标赛和足球世界杯等国际大型体育赛事与媒体紧密结合，并在全球进行广泛传播。马奎尔很早便提出"传媒体育流"（media sport flows）这一概念，并指出传媒体育流是相互依存的全球体育系统的一部分。国际体育组织（如国际奥委会、国际足联和国际田联）、体育商业机构〔如IMG，世界领先的体育、娱乐和媒体公司和ISL（体育公司）等〕、传媒公司〔如美国国家广播公司（NBC）、欧洲体育（Eurosport）〕以及跨国企业（如锐步和耐克等），甚至"跨国资产家"个体都是影响这股"文化流"的力量。① 各种利益、价值、行动交织在一起，推进了体育全球化的进程，也造成了各种政治、文化斗争。

　　其次，体育的全球化与本土化、西方与非西方的融合与竞争议题。型构理论在论述全球化时还着重谈到西方和非西方社会的关系，特别是现代体育在东、西方的蔓延和发展。这一概念框架有四个重点：（1）对立的减少，多元化的出现；（2）东、西方体育文化的融合；（3）新兴体育文化的出现；（4）体育群体的整合（把消费者、观众和劳动力等所谓的"局外人"整合到体育中来）。马奎尔认为所谓的全球化进程实际上是以西方文明为主导的、以工业和商业利益为核心的、以西方产品（包括物质和文化产品）的推广为目的的过程。体育在这个过程中起了不小的作用，具体表现在现代体育的形式、内容、规则按照西方的模式逐步统一上，最有说服力的就是奥运会在世界范围内的普及。但同时，我们也看到各个国家和民族都在强调体育的民族性、本土化和多元化，以强化民族和地区间的差异，以及各民族的自我认同感。最有代表性的就是跆拳道、柔道等东方运动在西方世界流行开来并成为奥运项目。因此现代体育的发展过程被看作一个全球

① Maguire, J., "Globalisation, Sport Development and the Media/Sport Production Complex," *Sport Science Review* 2（1993）：29-47.

化和多元化相互交织、并行发展的过程。一方面，我们看到随着英帝国在全球的扩张，它的文化慢慢地渗透到了它的殖民地，英国的体育形态也广泛地传播到了其他国家，并被它们所接受，从而减少了文化上的碰撞。另一方面，虽然体育的传播有着以西方为主导的不平等现象，但是文化的传播并不是单向的，比如东方的马球也传到了西方。同时，以英国体育形态为基础发展起来的美式、澳大利亚风格的体育项目又回到了它们的母国——英国，并影响着英国当代体育的发展，这也可以被认为是一种"文化反哺"现象。贾维（Jarvie）和马奎尔认为英国体育形态在其殖民地的普及具有两面性：虽然那些殖民地的人们从事着英国的体育活动，但是他们也因击败英国本国运动员而增强了民族自豪感。而对于英国来说，输给自己以前殖民的国家会产生一种强烈的挫败和慌乱。[1] 他们同时认为，一些特别的赛季和赛场会给人们留下永久的记忆，这在某种程度上阻止了由全球化所造成的民族、国家身份的流失。但是体育传媒的介入，使体育比赛失去了时效性、场地氛围及观众效应。在世界的任何一个角落，只要有卫星信号，就能看到千里之外的比赛，不需要在当时当地。这样一来，虽然有更多的人能欣赏到体育比赛，但是比赛的特殊性和对个人的纪念意义就会大打折扣。外来的体育文化随着体育媒体进入本国后，免不了会和本国体育竞争，但同时也会融合。但是贾维和马奎尔认为，体育的融合和政治的整合并不是一致的过程。他们用欧洲体育的例子对此做了说明，认为虽然欧盟成立时欧洲国家走向了一体化，但是欧洲各国的体育仍保持了很强的地方性和民族认同。[2] 另外一个例子是2008年的北京奥运会，它见证了东方走向强大。这届奥运会的举办是否意味着西方的衰落或全球资本主义的胜利，又或许它是两者的混合体？尽管北京奥运会的成功举办可以被看作东西方体育文化的融合，但不可否认的是一系列地缘政治和文明斗争仍暗

---

[1]　Jarvie, G. and Maguire, J., *Sport and Leisure in Social Thought* (London and New York: Routledge, 1994), p. 152.

[2]　Jarvie, G. and Maguire, J., *Sport and Leisure in Social Thought* (London and New York: Routledge, 1994), p. 153.

潮涌动。①

最后，体育全球化进程中的身份政治议题。体育运动是个人习惯以及身份形成的场所。体育在体现多重身份观念方面发挥着重要作用，不同的运动代表着不同的个体、社区、地区和国家。而体育的一个关键特征是人们参与运动的过程也可能是在代表、维护和/或挑战某种身份。特别是在全球化的"起飞"阶段，体育运动的民族国家象征意义被无限地放大。国旗、国歌和国徽这三个符号成为许多体育活动的中心，体育竞赛也成为国家竞争的场所。体育全球化进程中身份政治（identity politics）研究也在逐渐兴起，其涉及了当前热议的归化球员问题、球迷骚乱问题、抵制体育赛事的问题等。当然这也涉及全球化与性别身份关系研究。一般来说，"现代体育"的产生是为男人服务的，体现了男性价值观，表达了男性身份，并与国家和民族身份相融合。全球流动也是以男性身份为主体的，马奎尔指出体育劳动力迁移现象就是一个很好的例子。虽然体育劳动力的流动不是男子的专利，但在时间、空间上男性流动的优势却是显著的，这种优势不是基于男性的生理优势，而是基于父权制结构对女性体育劳动力流动的约束。② 因此，在全球化进程中体育、政治身份和性别权力之间的相互联系是复杂且重要的。此外，全球化背景下的体育移民问题还包括：（1）移民运动员的劳工权利问题；（2）由体育人才流动引起"流出国"的"竞技能力"下降的问题；（3）体育劳动力迁移对"流入国"文化的影响；（4）国际流动中，运动员对家乡的依恋、自我身份认同、社会适应、国家（民族）认同等。③ 这些议题的产生也体现了世界体育动态的格局以及体育力量的重新组合。

---

① Maguire, J., *Reflections on Process Sociology and Sport*: *"Walking the Line"* (1st ed.) (London: Routledge, 2013), p. 380.

② Maguire, J., *Reflections on Process Sociology and Sport*: *"Walking the Line"* (1st ed.) (London: Routledge, 2013), pp. 307-308.

③ Maguire, J., *Reflections on Process Sociology and Sport*: *"Walking the Line"* (1st ed.) (London: Routledge, 2013), p. 388.

（五）体育、休闲与健康的型构研究

型构理论过去多用于分析体育与休闲中的暴力问题，但是近年越来越多的型构社会学家关注到了体育、休闲与健康的相关议题。多米尼克·马尔科姆（Dominic Malcolm）等编著的《体育、休闲与健康的型构研究》一书汇集了型构理论在体育、休闲与健康领域的学术应用案例。沃丁顿（Ivan Waddington）从体育的竞争性和"生命医疗化"（medicalisation of life）[1] 的视角，解释了高水平运动员滥用药物的现象。他认为滥用药物不是运动员个体的问题，而是运动员、官员和医疗人员交互影响下共同的行动。[2] 马尔科姆也持有这样的观点，他认为在现代体育制度中，管理运动员身体（健康）的主体是多元的，且是相互关联的。从西方的经验来看，精英运动员身体（健康）管理（权力）的主导者是教练和经理，而具有健康专业知识的医生处于从属地位。如果外行（非医学）认知（的权力）大于临床医学知识（的权力），就会导致运动员把短期（获胜）目标置于长期健康风险之上，[3] 从而出现不断受伤或滥用药物的情况。其实对于公众来说，他们对药物的心态也是矛盾的，尽管大多数人强烈反对在体育运动中使用兴奋剂和"药物滥用"，但事实上西方现代社会比历史上任何时候都更加依赖对处方药的使用。[4] 人们试图摆脱药物的控制，但又不得陷入对药物的依赖之中，这也是体育竞技的现实：一方面反对"化学假肢"，另一方面又在发明"化学假肢"。

除了对药物使用的反思，型构社会学家还强调了体育锻炼、情感、健康、

---

[1] Illich, I., *Medical Nemesis*（London：Calder & Boyars，1975），p. 56.

[2] Waddington, I., *Sport, Health and Drugs：A Critical Sociological Perspective*（London：Spon，2000），pp. 114-134.

[3] Malcolm, D., "Sport Medicine, Injured Athletes and Norbert Elias's Sociology of Knowledge," *Sociology of Sport Journal* 28（2011）：284-302.

[4] Waddington, I., *Sport, Health and Drugs：A Critical Sociological Perspective*（London：Spon，2000），p. 89.

意识形态和公共政策之间是相互制约的关系。① 希英（L. F. Thing）和奥特森（L. S. Ottesen）分析了一项"足球健身"的倡议。他们发现即使"收获健康"是参加"足球健身"的原因，乐趣和兴奋仍然是激励参与者继续锻炼和投入比赛的核心条件。② 只有将公共健康促进的宏观背景与微观的运动情感体验结合起来，才能真正发现运动健康促进的内在机制与规律。而这些宏观因素与微观情感也是相互依赖的，一方会随着另一方的改变而改变。在此基础上，马奎尔强调社会学对体育（事件或行为）应该展开全面的（in the round）研究，而不是停留在基于单个因素（方面）的解释上。马尔科姆还把型构理论用于分析疼痛和损伤、体育和健康政策的交互影响的研究中，他认为运动员受伤并不仅仅是"训练"手段和方式不当的后果，而是体育制度（如夺标主义）、公共健康政策、学校教育等社会各个部门合力的结果。因此，只有深入地了解这些社会部门相互依存（或相互制约）的关系，才能真正找到运动员受伤的根源，也才能提出运动员健康干预的有效措施。马尔科姆的研究在型构理论基础上，为从社会学视角去研究体育运动、休闲、健康提供了研究思路——从体育教育、地方政府政策和公共卫生等领域去考察体育、休闲与健康之间的相互联系。③ 马尔科姆的研究也进一步验证了埃利亚斯关于事物"相互依赖"（interdependence）的观点。在体育事件中，不是由一个人或者一个部门控制整个事件的局面，而是在权力制衡中产生各种结果，而这些结果有可能不是我们预先设想的。型构社会学家认为只有在"型构"和"相互依赖"的分析框架下，才能真正理解那些体育、休闲、健康问题中微妙的、隐藏起来的权力关系。

---

① Waddington, I., *Sport, Health and Drugs: A Critical Sociological Perspective* (London: Spon, 2000), p. 89.

② Thing, L. F. and Ottesen, L. S., "'Football Fitness': A Quest for Excitement or a Leisure Routinization?," in Malcolm, D. and Velija, P. (eds.), *Figurational Research in Sport, Leisure and Health* (London: Routledge, 2018), p. 53.

③ Malcolm, D. and Velija, P. (eds.), *Figurational Research in Sport, Leisure and Health* (London: Routledge, 2018), p. 203.

四 对型构理论的批判与展望

（一）型构理论的局限性

虽然型构理论对于解释体育过程，包括体育的文明化进程以及全球化进程有着重要的指导作用，但是一些社会学家对这一理论及其方法论提出了质疑。这些质疑集中在三个方面[1]：（1）文明化过程的概念被批评为在逻辑上是进化论的，在解释西方人和非西方人之间的关系上是种族中心主义的；（2）跨文化研究者认为埃利亚斯缺乏对普遍过程和历史特殊性的关注，看待社会发展阶段也过于强调顺序性；（3）埃利亚斯的理论贡献受到质疑，因为型构理论不像其他社会理论一样表达了很明确的观点和立场，而且型构社会学因其描述性和不可检验性而受到批评，即他们试图解释一切，但可能什么也解释不了。埃利亚斯很少与其他社会学家（除了马克思、韦伯、杜尔凯姆等）进行交流和辩论，其作品被认为缺乏批判性反思。

对于型构社会学的理论贡献，古蒂斯（Curtis）针对埃利亚斯的《什么是社会学？》一书说道："我发现很多社会学家都认为型构理论的方法非常新鲜，型构理论中所谈及的问题是他们从来没有考虑到的。埃利亚斯用了一个非常新的术语'型构'来解释一个现象或一系列的社会问题，但其实这些问题早已被其他社会学学派的研究所包含，只不过现在换了一个说法而已。比如说型构理论认为人在一个结构（网络、系统）之中，而结构又是由相互依赖的关系连接起来的。这种观点在结构主义中已经被提及。所以《什么是社会学？》这本书只是换汤不换药……"[2] 赫尼（Horne）和贾

---

[1] Giulianotti, R. (ed.), *Sport and Modern Social Theorists* (Basingstoke：Palgrave Macmillan, 2004), pp. 155-159.

[2] Curtis, J., "Isn't It Difficult to Support Some of the Notions of 'The Civilizing Process?' A Response to Dunning," in Rees, C. R. and Miracle, A. W. (eds.), *Sport and Social Theory* (Champaign, IL：Human Kinetics, 1986), p. 59.

瑞（Jary）也发表了看法。他们认为型构社会学理论并没有提供一种新的明确的视角去观察当代体育问题，它只是简单地提出一些传统的社会学问题，而这些问题针对的是在人们的实践中不断涌现，却没有被重视的社会现象。①"型构"这一概念与传统的社会学概念"模式"（pattern）和"情形"（situation）没有多少差别。对型构理论的批判还集中表现为一些学者认为它是功能主义的另一种表达。比如，赫尼和贾瑞认为型构理论所谓的"型构"，其实是"功能的链条"，换句话说，就是不同的社会功能相互交错形成的网络。因此他们认为型构理论主要是以"社会需求"和"功能需求"为前提的，是在杜尔凯姆的功能主义理论基础上发展和延伸出来的。一些学者甚至认为型构社会学应该归入社会秩序和社会控制的社会学范畴内。②

但有一些学者也为型构理论进行了辩护，他们认为我们必须抛开传统社会学的一些概念来认识型构理论。正如前文所提到的，埃利亚斯社会学的核心是抛弃传统的社会学非此即彼的二元概念，如个人和社会的对立关系或能动和结构的关系等去了解"社会过程"。罗杰克（Rojek）为型构理论辩护道："模式和情形的概念都带有静止的含义，而绝非像型构的概念那样传递了一种流动的、永不停息的人类关系的含义。"③鲍曼（Bauman）也持相同的观点，他认为型构理论的方法应该和变迁、开放、多元、变化、不可预测的结果、相互依赖关系的流动等元素相结合来描绘历史社会现象。因此型构理论本身就是"稳定"和"变化"的结合体，抛弃了"稳定"和"变化"相互对立的传统观念。④除此之外，型构理论中的概念同样帮助我们摆

① Horne, J., and Jary, D., "The Figurational Sociology of Sport and Leisure of Elias and Dunning: An Exposition and Critique," in Horne, J. et al. (eds.), *Sport, Leisure and Social Relations* (London: Routledge, 1987), p. 87.

② Horne, J., and Jary, D., "The Figurational Sociology of Sport and Leisure of Elias and Dunning: An Exposition and Critique," in Horne, J. et al. (eds.), *Sport, Leisure and Social Relations* (London: Routledge, 1987), p. 100.

③ Rojek, C., "The Field of Play in Sport and Leisure Studies," in Dunning, E. and Rojek, C. (eds.), *Sport and Leisure in the Civilizing Process* (London: Palgrave Macmillan, 1992), pp. 1-35.

④ Bauman, Z., "The Phenomenon of Norbert Elias," *Sociology* 13 (1979): 119.

脱了"个人"和"社会"二分论的观点。但是鲍曼同时也认为，型构理论具有两面性：一方面，它的目的在于有效地反驳把社会过程说成是单个因素的结果的观点；另一方面，它又在强调和说明"社会系统"等传统的社会学概念。① 特纳（Turner）也做了同样的评论，他认为型构的概念为了避免方法论上的一元论而强调了人与权力间的相互依赖关系。②

虽然一些学者强烈认为型构理论和功能主义理论同出一辙，但是我们从埃利亚斯所写的文章中可以清楚地发现，他对传统的结构功能主义并不赞同，甚至还非常严厉地进行了批判："功能主义包含了一种不合时宜的价值判断。这种偏执的产生主要是因为他们想当然地认为社会各个部门所执行的功能对社会整体的发展都是有益的，它们维持了社会整体的正常运作以及社会各系统的整合。相反地，哪一种人类行为或社会部门如果对社会没有积极的功能，则会被贴上负功能的标签。这种观点从科学理论的角度来看显然是有所偏颇的。"③ 罗杰克认为型构理论并不像赫尼和贾瑞所说的那样与功能主义是一回事儿。他认为功能主义常常强调社会的整合与秩序而忽略或回避冲突和对立；但是型构主义学者的研究并非如此，比如邓宁的足球流氓研究，并不是以体育促进社会和谐以及社会稳定的功能为理论基础的。④

在体育研究领域，斯托基维斯（Stokvis）主要从两个方面批判了型构理论：首先，他专门对埃利亚斯对英国猎狐运动的研究进行了批判；其次，对埃利亚斯和邓宁的型构理论在体育社会学中的应用进行了整体评价。正如我们前面谈到的，埃利亚斯用"文明的进程"理论研究了英国的猎狐运动。他认为在 18 世纪以后，猎狐运动的形成和发展在很大程度上对暴力进

①　Bauman, Z., "The Phenomenon of Norbert Elias," *Sociology* 13 (1979): 118-119.

②　Turner, B., "Review Article," *Theory, Culture and Society* 2 (1985): 158-161.

③　Elias, N., "The Changing Balance of Power Between the Sexes—A Process-Sociological Study: The Example of the Ancient Roman State," *Theory, Culture and Society* 4 (1978): 287-317.

④　Rojek, C., "The Field of Play in Sport and Leisure Studies," in Dunning, E. and Rojek, C. (eds.), *Sport and Leisure in the Civilizing Process* (London: Palgrave Macmillan, 1992), p. 3.

行了严格的限制。比如，规定猎狐的人不能带武器，也不能直接杀死狐狸，而要找一个"代理人"——猎犬。埃利亚斯认为这种在打猎运动中减少暴力的意识其实和英国的政治改革与议会制的形成是紧紧联系在一起的。在17世纪，英国的政治暴力非常严重，进入18世纪以后，政治暴力随着人类文明化进程的推进开始逐渐减少，特别是统治阶层开始抛弃暴力的统治手段，而用更加文明的方式如议会来对国家和人民进行管理。随着政治的文明化，他们的休闲娱乐活动也开始摒弃以前的通过暴力来获取愉悦的特点。在埃利亚斯看来，不管是政治还是体育休闲活动都受到了文明萌芽的启发，对暴力的摒弃是人类文明化进程的一个重要阶段。

斯托基维斯对埃利亚斯的论点嗤之以鼻。他认为埃利亚斯在研究猎狐运动的时候只把眼光放在了英国，但实际上，猎狐运动去暴力化最早发生在法国，虽然法国当时也还是一个严格的君主专制的暴政国家。法国早在16世纪就开始对打猎运动进行改革，比如反对屠杀猎物，提倡在打猎时尽量不要使猎物死亡等。斯托基维斯认为法国的这种做法和英国在18世纪的猎狐运动的发展基本是一样的，并且他认为是法国式的打猎运动在詹姆士一世在位的时候（1603~1625年）传到了英国，才促使英国的猎狐运动发生了改变。因为17世纪的法国国力非常强盛，对欧洲其他国家的影响非常大，法国贵族的生活方式成为欧洲各国竞相效仿的对象。因此斯托基维斯认为早在英国政治改革之前，也就是在议会制度形成之前，英国的绅士和贵族已经从法国认识到了消遣活动中的暴力应该受到节制，因此不能把猎狐运动的发展和英国政治的去暴力化改革联系在一起来看。[①] 在斯托基维斯看来，由于没有充足的文献资料，埃利亚斯并没有从根源上找到英国猎狐运动的起源和发展轨迹，因此做出了错误的推导和分析。

除此之外，斯托基维斯还认为，型构社会学家过于注重对暴力及暴力

---

① Stokvis, R., "Sport and Civilisation: Is Violence the Central Problem?," in Dunning, E. and Rojek, C. (eds.), *Sport and Leisure in the Civilizing Process* (London: Palgrave Macmillan, 1992), pp. 124-125.

控制的研究以至于忽略了体育组织、制度化、职业化以及商品化等其他更重要的内容。他认为体育中的去暴力问题只是体育现代化过程中的一个方面，并不能代表整个现代体育发展进程。他认为现代体育最根本的特点是国际组织的形成以及比赛标准的统一，而不是埃利亚斯所认为的去暴力化，现代体育的发展更应该被看作社会生活的一面镜子，它反映着社会生活规模的扩大和复杂程度的加深。① 但有些学者则认为斯托基维斯对埃利亚斯型构理论的评论有些偏颇和苛刻。因为型构理论学者在分析体育所允许的暴力程度的同时，也分析了现代体育发展的其他方面，如民俗体育和现代体育的结构性不同等。特别是邓宁和谢尔德列出了 15 项区分民俗体育和现代体育的标准，其中也只有一项是和暴力程度有关的，而其他更多涉及的是体育组织形式。比如民俗体育多举办非正式的、传承下来的比赛，而这些体育比赛或多或少都会反映当地的社会状态；而现代体育都举办制度化的比赛，有严格的规则。从以上的研究来看，型构理论学者们确实不仅仅以暴力为核心来研究体育现象。

对型构理论的批判还来自女性主义。女性主义者认为型构理论在分析体育现象的时候完全忽略了性别的存在。珍妮芙·哈格里夫斯（Jennifer Hargreaves）对埃利亚斯和邓宁所写的《对兴奋的寻求》一书提出了批判："此书只在描述传统的猎狐运动时用了很少的笔墨谈到上层妇女的参与，在其他的体育运动描述中根本就没有谈到女性。无论是描述拳击场上的对决还是球迷们为他们的球队而欢呼，都完全以男性的视角为主导，根本就忽视了女性在体育中的参与以及女性如何被以男性为主导的体育文化所整合的问题。"② 哈格里夫斯认为型构理论对性别的忽

---

① Stokvis, R., "Sport and Civilisation: Is Violence the Central Problem?," in Dunning, E. and Rojek, C. (eds.), *Sport and Leisure in the Civilizing Process* (London: Palgrave Macmillan, 1992), p. 127.

② Hargreaves, J., "Sex, Gender and the Body in Sport and Leisure: Has There Been a Civilizing Progress?," in Dunning, E. and Rojek, C. (eds.), *Sport and Leisure in the Civilizing Process* (London: Palgrave Macmillan, 1992), p. 163.

视不是偶然的，而是因为它在方法论上有缺陷。它只是强调一种相对超然的研究态度，而不是以客观的知识为主，更不是以批判的态度来看待体育问题。型构理论学者承认自己在研究体育化过程时确实忽略了女性所起的作用。但他们辩驳道，型构理论的研究核心是体育的结构和体育过程而不是体育中特定的具体领域，这也是他们对体育社会学做出的不同的贡献。

（二）对型构理论的修正与补充

从前文可以发现，型构理论在体育上的应用受到的诸多批评往往集中在三个关键问题上：（1）在理解现代体育的发展时，过于狭隘地关注暴力和控制；（2）对体育化、体育全球化过程的解释反映了一个以西方为中心的单线（unilinear）进化的模型；（3）忽视性别问题，这源于型构社会学家所采取的潜在的方法论/认识论立场。邓宁、马奎尔、马尔科姆等研究型构理论的体育社会学家也通过对型构理论的不断修正与补充来回应主要的质疑与批判，以体现当代新的型构学方法的适应性发展。型构社会学家也与不同的理论也进行批判性的交流和融合，当代型构社会学家对埃利亚斯概念的看法既不同质化，也不教条主义。[①]

首先，从议题来看，型构理论跨出了对体育"暴力"的研究范畴。其实埃利亚斯和其他型构理论学者并非过度关注暴力议题。例如，埃利亚斯最初撰写的关于体育的作品，主要集中在体育团体的动态发展与休闲研究上，而非暴力。[②] 当然不可否认的是，对型构社会学家而言，暴力研究在过去和现在都很重要。20 世纪 60~70 年代足球流氓行为作为一个紧迫的社会问题出现，这是型构理论关注暴力问题的重要时代背景。当今社会发生了变化，体育暴力问题的重要性降低了（或者至少被认为不那么紧

---

① Malcolm, D. and Velija, P. (eds.), *Figurational Research in Sport, Leisure and Health* (London: Routledge, 2018), p. 18.

② Haut, J. et al. (eds.), *Excitement Processes: Norbert Elias's Unpublished Works on Sports, Leisure, Body, Culture* (Wiesbaden: Springer, 2018), pp. 121-136.

迫），型构理论的重点也逐渐转移到以非暴力为导向的研究主题上，如体育全球化，身体、情感与身份认同，女性体育研究，体育与健康政策，体育与运动损伤，兴奋剂问题，等等。这充分显示了型构理论在体育与社会文化议题上的开放态度和广泛参与。

　　其次，型构理论用实证研究回应了那些学者对文明进程线性分析的批评。2013 年，邓宁和休斯（Jason Hughes）通过《诺贝特·埃利亚斯和现代社会学》① 一书对埃利亚斯社会学理论遭受的误读和批评进行反驳。邓宁等认为很多批评家错误地解读了埃利亚斯，他们误认为埃利亚斯所描述的从"原始"到"文明"的进程是在同一时间以同一速度、同一方式发生的，所有西欧国家变化的原因和后果完全相同。但事实上，埃利亚斯描述的并不是一个简单的、单线性的、不可逆转的变化模式。埃利亚斯的研究也是建立在可靠的历史数据基础上的。此外，埃利亚斯也一直秉持多重线性和可逆性等理念。例如，他将《文明的进程》第二卷中的一个章节命名为"关于英、法、德发展道路的若干差异的附录"（Excursus on Some Differences in the Paths of Development of Britain, France and Germany），同时，他还在脚注及正文中多次谈到非西方国家（特别是中国）的发展进程，这打破了人们对他作品的"欧洲中心主义"倾向的刻板印象。在这方面，邓宁做出了补充，他进一步引用了埃利亚斯对中国文明化过程的思考作为证据，其中强调了西方文明的进程理论只是特定的一套思考标准或框架，而不是一个放之四海而皆准的全球社会发展的统一模式。2004 年，邓宁等人编撰的《体育史》② 出版，被认为是对体育运动线性历史发展观的经验性挑战。这本书描述了不同类型运动项目的发展历史，而且关注了英国国内阶级冲突和国际冲突对体育化进程的影响；除此之外，还着重探讨了商业化进程中精英体育和大众体育发展之间的差异。这些研究重点都表明了型构社会学家有

---

① Dunning, E. and Hughes, J., *Norbert Elias and Modern Sociology*: *Knowledge*, *Interdependence*, *Power*, *Process* (London: Bloomsbury Academic, 2013), pp. 95-102.

② Dunning, E. et al. (eds.), *Sport Histories*: *Figurational Studies in the Development of Modern Sports* (London: Routledge, 2004).

意解决体育史分析中的"单线论"问题。

最后，型构理论学者对体育中的性别关系研究进行了修正与发展。如前文所提及的，哈格里夫斯对型构社会学在性别研究方面的"失败"提出了详细的批评。邓宁回应了哈格里夫斯的批评并重新参与了这场辩论，概述了如何通过文明化进程来理解体育运动中的性别关系。他在《体育议题》① 中提供了一个全面的理论框架，考虑到了暴力使用的变化，并借鉴功能民主化的概念来理解男性、女性参与体育运动时的权力关系变化。之后，越来越多的型构社会学家开始理解体育与性别的关系，如布林克莱夫（Christien Brinkgreve）认为埃利亚斯的"型构"概念和"局内-局外群体关系"似乎解释了性别关系不平等的问题②；利斯顿（Katie Liston）认为相互依存和权力平衡的概念对于理解体育与性别的关系至关重要③。学者们也讨论了女性主义与型构社会学两者综合的可能性。例如，曼斯菲尔德（Louise Mansfield）④ 指出女性主义与型构社会学之间存在几个重叠的主题：性别权力关系的型构、局内-局外群体关系理论、习惯和自我形象等。⑤ 型构理论学者还提出了在研究体育性别关系时，应该继续强调局内-局外群体分裂的复杂性、关键资源的垄断性，并更多地利用"铰链"概念来考虑性别关系、社会习惯和性别的具身体现，这些观点可能有助于型构学者在体育、休闲和健康研究中了解性别关系。

---

① Dunning, E., *Sport Matters*：*Sociological Studies of Sport*, *Violence and Civilisation*（London：Routledge, 1999）, p. 219.

② Brinkgreve, C., "Elias on Gender Relations：The Changing Balance of Power Between the Sexes," in Loyal, S. and Quilley, S.（eds.）, *The Sociology of Norbert Elias*（Cambridge：Cambridge University Press, 2004）, pp. 142–154.

③ Liston, K., "Norbert Elias, Figurational Sociology and Feminisms," in Mansfield, L. et al.（eds.）, *The Palgrave Handbook of Feminism and Sport*, *Leisure and Physical Education*（Basingstoke：Palgrave Macmillan, 2018）, pp. 357–373.

④ Mansfield, L., "Reconsidering Feminisms and the Work of Norbert Elias for Understanding Gender, Sport and Sport-Related Activities," *European Physical Education Review* 14（2008）：93–121.

⑤ 约瑟夫·马奎尔、凯文·扬主编《理论诠释：体育与社会》，陆小聪主译，重庆大学出版社，2012，第229页。

五 型构理论对体育研究的启示

型构理论从 20 世纪 60 年代开始进入人们的视野。它继承了传统社会学理论如功能主义、结构主义等的一些观点，并发展出自成一体的理论体系。型构理论主要把社会看成一个由相互依赖的关系（型构）组成的网络，这些关系通过权力的转移而不断地流动和转变。型构理论学家非常注重对"过程"的研究，延续这种思路，他们探讨了"文明的进程"。"体育化"作为"文明的进程"的一个重要表现被型构理论学者们讨论、研究，并形成了以莱斯特学派①为代表的体育型构理论主义。型构理论在体育研究中主要关注以下几个问题：

（1）现代体育是如何在历史、经济、政治和情感等因素的作用下形成的；

（2）体育参与如何在一个社会过程中成为人们生活的一部分，体育又是在什么样的社会历史条件下发生了职业化、商业化；

（3）体育暴力的产生与控制问题，特别是足球流氓问题；

（4）体育和国家主义的关系以及在全球化过程中媒体、消费主义对体育的影响；

（5）体育中与休闲、健康等公共政策制定和组织机构成立等相关的议题；

（6）体育中的身体、性别与权力关系；

---

① 迄今为止，英国已有六代体育型构社会学家：（1）埃利亚斯（Norbert Elias）；（2）邓宁（Eric Dunning）；（3）墨菲（Patrick Murphy）、谢尔德（Kenneth Sheard）和沃丁顿（Ivan Waddington）；（4）贾维（Grant Jarvie）和马奎尔（Joseph Maguire）；（5）科尔韦尔（Sharon Colwell）、库里（Graham Curry）、马尔科姆（Dominic Malcolm）、曼斯菲尔德（Louise Mansfield）和斯图亚特·史密斯（Stuart Smith）；（6）格林（Ken Green）、布洛斯（Daniel Bloyce）、利斯顿（Katie Liston）和安德鲁·史密斯（Andrew Smith）。除此之外，荷兰的斯托基维斯（Ruud Stokvis）和范博滕贝格（Martin van Bottenberg）以及德国的克鲁格（Michael Krueger）和里高尔（Bero Rigauer）也是体育型构社会学家。（引自 http：//sociology. iresearchnet. com/sociology-of-sport/figurational-sociology/。）

（7）体育中的身体、情感与身份认同。

但是从现有的文献来看，型构理论研究还是以欧洲的体育发展、演变为中心，这限制了其理论的普及性和研究的深度与广度。型构理论的理论框架对于研究我国的体育现象有一定的实用功能。例如，可以用于研究体育、休闲与健康政策的制定和相关组织的形成与发展，特定的流行体育项目，归化海外运动员，CBA 外援政策赛制等的制定，国际体育赛事转播和跨国体育产业等议题。型构理论特别对研究中国传统体育的变迁、现代体育的引进与发展以及中国体育在全球化背景下的演变等问题都有一定的启示和指导作用。

体育的意义与理性选择

——社会行动理论的视野

一　引言

马克斯·韦伯（Max Weber）作为现代社会学的三大奠基人之一，开创了解释社会学（interpretative sociology）传统。用他自己的话来说，社会学是一门致力于解释性理解社会行动，并且通过理解社会行动过程和影响因素做出因果说明的学科。① 社会学所研究的人类行为是与他人和社会有关的社会性行为，韦伯称之为"社会行动"（social action），并由此形成了社会行动理论。理性化（rationalization）是社会行动的核心概念。理性（又译为"合理性"），主要指在社会行动以及社会形成物当中，行动者所赋予其的明确、理智而又系统一贯的主观意向。韦伯的社会行动理论是社会学发展史上对人类社会行为进行系统性研究的建构性理论，他认为要想考察任何有意义的人类行动的根本成分，首先应从"目的"和"手段"这两个范畴入手。② 尤尔根·哈贝马斯（Jürgen Habermas）在韦伯社会行动理论的基础上提出交往互动理论，这既是对韦伯社会行动理论的批判与反思，也是对其的继承与发展。韦伯和哈贝马斯的行动理论对从社会、文化两方面来解析体育的意义

---

① 马克斯·韦伯著，约翰内斯·温克尔曼整理《经济与社会》，林荣远译，商务印书馆，2004。
② 塔尔科特·帕森斯：《社会行动的结构》，张明德等译，译林出版社，2003。

与现代化问题做出了贡献：文化方面，它用人文主义解析方法挖掘了体育参与的动机与意义；社会方面，它用理性化理论解释了体育现代化的过程。

二　社会行动理论及其沿革

韦伯是行动理论的创始人。作为一名具有新康德主义背景的社会学家，韦伯吸收了欧洲理性主义传统，同时也亲身经历了19世纪理性主义危机。韦伯的世界观是由自然主义、自由主义和主观主义三者复杂地交织而成的矛盾综合体。他的社会学方法论也随之受到了英法实证主义、德国浪漫主义和德国古典哲学这三种思想体系的影响——从实证主义中汲取了客观性、价值中立性，从出发点上拒斥任何脱离经验的、抽象的观点；从浪漫主义中学到了敏锐关注个体性、意志自由的原则；从形而上学（黑格尔唯心主义体系）中借鉴了历史性。与以前的社会学家们不同，韦伯不是用关于宏观社会结构（冲突、型构、过程等）的概念构建自己的理论，而是把分析的重心放在人类个体的社会行动上面，因此社会学被韦伯定义为一门探讨社会行动的综合性学科。[①] 他认为在特定的社会历史背景下，人类行动者实施行动的目的是主观的，这一点的核心表现是行动者赋予行动主观意义，而人类行动的主观意义是可以被理解和阐释的。韦伯的解释社会学也由此而来。

（一）"社会行动"的概念

韦伯认为对于人类行为的研究不仅是人类认识自身的要求，也是建构人类知识和社会制度的重要基础。对人类行为的不同理解和认识不仅影响着社会成员个体的选择，还影响着社会制度的建构、经济生产效率和社会发展进程。对人类行为的研究显然具有多个向度。生物学、心理学等学科着重探讨人类的动物刺激性反应行为，而社会学所研究的人类行为是与他人和社会有关的社会性行为，韦伯称之为"社会行动"。韦伯认为"行动"（action）和

---

① 雷蒙·阿隆：《社会学主要思潮》，葛秉宁译，上海译文出版社，2015。

"行为"（behavior）本质区别在于有没有"意向性"（intentionality）。行动属于行为，但行为如果没有意向性的话，就不属于行动的范畴。① 具体来说，韦伯的社会行动定义如下。

（1）社会行动（包括不作为和容忍的行动）可以指向他人过去的、现在的或未来预期的行为，如对过去攻击的报复、对目前攻击的防卫或对未来可能攻击的预防等。

（2）并非每种行动都可算作此处严格意义下的"社会"行动，外在的行动如果只是指向事物性对象引起的行为期望，便称不上是"社会的"，比如种花、养宠物称不上社会行动。至于内在的行为意念也只有在指向他人行为时，才属于社会行动的范畴，比如在路上不小心撞到人就不是社会行动，但是故意撞特定的某人，就属于社会行动。

（3）并非每种人与人之间的相互接触都具有社会性的特征，而是只限于那些行动者有意义地将自己行动指向他人的情况，比如有色人种为了争取权利而进行的游行、抗议就是具有很强的指向性、富有意义的社会行动。

（4）社会行动并不等同于同样一致的行动或受到他人影响的每个行动。②

理性化（rationalization）是社会行动的核心。"理性"（又译为合理），主要指在社会行动以及社会形成物当中，行动者所赋予的明确、理智而又系统一贯的主观意向。韦伯认为理性是上帝赐予的，是人生来固有的。"理性行为"是社会行为的手段和目的之间合乎逻辑的联系。而"理性化"（又译为"合理化"）这个概念则强调相应的过程，即理性或合理性在西方文明的发展进程中逐步显现的过程。理性化实质上就是社会逐渐讲求效率和可计算性，不断减少神秘性和去除人性化特征的过程。③

---

① 童世骏：《大问题和小细节之间的"反思平衡"——从"行动"和"行为"的概念区分谈起》，《华东师范大学学报》（哲学社会科学版）2005 年第 4 期。
② 马克斯·韦伯：《社会学的基本概念》，顾忠华译，广西师范大学出版社，2005，第 29~30 页。
③ 荣娅：《试析韦伯的"理性化"逻辑及其局限性——评〈新教伦理与资本主义精神〉》，《理论月刊》2009 年第 6 期。

（二）社会行动理论的主要代表人物及思想

1. 马克斯·韦伯

韦伯整个理论体系是建立在社会行动理论基础之上的，他将人类的社会行动作为社会学的研究对象。如前所述，他认为社会学是一门致力于解释性地理解社会行动，并通过理解对社会行动的过程和影响做出因果说明的科学。韦伯认为，社会行动是有意义的，且其意义是可以理解和说明的，因此，他把对社会行动的解释性理解和因果性说明作为社会学的两大任务。

韦伯认为"在绝大多数情况下，行动是在一种难以言喻的半意识或带有主观意义的实际意识的状态下进行的。在大多数情况下，行动受冲动或习惯支配"[①]。韦伯对社会行动下了这样的定义，即"行动者以他主观所认为的意义而与他人的行为相关，即以过去的、现在的或将来所期待的他人的行为作为取向（如对过去所受侵犯进行的报复、对现在受到的侵犯进行的防御以及为防止未来遭受侵犯采取的防卫措施）"[②]。根据韦伯的观点，定义中提到的他人可以是一个人，也可以是多个人；可以是熟人，也可以是完全陌生的人。根据韦伯对社会行动所下的定义，某一行动可以被称为社会行动是因为它具备了如下条件：第一，行动者赋予其行动以主观意义，即行动者有行动的动机；第二，行动者主观意识到自己的行动与他人的联系。为此韦伯举例说明：一个人静静修身养性的宗教行为和孤独的祈祷不是社会行动，而两个相向骑自行车的人试图躲避对方的行为，或者在相撞之后互相谩骂、殴打或平心静气地协商的行动是社会行动，因为在他们的行动动机中包含了以他人行动为取向的考虑。[③]

韦伯将社会行动分为四类：第一，目的合理性行动；第二，价值合理

---

① Weber, M., *Economy and Society* (Berkeley: University of California Press, 1978), p. 21.

② 马克斯·韦伯著，约翰内斯·温克尔曼整理《经济与社会》，林荣远译，商务印书馆，2004，第40页。

③ 马克斯·韦伯著，约翰内斯·温克尔曼整理《经济与社会》，林荣远译，商务印书馆，2004，第40页。

性行动；第三，情感行动；第四，传统行动。

目的合理性行动把对外界对象以及他人行为的期待作为达到目的的手段，并以最为有效的途径达到目的和取得成效（以目的、手段和附带的后果作为自己行动的取向，并将手段与目的、目的和附带后果乃至各种可能的目的相比较，做出合乎理性的权衡，这样的行动可称为目的合理性行动）。目的合理行动的特点是精确地算计和用最有效的手段来实现自己的目标。这是出自功利主义或工具主义的行动方针。它具有逻辑性、科学性和经济性。它常是直接的、可理解的，但也可能会脱离理性模型。这种行为最典型的表现常常可在官僚组织机构里出现。

价值合理性行动的特征在于对纯粹自身行为的绝对价值（无论这种价值表现在伦理上、美学上、宗教上还是其他方面）所持的自觉信仰。价值合理性行动是追求价值而不是在做算计，但也不是价值中立的行动。合乎道德的行动必须用合乎道德的手段来达到。所有的人都有这样做的趋向，不是只有"好人"才追求价值合理性行动。这种行动的特点是它并不考虑现实的成效。比如，它无视可以预见的后果，而将行动与义务、尊严、美、宗教训示等相联系以坚持或实现行动者的某种信念。

情感行动是指由现实的感情冲动和感情状态引起的行动，是一种对日常刺激无法控制的反应，这种行动往往处于理性行动和非理性行动之间。

传统行动是由无意识地遵循习俗的机械行为构成的，通常只是一种对含糊的、习惯性的刺激重复其固有态度而做出的反应，或是出于对权威的尊重而做出的行动。[①]

显然，按照韦伯自己对社会行动所下的定义，后两种行动严格来说都不属于社会行动，因为它们都没有包含行动者赋予的主观意义。但是，韦伯之所以将其归入社会行动的范畴是因为它们可以被看作理想类型中"合理"行动的偏差的产物，是个人给予自己的行动以一定意义的方式。韦伯认为人性

---

① 马克斯·韦伯著，约翰内斯·温克尔曼整理《经济与社会》，林荣远译，商务印书馆，2004，第56~57页。

就是如此，人总是力求给自己的生活加上某些意义。他认为人是一种宗教的造物，即使是其经济活动，也总要带上一些主观意义或预设某种一般的世界观，人们用这种精神借口，来使自己的生活可理解。每个人对于这四种行动类型的反应又都不尽相同，从而汇总形成一个社会中个人的各种行动构成的错综复杂的网络。上述四类社会行动合理性强弱排序见表4-1。

表 4-1　四类社会行动合理性强弱排序和比较权衡的对象

社会行动的类型(从上至下合理性由强至弱)	比较权衡的对象			
	手段	目的	价值	结果
目的合理性行动	+	+	+	+
价值合理性行动	+	+	+	-
情感行动	+	+	-	-
传统行动	-	-	-	-

　　"合理性"或"理性"是韦伯社会学研究的核心概念，是分析人类行为和社会的重要范畴。他将人类的社会行动分为理性行动与非理性行动，将人类理性分为工具或目的理性与价值理性、形式理性、实质理性，前者用来分析个人的社会行动，后者用来分析社会结构。他认为，目的合理性行动与价值合理性行动是人类的理性行动，而情感行动和传统行动是非理性行动。传统社会的人类行动主要是情感行动和传统行动，现代社会的人类行动主要是理性行动，即人类社会的发展就是人类行为从非理性行动向理性行动的转变，而目的合理性行动是人类社会行动发展的方向，是现代社会的本质特征。韦伯认为近代资本主义之所以出现，就是因为人类行为的理性化，即目的合理性行动和价值合理性行动越来越成为人类行为的主要类型。价值合理的要素主要体现为欧洲的理性主义传统，而这种传统又在很大程度上体现在作为市民宗教的基督教的合理化上，它是推动欧洲社会合理化的革命性要素，是促使近代资本主义成长的原动力。目的合理的要素是理性主义传统在欧洲社会理性化形式之上的展开，是近代资本主义的

形式要件，主要包括合理的法律、职业官僚制、组织合理化的资本主义经济等。韦伯通过目的合理要素和价值合理要素把握了近代西方资本主义的产生根源及现代化过程。在韦伯看来，人们现在通常提到的现代性是以理性化或合理化为基本特征的，他指出理性化渗透和体现在社会生活的各个层面：经济的理性化、行政的理性化、法律的理性化、文化的理性化和个人的理性化。他对资本主义的这种深刻认识不仅有助于我们理解资本主义的产生，而且也有助于对社会理性化、现代化过程的把握。另外，他也运用社会形式合理性与实质合理性理论，深入分析了资本主义社会理性化的不良后果，认为资本主义社会形式合理性的发展与实质合理性的减少导致了意义丧失与自由丧失，即"理性化导致非理性化"。可见，韦伯的社会行动理论不仅对人的社会行为展开微观探讨，而且以此为基础解释了社会的合理化及其所带来的问题。①

　　韦伯划分行动类型的目的是设立一套形式概念来组织他的经验研究，实现对现代社会显著特征的理解。韦伯的分类是根据他自己所创造的"理想类型"（又被称为"理念型"）的方法进行的，并不具有统计学分类的特征。按韦伯的说法，这样的分类并没有涵盖所有的行动，它只是"概念上的纯粹类型"，而现实的社会行动"或多或少地接近它们，或者更常见的则是来自这些类型的混合"②。因此现实中的行动只是近似地符合上述四种纯粹类型。韦伯谈及的"合法统治的三种纯粹类型""资本主义""科层制"等理想类型对解释人类行为及社会发展的合理化趋势产生了重要的影响。

　　"合法统治的三种纯粹类型"分别为合法统治（legal domination）、传统统治（traditional domination）和魅力统治（charismatic domination）。韦伯认为这三种理想类型在主观上充分说明了人们为什么服从命令并将命令视为合法的。传统统治正如韦伯所描述的那样，统治模式建立在无法用语言表

---

① 黄陵东：《人类行为解读：韦伯与哈贝马斯的社会行动理论》，《福建论坛》（人文社会科学版）2003 年第 4 期。

② 塔尔科特·帕森斯：《社会行动的结构》，张明德等译，译林出版社，2003。

述的内容的基础上。社会中很多人的行为都建立在"不知为何这样做"或"其他人都这样做"的基础上。从概念上讲,传统统治可以介于合法统治(或法治)和魅力统治(或人治)之间。①

资本主义在韦伯看来,就是要追逐利润,通过资本主义企业持续的、理性的运作赚取利润,无止境地追求利润,追求经济效益。之所以如此,乃是因为它不得不为之。当整个经济处于资本主义制度之下,任何一个资本主义企业如果不以利用机会营利为导向,那它必定死路一条。所谓资本主义的经济行为,就是期望利用交换的机会谋取利益的行为,即期望以形式上的和平交易来获取利益的行为。至于形式上和事实上诉诸暴力来获利的行为则另有其特殊法则,如将这种行为与最终以交换营利为导向的行为归于同一范畴,实属不当。②

韦伯认为,科层制是最先进的合法统治工具,原因如下:权力不是集中的,而是按等级分配到"管辖区"③;所有行为都受到规则、合理的问责程序的制约;对这种统治形式的坚持,不是源于对个人可能变化无常和武断的意志的忠诚,而是源于对"非个人的和功能性的目的"的忠诚④。从历史角度来看,正如韦伯所见,科层制的组织优越性使它能够逐步取代过去的个人命令。韦伯认为科层制并不是一种可以轻易被社会主义"击碎"或被一个有魅力的领导人消灭的工具,现代生活依赖于科层制。⑤

同时,韦伯认为理性化是社会变迁的一种内在趋势、一种发展方向;在社会变迁的每个阶段,更为理性的形式通过合法性论证取代次理性的形式,进而实现社会的变革。近代西方社会经历了一场深刻的理性化运动,现代西方文明的一切成果都是理性化的结果,因为只有在理性的行为方式

---

① Bobbio, N., *The Future of Democracy*, trans. by Griffin, R. (Minneapolis: University of Minnesota Press, 1987), p.139.

② 马克斯·韦伯:《新教伦理与资本主义精神》,袁志英译,上海译文出版社,2019,第9页。

③ Weber, M., *Economy and Society* (Berkeley: University of California Press, 1978), p.956.

④ Weber, M., *Economy and Society* (Berkeley: University of California Press, 1978), p.956.

⑤ Fantuzzo, J., "A Course Between Bureaucracy and Charisma: A Pedagogical Reading of Max Weber's Social Theory," *Journal of Philosophy of Education* 49 (2015): 45–64.

和思维方式的支配下，才会产生出经过推理证明的数学和基于理性实验的实证自然科学，才会相应地产生出理性的法律、社会行政管理体制以及理性的社会劳动组织形式——资本主义。① 韦伯从社会结构和社会生活的多个方面探讨了现代西方社会的理性化，其中涉及法律、经济、宗教、政治、现代城市和艺术等。无论是经济运作的理性化、社会管理的理性化，还是社会运行模式的理性化，都是伴随着科学社会作用的增强而发生的，而科学恰恰是理性化原则最纯粹的反映。但韦伯同时也提出资本主义理性化导致了两难的选择困境，即工具（instrumental）理性和价值（moral）理性的矛盾。顾名思义，工具理性只是工具而已，既可以造就人类福祉，亦能带来弥天大祸，问题是如何运用才能使工具本身不会自动成为目标，而是为合理的生活目标服务。所以工具理性的问题，无形中也是价值理性的问题，亦即如何建立合理生活方式的问题。

总之，韦伯把理性的人的内在思考能力通过合理性概念拓展到行动领域或社会结构中，通过对社会行动的分类及各种行动中理性的分析，为解释社会学理论体系建立了根基。

2. 尤尔根·哈贝马斯

哈贝马斯认同韦伯对西方理性化过程的见解，但他也指出，韦伯对西方理性化过程的分析只看到了事实的一面。他认为世界观的转变并不像韦伯描述的那么简单，韦伯忽略了理性化过程里个人意识（consciousness）上的改变。哈贝马斯的分析，一方面弥补了韦伯理论上的不足，另一方面提出了一个新的分析架构。

韦伯的理论对理性化的历程是以个人的自利行为取向为中心进行解释的，而哈贝马斯强调的"理性"则是以互动行为为取向的沟通理性。沟通理性（communicative rationality）是哈贝马斯学说的中心概念，也是用来支撑其理论的普遍性主旨。哈贝马斯的沟通理性概念最为显著的特征有以下两点。（1）沟通理性是一种对话式的理性（dialogical rationality）。相对而言，韦

① 苏国勋：《理性化及其限制——韦伯思想引论》，上海人民出版社，1988。

伯的目的理性与价值理性都是独白式的理性（monological rationality），只不过一个是基于个人的计算（目的理性），一个是诉诸个人的良知（价值理性）。在沟通行动中，一切个体的宣称、承认、假定、预设都必须出自反省的形式，即必须发展成为相互的期望，因而也是互为主体的。制度化的理性讨论可说是一种对话的设计，能促进人群之共同意志的合理形成，以驾驭行政设计与技术设计的发展。因此，沟通理性通过理性讨论的制度化能够导致工具理性的制度化。（2）沟通理性是一种反复辩论的理性。在有效性声称受到严重的诘疑、沟通行动无法继续进行时，行动者能够开展理性的讨论。在讨论中，受诘疑之有效性声称被反复地反驳、支持，以期达成共识。相对地，目的理性与价值理性都是一劳永逸的，不必涉及反复的辩论。①

　　哈贝马斯力图在对传统的实证知识观和社会学理论进行批判的基础上，建立一个具有普遍性的"规范基础"或基础范畴来描述、分析和批判现代社会的结构，这个"规范基础"就是他的交往行动理论。交往行动理论是哈贝马斯整个学术理论体系的主要内容。所谓"交往行动"，是指至少两个或两个以上的主体间以语言或符号为媒介，以言语的有效性要求为基础，以达到相互理解为目的，在意见一致的基础上遵循（语言和社会的）规范而进行的，被合法调节的，使社会达到统一并实现个人同一性与社会化相统一的合作化的、合理的内在活动。哈贝马斯为了明确说明"交往行动"概念，初步将社会行动区分为"目的合理行动"与"交往行动"两大类，它们之间的区分标准是看某一社会行动是"以成就为方向"还是"以理解为方向"。哈贝马斯用各种方式把合理的行动看作一种潜在的解放力而不是一种禁锢力，进而试图重构理性化和行动概念。哈贝马斯的社会行动类别主要包括以下几种。

　　（1）目的性行动，是指行动者通过理性的计算，以寻求达到特定目标的最佳手段。如果行动者在考虑效益时涉及另外至少一个行动者的决断，则目的论的行动模型就会扩展为策略性的行动模型。这类行动旨在取得成功，是

---

① 黄瑞祺：《社会理论与社会世界》，北京大学出版社，2005。

"工具性的"。中心概念是决策，即在各种可供选择的行动方案中做出决定。

（2）循规性行动，是指社会群体成员依据共同的价值来决定他们的行动。只要是在有规范适用的情境下，个体行动者就遵从（或破坏）规范。规范代表了群体所取得的一致意见。中心概念是遵从规范，即实现一种一般化的行为期望。

（3）戏剧行动，既不是指孤立的行动者的行动，也不是指群体成员的行动，而是指互动的参与者各自构成对方的观众，并在他们面前呈现自己。参与者都有意识地通过突出自己的某一方面或掩饰自己的内心意图，来操纵对方的印象形成。中心概念是自我呈现，即控制他人对自己的印象。

（4）交往行动，是指至少两个具有言语和行动能力的主体之间的互动。行动者为了协调他们的行动，而试图在行动的情境和行动的计划上实现相互理解。他们使用语言与非语言作为理解他们彼此情境和各自行动计划的手段，以便使他们能够在如何协调自身的行为上达成一致。所以，交往行动是合理化的行动。中心概念是解释，即相互磋商对情境的定义，以达成一致。

上述四种类型的行动是以不同的"世界"类型为先决条件的，也就是说，每一种行动都针对着整个人类社会的不同方面，这些方面分别是：（1）作为可操纵对象的客观的或外在的世界；（2）由规范、价值及其他一些被社会认可的期望所组成的社会世界；（3）经验的主观世界。目的性行动基本上是同客观世界相联系的，循规性行动是与社会世界相联系的，而戏剧行动与主观世界和客观世界都有联系，交往行动则涉及客观世界、社会世界和主观世界（见表4-2）。

表4-2　哈贝马斯的社会行动类型

社会行动类型	相联系的世界		
	客观世界	社会世界	主观世界
目的性行动	+	-	-
循规性行动	-	+	-
戏剧行动	+	-	+
交往行动	+	+	+

从表 4-2 可以看出四种类型社会行动关联三个世界，此三种不同的世界各自对应着一种不同领域的事务：自然现象、道德法律以及艺术。每一种世界或事务，都有各自不同的理解和判断的标准，或者说具有不同的"有效性宣称"，对应客观世界的是"真理宣称"，对应社会世界的是"正当宣称"，对应主观世界的是"真诚宣称"。哈贝马斯认为，在这四种行动中，交往行动不仅同时考虑和关联到上述三种世界，而且要求行动者必须相互和同时提供三种有效性宣称：（1）命题的内容是真实的，即真理宣称；（2）言辞行动符合社会的规范，是正当得体的，即正当宣称；（3）说话者的意向是真诚的，即真诚宣称。因此在哈贝马斯看来，比起其他三种行动，真正的交往行动过程更具内在的理性，是四种行动中最具合理性的社会行动。要指出的是，他认为，交往行动理性与目的性行动理性不同，目的性行动理性并不是人类理性的所有内容，也不是人类理性发展的终点，交往行动理性是比目的性行动理性更具合理性的人类理性形式，因此，不能将目的性行动理性等同于人类理性的发展方向。

哈贝马斯交往行动理论是对诸如韦伯社会行动理论等相关理论的批判与发展，他认为人类行为理性的发展方向是交往行动理性，而不是工具理性。晚期资本主义社会面临诸多问题与危机是因为过于注重工具理性、科学理性，忽略了交往行动理性。其实哈贝马斯提出沟通理性、交往行动理性，无非是想在工具理性独大的现代社会寻找价值理性的客观依据。他通过对社会行动类型的划分与分析，深入研究了人类行动的各种方式及其理性类型，在此基础上对资本主义社会问题进行诊断并提出了解决方案，即发展交往行动理性来克服工具理性的不足，交往行动能够解决现代社会面临的危机。

综上，社会行动理论为众多社会问题的深度剖析提供了可能，小到如避孕套的使用[1]，大到如行为医学的健康促进与社会认知模型[2]。过去学者

---

[1] Sullivan, K. M., "Sexual Transmission-Risk Behaviour Among HIV-Positive Persons: A Multisite Study Using Social Action Theory," *Journal of Advanced Nursing* 73 (2017): 162–176.

[2] Holloway, I. W. et al., "Psychological Distress, Health Protection, and Sexual Practices Among Young Men Who Have Sex with Men: Using Social Action Theory to Guide HIV Prevention Efforts," *PLoS One* 12 (2017).

们多以社会行动理论视角，探讨农民的抗争运动①、农民城市适应问题②等。近年来，学者多使用社会行动理论来剖析农村治理问题③、网络公共表达④、乡村教育发展路径以及新冠疫情信息系统设计⑤等。学者们借助社会行动理论，构建社会行动模型，从理论层面系统分析其各要素的作用来达到研究目的。可见，社会行动理论在国内外众多研究领域都得到应用，这在一定程度上反映出其重要的学术价值，该理论可被视为学者们尝试在更深层次上理解社会行动的有效工具之一。

三　社会行动理论在体育社会学研究中的应用

体育运动在韦伯行动理论框架中就是一种社会行动。在体育运动中包含了韦伯划分的四种社会行动：有出自功利主义或工具主义的行动方针，以逻辑、科学和经济为特点，出现于体育官僚组织机构里的社会行动；有不考虑现实的成效，无视可以预见的后果，将行动与义务、尊严、美、宗教训示等相联系，以坚持或实现自己的某种信念为目的的体育行动；有由现实的感情冲动和感情状态引起的体育行动；有由无意识地遵循习俗的机械行为构成的体育参与，它体现了人们的习惯性和对权威的盲目尊重。

在社会行动的理性化基础上，古特曼（Guttmann）通过对比现代西方体育与古代体育的不同之处向我们展示了体育（作为一种社会行动）的理

---

① 于建嵘：《利益表达、法定秩序与社会习惯——对当代中国农民维权抗争行为取向的实证研究》，《中国农村观察》2007 年第 6 期。

② 钟涨宝、李飞、余建佐：《城市化进程中失地农民城市适应的社会学探析——基于帕森斯社会行动理论的视角》，《农村经济》2009 年第 2 期。

③ 吴思：《社会行动理论视域下的村干部治理行动研究——基于 L 县三个村的调查》，硕士学位论文，武汉大学，2018。

④ 方飞：《中国青年网络公共表达的动因与呈现——基于韦伯社会行动理论的理解》，《中国青年研究》2019 年第 9 期。

⑤ 杜靓、王昀：《社会行动理论视角下的新型冠状病毒肺炎疫情信息系统设计》，《设计》2020 年第 6 期。

性化过程。不过，古特曼并未完全采纳韦伯的观点，他仅赞同将理性化解释为体育领域的共同价值。在体育运动理性化、现代化过程中，越来越多的人抱怨现代体育开始丧失以往的魅力，比如他们认为运动员被"过度训练与指导"，运动队"缺乏核心精神"，体育馆"没有灵魂"，比赛"太过职业化"等。尽管这些批评有些夸大，但是确实反映出随着体育运动现代化进程的推进，体育活动的社会意义逐渐消失，体育娱乐性也开始减弱。于是人们寻求将哈贝马斯的沟通理性理论应用于当代体育社会问题研究，这也反映了当代体育研究者对早期体育工具理性的批判和对体育道德流失等问题的关注。

（一）韦伯：对体育行动意义的诠释

体育的社会意义在个人层面上涉及角色、规范、交往、荣誉等内容；在社会层面上涉及人与社会、社会组织之间的关系，人们的社会归属感、种族等内容；从全球化的角度看涉及文化交流、经济一体化等内容。

解释社会学强调社会学家必须致力于有效地解释个体和他们的行动，这包括研究社会行动与状态、主观性、意义、动机、象征、上下关系、自我、角色、身份、过程和社会改变之间的关系。解释主义社会学家认为社会活动是通过个体在社会中的角色与身份来实现的，由于每个个体在社会中扮演不同角色与承担不同社会身份，因此，社会行动被认为是充满活力且丰富多彩的。社会行动受"自我透视"的影响，即允许社会参与者想象其他人如何看待自己。社会参与者同样受到诸如"重要的其他人"（如生活伴侣）或"组织中的其他人"（如同事或邻里、朋友）的影响。

解释社会学的目的是深入分析体育行动的社会意义，加强人类对体育的主观性理解。[①] 比如对于在公园举行的篮球赛，解释主义社会学家不仅想要理解运动员的状态，还要解释在公园打篮球的象征意义。体育自身要求

---

① Fine, G., *With the Boys* (Chicago: University of Chicago Press, 1987).

社会参与者在特定的角色安排下构建独一无二的社会身份，① 每个运动员在体育比赛中都被赋予特定的角色。一个运动员在比赛中的发挥受到"相关人"（队友、教练）的影响，因此，一个运动员从小就要具备灵活应变的素养并努力成为"社会中的积极成员"，通过积极吸收其他人的意见而努力使自身与"规范化要求"保持一致。②

帕特里夏·阿德勒（Patricia Adler）和彼得·阿德勒（Peter Adler）通过跟踪一个大学篮球队研究了男性运动员的社会化进程。研究者通过运用角色理论和象征互动主义来揭示研究小组是如何经历不同"角色"的。他们发现刚进入大学时，这些运动员所追求的是体育财富与知名度，但他们并不想为此失去其他社会身份。很快，体育比赛和训练活动占据了他们的绝大多数时间并塑造了他们的社会圈，由此运动主义的"贪婪角色"与其"学术角色"相冲突。运动员拥有众多热爱他们的球迷，他们因此具有"自我荣誉感"。尽管运动员强调自我奉献精神，但对个别运动员来说，"自我荣誉"变得非常重要。大学体育生涯结束之后，他们在不同的岗位续写人生的辉煌；他们中的一部分仍然奋战在体育战线为自身的荣誉而战。许多人在大学毕业后仍然对曾经经历过的"其他人不曾有的荣誉感"记忆犹新。③ 然而，这些大学生运动员与其他职业运动员一样，也不断地"陷入"专业角色的包围之中。这些具有完美的文化地位与多样化角色和身份的"复兴一代"正被边缘化。④ 尽管用杜尔凯姆的结构化理论可以解释这种历史潮流，但是韦伯的现代理性化和官僚化分析理论更能解释上述社会现象。

解释社会学同样也被广泛运用于体育文化人类学的研究领域。阿姆斯

---

①　Weiss, O., "Identity Reinforcement in Sport: Revisiting the Symbolic Interactionist Legacy," *International Review for the Sociology of Sport* 36 (2001): 393-405.

②　Mead, G. H., *Mind, Self and Society* (Chicago: University of Chicago Press, 1934), p. 159.

③　Adler, P. A. and Adler, P., *Backboards and Blackboards* (New York: Columbia University Press, 1991), pp. 230-231.

④　Adler, P. A. and Adler, P., *Backboards and Blackboards* (New York: Columbia University Press, 1991), p. 228.

特朗（Armstrong）长期进行英国足球田野调查，深入到英国足球迷当中，解释了英国足球流氓现象。[①] 克莱恩（Klein）对健身文化[②]和棒球[③]的研究，为我们理解体育社会行动提供了人类学的诠释视角。毫无疑问，格茨（Geertz）对于巴厘人斗鸡活动的研究是最著名的体育解释主义分析案例。格茨坚持认为"强化生命的意义是人类生存的基本条件"[④]。人类行为可用象征性行动来"表示"，并且可以用文本来解释。格茨介绍了巴厘人斗鸡涉及的组织、活动与赌博情况，同时点评了当地人与斗鸡的关系。他认为对于巴厘男性的个人社会状态来说，参与斗鸡赌博是拥有超越金钱的意义的一种"深层次的活动"。斗鸡活动"强烈地展示"了巴厘人"生与死"的社会状态及相互关系。格茨发现斗鸡活动允许巴厘男性"去了解自身的主观能动性……巴厘人在斗鸡活动中形成与发现了他们自身的性情，同时也形成和发现了他们所在社会的性情"[⑤]。

尽管解释主义兴起于20世纪70年代，但是相较于实证主义，它对体育社会学的影响有限。这是因为对体育行为/行动的解释性分析，需要花费大量的时间和精力。然而可以肯定的是解释社会学为分析体育的社会意义提供了一定的理论支持。社会行动理论在微观层面进一步增强了我们对体育中人的社会行动的理解；在宏观层面通过体育人类学研究，透彻分析了人类交流和相互影响的复杂性、隐蔽性问题。

（二）古特曼：体育的理性选择与现代化过程

虽然解释主义范式在体育社会学早期没有受到足够的重视，但是韦伯的理性化概念框架对从社会学层面来理解体育还是产生了深远的影响。在韦伯理性化进程分析理论基础上，古特曼通过对比现代西方体育与古代体

① Armstrong, G., *Football Hooligans*：*Knowing the Score*（Oxford：Berg，1998）.

② Klein, A., *Little Big Men*（Albany, New York：State Universe of New York Press，1993）.

③ Klein, A., *Sugarball*（New Heaven：Yale University Press，1991）.

④ Geertz, C., *The Interpretation of Cultures*（New York：Basic Books，1973），p. 434.

⑤ Geertz, C., *The Interpretation of Cultures*（New York：Basic Books，1973），pp. 451-452.

育的不同之处向我们展示了"体育专业化"的理性化过程，认为体育的理性化体现在以下七个方面。

（1）世俗化：现代体育独立于宗教机构或信仰体系。在古代社会，体育和宗教活动是紧密相连的。例如，古希腊的奥林匹克运动会最初就是为了纪念奥林匹斯山上的众神而举办的；一直到16世纪末，日本武士都用摔跤的方式在寺庙祭祀神灵。[1] 反过来，现代体育很少与宗教信仰活动相关。

（2）平等与公平：体育崇尚公平竞赛原则。古代体育活动是高度排他的，在古希腊体育活动中妇女、儿童被拒之门外。相反，现代体育为弱势群体提供了更多的机会。为了确保公平，其要求社会精英进行评判，而评判的标准并不是参与者的社会地位而是比赛规则。

（3）专业化：与工业产业一样，现代体育拥有越来越复杂的劳动分工。古代体育很少有专业分工。比如在封建时期的英国，真正的体育运动员是多才多艺的、全能型的，可以从事多项运动。相反，现代体育强调分工，运动队中的运动员均有独立的、专业化的角色。

（4）理性化：找到最有效的和可供选择的方式来实现目标。古代体育缺乏理性，这既反映在对观众和运动员缺乏分类，也反映在运动员比赛前的准备工作不足等方面。而现代体育的主要特征就是通过理性化的准备、组织和竞赛等工作来尽可能地增加运动员获胜的机会。

（5）官僚管理：韦伯认为，日常生活的整体模式是为了适应官僚管理框架。[2] 与其他社会组织形式相比，官僚机构具有精确性、传播性、清晰性、连续性、一致性、等级性、节约性等特点。[3] 当然，官僚机构的这些特征也构建了一个束缚人性的"铁笼"。古代体育比赛缺乏管理机构，同时体育比赛的组织与结果评判随意性较强，缺乏明晰的比赛规则。而现代体育

---

[1]　Guttmann, A., *Games and Empires* (New York: Columbia University Press, 1994), p.161.

[2]　Giddens, A., *Capitalism and Modern Social Theory* (Cambridge: Cambridge University Press, 1971), p.160.

[3]　Weber, M., *Max Weber: Selections in Translation* (Cambridge: Cambridge University Press, 1978), p.350.

则是由各种不同级别的官僚机构来管理的，其中包括全球性的、洲际的、国家的和地方的各个不同层次的机构。俱乐部拥有包括许多成员在内的管理委员会。体育官员职位的确定应基于客观、理性的标准（如专业水平、以往经历等），而不能根据个人好恶（如个人魅力或裙带关系）来进行。裁判的选择与任命需要根据其业务能力来决定，不能任人唯亲。福瑞斯比（Frisby）将韦伯的官僚机构理论应用于对加拿大体育志愿组织的研究之中。她认为该组织充分体现了以下九个准则：正式规则和处理流程、去中心化的决策制定、个人之间的工作关系、专业化的决策、专门化的分工、职业的稳定性、大型的组织结构、占总人数比例较高的职员队伍和较强的科学技术。[①] 而正是在这九个准则的基础之上，形成了一个体育的官僚机构。

（6）量化分析：古代比赛缺乏历史纪录，而现代体育拥有关于体育成绩的完整的历史数据，为观众提供了大量的相关信息。

（7）追求超越，打破纪录：古代体育比赛只关注赢得比赛，而现代体育则更重视通过获胜满足自我超越的精神需求。如奥林匹克运动倡导"更快、更高、更强"的精神，激励着运动员勇敢拼搏、努力打破世界纪录。现代体育运动中不断上演人类挑战新目标的传奇。

体育理性化进程要求所有的现代体育项目都要理性化。例如，古特曼分析了柔道这一非西方体育项目的理性化进程。第一，目前柔道的比赛竞技性远强于它的发明人嘉纳（Kano）博士的最初构想。第二，现代体育的精英领导体制下柔道的发展与嘉纳的理念部分吻合，即参与柔道项目的人群多元化，特别是女子柔道项目已经被认可。第三，柔道运动员、教练和管理者采纳了专业化的规则；现在越来越多的柔道运动员关注具体的移动方式与技巧的使用，这与传统的柔道理念迥然不同。第四，集中性的训练方式理性化、最大限度地提高了学习者的竞争力。第五，运动员、俱乐部

---

① Frisby, W., "Weber's Theory of Bureaucracy and The Study of Voluntary Sports Organisations," in Dunleavy, A. O. et al. (eds.), *Studies in the Sociology of Sport* (Fort Worth: Texas Christian University Press, 1982).

和锦标赛组织单位均进行官僚化管理，同时由管理机构授权。第六，比赛在规定的时间内举行，由西方化的评分系统评判。第七，建立了比赛纪录的确认制度。[①] 这些变化反映出柔道在理性化程序中完成了其现代化的过程。

即使对最具权力的社会团体而言，体育理性化进程与官僚管化的崛起也是无法抗拒的。例如，现代奥林匹克运动的理性化进程宣告了以往受上流社会支持的传统理念和业余体育活动的终结。在强调打破纪录和取得胜利的理念下，一种关注专业分工、训练和最终收入的职业奥林匹克文化不可避免地被建立起来。当然，古特曼的研究观点还有待运用批判理论、经验主义等的方法进行检验。其理论性不足体现在，古特曼仅仅采纳了韦伯的部分观点，理性化被解释为在体育领域的共同价值，这一点是否正确是值得继续探讨的哲学问题。古特曼的分析也包含以下几个经验性不足之处。

（1）世俗化：虽然体育脱离了宗教，但是宗教仍然对体育有重大的影响。如比赛前的宗教仪式和祷告、运动员的崇拜与迷信等。

（2）平等与公平：社会阶层极大地影响和决定了能否参与体育活动和能否取得成功——世界上主要的赛艇比赛强队没有一支由失业非洲黑人妇女组成。同时，有限的体育标准也会导致比赛的不公平现象。

（3）专业化：分工的细化不是取得好成绩的唯一方式，许多成功的训练方法和技术（如荷兰足球训练方式）也能够有效地挖掘运动员的潜力。例如，卡尔·刘易斯等一些体育巨星掌握了多项技能，从而在比赛中能够游刃有余。

（4）理性化：体育比赛中一些非理性化因素经常起作用。

（5）官僚管理：各国的体育管理机构出现"瘦身"趋势；权威式领导方式仍在体育管理领域中发挥作用。

（6）量化分析：当前体育机构除了关注统计数据，还关注社会、心理、审美等因素。

---

① Carr, K. G., "Making Way: War, Philosophy and Sport in Japanese Jûdô," *Journal of Sport History* 20 (1993): 167-188.

（7）追求超越，打破纪录：尽管打破体育竞赛的世界纪录是现代体育的重要目标，但是体育竞赛的参与性、观赏性、戏剧性以及赢得比赛仍然是体育的核心焦点。

当然，在对古特曼研究的不足之处进行批判的同时，也要承认其研究的积极意义。古特曼认为不同的文化并不是盲目接受现代理性化体育，而是根据自身文化的特点对其有所调整。① 正如自然科学家施蒂芬·顾德（Stephen J. Gould）所言，体育理性化并不总是带来困惑。② 当今运动队中队员基于角色的明确分工和专业化的培训可以使整个队伍的竞赛水平得到最大限度的提高，顾德认为这恰恰体现了当代体育高度专业化的特点，并孕育了"每个赛季均在不断超越"的信心，③ 不断带给人们更多的惊喜。

但是我们也能看出体育理性化理论忽略了诸如审美性、道德教育、社区建设等体育的内在价值问题。与行为艺术一样，体育包含"移动要素，临时性要素，反理性化、反官僚化的审美观要素"④。例如，极限运动可能关注参与体育活动所带来的身体愉悦感胜于纪录和比赛成绩。正如顾德已指出的，体育活动给人类带来超越自我的可能。罗兰德（Loland）建议弱化体育比赛严格设定时间和比赛纪录的陈规，在提高精英赢得比赛的概率、提高技术水平的同时，将运动员视为普通的个体，而不单单以成绩论英雄。⑤ 因此，体育的进一步理性化趋势可能被放缓。

工具理性是伴随世界范围内的科技革命而逐渐得到推崇的，作为工业文明时期的主导思想体系对体育的发展产生了深刻的影响，竞技体育从工业大生产时代起就具有了一定的"工具性"，而西方理性化价值观则成为竞技体育存在的基本方式，其发展过程也深刻地体现着"工具化"特征。竞

---

① Guttmann, A., *Games and Empires*（New York：Columbia University Press，1994）.

② Gould, S. J., *Life's Grandeur*（London：Jonathan Cape，1997）.

③ Gould, S. J., *Life's Grandeur*（London：Jonathan Cape，1997），p. 132.

④ Blake, A., *The Body Language：The Meaning of Modern Sport*（London：Lawrence and Wishart，1995），p. 201.

⑤ Loland, S., "Justice and Advantage in Sporting Games," in Tannsjo, T. and Tamburrini, C. (eds.), *Values in Sport*（London：E and FN Spon，2000）.

技体育本身作为一种实践对象，不仅表现出客观存在的有用性，也表现出不同主体之间的有用性。这种交往的客观实用性，使各种体育主体相互联结，共同存在于体育实践过程中，彼此以"目的性"状态成为他人的目标或工具。

总之，体育的理性化主要表现为工具理性与价值理性的二元分化和异化。由技术理性导致的工具理性的异化使人们呼唤体育运动向价值理性的回归。

（三）哈贝马斯：对体育工具理性的批判以及调和

哈贝马斯的著作涉及社会学、哲学、政治学、历史以及文化研究。尽管他涉猎的学术领域很广泛，但是他没有体育领域的专门著作。他与体育关系最近的一篇文章是在1958年发表的《社会学关于工作与休闲的观点》。尽管如此，体育社会学家们还是经常引用哈贝马斯的一些观点，他对于社会生活的伦理和道德方面的阐述也逐渐成为社会学家们研究体育的依据。

韦伯认为工具理性是通过实践的途径确认工具手段的有用性，从而追求物质的最大效用，实现人们的功利目的。由于工具理性逐步意识形态化，如它能控制人的感情、道德、行为等，并对资本主义国家的政治、经济产生巨大的影响，哈贝马斯提出"有目的的合理行动"的工具理性。他认为一个人的社会行动取决于价值理性和工具理性的统一。人的实践活动是有目的的，如果没有一定的目的性，就不会引发人们在实践中对相应工具的需求。他曾用一个例子说明过体育与劳动的关系：如果人们选择休闲的原因也和劳动一样，即对利润的追求，那就意味着体育作为休闲生活的一部分，也复制了劳资关系中的理性和规则。体育更像是演化的劳动，而不是我们通常所认为的"缩短了工作时间，强身健体，为人们带来娱乐"的存在。我们不难发现，哈贝马斯在极力化解社会学中进退两难的局面。这种所谓的两难局面用哈贝马斯的话来说就是"避免资本主义发展中的单边（one-sidedness）理性化"。对于这里的"单边"，杜尔（Dew）的理解是，如果一种认识工具的地位不断上升而达到垄断的地位，那其使用者就很容易走向非理性。[①] 哈贝马斯认为当代社会资本主义的胜利在于人们的理性反映在对追求之物的满意程度上，进一步说就是追求自己的欲望和价值。虽然也许有些人不同意这样的说法，但在以市场为基础的当今社会，人们生活最理性的方式就是最有效地满足自己的兴趣，也就是将个人主义置于一个受到高度重视的地位。他所说的个人主义是指市场中每个人都作为竞争的参与者，在竞争中获得自己的利益并满足社会的需要。他认为，现代科学观念以及功利主义的伦理使资本主义的传统特征逐步瓦解，在传统资本主义遭受到破坏的同时，"与私人性趋向直接相关的资产阶级意识形态要素也逐渐丧失了自己的基本要素"[②]。哈贝马斯认为，现代市场经济不再是按照自由竞争的原则，使人们的收入和劳动成正比。换言之，自由竞争和分配原则遭到了破坏。虽然人们的基本需求在现代社会都得到了基本满足，但人的消费需求在很大程度上也受到了社会其他要素的控制。根据他的理论，与当代资本主义占支配地位相匹配的文化传统是由科学主义、现代机械复制艺术和普遍主义道德构成的。在这里，道德的问题不得不被提出，在现代法治化的社会，法律不能直接指导人的行为，而只能对行动表达认同或是禁止的态度，指挥人行动的是人的意志。人只有从道德和良知出发才会自觉遵守形式化的法律，而体育中社会道德的缺失确实是一个存在的问题。例如 1997 年拳击史上最"经典"的一幕——拳王泰森与霍利菲尔德对决，在第三回合，当霍利菲尔德再次紧抱泰森时，泰森对准对方的右耳狠狠地咬了一口，霍利菲尔德的耳朵立刻少了一块，鲜血直流。体育中的道德问题不仅仅存在于赛场上，事实上，透过足球流氓问题、奥运会申办过程中的腐败问题，我们都能看到体育中道德问题的存在。

如果用哈贝马斯的理论来分析体育，我们可以发现，现代体育是在工

---

① Dew, P. (ed.), *Autonomy and Solidarity: Interviews with Jurgen Habermas* (London: Verso, 1986).

② Habermas, J., *Moral Consciousness and Communicative Action* (Cambridge, Mass: MIT Press, 1990).

具理性思想占主导地位的西方文明社会中发展起来的，体育发展运行的机制和架构都源于这一基础。工具理性的核心是对效率的追求，但是，工具理性在要求体育主体追求更多利益回报和不断超越自身的同时，也使当代体育过度地职业化、商业化，运动员和相关人员为了利益而部分地放弃了人格。奥林匹克运动追求的是社会的公平、正义、荣誉。这和价值理性追求人本身所能代表的价值有异曲同工之处。价值理性以人的生命完善为追求，强调人类的一切行为都包含了行为的目的性，涉及实现目的的过程中对得失的判断。工具理性和价值理性需共同指导体育的发展，因为客观事物存在其必然的规律，而不以人的主观意识为转移。在实践中，人作为客观规律的利用者，思想和思维活动是来自物质世界的。如果在自身自由意志的支配下，试图凌驾于客观规律之上，那势必让人的行为违反事物的发展规律，使实践活动走向和预期结果不同的方向。价值理性使人们在现代体育中追求人类生存的意义与价值，在体育发展过程中追求公平、公正、公开的原则，在体育比赛中遵守体育的竞赛规则，确保体育结果的公开和公正性。《奥林匹克宪章》指出："奥林匹克主义是增强体质、意志和精神并使之全面均衡发展的一种生活哲学。"奥林匹克运动的宗旨是："通过开展没有任何形式的歧视并符合奥林匹克精神——相互理解、友谊、团结和公平比赛精神的体育活动来教育青年，从而为建立一个和平和更美好的世界做出贡献。"[①] 体育的精神内涵就是培育公开、公平、公正的行为品质。它并不看重所选择体育行为的结果，而是注重对人格精神的完善。回顾百余年来体育运动的发展，一种体育运动从地域、民族走向世界的实质就是其精神价值符合时代的发展规律，确立了正确的社会价值取向，同时这也是其价值理性和工具理性互相作用的过程。

　　哈贝马斯的理论进一步说明体育过分理性的原因还在于缺乏交往实践（communicative practice）。他认为，沟通理性应该取代工具理性，按照沟通理性的概念，理性体现在人们之间相互交流时的理解过程中，而并非体现

---

① 任海主编《奥林匹克运动》，人民体育出版社，1993，第 128 页。

在人控制自然的过程中。工具理性应该转换为人和人之间的关系中的沟通理性。在相互理解的交往行动中，人都是根据一定的理由来认同一个观点的，而不接受其他因素的干扰。哈贝马斯认为，人们在交往中接受或者拒绝一个观点是因为人们之间有着共同或不同的认识和理由，而不是由于其他外在的束缚。人们之间的相互理解过程是在没有强迫的情况下发生的，一个人只能通过理由来说服另一个人，而不是通过其他的方式。① 而这种活动是发生在人们的自由交往活动当中的，这里交往活动主要是指语言沟通。如果要使体育中运动员的错误行为得到改善，那语言沟通是必要的。

对于哈贝马斯而言，贯彻沟通理性的原则在于使沟通理性在生活世界中得到体现，比如需要人们根据现实的状况来判断问题的真实性、道德规范的正当性和审美的真诚性。包括体育在内的各种活动，都不能脱离生活世界，每个人都是生活的参与者，也就是交往的参与者，他们能否通过语言上的相互理解实现主体之间的相互认同，是我们判断其行动是否理性的标准。哈贝马斯认为，沟通理性也发挥了社会整合的功能。

参与体育活动在培养人们的良好道德品质上有着显著的作用，但是体育也被某些人当作道德败坏的借口。例如在足球、篮球等很多项目的比赛中，运动员会利用假动作来欺骗对手，或者使对方被动犯规甚至出局，不给对方发挥实力的机会。② 还有"田忌赛马"的竞赛战略，也被一些人认为是"不公平"的竞争。这是因为体育竞赛是一种战略性行动而不仅仅是交往行动，参赛者之间在赛场上只能通过身体力量、技术的比拼来完成社会互动。但也有人指出，虽然战略性行动是体育领域中主要的行动方式，但体育运动所具有的身体沟通与表达的潜力是可以用来对抗战略性行动的道德威胁的，比如赛前、赛后的握手仪式，犯规后拍一拍对方的肩表示道歉，这些赛场内的身体沟通也是"尊重对手""友谊第一、比赛第二"等体育道

---

① Habermas, J., *The Theory of Communicative Action*, Volume 2: *Lifeworld and System*（Boston: Beacon Press, 1987）.

② Peaeson, K. M., "Deception, Sportsmanship and Ethics," in Morgan, W. J. and Meier, K. V. (eds.), *Philosophical Inquiry in Sport*（Champaign, IL: Human Kinetics, 1988）, p. 183.

德观的表现。交往行动作为哈贝马斯调和工具理性的主要方式之一，对体育社会行动的整合具有重要作用。

四　对社会行动理论的批判与展望

（一）社会行动理论的局限性

韦伯的解释主义范式和关于社会行动的分类，都体现了他为建立社会学独特认识方法所做出的努力，并包含很多启发性的思想。但是，应该指出，韦伯的理论也有缺陷。首先，他的"解析"方法在实际运用时遇到了困难。在韦伯看来，理解是建立在行动者对其行动意义或动机具有明确认识的基础上的，这也是行动作为人的行动所具有的特点，然而，在现实中，人们往往不是被明确地赋予某种意义，其对于自身的行为，往往处于一种"半意识"或"无意识"的状态，这是理解方法面临的困境。

古特曼通过对比现代西方体育与古代体育的不同之处向我们展示了体育的理性化过程。虽然他认为不同的文化并不是盲目接受现代理性化体育，而是根据自身文化的特点对其有所调整，但是古特曼仅仅采纳了韦伯的部分观点——理性化被解释为在体育领域的共同价值，并且古特曼的分析也包含较多经验性不足之处。

哈贝马斯一方面批判理性，特别是理性在历史中的一种扭曲、片面的实现，即狭隘的工具理性的张扬；另一方面又积极地捍卫理性，肯定理性所取得的成就，扩展理性的维度，挖掘理性的潜能。有人称他为"最后的一位伟大理性主义者"。但是，他的思想和言论不免有乌托邦之嫌。

（二）社会行动理论的发展

理论的发展，并不是对一个客观实在循序渐进的发现过程，而是像约瑟夫·熊彼特（Joseph Schumpeter）所说的，是人类与自己以及前人头脑中创造的东西进行无休止博弈的过程，每一个进步都发生在新思想和新需要的冲击下，受到新一代人的偏好和气质的支配。① 哈贝马斯交往行动理论正是对诸如韦伯社会行动理论等相关理论的批判与发展，他认为人类行为理性的发展方向是交往行动理性，而不是工具理性。事实上，哈贝马斯提出交往行动理性和沟通理性，无非是想在工具理性独大的现代社会寻找价值理性的客观依据，即发展交往行动理性来弥补工具理性的不足，尝试通过交往行动解决现代社会面临的危机。

在此基础上，吉登斯在阐述行动概念的过程中，不仅把行动看作一种持续绵延的行动流，而且把行动本身看作一种能动行为。吉登斯认为在他之前没有真正的行动理论，为了将他所研究的行动与传统的行动概念相区分，他将行动称为能动，认为社会行动者作为一名社会成员，首要的资格是具有能动性。在其结构化理论中，他通过能动的定义赋予了社会行动全新的内涵，并使其具有了动态性和时间性特征。他认为，能动并不是指一系列分散的行为结合在一起，相反它指的是一种"连续的"行动流，是行动者实际上或预期中对不断进行的事件的干预流。这样就使行动者的指向性增强，并赋予了行动者更多的主动性和控制权，深化和发展了韦伯的社会行动概念。②

此外，新古典经济学所使用的行动理论是社会行动理论的一种对比模型。该模型的核心假设是：社会行动以实现偏好为目标，以机会和限制为基础，以最大化原则为指导。这些假设被视为理性选择理论（RCT, Rational Choice Theory）的核心。③ 詹姆斯·科尔曼（James Coleman）在《社会理论基础》中指出，理性选择理论可以为社会学的综合研究奠定基础。总体而言，理性选择理论是指导当前社会学实证研究的最具影响力的

---

① 冯钢：《马克斯·韦伯：文明与精神》，杭州大学出版社，1999。

② 张广利、王登峰：《社会行动：韦伯和吉登斯行动理论之比较》，《学术交流》2010 年第 7 期。

③ Opp, K. D., "Contending Conceptions of the Theory of Rational Action," *Journal of Theoretical Politics* 11 (1999): 171–202.

理论方法之一。①

可见，以韦伯提出的社会行动理论为起点，不断有学者陆续结合社会发展的现实因素，提出相关理论或假设，进一步丰富了原有的社会行动理论框架。

五 社会行动理论对体育研究的启示

本讲主要通过阐述韦伯的社会行动理论、古特曼的"体育专业化"的理性化过程和哈贝马斯的交往互动理论在体育社会问题中的应用，着重分析了体育的理性化和体育的意义。韦伯最早提出资本主义理性化导致了工具理性和价值理性的矛盾，即随着理性化对人类社会行为的负面影响的显现，人类行为被理性化异化，并陷入了理性化的束缚中，这种现象被哈贝马斯称为生活世界的殖民化。② 体育的工具理性在使体育实现现代化的同时，也让人们感叹体育魅力的衰减，工具理性所导致的体育的异化使人们呼唤体育运动向价值理性的回归。行动理论的视点可以帮助我们：

（1）解释体育中的越轨和失范行为，比如挑衅报复对手、辱骂追打裁判以及电子竞技中的语言行为失范等；

（2）深度地剖析我们当前体育教育的工具理性与价值理性的平衡问题；

（3）透视科学技术的发展、体育职业化等对奥林匹克精神的影响；

（4）理解体育科层制度的形成、体育专业化分工的逻辑，以及商业化运作对体育价值的影响；

（5）反思体育现代化的进程与民族传统体育的"现代性"；

（6）探究体育交往行动的意义及缓解过度理性化问题的功能，在体育交往行动中寻找调和社会矛盾、整合社会行动的路径。

---

① Kroneberg, C. and Kalter, F., "Rational Choice Theory and Empirical Research: Methodological and Theoretical Contributions in Europe," *Annual Review of Sociology* 38 (2012): 73-92.

② Kroneberg, C. and Kalter, F., "Rational Choice Theory and Empirical Research: Methodological and Theoretical Contributions in Europe," *Annual Review of Sociology* 38 (2012): 73-92.

体育、休闲与生活方式

——结构化理论的视野

一 引言

结构化理论（Structuration Theory）是 20 世纪 70 年代末产生的社会学理论，它是在与功能主义（functionalism）的抗衡中诞生的。安东尼·吉登斯（Anthony Giddens）和皮埃尔·布迪厄（Pierre Bourdieu）是结构化理论最主要的代表。吉登斯的结构化理论探究的是个人行动及其能动性与社会结构之间的关系；布迪厄的实践理论在结构化视域下探讨了场域、惯习、资本与结构的动态关联。在体育研究中，结构化理论和实践理论主要被用来研究体育与休闲之间的相互关系、体育和现代化问题、体育文化的再生产、体育的阶层流动以及影响体育和休闲的各种社会因素等。虽然以吉登斯的结构化理论研究体育社会学问题尚未成为学术研究的主流，① 但是吉登斯的结构化理论为研究社会组织结构中生活方式的自反性以及体育和休闲的全球化趋势提供了视角；布迪厄的理论也为我们分析运动身体惯习、文化资本、健康生活方式的形成、体育中的亚文化、体育中的性别冲突等带来了启示。

---

① Jarvie, G. and Maguire, J., *Sport and Leisure in Social Thought*（London：Routledge，1994），p. 5.

二 结构化理论及其沿革

（一）"结构"的概念与界定

在古典社会学理论和当代社会学理论中，结构是一个重要的理论概念。在古典社会学研究中，结构的概念以自然科学取向为主。孔德认为社会就是一种有规律的由各种要素组成其整体的结构，与生物有机体有极大的相似性。孔德用整体与部分的关系，用人性、博爱与秩序的联系串接社会结构的相关概念。斯宾塞从功能需求的视角出发，认为社会结构由"支持"、"分配"和"调节"三大系统组成，并强调从显性功能与隐性功能的角度把握结构。杜尔凯姆认为社会结构是理解一切社会现象的出发点。他强调社会整体的优先位置，认为社会对个人具有制约性，人的思想（维）结构反映了真实的社会关系的物质结构或社会结构的秩序，并在反映的过程中加强和再现了这些秩序。马克思认为社会结构是人们物质生活和精神生活关系的总和，由此可以看出结构不仅指的是客观实体，也包括各种制度、意识形态、生产方式等人为实体之间的逻辑关系。从功能分化的角度，帕森斯将社会结构发展为庞大的解释一切人类行动的系统理论。他认为社会结构由适应、目标实现、整合、模式维持四大子系统构成，这一整体结构内的各部分都对整体发挥作用，并通过不断分化与整合来维持整体的秩序。[①] 此外，帕森斯还基于地位-角色的模式认为社会结构由社会互动构成，突出了结构的规范特性。

在当代社会学理论中，从结构主义视角来看，列维-斯特劳斯认为结构是由深层结构（规则整体）与现象的表面秩序（基本精神过程）构成的。[②] 吉登斯的结构概念则走出了帕森斯和列维-斯特劳斯的宏观与微观、主体

---

① 塔尔科特·帕森斯：《社会行动的结构》，张明德等译，译林出版社，2003。
② 克劳德·列维-斯特劳斯：《结构人类学——巫术·宗教·艺术·神话》，陆晓禾、黄锡光等译，文化艺术出版社，1989。

与客体、个人与社会、行动与结构的二元对立困境，吉登斯在《社会的构成：结构化理论大纲》中提出了结构化理论，以结构二重性（duality of structure）取代二元论，（dualism）初步解决了结构与能动性之间的对立问题。他认为结构可以概念化为行动者在跨越时间和空间的互动情境中利用的规则和资源，正因为使用这些规则和资源，行动者在时间和空间中维持和再生产了结构。布迪厄则从建构主义视角对结构进行了理解。他认为之所以长期以来存在着建构主义与结构主义的对立，是因为人们长期忽略了客观结构和身体化结构之间的关系。他认为客观结构是指社会世界自身之中存在的各种客观结构，它们独立于行动者的意识和欲望，并能够引导人的实践；身体化结构则是个体将外在结构内化为自我行动倾向的系统，其包含了客观与主观能动性，后来由此延伸出一个重要概念——惯习（habitus）。从以上对结构概念的梳理中，可以看出结构概念由古典社会学概念向现代社会学概念的转变，尤其是吉登斯和布迪厄对结构概念的界定打破了以往宏观与微观、主体与客体、个人与社会、行动与结构的二元对立。

（二）结构化理论的代表人物及其思想

1. 吉登斯：结构-能动

1979年，安东尼·吉登斯提出结构化理论。这一理论被认为和20世纪60~70年代社会学界的"观点之争"有紧密联系。吉登斯尝试寻找一种建立在本体论基础之上，但又超越传统结构功能主义二元结构的理论，其重点便在于行动-结构（agency-structure）二重性。

吉登斯理论研究的逻辑起点是行动和能动作用。吉登斯认为行动由行动的反思性监控、行动的理性化和行动的动机激发三个过程构成。[1] 行动的反思性监控是日常行动的一个基本特性，行动者需要知道自己日常所进行的各种活动，期望别人了解他们进行的活动，并且行动者也会通过反思的

---

[1] 安东尼·吉登斯：《社会的构成：结构化理论大纲》，李康、李猛译，生活·读书·新知三联书店，1998，第65页。

方式监控自己的思想、意识以及自身所处的社会和物质环境。吉登斯认为行动有三个过程：（1）行动的理性化过程，指行动者对自身的活动始终保持理论化的理解，也就是说行动者具备进行某项活动的资格能力；（2）行动的动机激发过程，吉登斯认为"理由"或者说"原因"是行动的依据，动机就是激发这一行动的需要；（3）行动的完成过程，即制订计划或方案，并按这一计划完成一系列的行动。吉登斯认为行动分层模式下的这三个过程复合在一起构成了人类有意识的行动。但他也发现人的有意识活动可能会产生意外后果，这些非预期的意外后果又会反过来构成下一步行动的未被认识到的条件，因此可以将行动看成一种不间断的意识流。

吉登斯还对行动所包含的三个过程背后的内隐机制进行了挖掘。他发现在动机激发的过程中无意识是很重要的特征，行动的理性化和行动的反思性监控分别涉及实践意识和话语意识。吉登斯认为我们在日常生活中所进行的活动很大一部分是由实践意识来指导的。实践意识是指行动者在社会生活的具体情境中，无须言明就知道如何进行其所对应行动的那些意识。实践意识体现了行动者的自动化特征，在日常生活中行动者可以不假思索地处理事务。实践意识体现出吉登斯把能动者的行为与社会实践紧密地联系在一起。

在日常生活中，行动的产生离不开能动的作用。能动作用不是仅指人们在做事情时所具有的意图，而是首先指他们做这些事情的能力。能动作用涉及个人充当实施者的那些实践，即在行为既有顺序的任一阶段，个人都可以用不同的方式来行事。① 如果行动者没有参与其中，那么这些事就不会发生。吉登斯把能动作用看作一种"所做"而不是"所欲"。能动作用可以被视为一种权力，一种社会成员所具有的改变行动方式的转换能力或资格。社会生活中的个体都具有改变行动方式的能力，如果一个社会成员丧失了这种能力，那他就不是一个行动者。因此，行动中包含的权力逻辑上指的就是转换能力。权力本身并不是一种资源，权力是对资源进行构建、

① 安东尼·吉登斯：《社会的构成：结构化理论大纲》，李康、李猛译，生活·读书·新知三联书店，1998，第69页。

191

操控和支配的能力，资源是权力发挥作用的一种手段、工具和媒介，是行动在社会再生产中具体的常规要素。因此，行动者具有的能动作用可以对约束他们的结构起到一定的对抗作用。

在吉登斯的结构化理论中，他用结构二重性的概念来取代社会二元论。在吉登斯看来，结构是可转换的规则和资源，体现为使社会系统中的时空束集在一起的规则和资源的结构化特性。正是这些特性使得千差万别的时空中存在相当类似的社会实践并赋予它们以系统性的特征。[①] 吉登斯认为社会系统本没有结构，结构是通过人类的实践活动建构起来的，同时经过人类的实践活动建构起来的结构又是行动建立起来的中介和桥梁。可以说，结构内在于实践之中，既是社会实践的中介又是实践的结果。[②] 对于个体而言，结构并不是外在的，在社会实践中结构作为记忆痕迹引导着行动者的行为，结构总是同时具有制约性与使动性（enabling）。[③] 吉登斯对其进行了进一步解释，认为结构是人们行动可以利用的规则和资源。规则是行动者知识能力的一部分，规则可以分为构成性规则和管制性规则，构成性规则是一项实践活动进行的条件，管制性规则是对某项实践活动的制约性因素。可以看出，规则既有使动性特征又有制约性特征，也就是说行动者可以利用规则为行动服务，但也受到规则的束缚。另外，吉登斯把资源看成行动者用以完成实践活动的工具或要素，资源可分为配置性资源与权威性资源。配置性资源是指行动者拥有的物质性资源，强调的是人类对自然资源的使用支配。权威性资源是指行动者拥有的权威和物质资本，强调的是人对人的支配。吉登斯认为资源是一种产生于支配结构的再生产并通过这种再生产而获得的能力。也就是说行动者在利用资源时就拥有了权力，由此资源可以被视为权力得以实施的媒介，具有构成性和能动性，行动者可以利用

① 安东尼·吉登斯：《社会的构成：结构化理论大纲》，李康、李猛译，生活·读书·新知三联书店，1998，第79~80页。
② 刘少杰：《后现代西方社会学理论》，社会科学文献出版社，2002，第338~347页。
③ 安东尼·吉登斯：《社会的构成：结构化理论大纲》，李康、李猛译，生活·读书·新知三联书店，1998，第90页。

权力来改变自身的行为，从而获得改变社会结构的能力。从以上对结构及其二重性的梳理中，可以发现吉登斯从社会实践的时空角度去理解由规则和资源构成的结构，同时将实践活动阐释为对社会资源和规则的运用。可以看出，社会结构是灵活的、可以相互转化的，它是行动者在具体情景中的组成部分，行动者使用它们来创造跨时空的社会关系模式，[①] 这也说明了社会结构具有能动性和制约性两种特征。

总的来说，吉登斯的结构化理论从行动及能动作用、结构二重性的角度充分表明了行动者及行动和结构的关系，结构既是行动的中介，又是行动的结果。在社会实践中结构作为记忆痕迹引导着行动者的行为，结构总是同时具有制约性与使动性。

2. 布迪厄：实践理论

布迪厄的实践理论综合了结构/建构主义、客观/主观主义的观点，以社会结构与心智结构的辩证关系，阐释了支配结构（阶级间的权力关系）再生产和转换的影响。他试图用"惯习"（habitus）、"场域"（field）、"资本"（capital）、"区隔"（distinction）、"符号暴力"等概念从社会实践角度反映结构化的过程与意义。

a. 惯习、资本与场域

布迪厄认为场域可以被定义为在各种位置之间存在的客观关系的一个网络或一个构型，其存在对于占据特定位置的行动者来说具有决定性作用。位置可以决定其占有者所具有的权力（或资本），占有这些权力就意味着在这一场域中的专门利益（specific profit）的权力分配结构中占有先机。[②] 场域是社会分类被结构化的系统，是各种力量较量的场所，是行动者争夺有价值的支配性资源的场所，其本质决定了个人或组织在社会结构中所占据的位置。场域的构成要素包括利益、资本和社会位置。场域是某种被赋予

---

① 乔纳森·特纳：《社会学理论的结构》（下），邱泽奇等译，华夏出版社，2001，第173页。
② 皮埃尔·布迪厄、华康德：《实践与反思——反思社会学导引》，李猛、李康译，中央编译出版社，1998，第133~134页。

了特定社会关系的构型，是权力分配的结构，它强加在场域每一个个体行动者的身上，行动者要想获得利益，必须进入相应的场域之中。同时，场域还是一个产生斗争与冲突的空间，场域中各种位置占有者通过各种策略使他们在场域中的位置得到维持和改善。由于这种冲突与斗争的存在，场域中的各种力量不断发生变化。可见场域不是一个静态的、固定不变的结构，而是不断变化的结构。但这些变化的结构并不能机械地制约行动者的行动，而是通过行动者的惯习而起作用。

惯习是实践理论的重要概念，布迪厄认为惯习是由积淀在个人身体内的一系列历史关系所构成的，其形式为知觉、评判和行动的各种身心图式，它是一种结构形塑机制，涉及社会行动者具有的对应于其占据的特定位置的性情倾向。① 作为持久的性情倾向系统，从客观方面来看，惯习是被建构了的结构（structured structure），是个人在社会化过程中经过反复训练而习得的认知、感觉、行为和思考的方式，最终体现出个人的社会地位、生存状况等内容。从内在生成性方面来看，惯习是建构中的结构（structuring structure），它构成了人类的实践活动。可以看出，惯习的性情倾向也具有能动的实践意义，一方面，惯习本身是历史的产物，是人们后天所获得的各种生成性图式系统；另一方面，惯习是一种生成性结构，不断地塑造、组织着实践，生产着历史。布迪厄认为惯习是理性行动的基础，理性行动是从惯习中生成的。可以说惯习是"外在性的内在化"（internalization of externality），行动者只有通过惯习的作用才能产生各种合乎理性的行为。换言之，行动者的惯习将历史文化、生活经验融入个人的性情系统中，并将其浓缩为社会文化所引导出的规则，让行动者理解并产生相应的行动，以完成各种实践行为。因此布迪厄的"惯习"综合了结构与能动，也呼应了吉登斯结构二重性的观点。

根据布迪厄的观点，场域内的斗争与冲突的实质是争夺场域中的地位，个体在场域中的位置主要取决于拥有资本的数量和质量。布迪厄认为资本是一种累积性的劳动，以物化的形式或肉身化的形式展现，在排他性的基

---

① 皮埃尔·布迪厄：《实践感》，蒋梓骅译，译林出版社，2003。

础上被行动者或行动者小团体占有，他们使其具有产生利润的能力，并以此占有社会资源。[①] 资本不仅具有物质意义，还是行动者在场域中斗争的筹码。布迪厄将资本分成经济资本、文化资本、社会资本和象征资本四种基本类型。经济资本主要由生产的不同因素、经济财产、收入以及各种经济利益组成。文化资本可以被看作借助教育活动传承的知识能力资格，有三种形式：一是身体化的形式，体现在行动者身心持久的性情倾向中；二是客观化的形式，指的是物化或对象化为文化财产的形式，如书籍、古董、历史文物等；三是制度化的形式，指的是由合法化和正当化的制度确认的各种学衔、学位等，表现为某些制度性的规定或规则下的产物，如学历认定、学术资格等。文化资本作为阶层再生产至关重要的一环，把外在的财富转化为个人的内在惯习，并且拥有的文化资本越多，就越容易积累新的、符合自身利益的文化资本，也就越容易获得资源。社会资本是指个人所拥有的持续性社会网络所具有的社会资源或财富。行动者所掌握的社会资本大小决定了他实际能动员社会网的规模，也决定了社会网络中每个成员所具有资本的总存量。象征资本是用以表示礼仪活动、声誉或威信资本的积累策略等象征性现象的重要概念，声誉或威信资本有助于增强信誉和提升可信度。在社会场域内不同的资本类型之间是可以相互转换的，资本转换的目的在于保障各种资本的存续和增长，进而有效促进场域内资本和在社会空间中的地位的再生产。但是现实中，资本也体现出了不平等的结构。可以看出，资本不仅是一种资产、权力，更是行动者开展斗争，以在社会空间中占据有利的位置的筹码。

b. 区隔与符号权力

区隔（distinction）在不同的文化背景中有多种含义，在布迪厄的语境中区隔作为惯习的判断力维度，主要由"品味"来进行界定。布迪厄认为"品味"是对分配的实际控制，它可以使个人感觉到自己在社会空间中所占

[①]　Bourdieu, P. and Wacquant, L., *An Invitation to Reflexive Sociology* (Cambridge: Polity Press, 1992), p. 11.

据的位置，在这一位置中能感觉到自己应该做什么、适合进行什么样的实践活动。① 在社会空间中有着相似位置的行动者，他们都有着相似的生活处境和秉性，由此形成了相似的审美、饮食习惯和消费等文化实践。由于"品味"是惯习的判定标准，惯习在此的作用是形塑地位，同时也体现出个体的能动性，将个体与社会结构联系在一起。具体来说，行动者不同的家庭背景、学校教育环境等因素会影响他们社会资本、经济资本以及文化资本的获得，使他们习得不同的素养、技能与趣味，进而导致他们在文化需求、消费行为以及消费"品味"上存在较大的差异，由此也就形成了不同的阶级惯习。布迪厄在《区隔》一书中谈到，由于经济条件的不同，统治阶级产生了追求奢侈、自由的"品味"惯习，工人阶级产生了追求必需品的"品味"惯习，这两种"品味"体现出了两种不同的阶级惯习。由此，阶级"品味"不仅反映出客观阶级地位的差异，还反映了阶级之间的斗争关系。

除此之外，同一阶级因为资本存量的不同也会形成不同的文化"品味"与需求，这是行动者的阶级轨迹造成的。简单来说，个人和社会集团的资本总量和构成比例会随着时间的变化而变动，从而影响行动者进行向上或向下的阶层流动。阶层的流动可以被看作阶级惯习的客观结构，行动者拥有的资本总量和构成比例的变化决定其实践行为。因此，布迪厄认为资本总量、资本构成比例以及资本在时间上的延续状况决定了行动者的空间位置和阶级地位，在主观能动性的作用下行动者在实践中将其逐级内化为阶级惯习，在这一过程中行动者会以自己现存的资本作为消费的基础，追求自己想要的消费产物，从而形成特定的文化消费"品味"。在文化消费的同时也实现了与阶级其他成员的同质化、与其他阶级的区隔，从而改变了自身在社会空间中的位置。因此，文化消费方式和文化品味具有重要的区隔功能，象征性地显示出阶级地位。不同阶级、阶层的惯习之间系统性的对立也使得行动者之间可以相互区隔。

---

① Bourdieu, P., *Distinction: A Social Critique of the Judgement of Taste* (Cambridge: Harvard University Press, 1984), pp. 466-467.

　　布迪厄认为在社会结构与心智结构之间存在着对社会世界的各种客观划分，包括将行动者划分为支配者与被支配者。在这一过程中，行动者对社会世界实践知识的认知结构是具体化和内化的社会结构。社会结构内化为认知结构的过程必须通过符号来实现，由此符号不仅具有沟通交流的功能，而且是社会结构重建和再生产的中介，同时又是社会场域中处于不同位置和具有不同能力的人与群体为寻求自己的利益开展实践活动的中介。布迪厄认为社会秩序要想得到有效维持，必须通过社会世界的各种知觉范畴来相互协调。由于这些知觉范畴是根据支配者的利益进行调整的，并为所有按照这些结构而构成的心智所共有，所以它们把各种客观必要条件的表象加诸自身。[①] 也就是说，符号在社会实践中发挥着支配作用，符号系统把社会结构、社会秩序内化到认知结构中，在场域中符号系统可以被看成斗争中一种合法的既定规则（知识），行动者在场域中的斗争或竞争以此规则为基础来展开。符号的建构调整了行动者在场域中的社会关系，实现了他们之间的权力较量、协调和权力的再分配，使社会秩序得以维持和延续。因此，符号可以被看成一种符号权力。符号权力强调行动者是具有认知能力的，当他们被社会决定机制制约时，可以形塑决定他们的社会机制。然而符号权力也会成为一种温和的暴力，使行动者自然而然地基于认识和误识行为去完成实践活动，这种认识和误识行为超出了意识和意愿的控制，就成为一种符号暴力。符号暴力体现了行动者的惯习与场域之间的无意识关系，折射出社会支配关系。例如男性对女性的支配就是符号暴力的典型例子，女性对男性的屈从以及其身体所展现的种种状况都表明了性别结构已经深深地印烙在女性的认知结构中，也成为限制其实践的制约因素。

　　综上，吉登斯的结构化理论引入结构二重性观点，强调结构内在于行动者的实践中。结构既是反复不断组织起来的行为的中介，又是这种行为的结果，强调了结构的使动性和制约性。吉登斯的结构化理论超越了在解

---

① Bourdieu, P., *In Other Words: Essays Towards a Reflexive Sociology* (Stanford: Stardford University Press, 1989).

释学、功能主义、结构主义等思潮中的结构/主体、社会/个人、客观/主观之间的二元对立，将这些对立中的双方在理论上重新连接起来，重塑行动-结构的概念和功能，利用行动和结构去解释个人与社会的互动关系，从而成为社会学理论研究领域中以"互构论"为旗帜的典范之一。布迪厄的社会实践理论提出了"场域""惯习"等概念，强调惯习是联结行动与结构的中介，既是结构的产物又不断参与结构的再生产。在本体论上，布迪厄确认了初级客观性和次级客观性两种社会存在方式。在认识论上，布迪厄认为对社会应该进行一种"社会物理学"和"社会现象学"的双重解读，既要关注社会的初级客观性，又要关注社会的次级客观性；在方法论上，他关注关系及其维持和再生产模式，提倡关系论，强调关系的首要地位，反对唯理论主义和唯方法论主义，反对理论和实践的割裂；在实践上，他倡导反思与批判，要求从实践出发，进而上升到理论概念再回到实践中去检验。总之，吉登斯和布迪厄的结构化理论为摆脱社会学方法论困境提出了新的视角，可以让我们从个体的行动入手去探讨社会结构，也可从社会结构入手研究个体行动，对我们深入分析各种社会现象和问题具有十分重要的启示，也为我们整体研究社会、认识体育世界提供了更为广阔的理论视野。

三 结构化理论在体育社会学研究中的应用

（一）吉登斯：生活方式、生活政治与休闲

1. 体育中的权力关系

在体育和休闲的社会学研究中，结构化理论常常被用来探讨权力关系，这一权力不同于马克思主义理论的权力，它是存在于所有社会系统中的"辩证的控制"。正如吉登斯所说，权力是行动不可或缺的要素，行动在逻辑上涉及"变革能力"意义上的权力。权力是社会生活的核心动力，因此，其对于分析包括休闲和体育在内的所有社会实践至关重要。

在这种权力模式中，尽管处于主导位置的群体可以获得优质资源来实现目标，但处于从属地位的群体从来都不完全缺乏抵抗或改变统治的资源。这一观点在 20 世纪 80 年代初成为很多学者研究体育制度的理论起点。理查德·格鲁诺（Richard Gruneau）认为不管是占统治地位的权力还是占统治地位的社会组织都会影响社会文化和意识形态，包括体育和休闲文化。① 约翰·哈格里夫斯（John Hargreaves）指出权力是一种涉及资源和结果的相互斗争的关系，这一关系在社会主体中广泛存在并传播。② 他注意到阶级以外行动基础的重要性，比如在休闲（运动）中，权力是被分散的和可围绕其进行谈判的，且处于从属地位的群体比以往任何时候都拥有更大的自主权和更强的制定策略的能力。③ 在研究男子气概和体育的时候，麦克·麦斯纳（Michael Messner）借鉴了吉登斯权力构成的理论，认为体育必须被看作一个体制，通过它人们不仅表现了支配权而且更具有竞争性。④ 赫尼（Horne）和贾瑞（Jary）引述了关于体育和休闲的典型例子，直接挑战了"均质化"文化（"homogenizing" culture）的观点。⑤ 约翰·瑟顿（John Sugden）和汤姆林森（Tomlinson）在 1998 年对国际足联的跨国影响力研究中，发现跨国体育组织对于表达发展中国家的民族愿望、实现跨国公司的目标以及发挥雄心勃勃的个人的力量的重要性，也证明体育是了解超国家层面的权力和阻力动态转换的一个显著焦点。⑥

将体育运动作为观察性别结构与权力关系变化的窗口也是结构化理论在

---

① Gruneau, R., *Class, Sports and Social Development*（Amherst：University of Massachusetts Press，1983）.

② Hargreaves, J., *Sport, Power and Culture*（Cambridge：Polity，1986）.

③ Hargreaves, J., "Revisiting the Hegemony Thesis," in Sugden, J. and Knox, C.（eds.），*Leisure in the 1990s：Rolling Back the Welfare State*（Eastbourne：Leisure Studies Association，1992），p. 277.

④ Messner, M., *Power at Play*（Boston：Beacon Press，1992）.

⑤ Horne, J. and Jary, D., "The Figurational Sociology of Sport and Leisure of Elias and Dunning：An Exposition and Critique," in Horne, J. et al.（eds.），*Sport, Leisure and Social Relations*（London：Rouledge & Kegan Paul，1987）.

⑥ Sugden, J. and Tomlinson, A., "Power and Resistance in the Governance of World Football," *Journal of Sport and Social Issues* 22（1998）：299-316.

体育社会学研究中一项重要贡献。由于父权制的影响，女性在体育参与方面一直受到重重阻力，由此库奇（Cooky）以吉登斯的结构化理论为基础，研究了体育结构中的两性不平等问题，发现结构具有约束和能动的二重性质，结构是通过参与者的日常互动来体现的，同时结构又制约了行动，社会结构在社会互动的背景下，通过个人和集体能动性来复制和转变。① 这对我们理解社会生活、社会互动和社会意义十分重要。西博格（Theberge）也认为在特定社会和政治结构的约束下，在社会化过程中男性女性可以通过塑造体育角色来创造积极的体育生活方式。② 肯德尔将吉登斯的结构化理论运用于对"跑酷"运动中身体空间的探讨，认为空间是物质环境的抽象表征并具有社会属性，但身体文化限制行动者并赋予行动者以行动的能力。年轻人参与流行的"跑酷"运动就是在使用城市空间（包括其中的建筑、自然环境和人）作为结构资源建构和维持性别身份。另外加拿大不同土著社区的体育实践反映出不同社群生活经验具有差异性，体育也是导致结构差异的因素之一。

2. 体育和休闲方式的现代性与全球化

吉登斯对现代性的洞察在一定程度上为我们从现代生活方式角度去理解体育提供了重要的视角。吉登斯认为现代性是社会生活或组织模式，大约 17 世纪出现在欧洲，并且在世界范围内产生了不同程度的影响。在结构化理论的基础上，吉登斯也将现代性看作一种双重现象，现代社会制度的发展以及它们在全球范围内的扩张，为人类创造了数不胜数的享受安全和生活的机会，但是现代性也有其阴暗面，且其变得越来越明显。③ 吉登斯把资本主义、工业主义、军备力量和社会监督作为现代性的四个维度，将"时-空伸延"、"脱域机制"和"反思特性"作为现代性发展的动力。在现代性四个维度和现代性发展动力的作用下，人类的社会生活发生了复杂而

---

① Cooky, C., "'Girls Just Aren't Interested': The Social Construction of Interest in Girls' Sport," *Sociological Perspectives* 52 (2009): 259-284.

② Theberge, N., "On the Need for a More Adequate Theory of Sport Participation," *Investigative Ophthalmology & Visual Science* 44 (1984): 1282-1286.

③ 安东尼·吉登斯：《现代性的后果》，田禾译，译林出版社，2000，第 22 页。

迅猛的变化。现代性的后果是全球化，全球化是指世界范围内的社会关系
的强化，这种关系以这样一种方式将彼此间距离遥远的地域连接起来：此
地所发生的事件可能是由许多公里以外的异地事件引起的，反之亦相反。①
吉登斯认为在晚期现代性的条件下，我们生活在与先前的历史时代意义不
同的世界中，虽然每一个人都过着当地式的生活，但是这种生活也是一种
全球化下的生活现象的折射。② 现代性的全球化本质是解放政治发展的结
果。在"时-空伸延"、"脱域机制"和"反思特性"的作用下现代性使科
学得到发展，科学知识的不断修正促进人类的反思。在这一过程中传统的
人类生活也会受到影响，尽管它使人们破除了传统的束缚，但是也使人的
本体性安全失去稳定，给个体带来焦虑和信任危机，使得成瘾问题出现。
同时反思性也使得自然终结，人类对自然环境的改造促进了人造空间的发
展，人造空间并没有使个体的生存环境得到稳定和发展，相反出现了更多
人为不确定因素，它们的存在威胁着人类的存在，带来风险。风险社会的
磨难主要给自我带来了统一与破碎、无力与获取、权威和不确定性、个人
化经验与商品化经验四种两难困境。吉登斯认为生活政治是化解现代性的
困境，通过反思性的方式重新思考实现人与自然、国家与社会、家庭成员
以及民族国家等范畴之间的关系，实现自由、自主和促进自我实现的关键。
现代性的全球化也对体育中的个体自我认同、身体、生活方式等方面产生
了影响。

　　吉登斯认为全球化使得人们的社会生活在跨时空的背景和反思性下发
生了巨大的转变，政治、经济、文化技术的发展均直接影响了人们的生活
和行动，体育也不例外。19 世纪和 20 世纪，欧洲很多体育和休闲方式得以
传播，这种传播发生在经济和政治形势向好的时候，而体育的传播则更加
明显地紧跟着资本主义发展的步伐。更加便宜、快捷的交通和旅行也使得

①　安东尼·吉登斯：《现代性的后果》，田禾译，译林出版社，2000，第 56~57 页。
②　安东尼·吉登斯：《现代性与自我认同：晚期现代中的自我与社会》，夏璐译，中国人民大
　　学出版社，2016，第 220 页。

体育在不断推进的全球化的基础上向国际化目标发展。现代奥运会为满足现代性的需要对传统进行改造或发明，就是吉登斯提出的现代性全球化最好的例证。吉登斯的全球化理论并不是简单地将经济和文化帝国主义中的西方化、美国化、麦当劳化等视为全球化的标志，而是认为全球化的道路不可能只有一条，而应该是多角度的、自下而上的，融合从东方到西方、从南到北不同的形式。[①] 全球化对文化产业发展、现代传播媒体以及体育产业的全球化发展都产生了重要的影响。

贾维和马奎尔（Jarvie 和 Maguire）把吉登斯对全球化的观点应用在体育中，他们认为媒体的迅猛发展推动了体育组织，如 WWF（世界摔跤联合会）等组织的发展，也使武术等亚洲的地方性活动登上了世界的舞台。此外，媒体全球化主要是借助媒体的手段对体育明星、体育赛事、体育项目的推广等方面产生了极大的影响。斯马特（Smart）在其著作中从历史和政治的视角展现了媒体全球化给体育明星带来的声誉、声望和地位，以及随之而来的商业效应。[②] 另外，媒体对各种体育赛事的转播也使得一些体育比赛成为全球最有影响力的赛事，如 NBA、欧冠等联赛。在体育全球化流动方面，随着贸易、交通、通信等领域的快速发展，世界各地之间的联系加强，不仅有体育用品、器材、装备的流动，也有运动员、教练、管理者和科学家在各国、各大洲之间的流动。[③] 体育中的人员流动更能凸显现代性的全球化特性，球员归化作为人才流动的一种表现形式在国际赛场上越来越普遍。[④] 当商业化过程遍及全球时，体育产业也呈现全球化的趋势，表现为企业与体育赛事合作、体育类商品畅销等。

① Harvey, J. et al., "Globalization and Sport," *Journal of Sport and Social Issues* 20 (1996): 258-277.

② Smart, B., *The Sport Star: Modern Sport and the Cultural Economy of Sporting Celebrity* (London: Sage, 2005), p. 144.

③ Maguire, J., *Global Sport: Identities, Societies, Civilizations* (Blackwell: Blackwell Publishers Ltd., 1999).

④ Elliott, R. and Maguire, J., "Thinking Outside of the Box: Exploring a Conceptual Synthesis for Research in the Area of Athletic Labor Migration," *Sociology of Sport Journal* 25 (2008): 482-497.

此外，全球化也对跨国体育文化产生了影响。朱利亚诺蒂（Richard Giulianotti）和罗伯逊（Robertson）发现跨国流动者在新的文化环境中会产生文化的抵抗、适应、杂糅和转化。由此，他们为跨国流动体育从业者提供了一个解释跨国流动体验层面的框架，承认跨国流动体育从业者在进入新的体育文化环境时会经历一系列文化适应过程，同时也明确提出跨国流动的体育从业者可能会抵制当地文化。[①] 默克尔（Merkel）探究全球化对朝鲜体育和体育文化的影响，发现1953年朝鲜战争结束后，朝鲜一直与世界其他地区隔绝，其政策也显著表明朝鲜顽固抵制全球化，但是在体育全球化中，他们积极接受这一趋势，这与他们国家的历史变迁、国家需求和利益以及该国社会中普遍存在的民族主义思想息息相关。[②] 随着全球化的推进，体育全球化中的矛盾也凸显出来，凯利（Kelly）在探究棒球的全球传播文化时发现，尽管美国棒球运动在日本经历了充分的全球本土化（glocalization）而成为武士棒球，但它在其他国家的传播却受到中间派力量和美国职业棒球大联盟的自我保护主义的阻碍。[③] 然而，坎特隆（Cantelon）和穆瑞（Murray）认为，虽然全球化在某些地方受阻，但是全球化的属性和特征有助于我们定义体育体验，同时也会使个体或群体的行动产生意义。[④]

此外还有一种趋势就是对不同的体育和休闲方式以及不同身份的选择的多样化。有充足的证据证明现代体育不仅具有"浓缩"的能力，同时还具有转变复杂的符号系统，包括开放式的国家和政治意识的能力。[⑤] 文化公司在全球领域寻求生产上的经济利益的野心是不被当地的文化支持的，当

---

① Giulianotti, R. and Robertson, R., "Forms of Glocalization: Globalization and the Migration Strategies of Scottish Football Fans in North America," *Sociology* 41 (2007): 133-152.

② Merkel, U., "Sport and Physical Culture in North Korea: Resisting, Recognizing and Relishing Globalization," *Sociology of Sport Journal* 29 (2012): 506-525.

③ Kelly, W. W., "Blood and Guts in Japanese Professional Baseball," in Linhart, S. and Frühstück, S. (eds.), *The Culture of Japan as Seen Through Its Leisure* (New York: State University of New York Press, 1998).

④ Cantelon, H. and Murray, S., "Globalization and Sport, Structure and Agency: The Need for Greater Clarity," *Society and Leisure* 8 (1993): 275-291.

⑤ James, C. L. R., *Beyond a Boundary* (London: Stanley Paul, 1963).

地的文化以另外一种方式破坏、占用这些商业资源和服务，散播关于它们的谣言。吉登斯的观点在解释这些问题时就显得极为有用。

3. 生活方式、生活政治与体育

吉登斯认为生活方式是指在一定条件下人们的决策和行动过程。在吉登斯对生活方式的阐述的基础上，彻尼（Chaney）认为"我们需要一个关于生活方式的概念来解释现代世界的社会秩序"[1]。他提出现代社会中权威的危机不仅是知识话语的素材，还推动了个人对自我存在的意义和身份的探寻，正如许多做女性主义文化研究的学者认为的那样，在后现代资本主义社会中，个人的身份主要是通过消费大众文化产品、形象和意义来建构的。[2] 这种意义和身份认同的建构则构成了包括休闲在内的许多日常生活方式的实践。在日常实践中生活方式展现了消费文化中的矛盾性（或者焦虑），个人对时尚的追求在给其带来满足感的同时，可能也会给其带来矛盾的心理和生活方式，如当我们喝一杯奶茶时会觉得很有满足感，但同时我们会因为喝奶茶而产生身体发胖的焦虑。这在马菲索利（Maffesoli）的流动的"新部落"互动研究中尤为明显，生活方式也成为后现代主义文化创新的先决条件。

当把生活方式作为一种存在主义范式来理解时，生活方式就有了规范的美学方面的含义。拉什（Lash）和乌瑞（Urry）认为从有组织的资本主义到无组织的资本主义的过程是和新的美学自反性相联系的，这种美学的自反性已经完全变成了有组织的资本主义后期经济的标志。[3] 但吉登斯在研究体育和休闲时并没有充分地考虑到自我和身体的控制。在体育和休闲参与中，我们也常常遇到同样的问题，就像齐美尔（Simmel）提出的，高风险的体育活动在人们学着将风险和兴奋联系起来娱乐自我的同时，也反映了人们一直在增长的对于现代性的需求。[4] 塔克（Tucker）同意吉登斯将强调

---

① Chaney，D.，*Lifestyle*（London：Routledge，1996），p. 18.
② Lunt，P. and Livingstone，S.，*Mass Consumption and Personal Identity*（Milton Keynes：Open University Press，1992）.
③ Lash，S. and Urry，J.，*Economics of Signs and Space*（London：Sage，1994）.
④ Elias，N. and Dunning，E.，*Quest for Excitement*（Oxford：Blackwell，1986）.

反身性与后现代主义相结合的观点，指出社会学研究应该重视游戏、美学和文化记忆，揭示自我的生成与个人的发展在空间变迁中的价值。[①] 与其他学者一样，塔克认为，个人的情感需要被关注到，因为它在行动和结构中是重要的。但他也指出了吉登斯对于休闲的态度更多地停留在理性认知发展的前期。海特灵顿（Hetherington）以吉登斯的理论为依据，探讨了身份政治和另类生活方式中的空间与身份存在的问题，将新的社会运动视为分布更广泛的社会变革实例。[②] 熊欢等人在《凡身之造：中国女性健身叙事》一书中也提到，健身运动对于女性个体本身就是一个持续再造的生活情境，个体围绕运动健身的自我叙事都是嵌入特定的社会生活、社会结构以及个体经历中的，而体育运动的具身经验也促进了健身者的反思性成长和身体认同重构。[③]

　　吉登斯认为自从现代性出现，现代制度的发展便在某种程度上受到了人的解放思想的促进。思想解放引发了人类对传统权威的合法性、合理性的怀疑，使人们运用反思性将科学技术带到生活中，从传统的束缚中解放出来。吉登斯将以解放为目的的政治称为解放政治，解放政治不仅使个人和群体从束缚的枷锁解脱出来，还可以打破个人和群体在生活中被非合法性统治的困境。解放政治推动了现代性的发展。现代性的发展也使得生活政治浮现，吉登斯认为生活政治是指人类获得行动自主性的政治，是一种基于选择的政治认同的政治，更是一种生活方式的政治，是意识到现代性带来的风险问题之后，针对我们应当如何生活的问题进行反思的政治。[④] 罗伯特·皮特（Robert Peter）借用吉登斯的生活政治框架，围绕空间生产和消费的动态说明了国家、民间社会和商业机构如何在休闲体育空间的创造中发挥各种作用，以促进环境、个体健康的发展。[⑤] 另外，生活政治把个人

①　Tucker, K., "Aesthetics, Play, and Cultural Memory," *Sociological Theory* 11 (1993): 193-211.

②　Hetherington, K., *Expressions of Identity* (London: Sage, 1998).

③　熊欢等：《凡身之造：中国女性健身叙事》，社会科学文献出版社，2021，第315页。

④　安东尼·吉登斯：《超越左与右——激进政治的未来》，李惠斌、杨雪冬译，社会科学文献出版社，2000，第14页。

⑤　Pitter, R., "Finding the Kieran Way: Recreational Sport, Health, and Environmental Policy in Nova Scotia," *Journal of Sport and Social Issues* 33 (2009): 331-351.

身份和道德、美学联系起来。贝克（Beck）的新名词"亚政治"（subpolitics）把新的社会运动与生活政治联系起来，并通过这样做来将这些运动与乌托邦现实主义的社会变迁结合在一起。亚政治包括身体和性别的政治、文化的多元化以及环境方面的问题。体育中性别问题体现出明显的生活政治化特征，迪克森（Dixon）为了探索和解释足球迷文化中普遍存在的性别从属的时空延伸特性，从女性粉丝日常互动和遭遇中探寻足球迷文化的构成和女性所遇到的亚文化斗争。[1] 易德瑟尔（Edensor）和理查德兹（Richards）认为青年参与非主流的体育项目（如跑酷）挑战了主流体育文化和社会规则，他们以此形成特殊的生活方式，彰显青年身份。[2] 然而，在此过程中，身份在时间和空间上会发生转移和变化，多重身份相互冲突。[3] 正如威顿（Wheaton）所指出的，身份的选择不是自由的，体育和生活方式是由文化和亚文化资本支撑的，这些资本则由更广泛的社会身份构成。[4]

综上，贾维（Jarvie）和马奎尔（Maguire）认为吉登斯理论对体育社会学的最大贡献或者说启发包括：（1）强调个人生活和结构范畴有意义的互动；（2）认识到对体育结构化过程进行调查的必要性，这一过程具体存在于时间和空间范畴中；（3）发现了全球体系内的四个相互联系的要素（资本主义经济、国家体系、现代技术和世界军事秩序）的相互牵制与相对自治；（4）认为在一个更加激进的现代化发展过程中去谈论后现代主义才更有意义；（5）指出在缺少对全球背景考察的情况下，很难理解当地或者国家的经历；（6）提出全球性的实践依然藏匿于人类行动的羽翼之下。

---

① Dixon, K., "A Woman's Place Recurring: Structuration, Football Fandom and Sub-Cultural Subservience," *Sport in Society Cultures Commerce* 18（2014）：636-651.

② Edensor, T. and Richards, S., "Snowboarders vs Skiers: Contested Choreographies of the Slopes," *Leisure Studies* 26（2007）：97-114.

③ Bryson, L., "Challenges to Male Hegemony in Sport," in Messner, M. and Sabo, D.（eds.）, Sabo, *Sport, Men, and the Gender Order: Critical Feminist Perspectives*（Champaign, IL: Human Kinetics, 1990）, pp.173-184.

④ Wheaton, B., *Introduction: Mapping the Lifestyle Sport-Scape*（London: Routledge, 2004）, pp.1-28.

（二）布迪厄：身体惯习、资本与场域

1. 体育品味与身体惯习

上文中也提到"惯习"（habitus）是布迪厄实践理论的一个核心概念。在此基础上，体育学家们谈论了在运动身体实践中，身体惯习的表现、生成及其作用。一般来说，在体育研究领域，身体惯习是指行动者为了获得和提高某项技能，在运动技术与知识学习过程中，内化于身心的、持久的，以某种方式进行感知、感觉、行动和思考的行为倾向系统。[①]

布迪厄在实践理论中强调了社会行动者的体育"品味"与其特定的阶级惯习、身体惯习具有密切的相关性。上层阶层如贵族、管理者、商业精英等拥有较高的经济和文化资本，他们更偏向健康、具有美感和社交性强的运动，如高尔夫、网球、帆船、骑马、滑雪、击剑等。知识分子群体如大学老师、艺术家和其他文化工作者，他们往往具有较高的文化资本，但经济资本却相对较少，他们更喜欢一些具有教育意义且新颖的运动，如定向越野等活动。而下层阶层因经济资本和文化资本都相对较低，则喜欢身体对抗较多、强度较大的足球和拳击等运动。[②] 由此可以看出，体育"品味"与不同群体的特殊惯习、资本的数量和类型密切相关。反过来，体育"品味"和惯习的差异也会形成不同阶层间的区隔。一项研究表明，医生和现代高管追求的是一种以健康为导向的享乐主义，通过游艇或滑雪等昂贵消费方式来与其他阶层形成区隔。对于教师来说，他们更倾向于贵族式的禁欲主义的登山、骑自行车和散步等运动方式。企业的老板们更青睐高尔夫等与消费主义生活方式相联系、同时能提供效益的运动。[③] 德弗兰斯（Defrance）追溯了 18 世纪后期以来法国体操和其他体育运动的社会历史，

---

① 熊欢、王阿影：《性别身体的挑战与重塑——健身场域中女性身体实践与反思》，《上海体育学院学报》2020 年第 1 期，第 49~58 页。

② Bourdieu, P., *Distinction: A Social Critique of the Judgement of Taste* (London: Routledge, 1984), p. 215.

③ Giulianotti, R., *Sport: A Critical Sociology*, 2nd Edition (Cambridge: Polity, 2015), p. 287.

发现在格斗运动中，阶级习性通过不同的趣味体现出来，资产阶级喜欢具有审美性和经济要求的运动，如合气道，而下层阶级则喜欢注重身体接触、身体交流和力量的运动，如摔跤。① 不同阶层之所以会有不同的体育品味，与他们对身体的看法有着更为密切的联系。对于占主导地位的阶层来说，他们追求的运动更多地以身体健康为目的。对于中下层阶层来说，他们对某一项运动（体操）的喜好既体现了他们对禁欲主义提出的严格饮食要求的遵循，又体现了他们将科学理论与实际行动联系起来的惯习倾向。相比之下，被支配阶层尤其是男性更喜欢通过拳击运动来塑造身体，因为他们更享受在这些暴力的比赛中用身体进行赌博的快感。②

布迪厄还指出，体育品味还受到社会和文化因素的影响。例如，选择滑雪、高尔夫和板球运动不仅需要相对昂贵的设备，还对参与者的家庭背景、童年运动经历、身体习惯和社交技巧等文化和社会因素有要求。例如，一个从小就接受网球训练的女孩，在其成年之后想尝试跳街舞，但是总是感觉如法真正融入街舞群体中，这就是因为街舞那种身体的气质、反叛的精神、不屑的态度与她从小受到的家庭教育以及网球训练给她带来的遵守规矩、讲礼仪、自律等身体气质是"格格不入"的，最后她放弃了街舞。另外，不同阶层的体育品味也会受到阶级轨迹的影响。就拿工人阶层举例，其年轻时体力旺盛，会更倾向于参加身体对抗性、激烈的足球和拳击运动，当进入中年后他们的精力更多地转向了家庭。但现实中也不乏不同阶层在体育场域内进行斗争从而形成新的阶层和惯习的情况。在 19 世纪 60 年代和 19 世纪 70 年代早期，布迪厄发现了"加州式""反文化式"运动的兴起，如悬挂式滑翔、徒步旅行和风帆冲浪，这些运动倾向于在大自然的环境中进行身体体验，受到追求时尚和快乐的新小资产阶级特别是从事时尚、广

---

① Defrance, J., "Esquisse d'une histoire sociale de la gymnastique (1760-1870)," *Actes de la recherche en sciences sociales* 2 (1976): 22-46.

② Bourdieu, P. et al., *The Weight of the World: Social Suffering in Contemporary Society* (Cambridge: Polity, 1999), pp. 361-369.

告、摄影、新闻和设计行业的人员的青睐。① 拉贝奇（Laberge）等对当地180 名不同阶层背景的妇女的体育活动进行调查，发现体育活动与阶级惯习具有相关性，上流社会的女性享受着与特定社会和文化资本相关的奢侈消费，如高尔夫或滑雪运动；中产阶级女性更喜欢跳健美操和游泳，这既反映了保持苗条和健康的"自我强加的行为规则"，也反映了对劳动力市场围绕女性体型的主导规范的服从；知识分子阶级更喜欢一些新颖的体育活动，例如需要教育和文化资本的定向越野运动；工人阶级妇女最不活跃，因为锻炼对她们进行常规的体力劳动没有任何的益处。② 总体而言，体育场域的行动者的体育"品味"和惯习不是一成不变的，行动者的资本总量、资本构成比例以及资本在时间上的延续状况会决定行动者的空间位置和阶级地位，并影响其"品味"和惯习。

关于身体惯习的研究不仅仅局限在阶层上，在性别问题上，布尔迪厄指出性别气质通过惯习作用于男性和女性的身体，形成符合男性气质或女性气质的身体姿势、身体观念和身体行为，男性与女性在社会化的过程中将规范化的性别惯习系统主动内化在自我身体之上，完成了性别的区隔。③ 在运动场域中，我们也可以看到性别化的身体惯习是如何产生的，以及行动者遵守或违反它之后的（性别）惯习重塑。一些学者认为在女性通过健身运动塑造"完美身体"的过程中，个人的思想、经验和行为与她们所处的社会性别规范是交织在一起的，例如，蒙尼森（Mennesson）认为女性通过健身塑造的"hard women"身体形象能够有效对抗传统性别秩序④；希林（Shilling）和本塞尔（Bunsell）揭示了滑板、拳击、冲浪女性爱好者能通过构建独特的健

---

① Bourdieu, P., *Sociology in Question* (London: Sage, 1993), p. 130.

② Laberge, S. et al., "Physical Activities, Body Habitus, and Lifestyles," in Harvey, J. and Cantelon, H. (eds.), *Not Just a Game: Essays in Canadian Sport Sociology* (Ottawa: University of Ottawa Press, 1990), pp. 267–286.

③ 皮埃尔·布尔迪厄:《男性统治》，刘晖译，海天出版社，2002，第 23~30 页。

④ Mennesson, C., "'Hard' Women and 'Soft' Women: The Social Construction of Identities Among Female Boxers," *International Review for the Sociology of Sports* 35 (2016): 21–33.

身运动方式，建构起"另类少女"的社会身份，并通过身体运动（运动身体惯习）对抗传统性别秩序①。麦克内文（MacNevin）认为虽然健身锻炼加剧了女性对身体的不满，但是相比整容实践，健身锻炼更能够实现女性精神、身体和心理的自然平衡，也是女性主动贯彻"全面健康"原则的实践，并非完全是为了达到父权制文化中定义的女性审美标准。② 熊欢和王阿影从女性健身实践者内部经验与视角出发，讨论了在瑜伽和拳击两种不同运动健身场域内女性运动身体惯习的表现及其与性别规范之间的重合、错位与冲突，最后揭示了运动身体实践对性别化身体秩序的挑战与重塑。③

总而言之，体育运动场域中身体惯习是体育生活的中心，是体育运动文化结构铭刻在身体之上的稳定的行为倾向系统，引导并制约着人们的（不同）体育实践和经验。然而，对于个体来说，运动身体惯习并不是固定不变的，它会与行动者在日常生活中所处的社会结构（如阶层、性别）互构，并对体育实践产生影响，从而强化、挑战或重塑（运动）身体惯习。体育运动的案例也证明了布迪厄关于"社会结构与心智结构具有互构性质"的论断。

2. 体育场域中身体资本与文化再生产

布迪厄体育实践理论体系中，还有一个重要的概念是身体资本（physical capital）。布迪厄认为身体发展与人的社会位置之间存在关联，人们对于身体的管理是地位获得和区隔形成的核心因素，也是社会不平等再现的关键。因此，身体资本是指具有权力、地位和区隔性的符号形式，是积累各类资源不可或缺的要素。同时，身体资本还可以转换成经济资本（货币、物品和服务）、文化资本（比如教育）和社会资本。④ 布迪厄在其研究中发现，

---

① Shilling，C. and Bunsell，T.，"From Iron Maiden to Superwoman：The Stochastic Art of Self-Transformation and the Deviant Female Sporting Body," *Qualitative Researchin Sport，Exercise and Health* 6（2014）：478-498.

② MacNevin，A.，"Exercising Options：Holistic Health and Technical Beauty in Gendered Accounts of Bodywork," *The Sociological Quarterly* 44（2003）：271-289.

③ 熊欢、王阿影：《性别身体的挑战与重塑——健身场域中女性身体实践与反思》，《上海体育学院学报》2020年第1期，第49~58页。

④ Bourdieu，P.，"Sport and Social Class," *Social Science Information* 17（1978）：819-840.

工人阶级倾向于发展一种工具性的身体关系图式；统治阶级则强调身体作为一个有机体的内在功能，其外观也可被视为一种可感知的配置，统治阶级根据以上两种不同的身体来发展身体资本。[1] 在这种对立的基础上，统治阶级为了维持他们与工人阶级的区隔，通常会使他们的身体远离工人阶级的体育运动偏好。这也符合埃利亚斯（Elias）的观点，即身体是进行体现差异的社会分类和仪式的场所。[2] 例如，在味觉和消费方面，统治阶级与工人阶级的区隔通常表现在量与质、腹部与味蕾、物质与礼仪、物质与形状的对立中。统治阶级按照顺序和仪式来安排用餐，通过保留和控制来塑造身体，进而表达他们与必需品的距离，凸显区隔的本质。工人阶级由于其社会地位而对食物和身体采取自由、轻松的态度。同样地，在体育运动的选择上他们也会出现对立，这是由于他们在被赋予特定身体形式的象征价值方面存在着实质性的不平等。工人阶级的身体并非没有象征价值，但他们的口音、姿势、举止和着装通常不被高度重视。相比之下，统治阶级更具有产生最高价值身体形式的能力，因为他们拥有形成这些身体形态（资本）所需的空闲时间和金钱。[3] 因此，不同的身体形式可以再生产出不同质量和数量的身体资本。例如，身体资本可以给少数工人阶级的孩子提供向上流动的机会，工人阶级对身体的崇拜体现在通过体力劳动获得生活的基本物质保证或以身体为在非正规经济中得到实践技能提供基础。对于少数工人阶级出身的运动员而言，他们可以通过力量、强度、速度和敏捷性，获得将身体资本转化为经济资本的潜力。但是现实中工人阶级出身的运动员很难将身体资本转换为经济资本、文化资本以及社会资本。[4] 统治阶级则有更多的资源和能力对身体资本进行操作。统治阶级出身的孩子倾向于从

---

① Bourdieu, P., *Distinction: A Social Critique of the Judgement of Taste* (London: Routledge, 1984), pp. 212-213.

② Elias, N., *The Civilizing Process*, Volumn 2 (Oxford: Blackwell, 2000), p. 274.

③ Bourdieu, P., "Sport and Social Class," *Social Science Information* 17 (1978): 819-840.

④ Shilling, C., "Physical Capital and Situated Action: A New Direction for Corporeal Sociology," *British Journal of Sociology of Education* 25 (2004): 473-487.

事可获得社会和文化资本的精英体育活动，这利于他们建立良好的人际关系，获得更多的社会资源，从而实现身体资本的传递与控制。[①] 总体而言，在体育实践中身体资本是权力地位的象征，身体资本不仅可以转换为经济资本、文化资本和社会资本，而且其再生产可促进向上的阶级流动，同时也能稳固阶级地位，还可以帮助人们保持符合其阶级地位的身体惯习与文化。

华康德（Wacquant）借用了布迪厄的身体资本概念，对芝加哥的拳击文化进行了几项杰出的研究。在 1995 年发表的《职业拳击手的身体资本和身体劳动》中，华康德从拳击手的身体实践和身体资本的能动性视角探讨社会结构，[②] 他发现拳击手的身体技能都嵌于高度重视体力和能力的黑人社区环境中，通过在社区进行基本技能学习，获得足够的熟练程度，然后进入芝加哥金手套锦标赛，并定期与专业拳击手进行搏击，拳击手的身体资本得到提高并实现向上层流动。另外布迪厄的身体资本概念还为批判性地分析社会结构提供了有力的工具。普渡（Purdue）引用布迪厄的资本理论探讨国际奥运会和残奥会二者组织结构中的相似性，以及交互中存在的多种形式的资本竞争，[③] 但由于二者之间组织结构导致的身体资本形式不同，将残奥会运动员与奥林匹克运动员一样推向市场可能会使某些残障人士被边缘化。

身体资本是否可在体育场域中促成体育文化的再生产？朱利亚诺蒂（Giulianotti）的研究对此做了初步的探讨，他从高档俱乐部（les clubs chics）、健康/锻炼塑身运动和新运动两个方面探讨体育文化中的再生产。[④] 高档俱乐部就是会组织开展一些罕见的、具有选择性的活动的会所，如高尔夫、马球、狩猎、骑马、射箭或帆船俱乐部。这些俱乐部的特点是，申请入会需要推荐人，入会审查时间长且会费高。这些俱乐部的制度构成了

---

① Bourdieu, P., "Sport and Social Class," *Social Science Information* 17 (1978)：819-840.

② Wacquant, L. J. D., "Pugs at Work：Bodily Capital and Bodily Labour Among Professional Boxers," *Body and Society* 1 (1995)：65-93.

③ Purdue, D. E. J., "An（In）Convenient Truce? Paralympic Stakeholders' Reflections on the Olympic-Paralympic Relationship," *Journal of Sport and Social Issues* 37 (2013)：384-402.

④ Giulianotti, R.（ed.）, *Sport and Modern Social Theorists*（Basingstoke：Palgrave Macmillan, 2004）, pp. 169-170.

一种排他性的特权阶级惯习，在这种惯习中，是否拥有特定的资本组合（教育、文化以及经济资本组合）将决定你是否能够进入这个场域中并获得相应的位置。从历史上看，英国的高尔夫俱乐部一直存在显著的阶级排他性。俱乐部通过评估个体的经济、教育和文化资本来招募会员，这就确保了高尔夫仍旧是占主导地位阶层的专属运动。体育俱乐部的排他性显著证明了惯习的力量，它能在变化的时代中自我再生产，适应并保留其本质特征。具有精英性质的体育俱乐部和机构，如伦敦罗德板球场的玛丽勒本板球俱乐部（MCC）的招募制度要求必须经过漫长的等待以及拥有雄厚的各种资本才能入会。因此很容易将这些俱乐部理解为一种经典的文化再生产形式，在这种形式中，资本的所有要素都被用来构建和创造一个特定的统治阶级惯习。塞伦-阿纳亚（Ceron-Anaya）对 19 世纪和 20 世纪初的高尔夫俱乐部中的礼仪规则、入会门槛进行了对比研究，发现这些体育俱乐部的会员制度使其成为中产阶级地位和惯习再生产的场所。[1] 朱利亚诺蒂和克劳萨（Klauser）通过对 1920~1960 年苏格兰登山运动性质变化的考察，发现当一个阶级的统治地位受到另一个阶级的挑战时，前者会通过惯习改变阶级的流动与再生产。[2] 德卢卡（DeLuca）也研究了游泳俱乐部在会员资格获取上的区隔和限制。[3] 安德鲁斯（Andrews）在一项美国研究中发现青少年足球俱乐部的成员资格可将"白人郊区文化与非白人低阶层地区的城市堕落文化"区分开来。[4] 从以上的研究中，我们可以看出身体资本促进了不同阶级的资本积累与增加，对于巩固、保护阶级的地位、权力起到重要的作用，实现了不同阶级的区隔，更凸显出不同阶级的体育生活文化特点。

---

[1] Ceron-Anaya, H., "An Approach to the History of Golf: Business, Symbolic Capital, and Technologies of the Self," *Journal of Sport and Social Issues* 34 (2010): 339-358.

[2] Giulianotti, R. and Klauser, F., "Sport Mega-Events and 'Terrorism': A Critical Analysis," *International Review for the Sociology of Sport* 47 (2012): 307-323.

[3] DeLuca, Jaime R., "Submersed in Social Segregation: The (Re) Production of Social Capital Through Swim Club Membership," *Journal of Sport and Social Issues* 37 (2013): 340-363.

[4] Andrews, D. L., "The (Trans) National Basketball Association," in Cvetkovich, A. and Keller, D. (eds.), *Articulating the Global and the Local* (CO: Westview Press, 1997).

另外，布迪厄将运动和健身热潮视为一种新的健康观，并将这种新的健康观视为一种阶层区隔。[①] 以运动和健身为导向的健身观也因此形成特定的产业形式，健康俱乐部、健身房、码头、酒店水疗中心等提供给不同阶层人群不一样的运动和健康体验。同时，不一样的身体体验活动也会产生不一样的资本集群。例如，徒步旅行、风帆冲浪、皮划艇、越野滑雪、射箭、悬挂式滑翔等新运动形式，都在变相地告知人们体育运动与不同类型资本的组合密切相关，继而产生了运动形式的排他性。另外，我们也可以从不同的运动的特点推导出推动个体参与这种活动、被吸引进去并形成这种特殊惯习的资本相关组合。斯万森（Swanson）发现，美国中上层阶级的父母通过足球运动塑造其子女的体育运动经验，从而再生产阶级和社会地位。[②] 凯（Kay）和拉贝奇（Laberge）探讨了引发冒险赛车参与者之间和比赛组织者之间竞争的特殊利害关系和斗争，以突出该项运动构建了参与者社会资本和声望以及权力结构这一情况。[③] 熊欢从健康生活方式的形成机制角度，探讨了体育锻炼介入妇女健康生活的结构化过程。她认为有计划的体育活动能增强女性对健康生活的选择能力，以此创造更多的健康机会，进而再生产或者修正与健康相关的结构环境。研究指出体育运动的介入可以给女性在健康方面带来积极体验（包括身心、独立性、身份认同、人际等维度的体验），同时影响社会结构（如文化、教育、家庭等）对女性社会化"轨迹"的先验性设计（如处处以家庭为先、保持淑女和安静等性别意识形态），从而丰富女性自身的健康知识和生活经验（如要及时排遣生活压力、运动减压、合理饮食等经验），影响她们固有的健康观念（如使她们不只在出现身体问题时才更加关注自我健康，有更强的预防意识），进而影响

---

① Bourdieu, P., *Distinction: A Social Critique of the Judgement of Taste* (Cambridge: Harvard University Press, 1984), p. 219.

② Swanson, L., "Soccer Fields of Cultural (Re) Production: Creating 'Good Boys' in Suburban America," *Sociology of Sport Journal* 26 (2009): 404-424.

③ Kay, J. and Laberge, S., "Mapping the Field of 'AR': Adventure Racing and Bourdieu's Concept of Field," *Sociology of Sport Journal* 19 (2002): 25-46.

其对生活的选择能力（如使她们不再困于家庭和工作的安排，而是为自己留出时间和空间）。同时，从个体能动层面，体育运动增加了她们生活的机会（如人际交往和社会资源）。生活机会的增加和生活选择能力的增强，可促成她们健康行为倾向（惯习）的变化（如倾向低碳饮食、绿色出行），从而影响其健康实践行为（多吃蔬菜、走路上班），使其形成稳定的健康生活方式。健康生活方式的形成不仅能够对育龄妇女身心健康起到直接的促进作用，还可以通过健康惯习（健康行动倾向）的反馈，再生产或者修正与健康相关的结构环境（比如让家庭分工更加合理、邻里关系更融洽，使采用健康生活方式的妇女在健康资源分配中处于优势）。新的结构环境可为女性健康创造更多的物质资源、社会资本和更好的意识形态条件，也可消解制度、文化观念束缚女性健康行动的权力。[①]

从身体惯习与资本到社会文化与结构的再生，布迪厄的结构化理论为深入研究体育（健康）结构的动态发展过程及其与社会结构（阶层结构、性别结构、种族/民族结构、年龄结构等）的互动提供了重要的思路。

四 对结构化理论的批判与展望

（一）结构化理论的局限性

吉登斯结构化理论的主要观点和布迪厄的思想一致。[②] 吉登斯的结构化理论用结构的二重性取代了结构和能动性、个人和社会的二元对立，认为结构是被社会成员使用的规则和资源。在结构二重性理论中，核心在于分析单位实践意识的重要性。布迪厄对惯习的阐释为结构和行动搭建了框架，但他既没有预设结构的结果也没有预设结构的决定因素。像吉登斯一样，

[①] 熊欢：《社会学视域下育龄妇女健康体育干预的综合效应与社会机制研究》，《北京体育大学学报》2021年第1期，第80~91页。

[②] Bryant, C. and Jary, D. (eds.), *Giddens' Theory of Structuration* (London：Routledge, 1991).

布迪厄想要摒弃结构和行动（agency）之间"历史的分裂"（historic split）。然而，与布迪厄相比，吉登斯的理论被看作更具有可行性、更系统、更有全球性视角的理论。布迪厄的理论被直接运用于讨论体育和休闲方面，但是他对于阶级优越性的论述则比吉登斯的理论要浅。另外一个被经常提及的理论学家是诺贝特·埃利亚斯（Norbert Elias），虽然他是型构理论的创始人，但他对"封闭的人"（homo clausus）的反对和吉登斯的结构的二重性理论有异曲同工之处，虽然吉登斯不承认自己受埃利亚斯的影响。① 然而，比起吉登斯和布迪厄，埃利亚斯对社会学本身作为一种历史性体系的研究并不十分重视，他更偏向于强调社会学范畴内经验主义的"物质适应性"。对比布迪厄或者埃利亚斯，吉登斯更愿意着眼于整体性和全球化来进行分析。

对于吉登斯结构化理论的批判首先集中在他对"行动"和"结构"的定义和操作上。首先，吉登斯认为结构由规则与资源构成，把规则与资源的生产与再生产界定为结构化，结构存在于结构化的行动本身之中。批评者认为吉登斯对结构和结构化概念的界定具有相似性，忽视了社会本体的实体构成元素如社会人、关系网，导致在研究中对行动存在偏见。其次，吉登斯的理论从本体论层面探讨了行动与结构间的关系问题，并没有被有效地运用于实证主义的研究，忽视了认识论的问题；这可以从吉登斯理论的研究范围和角度以及他所看到社会学的自反性以及批判的角色看出，吉登斯的理论更多地对本体论层面感兴趣，而对认识论、方法论层面提及较少，这也给研究者开展研究带来了很大的困难。再次，吉登斯理论所提出的改革存在理想主义的色彩。梅斯托维奇（Mestrovic）认为吉登斯是"最后一位现代主义者"，他认为吉登斯只是简单延续了启蒙运动中的乐观主义而忽视了现代主义关于发展的相关理论。此外，结构化理论没有以一种批判性的思维探讨问题，缺失对事件应然层面的分析阐述。个体反思性虽然强调行动者的主动反思性监控，但其过度强调反思性，在某种程度上有唯心主义倾向和理想化色彩。最后，结构化理论因为将宏观的社会系统和微

---

① Bryant, C. and Jary, D. (eds.), *Anthony Giddens*, 4 volumns (London: Routledge, 1996).

观的行动者联结起来而受到批判。有学者认为，结构和个体的合并会削弱对问题的系统分析，在探讨社会问题时有必要将社会系统和个体区分开来。吉登斯自己也建议说，要想达到实际效果，在研究结构的时候要把行动和结构分开来探讨社会问题。抛开这些批判，我们认为吉登斯为我们提供了一种有效的研究框架来灵活地解决相关的难题。此外，吉登斯多角度的全球化理论也为研究制度和地方-全球关系提出了建议。

　　布迪厄提出的惯习、场域、资本、区隔、符号暴力、实践成为对社会研究者来说非常有影响力和有益的概念工具。布迪厄在区隔方面提出的关于阶级"品味"和文化资本的模式是一个全面、系统的分析模型。布迪厄提出的象征暴力的概念，揭示了象征征服的模式和经验，使我们能够更加深入和全面地理解暴力的各种社会危害。尽管布迪厄认为体育场域比其他场域更具有自主性，体育场域中的"品味"和实践比其他场域更具影响力，但布迪厄的分析框架只为我们提供了很少的空间来研究发生在特定运动领域的重要符号差异和文化冲突。这些差异和冲突在体育运动中很重要，不能轻易地归结为更广泛的阶级习惯或文化差异。例如，在许多运动项目中，不同的俱乐部、国家和地区对球队应该采用的最佳战术、技术和风格存在激烈的争论。这些争论通常涉及运动风格如何帮助构建和探索特定形式的公民、区域或国家身份。再举一个例子，冲浪，尤其是它的含义受到救生团体、享乐主义冲浪者、以消费者为中心的冲浪者、铁人三项运动员，以及那些推动冲浪的一般职业化的群体的影响。[①] 另外，学者们还认为布迪厄研究的整体框架过于封闭，强调再生产而不是变革，对反对或抵抗的地位认识过少。他被指责忽略了性别关系，过分强调阶级，并将其作为他的主要分析范畴。[②]

　　此外，学者们也对布迪厄的社会结构和社会行动理论进行了批判。他们认为，布迪厄的社会行动者似乎被过度社会化了，以至于他们的体育

---

① 　Booth，D.，*Australian Beach Cultures*（London：Frank Cass，2001），p. 11.

② 　Rojek，C.，*Decentring Leisure*（London：Sage，1995），p. 69.

"品味"和实践可以被从阶级位置上解读出来。布迪厄的方法倾向于把运动"品味"描述得过度确定，就好像一切都是事先决定好的。[①] 布迪厄低估了社会行动者的批判能力，特别是在他们如何展现其在不同社会场域中的地位方面；同时布迪厄还窄化了行动者在不同体育活动和爱好方面的活动范围。因此，布迪厄将阶级与文化实践联系起来的经验主义主张受到了挑战。在美国，甘斯（Gans）认为精英阶层将文化实践作为地位指标，而不是像布迪厄暗示的那样作为虚拟的资本形式。[②] 此外，体育趣味跨越了阶级界限，但同一消费活动在阶级之间和阶级内部是有区别的。[③] 斯堪的纳维亚的研究也发现，社会、经济资本会影响体育的观众模式，而不是文化资本。[④]为了克服布迪厄社会结构和行动理论的缺点，研究当代亚文化的社会学家认为有必要弱化布迪厄的框架，集中精力在特定的文化实践中研究区隔。例如桑顿（Thornton）指出，年轻人通常在其主要的亚文化中重视"亚文化资本"。汤普森（Thompson）发现当代粉丝文化有自己的权力等级和一套惯例，以此来区隔业余爱好者和行家。在这两种情况下，区隔是通过拥有在相关亚文化领域内具有符号意义的资本实现的。类似的观点也适用于体育运动，例如可以从特有的历史文化背景中去探寻体育粉丝中的"亚文化资本"。

（二）结构化理论的新趋势

吉登斯的结构二重性理论在消解行动与结构之间二元对立方面为我们理解个人-社会或行动-结构之间的关系提供了新见解。但吉登斯的理论停留在本体论层面，没有以一种批判性的思维探讨问题，要解决社会学理论中"二元对立"问题是非常困难的。布迪厄的实践理论由于强调结构对惯习、对人的实践的决定作用而具有决定论色彩，否定主观意识在人的实践

---

① Boltanski, L., *On Critique: A Sociology of Emancipation* (Cambridge: Polity, 2011), p. 22.

② Gans, H. J., *Popular Culture and High Culture* (New York: Basic Books, 1999), p. 188.

③ Heinila, K., *Sport in Social Context* (Jyvaskyla: University of Jyvaskyla Press, 1998).

④ Thrane, C., "Sport Spectatorship in Scandinavia," *International Review for the Sociology of Sport* 36 (2001): 149-163.

过程中的主导作用，将人的主体性、能动性完全建立在实践感或惯习基础之上，用客观的社会情境解释个人惯习，用个人惯习解释个人的思想意识，无视了社会情境的引导和约束特定话语的作用。另外，经验研究中的决定论色彩使他没有突破二元对立，其理论综合仅仅停留在方法论层面。因此，结构化理论要真正实现对社会学主客二元对立的超越，还需要自我批判和自我反思，在方法论上可借鉴马克思的辩证法思想，以马克思的实践观为指导实现社会学主体与客体关系的统一，结合理论和经验研究形成社会学方法的新准则。在当前的研究中我们也可以看到研究者在运用结构化理论进行研究时已从方法论层面向理论与经验研究相结合的方式转变，更多地将个体的身体经验作为研究的对象。例如熊欢运用布迪厄的结构化理论，采用体育干预的行动研究的方法，从个体健康经验积累、个体健康内外社会结构的改变、个体健康的实践过程以及健康赋权四个方面探讨了体育介入育龄妇女健康生活的结构化过程及其健康促进的综合效应，构建育龄女性健康的机制模型，从而提出了生成妇女健康个体性（自然人状态）、社会性（社会人状态）和主体性（文化人状态）的途径。① 另外，华康德（Wacquant）指出了布迪厄的结构化理论可以朝民族志的研究方法转变，在民族志研究中，强调身体由个体支配的研究方法是全新的。由此，华康德在承继了布迪厄的社会学研究某些观点的基础上，展示了一个新的可能性。②

五 结构化理论对体育研究的启示

本讲主要讨论的是吉登斯和布迪厄的结构化理论，吉登斯的结构化理论的核心是结构的二重性，探究的是个人行动及其能动性与社会结构之间

---

① 熊欢：《社会学视域下育龄妇女健康体育干预的综合效应与社会机制研究》，《北京体育大学学报》2021 年第 1 期，第 80~91 页。

② Wacquant, L., "L'habitus comme objet et méthode d'investigation: Retour sur la fabrique du boxeur," *Actes de la recherche en sciences sociales* 184 (2010): 108.

的关系。结构的二重性指的是社会结构是人类行动的结果，与此同时又是这一行动的中介。一些研究者直接运用吉登斯的结构化理论来讨论体育和休闲的问题。基于吉登斯在社会学方面的其他见解，比如自反性、全球化、现代性、生活方式等来理解体育现象的研究也受到体育学界的关注和讨论。结构化理论不仅被运用于讨论和理解人们对休闲和体育活动的参与，还被用于把体育活动和影响更广泛的后现代全球社会秩序相联系，如被用于对E-sport、电竞粉丝文化、人工环境（人造滑雪场、冲浪馆、攀岩墙等）下的户外运动、赛博格对体育文化的重构等的研究中。从认识论的角度看，结构化理论为处理现实主义和相对论主义之间的现实僵局提供了一种研究框架，也为批判主义以及乌托邦式的现实主义提供了基础，由此人们可以寻找到有价值的关于社会发展趋势的推断，也可以运用结构化理论来处理在体育中个人之间的关系以及个人经历方面的问题。

布迪厄的实践理论强调社会是由大大小小的场域构成的，场域是由人们实践活动构建的，实践是在惯习的引导下展开的，惯习又由场域塑造。在场域、实践和惯习之间存在着无休止的相互作用，从而使社会实践得以再生产。我们可以在体育学中继续深入研究布迪厄的场域、惯习、资本，这对理解体育的社会分层、文化资本的再生产、运动惯习的生成等都有着重要的作用。布迪厄认为体育文化会随着时代的变化而变化，新的体育文化也会随之出现，但是体育文化和实践将继续受到人类行动者的影响，这可以帮助我们理解体育实践中阶级文化、性别文化、种族文化、年龄文化等的交互影响。

自我、体育与社会

——符号互动理论的视野

一 引言

如果功能主义理论、型构理论和冲突理论试图从宏观层面上来分析社会与体育现象，结构化理论试图连接宏观的社会结构与微观的体育行为，那么互动理论（Interactionism）则主要是在微观层面诠释体育运动中（个体之间或小团体之间）的社会互动，关注的是个人或团体的身份、认知、意义、社会关系以及亚文化现象。互动理论受到韦伯行动理论的影响，韦伯认为人类是有能力思考并有自我意识的，人类的行动不是对外界环境做出的简单回应，而是个体把自我意义、动机、理解力带入社会过程中的结果。社会现实是不断改变与充满互动的。齐美尔（Simmel）把行动理论发展为互动理论。在他看来，社会是各种具体互动的综合体，或称各种社会关系的总和。互动理论强调的是人类自己在与其他人的互动中创造的社会标准、角色、关系和结构，关注的是主观理解过程中符号的作用、角色扮演的特点以及约定俗成的日常沟通规则，这就构成了符号互动理论（Symbolic Interactionism）最基本的理论视角。在符号互动理论形成和发展之初，体育作为一项重要的社会活动进入了符号互动理论研究者的视域，他们旨在探讨"自我"是如何通过体育符号在社会互动中确定自己的身份、角色和自我观念的。在体育研究中，符号互动理论也逐渐成为一项重要的理论工具，对体育文化研究和体育人类学、体育传播学的形成与发展起到至关重要的作用。

二　符号互动理论及其沿革

在西方，社会学理论的开拓者们对微观层次的现象只是予以粗略的关注。直到 20 世纪初，欧洲和美国的理论家们才开始转而分析社会行动的微观过程。随着对人类行动认识的加深，一些社会学家提出社会结构最终是由个人的行动和人们之间的互动所构成并保持的，于是他们开始致力于探索人际互动的基本过程，并形成互动理论。[①] 互动理论关注的是人们在日常生活中的交往以及他们使这些交往产生实质性意义的方式，[②] 致力于研究主观理解过程中符号的作用、角色扮演的特点与约定俗成的日常沟通规则，随后，其发展成为符号互动理论，并形成了不同流派，即布鲁默（Herbert Blumer）的狭义的符号互动理论，戈夫曼（Erving Goffman）、伯克（Burke）的表演互动理论（或拟剧互动理论），舒茨（Schutz）、加芬克尔（Garfinkel）的约定互动理论。本讲主要介绍的是狭义的符号互动理论，对戈夫曼和舒茨等学者的观点也会有所涉及。

（一）符号互动理论的渊源

德国社会学家齐美尔被认为是欧洲第一位互动理论家。他认为社会学的研究对象应是与互动内容相对应的互动形式，并对社交、统治与服从、冲突与凝聚等具体互动形式做了详细的分析。他的研究成为符号互动理论发展的基础。

---

① Turner, J. H., *The Structure of Sociological Theory* (Belmont: Wadsworth Publishing, 2002), p. 2.
② 戴维·波普诺：《社会学》（第十版），李强等译，中国人民大学出版社，1999，第 19 页。

　　符号互动理论在互动理论的基础上强调了符号和意义在人类互动中的重要性。虽然符号互动理论这一概念是由赫伯特·布鲁默在 1937 年正式提出来的，但是这个理论的基本观点的出现却要早得多。一般来说，符号互动理论的产生直接得益于两方面，一是美国的实用主义哲学，二是美国芝加哥学派。当然，就其理论来源而言，甚至可以追溯到 18 世纪英国一些哲学家的思想，像亚当·斯密（Adam Smith）就阐述了符号互动的一些思想萌芽，他提出"将一个人带到社会中，他立即便有了一面他所渴望得到的镜子，这面镜子就在与他一起生活的人的表情与行为之中。这是唯一的一面我们可以在某种程度上从别人眼中看到的镜子。通过它可以检查我们的行为举止是否得体"①。这一思想与后来符号互动理论中的"镜中我"思想极其相似。大卫·休谟（David Hume）则强调人类同情心的重要性，认为同情是通过与人交往获得的一种理解他人感情的倾向。而亚当·弗格森（Adam Ferguson）则研究了人的习惯和本能以及人与人之间的有机联系。这些思想都成为符号互动理论产生的重要思想源泉。

　　美国实用主义哲学家威廉·詹姆斯（William James）、约翰·杜威（John Dewey）等的学术思想也为符号互动理论提供了丰富的思想基础。詹姆斯主张心理学应研究意识的机能与功用。他专门研究了自我，提出了"社会我"的思想。正是他在这方面的研究为符号互动理论奠定了最初的理论基础。而杜威强调人类调整自己以适应环境的过程，人类独一无二的特征就在于他们具有思想的能力。他认为精神是一种思想过程，而思想产生于人类调整自己适应环境的过程之中。精神具有工具的性质，它是人在头脑中定义客观事物的过程。在这个过程中，人勾勒出可能采取的行为方式，设想某种行为方式的后果，区分出那些不能与环境相协调的行为并计划消除此类行为，并找出能实现协调目标的行为方式。杜威用这种将思维当作工具的观点来说明"互动"在解释人类行为时的重要性。一般认为，杜威的思想与当代心理学中流行的行为理论有相当密切的联系。他的论文《心

---

① 贾春增主编《外国社会学史》（修订本），中国人民大学出版社，2000，第 313 页。

理学中的反射弧概念》① 提出刺激因素并不存在于个人追求的活动之外，而是在行动的内容之中。它既不先于这一行动而存在，也不是引起行动的原因。按照这种观点，只有当人寻找这根针时，大海中的一根针才能构成刺激因素，否则，其便构不成行为的刺激因素。因此，刺激人们感觉的世界就是一个最终依赖于人们所从事活动的特征的世界，当这些活动改变时，世界也就发生变化。这正是符号互动理论关于互动的观点的精髓。同时，杜威认为社会是由众多的协作团体构成的，而非拥有仅包含单一组织的结构。另外，他还认为要证实一种社会科学正确与否，需要将它应用于解决实际问题的活动中，看它解决实际问题的功效。这种注重实际生活和重视日常人际互动的倾向，一直是符号互动理论的重要特点。

（二）符号互动理论的主要代表人及思想

詹姆斯、杜威等人从哲学、心理学角度为符号互动理论的产生打下了基础，但是他们的理论还不等于符号互动理论。作为一种社会理论，符号互动理论基本原理的提出及理论的创立，应归功于美国早期的社会学家库利（Cooley）和托马斯（Thomas），尤其是米德（Mead）的努力。

1. 库利："镜中我"

库利认为一个人的自我观念是在与其他人的交往中形成的，一个人对自己的认识是对其他人关于自己看法的反映，人们总是在想象别人对自己的评价的过程中形成自我观念。这样，每个人都是对方的一面镜子，反映出对方的情况，这也就是库利的"镜中我"观点。

在《人性和社会秩序》一书中，库利着重解读了自我与他人、自我与社会的关联，在自我的研究中有了两个重大突破。首先，库利完善了"自我"这一概念，指出自我是一个过程。在这一过程中，个体将自己连同他人看作社会环境中的客体。其次，库利意识到自我概念是在与别人的交往

---

① Dewey, J., "The Reflect Arc Concept in Psychology," *Psychological Review* 3 (1896)：357-370.

中产生的。个体之间互相作用，互相解释对方的姿态，并根据别人的看法认识自己。他们设想他人对自己的评价并从这些评价中提取他们自己的形象或自我感情与态度。库利把这一过程叫作"镜中我"。正如他所说的，"像我们可以在镜子里看到自己的面孔、体态和服装一样，他们之所以引起我们的兴趣，是因为他们与我们有关……我们在自己的想象中努力设想自己的外貌、风度、目的、行为、性格、友谊等在他们的思想中是怎样反映的，这以一定的方式影响着我们的行为"。别人的姿势、态度就像一面镜子，人们从中看到自己，并评价自己，就像他们看待并评价社会环境中的其他客体一样。除了提出有关自我的观点外，库利还提出"首属群体"概念，认为那些具有私人关系或密切关系的小群体对于形成人们的自我感知和自我态度是最为重要的。他强调，自我产生于群体背景下与他人的符号性交往中。①

库利的研究思想延续了早期美国社会学家所坚持的对日常生活的关注。因此，其理论的重点是对个体在微观层面的社会活动进行解读，正是这种研究取向对米德所代表的符号互动理论学派的发展产生了一定影响。"人们通过与他人的交往获得有关自我的概念，自我概念又直接影响和制约着人际交往，两者相辅相成"②，这是米德和库利在自我与社会的关系问题上共同的观点，该思想在后来的人际交往与传播研究中具有重要的指导意义。

2. 托马斯：情境分析

托马斯认为社会学的任务就在于分析人们的行为，即人与人、群体与群体在相互调适的过程中出现的行为。而人们相互调适的过程是由情境塑造的，是个人或群体对于所处的客观环境的反应，这促成了情境定义（情境分析）思想的产生。托马斯的"情境定义"首先所强调的是人类意识

---

① 乔纳森·H. 特纳：《现代西方社会学理论》，范伟达主译，天津人民出版社，1988，第428~430页。

② 芮必峰：《人类社会与人际传播——试论米德和库利对传播研究的贡献》，《新闻与传播研究》1995年第2期。

"内化"外部刺激的独特过程和功能。这是因为一切独立于人的主观意识之外的客观因素，只有进入人的意识并被"主观化"之后，才可能对人类行为产生重要影响和作用。而"情境定义"的过程事实上是人类"给予意义"的过程，也即"符号过程"。在托马斯看来，它不仅与人的具体行为有关，而且影响人的一生的策略和个体的个性。人通过"给予意义"的活动或"符号活动"，把各种与自己相关的事物和现象编入自己的符号世界。随着符号的不断丰富，人们必须通过所创造的符号来认识周围的一切。这被认为是"人类生命特殊标志的新特征"，是人区别于动物的重要标志。① 托马斯指出：

> （人）在动物生命进化过程中获得的最重要的能力之一是自我做出决定的能力，而不是由外界把决定强加在自己头上……另外，高等动物，首先是人，具有拒绝遵从早先曾遵从过的刺激的能力……我们把这种能力叫作抑制力，它取决于这一事实，即神经系统带有对过去经验的回忆或记录。这时，决定行动不再完全来自外界，而是来自有机体自身的内部。
>
> 在任何自决行为之前，总有一个审视和考虑的阶段，我们可以称之为对情境的定义（the definition of the situation）。事实上，不仅具体行为依赖情境定义，而且渐渐地一生的策略和个性都会遵循一系列这样的定义。②

根据托马斯的观点，人不仅会对来自外部的信息做出直接反应，而且会首先审视、考虑或定义这些信息，进而去理解和对待它们。这种审视和考虑阶段就是主观定义的过程。然而，尽管"情境定义"属于主观活动，

---

① 芮必峰：《人类理解与人际传播——从"情境定义"看托马斯的传播思想》，《新闻与传播研究》1997年第2期。
② 威廉·托马斯：《不适应的少女——行为分析的案例和观点》，钱军、白璐译，山东人民出版社，1988，第37页。

其所产生的结果却是客观的。这是因为人们对情境的定义一经确定，相应的客观行为也就随之产生。也就是说，如果人们把情境定义为真实的，那么它在其结果方面也就是真实的，尤其是当一种定义得到社会成员某种程度的认可或成为社会共同定义时。这一观点被总结为著名的"托马斯原理"，该原理为日后社会越轨行为的研究以及"社会标签论"的发展提供了灵感的源泉。

总体而言，托马斯的"情境定义"强调通过主体和客体的结合才能理解人的行为，即既需要研究主观事实，也不能忽视客观事实。他提醒社会学家，人们赋予现象的主观意义有客观的效果或结果。[①] 同时，托马斯提到，"社会是个体所必需的，因为在特定时间内，社会拥有价值的积累、计划的积累和材料的积累，这些是个体永远不能独自积累的……但个体也是社会所必需的，因为通过他的活动和独到性，可以为社会创造物质价值，甚至整个文明"。正是个体与社会互动的结果赋予了个体以显著的特征。同样，也正是由于人类在社会中获得了各种能力，社会才得以形成。自我和社会实质上是一个共同过程的两个部分，且关系十分密切。托马斯对主观因素作用的强调极大地影响了后来的符号互动理论。

3. 米德：心灵、自我与社会

尽管库利和托马斯是早期符号互动理论流派中的重要人物，但这一理论最重要的代表是美国哲学家、社会心理学家米德。米德把符号互动的思想发展成为一个完整、系统的理论体系。因此，米德常常被视为符号互动理论的创立者。

米德认为符号是社会生活的基础，人们通过各种符号进行互动，人们可以借助符号理解他人的行为，也可以借此评估自己行为对他人的影响。图 6-1 展示了符号在人类互动中的作用。米德的基本思想是个人、自我、社会均产生于持续不断的对话与交往中，而人类交往则是通过"有意义的"动作，即有别于非人类行为的自觉行动而实现的。米德对交往的分析是从

---

① 玛格丽特·波洛玛：《当代社会学理论》，孙立平译，华夏出版社，1989，第 193~195 页。

"姿势"（gesture）这一概念开始的。"姿势"被赋予意义时就变成了符号（symbol），符号的互动正是人类社会行为的本质特点。米德大胆借用了符号学（semiotics）中对于符号的理解。任何符号本身都没有内在意义，意义只存在于思维中。所以，符号的特定含义都是对于特定的人而言的。[①]

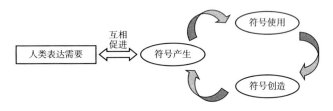

图 6-1　符号在人类互动中的作用示意

对于自我的研究在米德的思想中占有重要地位。米德认为自我是对社会客观现实的内化和主观解释，自我的观念是在社会互动中产生的。在《心灵、自我与社会》一书中，米德指出心灵、自我和社会不是分离的结构，而是共存于人际符号互动的过程中。心灵、自我和社会的形成和发展，都以符号使用为先决条件。如果人不具备使用符号的能力，那么心灵、自我和社会就处于一片混乱之中，或者说失去了存在的根据。米德认为心灵是社会过程的内化。事实上内化的过程就是人的"自我互动"过程，人通过人际互动学到了有意义的符号，然后用这种符号来进行内向互动并发展自我。当然，社会的内化过程伴随着个体的外化过程。米德还认为自我是社会的产物，是主我和客我互动的结果。主我（I）是行动者，客我（me）是通过角色扮演形成的在他人心目中的"我"，即社会我。行动由主我引起，受客我约束控制。前者是行动动力，后者是行动方向。自我的概念是两种"我"（I 和 me）的结合体。儿童并不具有天生的自我意识，而是在对语言等符号的学习中理解和掌握他人扮演的角色，并获得社会反馈，从而习得把自己作为客体的思维，产生自我意识。米德研究了儿童们自我的形

---

① 艾尔·巴比：《社会研究方法》（第十一版），邱泽奇译，华夏出版社，2009，第378页。

成发展过程，并将这个过程分为两大阶段："嬉戏阶段"和"群体游戏阶段"。总之，米德认为人类个体总是不断地进行着自我反省、反思、自我控制。这种活动之所以能存在，正是由于人们参与到了互动中，并且掌握了互动中产生的语言等交往工具。

4. 布鲁默：符号互动的理论框架

二战以后，符号互动理论才逐渐发展成为一个强大的理论流派，其中布鲁默、戈夫曼等人扮演着重要角色。当代实用主义社会理论的传统正式形成于1937年。这一年，布鲁默撰写了一篇把米德称作"符号互动论者"的论文。① 布鲁默是米德的学生，他综合了米德等人的思想，提出了"符号互动理论"这一名称，并建立了符号互动理论的基本框架。布鲁默的符号互动理论有三个理论前提：个人根据他赋予事物的意义而对事物采取相应的行动；这个意义是通过人们之间的相互交往得到的；这个意义不是固定的，而是通过解释过程不断得到修正的。② 符号互动理论提供了一个以实用主义为基础的社会学视角，③ 它是通过分析日常环境中人们的互动来研究人类群体生活的社会学理论派别，它主要研究人们之间的相互作用发生的方式、机制和规律。布鲁默对于符号互动理论的观点可归纳如下。第一，符号是社会相互作用的中介。人类的互动以符号的使用和解释以及基于符号的对另外一个人行动意义的探知为媒介。这个媒介在人类行为中的刺激与反应之间插入一个解释过程。④ 第二，人们通过对符号的定义与理解进行互动。人类的交往是理解与定义的过程。⑤ 定义就是对待客体的方式，理解就是确定客体的

---

① Blumer, H., "Social Psychology," in Schmidt, E. D. (ed.), *Man and Society* (New York: Prentice-Hall, 1937), pp. 144-198.

② Blumer, H., *Symbolic Interactionism: Perspective and Method* (London: University of California Press, 1998), p. 2.

③ Jandt, F. E. (ed.), *Intercultural Communication: A Global Reader* (California: Sage, 2004), p. 268.

④ Blumer, H., *Symbolic Interactionism: Perspective and Method* (London: University of California Press, 1998), pp. 78-79.

⑤ Blumer, H., *Symbolic Interactionism: Perspective and Method* (London: University of California Press, 1998), p. 79.

意义。对客体的理解包括：希望、愿望、目标以及为实现目标而使用的手段；自己的行动及对他人行动的参与；他人关于他自己形象的认识、特定行动的结果；等等。个体可以借助符号把一系列不同于他自身所感受的刺激传递给他的伙伴。第三，符号互动是能动的、可变的过程。布鲁默继承米德的思想，认为"我"是无止境地进行反思、同自己进行对话的过程；"我"要求进行能动的活动，而不是简单地对环境做出反应。第四，符号互动可以对社会组织、结构及制度进行创造、维持与变革。

布鲁默所发展的新符号互动理论进一步将米德的符号互动理论纳入诠释社会学，突出了语言符号、意义、诠释和互动在整个符号互动理论中的地位。布鲁默作为符号互动理论的集大成者，从基本概念到基本命题以及研究方法，已经将符号互动理论发展为一个比较全面的理论体系了。[①]

5. 戈夫曼：拟剧理论

如果说布鲁默着重于互动过程与解释过程，注意意义发展与改变的方式，那么戈夫曼（Goffman）则将研究兴趣集中在社会互动上。他并不注重从互动中总结出一些类型、区分互动性质等，而是注重于分析互动时的状态。他专门研究了人们在日常生活中面对面的互动、互动时的角色扮演、互动中隐含的意义等问题。他的研究涉及人际互动中的许多细节，如问候、寒暄、致贺、道歉等，这与传统社会学著作的主题有很大区别。这既形成了戈夫曼理论的特点，也标志着符号互动理论已经走上了对微观社会的具体细节进行研究的道路。[②]

与许多微观层次的理论家和研究者不同，戈夫曼认为互动秩序包含明显的真实性与独特的动态。在他看来，社会现实的本质是由个人的行动构成的，是在具体个人与个人之间的互动中时时表现出的一种过程。他相信，"整个世界是一个舞台，所有男女不过是这个舞台上的演员，他们各有自己

---

① 贾春增主编《外国社会学史》（修订本），中国人民大学出版社，2000，第333页。

② Coakley, J. and Dunning, E., *Handbook of Sports Studies*（London：Sage, 2000），p. 79.

的活动场所，一个人在其一生中要扮演很多角色"①。基于这样的认识，戈夫曼依从符号互动理论的主旨，将对于社会与自我的研究问题变成对戏剧与表演问题的探讨，把抽象性的理论术语"社会现实-自我"转换为通俗性的日常话语"戏剧-演员"，并提出了"拟剧分析"的研究模式。他把社会场景比作舞台，把人们的互动看作一种戏剧过程，系统地分析人们在社会互动过程中如何展现自我形象，以达到给别人留下某种印象从而控制后果的目的。②

　　为此，戈夫曼借用戏剧学中的概念，包括舞台、角色、观众、表演、前台、后台、道具等，来对互动过程加以分析。例如，所谓前台（frontstage），就是演员（行动者）在表演（行动）时的"形势"，由背景（setting）和个人门面（personal front）两个部分构成。其中背景由物理性的东西组成，如要"演"出租车驾驶员，与之相应地要有出租车。个人门面则分为外观（appearance）和举止方式（manner），两者应是统一的。外观包括能说明表演者身份、气质等的东西，如警察需要穿警服。而举止方式则能告诉观众演员在某种环境中所期望表演的行动。对于整个前台，戈夫曼强调，前台是一种制度化了的社会存在。也就是说，前台所构成的先决条件已由特定时空应有的历史环境提供，因而对演员的角色形成制约。③ 后台则是与前台相对的概念。后台是表演者退场后做准备、休息、放松的场所。"由于表演中最具关键性的秘密都可以在后台看到，演员在后台的行为也与他所扮演的角色完全不符。"在这里有完全不同于前台的情形，"演员"可以忘掉自己的角色，可从事"私下的"或"隐蔽的"活动。但是，即使个体努力通过各种符号来呈现其活动，以构建其良好形象，也会出现演砸（performance disruptions）的情况，如无意间的失误、不合时宜的闯入、失礼以及各种闹剧等。为了尽量避免表演陷入尴尬或失败，他们总是想方设法加以"补救"。戈夫曼把这类做法称为"印象管理"，即人们努力控制自己，以给他

---

① 莎士比亚：《皆大欢喜》，朱生豪译，云南人民出版社，2009。

② 乔纳森·特纳：《社会学理论的结构》（下），邱泽奇等译，华夏出版社，2001，第60页。

③ 侯钧生：《西方社会学理论教程》，南开大学出版社，2001，第224~225页。

人制造某种印象。印象是一种由表演者做出的情境定义，日常生活就充满着这种情境。人们的行为举止的目的就是给那些他们认为重要的人物留下一个可以接受的印象。[①]

总体而言，戈夫曼的方法论与布鲁默的方法论有相同之处，都是以个人运用符号的能力为出发点，强调个人内部对话的自我，重视符号在人际活动过程中的作用，具有主观主义和形式化的倾向。二者也有不同之处，戈夫曼更加着重于分析个人在与他人交往中如何获得社会效果及个人的策略。演员在舞台上有明确的角色，行动者在社会中也占有特定社会地位；演员按照剧本演戏，行动者也要遵守各种规范；演员在舞台上必须对彼此的演出做适当反应以寻求配合，社会成员也必须调整各自的反应以寻求协调；演员与观众相呼应，行动者也须考虑他人态度；技能不同的演员赋予角色以不同的含义，行动者也由于各自不同的自我概念而拥有独特的互动方式。通过将戏剧比拟引入社会学分析，戈夫曼打造了社会学理论中的戏剧分析范例，他的理论被称为互动的"拟剧理论"（Dramaturgical Theory）[②]。

综合来看，符号互动理论的基本前提是行动是具有社会意义的。社会意义需要一个载体，这个载体就是符号。符号就是互动的中介，互动的进行需要解释对方行为中的符号所包含的意义，从而做出反应，这样互动就能实现了。在符号互动论者看来，人们的日常生活构成了社会的现实生活。在日常生活中，人们借助各种符号，在共享文化的基础上进行互动，社会因而呈现有秩序的状态，这就是社会的微观秩序。体育运动作为一种日常生活活动以及身体活动，也逐渐成为符号互动论者了解人类社会互动的一个窗口。

三　符号互动理论在体育社会学研究中的应用

实用主义哲学认为理论和概念的真理依赖于实践，而体育运动作为最

---

① 林聚任主编《社会理论》，中国人民大学出版社，2016，第 122~123 页。
② 黎民、张小山主编《西方社会学理论》，华中科技大学出版社，2005，第 207~212 页。

直观的身体的社会实践，很早就进入了符号互动论者的研究视野。乔纳森·特纳（Jonathan Turner）的论著就用体育比赛对符号互动理论进行了一个简明的概括：符号互动主义者把社会行动者的相互作用比喻为运动员在进行一场比赛。他们要对比赛中的运动员做全面的调查和再调查，就像对人类社会中人类的相互作用一样。比赛是需要规则的，这就使得符号互动主义者将他们的注意力集中在运动员们是如何根据这些规则发生相互作用的，是如何在相互作用的过程中创造、保持、改变这些比赛规则的。除此之外，符号互动理论还强调从个人经验入手了解社会生活，认为人们应根据与他人的互动衍生出的意义来解释社会世界。这个理论视角对从个体的运动经验入手解释社会互动的规则及其延伸出来的意义也是非常有帮助的，体育运动因此不再是身体的机械活动，而是被赋予文化意义的社会活动，这也为从社会科学角度研究体育奠定了基础。可以说符号互动理论从体育实践中得到了灵感，而体育理论也通过符号互动理论得到了延伸，它们是相互成就的关系。

根据贾维（Jarvie）的观点，体育研究可以从符号互动理论的以下几个视角来探讨问题。首先，符号互动理论强调人们使用符号的独特方式，正是通过符号，他们才能够创造文化和传承历史。其次，它强调进程和发生的概念，在这个意义上，社会被看作一个动态和辩证的网络，其中对社会的关注没有放在严格的结构上，而是放在了自我和社会之间的互动过程中。再次，它强调社会的互动，从这个观点出发，社会中没有孤立的个人，唯有自己与他人之间的关系。最后，符号互动理论认为对互动应该通过符号和过程进行观察，互动是一个动态的过程，但不一定是和谐的。它涉及的是社会角色间多层次的意义交流，这是相互的，而不是简单的线性或单向的交流。符号互动理论在体育中的应用有几个重要的主题：一是研究体育参与者的自我和身份认同，二是研究体育参与者与社会的互动，三是研究体育传播方式，四是研究在互联网世界中的体育互动。

（一）体育中的自我与身份认同

符号互动理论的开创者米德就曾专门讨论过体育在自我发展中所扮演的角色。米德建立了关注孩子玩耍（play）的自我发展理论。米德把玩耍描述为有组织的竞赛活动的前期阶段。在孩子成长的过程中，玩耍是非常重要的，因为他们通过玩耍开始学会扮演其他人的角色。在玩耍的过程中，孩子可以扮演不同的社会角色，比如妈妈、老师、警察等。根据德莱尼（Delaney）和马迪根（Madigan）的观点，为了扮演其他人的角色，孩子必须慢慢明白符号和语言的意义。很多学习都可以通过各种形式的玩耍来进行。[①] 米德把儿童们的自我意识的发展分成三个阶段，第一个阶段为玩耍阶段，在这个阶段，孩子们在游戏中扮演他人的角色，并通过游戏来实验重要他人所期待的态度和动作。在这个时候，孩子开始把自己看作社会客体。第二个阶段为游戏（game）阶段，孩子们可以根据他人所发出的信号做出反应，与人互动。孩子同时能认识到多重角色的扮演，并且有能力去遵守角色所规定的规则。到第三个阶段，孩子们在集体活动中能认识到社会期待与要求不是仅针对自己的，而是普遍化的（generalized）要求（对其他人也一样适用），并将这些要求变为对他人的期待。

米德还特别用棒球比赛来说明符号互动这一过程。投手从投掷区土墩处向下专注地注视接球手发出的信号以决定投出何种类型的球，而击球手则和第三垒的跑垒指挥员一起关注着休息侧场中经理传递过来的击球指令。例如，接球手会伸出两个手指头表示一个曲线球，第三垒的跑垒指挥员会用一个摸耳朵或轻触帽子的动作来下达一个触击的指令。这样，在投球之前，整个情境已经被事先安排好的符号系统结构性地设定了，对于参与者来说，这些符号具有共同的意义。如果对于发出方和接受方来说，某一"姿势"能激发出相同的看法，那么它就是一个具有意义的符号。当某种身体的或声音的"姿

---

① Delaney, T. and Madigan, T., *The Sociology of Sports: An Introduction* (Jefferson: McFarland Company, 2009), p. 22.

势"（言谈）达到这一阶段，它就成为我们所谓的"语言"。① 在米德看来，竞技是对所有社会系统和社会群体的模拟，是一种缩影。米德对竞技中"姿势"的理解，使他坚持认为个人的"姿势"是社会制度的反映。② 因为对于每一个既定的社会或群体的所有成员来说，同一个"姿势"具有相同的意义。也就是说，"姿势"会在每个人那里引起相同的态度，在做这些"姿势"时会引起个人的相同反应。③ 其实，符号，或称为肢体语言，在体育比赛中被广泛使用。人们用一些简单的、隐蔽的、只有内部成员才能有效解读的符号来制定或贯彻一些战略战术，或者表达一定的社会意义。米德的自我发展理论直接针对社会问题。它考虑互动的样式、过去的经验以及外部社会对个人的影响。④

根据互动理论，体现在行为和与他人的关系中的能力能够帮助我们找到自我身份认同（identity），即对我们是谁以及我们如何与社会相联系的感觉。当人们与他人互动或者建构社会世界时，身份认同是一个关键要素，是我们生活中自我定向（self-direction）和自我控制的基础。身份的确定永远不是一劳永逸的，它们随着我们行为和关系的变化而不断变化，因为我们会结识很多新人，也会不断面对新环境。基于互动理论的研究可以帮助我们理解人们对自己、行为和周围的世界进行界定和赋予意义的方式。通常互动主义者需要深入观察和访谈具有身份性的文化群体（identifiable cultures）的成员。研究的主要目的就是通过了解那些创建、维持和改变这个社会的人们的内心观点来理解社会。不像功能主义者和冲突理论者那样，互动理论是自下而上，而不是自上而下来观察文化和社会的。⑤

---

① 兰德尔·柯林斯、迈克尔·马科夫斯基：《发现社会之旅——西方社会学思想述评》，李霞译，中华书局，2006，第 278 页。

② Alexander, J. C., *Twenty Lectures：Sociological Theory Since World War Ⅱ*（New York：Columbia University Press, 1987），p. 155.

③ Mead, G. H., "Selections from Mind, Self, and Society," in Strauss, A. (ed.), *George Herbert Mead on Social Psychology*（Chicago：University of Chicago Press, 1964），p. 159.

④ Delaney, T. and Madigan, T., *The Sociology of Sports：An Introduction*（Jefferson：McFarland Company, 2009），p. 23.

⑤ Coakley, J., *Sport in Society：Issues and Controversies*（McGraw-Hill Publishing Co., 2001），p. 47.

由于体育与社会的密切关系，体育被赋予了一定的象征意义。体育用那些经典的、有社会价值的和浅显易懂的名词构建了一个社会子系统，在这个子系统中不同类型身份的强化或社会认可都变成可能。通过成为一个体育社团的会员、扮演一个特定的体育角色或参加一场体育表演，你都可以增强一种对身份的认同感；作为现场或者电视观众，你也可以间接地感受并巩固对身份的认同。[①] 而在个人体育项目中，个人身份会更加明显，这些运动员不仅能展示自己高水平的运动能力，而且还能体验到那些质朴的未被破坏的体育的魅力。[②] 在集体体育项目中，运动员的社会身份认同会更加明显，他可能展现出的是超出体育活动以外的如群体、民族、国家等方面的身份。

符号互动主义者相信人的行为包括选择，而人们所做的选择是以对它的意义或者环境的界定为基础的。人生活的环境和万物本没有意义，它们的意义是在人们改造和建构世界的过程中被赋予的。体育元素也是在这样的背景下被赋予了符号意义。我们可以发现，体育通过它的仪式、修辞、文化、情感以及奖品等来传达一些特殊的信息。例如，授予美国冰球联赛冠军的斯坦利杯不只是一件伟大的艺术品，它对职业联赛的运动员和球迷来说具有更重要的意义——胜利的象征符号。又如在冰球联赛决赛阶段，球迷常常用铝箔纸等简陋的材料来手工制作奖杯的复制品，[③] 这是球队的支持者在用一些简单的符号表达对球队的钟爱。

体育的身份认同功能不仅体现在球迷对所钟爱体育项目或俱乐部的心理认同和归属感上，还体现在特殊时期或特殊民族对于自我身份的认同上。像爱尔兰曲棍球和盖尔人足球等高地体育活动就体现出爱尔兰体育社团中的爱尔兰民族主义。我们不得不承认，体育、政治和民族主义之间有

---

① Weiss, O., "Identity Reinforcement in Sport: Revisiting the Symbolic Interactionist Legacy," *International Review for the Sociology of Sport* 36 (2001): 393.

② Weiss, O., "Identity Reinforcement in Sport: Revisiting the Symbolic Interactionist Legacy", *International Review for the Sociology of Sport* 36 (2001): 395.

③ Delaney, T. and Madigan, T., *The Sociology of Sports: An Introduction* (Jefferson: McFarland Company, 2009), p. 30.

密切的关系，不管它们的联系是积极的还是消极的。在很多国际性的体育比赛中，民族主义的情绪更是势不可当。不管是在赛前、赛中还是赛后，都有国旗、国歌及其他的国家代表物等民族主义符号，这些符号创造着民族主义的氛围，① 而在这种氛围中，运动员（以及观众、支持者）的民族身份得到了强化和认同。考虑到国内和国际体育的民族主义特征，可以认为，体育是当代社会能够产生最强烈的民族主义情感的一个重要文化场所。② 由于爱尔兰特殊的政治历史文化以及与英格兰人长期的历史纠葛，体育成为其在特定时期加强民族认同的特殊手段之一。即使在已迎来全球化时代的今天，富有爱尔兰民族特色的高地体育活动依然扮演着重要的民族稳定剂和黏合剂的角色。

凯尔特人高地体育活动在与爱尔兰有着相似历史文化的苏格兰和威尔士地区也扮演着相近的角色。苏格兰人甚至把高地体育活动带到美国。早期移民美国的苏格兰人认为，运动队提供了带有文化认同明显标志的移民社会社团，这种文化认同可能和其他人的个人经历或集体记忆有关，尤其是与国家和民族密切相关。③ 同样，一些被殖民的民族或国家，也都试图通过延续一些本民族的特殊体育活动来保存民族的共同记忆。比尔格（Billg）指出，因为体育提供了一个向国旗、国歌等国家象征表示尊敬的舞台，所以体育可以成功地促进民族认同。④ 体育是一种符号，对标示族群、区分群类起到重要的作用。一个团体的符号服务于两个基本的目标：把团体成员聚拢在一起、把这个团体和其他团体区分开。在美国成千的街头小

---

① Lee, J. W. and Maguire, J., "Global Festivals Through a National Prism: The Global-National Nexus in South Korean Media Coverage of the 2004 Athens Olympic Games," *International Review for the Sociology of Sport* 44 (2009): 6.

② Lee, J. W. and Maguire, J., "Global Festivals Through a National Prism: The Global-National Nexus in South Korean Media Coverage of the 2004 Athens Olympic Games," *International Review for the Sociology of Sport* 44 (2009): 7.

③ Giulianotti, R. and Robertson, R., "Glocalization, Globalization and Migration: The Case of Scottish Football Supporters in North America," *International Sociology* 21 (2006): 193.

④ Billig, M. *Banal Nationalism* (London: Sage, 1995), pp. 1-208.

团体中，每一个团体都通过展示自己的名字、暗语、手势、有特色的服装和彩旗等来加强团体认同。这些团体的符号促进了团结并使它们和对手区分开来。这些符号如此重要以至于成员可以冒死捍卫。① 这些小团体为了有别于"他群"，会利用一些特殊的体育活动或者支持一支体育队伍来突显团体的存在。使用符号来获得团结和友谊是普通团体惯例，这正如法国社会学家杜尔凯姆对初级信仰的经典分析所表明的那样。杜尔凯姆提出，前文明时代的人们相信他们和一些图腾有关系，这些图腾经常是一些动物，当然也可能是其他的一些生物。一般团体中所有成员由他们共享的符号链接起来，他们把这些符号作为他们图腾的象征进行展示。② 他们通过这些被团体成员共同接受的符号和标志，来维系或者强化成员间的关系。

很多国家把体育作为一种重要的象征和符号进行推广。比如在 19 世纪的英国，曲棍球作为一项历史悠久的乡村体育运动，也作为道德、价值展示的场所和英国风格的象征，不仅在其本土开展，而且在其殖民地也得到大力推广。除此之外，带有明显英国特色的马术、英式橄榄球等体育活动也伴随着英帝国的全球扩张而被传播到世界的各个角落。这些体育运动项目和宗教等其他社会活动成为英国人最典型的象征。可以说，英帝国体育的输出同时扮演着精神的隐喻、政治的符号和文化的融合者等角色。作为最英国化的竞赛活动，板球被认为比其他体育活动更能表达英帝国的思想以及关于文化联系的观念。③ 另外，英式橄榄球在英国是上层阶级的活动，但在新西兰逐渐变成了伙伴间友谊、勇敢以及殖民者和被殖民者之间关系和谐的象征。④ 英国人在澳大利亚、南非、新西兰等殖民地也利用体育竞赛

---

① Eitzen，D. S.，*Fair and Foul：Beyond the Myths and Paradoxes of Sport*（Devon：Rowman & Littlefield Publishers，2009），p. 42.

② Eitzen，D. S.，*Fair and Foul：Beyond the Myths and Paradoxes of Sport*（Devon：Rowman & Littlefield Publishers，2009），p. 42.

③ Wright，A. L.，"Domination in Organizational Fields：It's Just Not Cricket," *Organization* 16（2009）：856.

④ Falcous，M.，"The Decolonizing National Imaginary：Promotional Media Constructions During the 2005 Lions Tour of Aotearoa New Zealand," *Journal of Sport and Social Issues* 31（2007）：379.

来扩大其影响，同时，还通过体育竞赛活动来展现殖民者的不可侵犯的威严。

　　随着 20 世纪中叶民族独立运动的开展，体育也成为各国人民去殖民化以及构建民族认同的重要手段。20 世纪 30 年代，在孟买，曲棍球逐渐成了印度人民一度"断裂"的身份认同的标志。当然，它同时也成为穆斯林联合起来反抗印度教徒、帕西人和欧洲人的工具，在这里民族间的界限被清晰地标示出来。① 除了曲棍球，足球活动因其突出特点，也被民族主义者用来充分彰显民族身份。足球比赛是高度紧张的活动，在这里人们可以高声呐喊来宣泄自己。再加上媒体的关注以及与印度社会显而易见的重要的联系，足球在社会上的影响力格外突出。体育是社会优越程度的标志，因此，足球就扮演了政治代表的角色。在 20 世纪 30 年代，体育融合了宗教的地方自治主义和一些新的政治观点。不同信仰的人们甚至会利用同样的竞赛活动大做文章。直到 20 世纪 30 年代，体育俱乐部仍具有政治意义，体育承载了很多超越本身内涵的象征性含义，这导致足球俱乐部都附带了球迷对它强烈的感情。而作为印度社会中重要族群之一的穆斯林便借体育的平台来发展自己的信仰认同。足球也成为象征着穆斯林自我信仰复兴的穆斯林体育活动之一。② 由此可见，西方体育在传入殖民地以后，逐渐被殖民地的民众接受，并慢慢发展成增强民族凝聚力的工具，当然也就成为民族间对抗或者标示相异身份的符号。

　　除了一些民族和国家借助体育来加强本民族和国家的身份认同，一些国际组织和机构也试图利用体育来塑造本区域的身份认同。欧盟就面临着这样一个问题，其成员国普遍对欧盟的一些标识物认同度不高，甚

---

① Dimeo, P., "'With Political Pakistan in the Offing...': Football and Communal Politics in South Asia, 1887-1947," *Special Issue of the Journal of Contemporary History* 38 (2003)：381-387.

② Dimeo, P., "'With Political Pakistan in the Offing...': Football and Communal Politics in South Asia, 1887-1947," *Special Issue of the Journal of Contemporary History* 38 (2003)：381-387.

至在英国，人们对公共场所是否悬挂欧盟旗的问题进行过激烈争论（最后英国还是"脱欧"了）。为了加深各成员国对欧盟标识物的认识，欧盟认为开展地区性体育活动是一个最好的选择，这样就可以在体育竞赛的各种仪式上来突出欧盟的标识，增强成员国民众对它的认同，同时也增进国家间民众的交流。其实这种做法由来已久，德兰蒂（Delanty）就曾提出：古罗马和后来的古代欧洲社会是建立在天主教之上的，而现代欧洲社会能在体育的基础上整合起来，体育应该被作为推动形成泛欧洲认同的一个合适工具。[①]

作为一种重要的民族文化形式，体育在构建民族文化认同方面起到了重要的作用，当然体育加强现代国家认同的作用也同样无可替代。像一直标榜与政治脱钩的奥运会，也一直成为各个国家彰显影响力、塑造形象的重要场所。虽然奥运会被认为是全球性活动，但是由于奥运会本身就包含了像国旗和国歌这样的国家标志，奥运会仍然是展示民族主义和爱国主义的场所。[②] 比如在2000年悉尼奥运会上，澳大利亚土著运动员弗里曼成为世界的焦点，不仅是因为她是点燃奥运会主会场火炬的人，而且是因为她身负多重象征意义。其实此前，弗里曼已经是澳大利亚的符号性人物，为了反对不平等，弗里曼成了第一个代表她的国家参加1992年巴塞罗那奥运会的土著人。后来，她又获得了澳大利亚土著的第一个世锦赛冠军和第一个奥运会冠军。由此，她变成了澳大利亚黑人和白人和解的标志。[③] 对于肩负着民族复兴重任的中国人来说，2008年北京奥运会也同样意义非凡。因举办这届奥运会，中国创造了无数项前所未有的纪录，这是世界上最伟大的体育盛典第一次在发展中国家举行，也同样是第一次在东方文化的原发

① Millward, P., "'We've All Got the Bug for Euro-Aways': What Fans Say about European Football Club Competition," *International Review for the Sociology of Sport* 41（2006）: 376.

② Lee, J. W. and Maguire, J., "Global Festivals Through a National Prism: The Global-National Nexus in South Korean Media Coverage of the 2004 Athens Olympic Games," *International Review for the Sociology of Sport* 44（2009）: 6.

③ Jarvie, G., "Sport, Social Change and the Public Intellectual," *International Review for the Sociology of Sport* 42（2007）: 415.

国举行，中国体育健儿第一次登上了金牌榜的首席。中国体育健儿以及北京奥运会的组织者们用完美诠释了这届奥运会。时任国际奥委会主席罗格用"无与伦比"为这届奥运会做了最好的注脚。北京奥运会成为中华民族复兴路程中的重要里程碑之一，它对强化民族认同、增进民族团结起到了重要的作用。

人们借助共同认定的符号来构筑现实世界，并且借助这些符号来达到相互沟通的目的。体育在我们构建的符号世界中扮演了重要的角色，它对认识自我、增强团体认同都起到了重要的作用。

（二）体育中的符号互动

符号互动主义者承认每一个社会都有结构特点和文化特征，这些社会的特点和特征对于理解体育运动非常重要。19世纪70年代早期，符号互动理论的观点就被用来解释体育文化的独特性。和宏观社会学不同，微观社会学关心面对面的互动。它不大强调社会结构在人们的经历、行为和生活机会上的影响，而是从个人的行为入手去研究人们如何解释周围发生的事情，又是如何对这些事情进行回应的。[1] 20世纪早期，包括了帕克（Park）等著名学者的芝加哥学派就将体育群体及运动员作为有自己独特隐性价值的特殊文化群体来研究。芝加哥学派符号互动理论主要关注日常生活中的人们如何赋予社会现实一定意义，并根据分享和学习到的看待自己和周围的社会环境的方法做出行动。例如，对于许多观众来说，体育文化或许就像少年棒球联盟世界大赛的一支队伍，它具有那些只有内行人才懂的特点和价值。如果把少年棒球联盟世界大赛中的孩子作为一个特殊的群体进行分析，我们很容易知道他们拥有共同的身份、认同和集体仪式。符号互动理论强调了体育亚文化的意义和特殊性，[2] 并且关

---

① Jones, R. L. et al.（eds.）, *An Introduction to Sports Coaching：From Science and Theory to Practice*（London：Routledge，2008），p. 46.

② Atkinson, M. and Young, K., *Deviance and Social Control in Sport*（Champaign：Human Kinetics，2008），p. 31.

注符号在人们的交流中的重要性。从某种意义上来说，符号互动理论的核心是"人们构建他们自己的行动和含义"①，并以此为媒介进行社会成员间的互动。

其实，除了体育竞技场上的互动，在所有的体育教练工作中，互动也被频繁应用。有一些学者就对这类工作展开研究，他们分别从教练员和运动员的角度进行研究。研究认为教练和运动员为了建立互相尊重的友好关系，不得不努力工作。两者都能积极为对方着想，并努力实现对方的期望。自然地，每一种关系都需要不同水平的投入和回报，常常强调自然交换的互动过程。② 可以说，在体育这个特殊的社会文化中，互动被凸显并得到频繁使用，当然，这些互动依旧建立在相同的符号认同的基础上。

符号互动理论通过对符号及其意义的分析，试图理解人们之间的互动。例如，两个人握手的动作除了动作自身的意义以外，根据环境的不同，还可能意味着问候、一份商务协议的达成、一个高的保龄球得分等。握手不是一个随意行为，而是符合公认标准的文化行为并且适用于眼前情境的社会互动。另外，每个人的行为基于所处环境而被赋予不同意义，并且，这些都是以每个人过去的社会交往为基础的。当人们互动时，为了给予动作以一定的意义并决定进一步的行动，他们不断地解释处境。③ 符号互动主义者对于体育的观点很容易被球迷和参与者认可，这主要是因为它的方法论拉近了体育行为与个人的距离。体育爱好者喜欢听关于他们喜欢的球员和球队的故事。符号互动主义者的微观取向可以提供这些。而且，体育爱好者理解符号在体育中的重要性，例如，垒球接球手向投球手发出信号，这对取得最后的冠军头衔非常重要。同样，对于铲球者和潜水者来说，一个

---

① Rothe, J. P., *Understanding Qualitative Research*: *Concepts and Cases in Injury*, *Health and Social Life* (Edmonton: University of Alberta Press, 2000), p. 33.

② Jones, R. L. et al. (eds.), *An Introduction to Sports Coaching*: *From Science and Theory to Practice* (London: Routledge, 2008), p. 46.

③ Stewart, D. A., *Deaf Sport*: *The Impact of Sports Within the Deaf Community* (Washington: Gallaudet University Press, 1991), p. 89.

野蛮的铲断或向水中的俯冲是能带来内在的激励和令人满意的体验的。这些特殊经历的很多片段会被终生铭记。事实上，大多数参加过体育活动的人都能够回忆起那些对他们有意义的体育事件。①

符号互动主义者常常不太在意社会结构，尤其是结构的不平等。② 符号互动主义者的关注点集中在如何通过互动习得意义、标签和定义，以及如何通过媒介影响环境等问题上。例如，一个人投身于环保事业中，是选择驾驶环保运动型轿车，还是选择参加环境行动小组？在符号互动论者的分析框架中，这种选择是受到行动者在与他人进行的互动过程中学习到的这些行为的意义和概念的影响的。类似的互动行为也出现在体育赛场上，而且其在赛场上的存在更为广泛。体育赛场上的互动行为涉及所有的体育参与者，不仅包括现场的运动员、教练员、观众等，甚至赛场之外的一些热心球迷和观众也被纳入了这个庞大的互动网络。一些体育公司就是利用这个特点来策划自己的营销活动，并通过这个互动网络使自己产品的意义（价值）得到认可和传播的。比如篮球运动在黑人文化中具有特殊性，商家们就设计了以篮球为主题的广告来沟通黑人观众，使他们购买自己的产品，因此篮球成为一个特别的互动工具和文化符号。正因如此，营销人员在销售商品时，所用的语法、包装、背景以及所有的描述和电子或印刷广告上的信息都会和黑人观众广泛参与的篮球运动联系起来。③ 符号互动理论在这个过程中得到了很好的贯彻和利用，市场营销把篮球作为传播工具，也作为营销目标人群共同接受的象征符号，使其于在黑人中具有较高曝光度的媒体中频繁出现，从而达到与黑人消费者进行有效沟通的目的。

---

① Stewart, D. A., *Deaf Sport*: *The Impact of Sports Within the Deaf Community* (Washington: Gallaudet University Press, 1991), p. 31.
② Delaney, T. and Madigan, T., *The Sociology of Sports*: *An Introduction* (Jefferson: McFarland Company, 2009), p. 32.
③ Jandt, F. E. (ed.), *Intercultural Communication*: *A Global Reader* (California: Sage, 2004), p. 269.

　　体育学者对社会互动的关注不仅停留在竞技体育上，一些研究也涉及休闲活动。凯利（Kelly）就把休闲活动中的互动作为人生旅程中发展意识的环境。他坚持认为休闲是有实质意义的，休闲活动和社会意识同样重要，带来了有价值的个人体验。[①] 科克利（Coakley）在研究体育和社会化的概念时也主要采用了互动主义观点，强调人们通过体育来塑造自己生活的过程是双向的。[②] 体育可以推进人的社会化进程，而人的进一步社会化又会有效推动体育乃至休闲活动在社会中扩大影响和普及。随着休闲社会的到来，体育，尤其是休闲体育活动在社会中的重要性日益显著，它在社会互动中扮演了不可替代的角色。在体育的代际传递研究中，我们也可以发现父代与子代之间通过"继承"与"反哺"进行的体育互动过程，不仅使体育运动的知识与技能、体育运动行为和语言及非语言符号得到了代际传递，还传递了运动观念、价值取向、文化与文化认同以及权力关系这些隐形内容。[③]

　　体育社会学家研究的视角还触及了一些特殊人群，比如聋人。他们参与体育活动的过程，不仅包括聋人之间的交流，还包括聋人与正常人之间的互动以及聋人与社会之间的互动。能够理解其他的人的动作和意图是应用符号互动理论所必不可少的条件。在聋人体育中，符号互动理论对于理解那些能暗示人们参加体育原因的信息，包括个人特征和经历等，也许是一个附加维度。聋人代表一个拥有独特风俗和信仰的语言少数派。他们带来了一个关于他们应该遵守聋人社区规则还是更大一点社区规则的问题。此外，可以将对这些符号的和聋人与各种社会行为有联系的解释与很多听力正常人赋予这些行为的意义进行比较。因此，要充分了解影响聋人体育

① Reynolds, L. T. and Herman-Kinney, N. J. （eds.）, *Handbook of Symbolic Interactionism* （Oklahoma：Altamira Press, 2003）, p. 876.

② Blackshaw, T. and Crabbe, T., *New Perspectives on Sport and "Deviance"：Consumption, Performativity and Social Control* （London：Routledge, 2004）, p. 24.

③ 邓君瑜：《我国城市家庭体育代际传递研究》，博士学位论文，华南师范大学，2021。

的社会力量，就必须分析聋人的个人特征。① 符号互动理论能帮助解释聋人运动员的自我感受以及描述聋人的参与动力。② 由于缺少关于语言的共享概念，聋人和听力正常人之间的社会互动中存在很多困惑和误解。③

综上所述，符号互动主义者关注体育赛场内外的互动行为，既包括球员、教练、球迷等几类人群之间交错的微观互动行为，也包括体育赛事在社会发展过程中与其他社会因素的互动关系。

（三）传媒中的体育权力和斗争

在电视时代到来之前，体育和媒体的联系就已建立。体育是现代化之前全世界人们社团生活的重要组成部分，④ 体育在文化生活中扮演着重要的角色。但是伴随着媒体形态的不断发展，体育和媒体的关系也发生着变化。体育和媒体间的共生关系，是伴随着电视的出现才逐渐确立的。一方面，体育的稳定发展是基于大众传媒提供的广泛关注的。另一方面，由于体育被广泛关注，媒体能够通过对体育的报道来获取利益。换句话说，媒体的关注增强了人们对于体育的兴趣，同时，人们对体育兴趣的不断增强又促进了媒体对体育的进一步关注。⑤ 其实，早在 100 多年前，美国媒体就注意到了体育在社会中的影响力，他们曾把体育、绯闻和犯罪称为媒体吸引受众的三大法宝。体育、媒体和商家之间形成了牢固的互利关系。体育和媒体，尤其是电视通常被描述为婚姻中的最佳拍档，这一点是毋庸置疑的，两者之间变得越来越相互依赖，体育影响范围越来越广，在媒体上的花费

① Stewart, D. A., *Deaf Sport*: *The Impact of Sports Within the Deaf Community* (Washington: Gallaudet University Press, 1991), p. 89.

② Stewart, D. A., *Deaf Sport*: *The Impact of Sports Within the Deaf Community* (Washington: Gallaudet University Press, 1991), p. 90.

③ Stewart, D. A., *Deaf Sport*: *The Impact of Sports Within the Deaf Community* (Washington: Gallaudet University Press, 1991), p. 89.

④ Raney, A. and Bryant, J. (eds.), *Handbook of Sport and Media* (Lawrence Erlbaum Associates, 2006), p. 64.

⑤ Wenner, L. A. (ed.), *Media*, *Sports*, *and Society* (London: Sage, 1989), p. 49.

也越来越多。同时，作为体育转播费的回报，媒体也获得了吸引人的资讯和受众的关注。然而，像所有的持久关系一样，它们之间也存在很多关系紧张的地方，其表现为高压攻势、谈判、妥协、分歧和秘密。① 如同布迪厄所强调的，符号是一种构建现实的权力。在大众传媒时代，体育符号的生产和体育意识形态话语权成为各个权力系统中斗争的焦点。② 最为常见的是资本将自身商业行为与体育明星或赛事符号联结起来来生产其权力话语，从而引导消费。例如在 2010 年南非世界杯足球赛期间，耐克将产品营销与艾滋病防治的公益活动绑定，以"红鞋带，系爱心"为口号发起公益活动来促进消费。③ 此外，经济和政治权力系统往往也会借助媒体对体育符号产生影响。例如，在 2013 年津巴布韦大选期间，各政党通过使用足球符号、隐喻和话语向大众提出各自的政治诉求。④ 由此可知，媒体早已成为体育符号重要的生产传播途径和展示权力话语的渠道。可以说，传媒在为体育的传播提供便捷平台的同时，也对诸多体育事务施加影响。当然，传媒对体育的影响也呈现双刃剑的功效，其可以助推体育的发展，但有时也会限制体育的发展，并带来诸多不良效应。

例如，在媒体渲染下，体育可能被塑造为令人感到麻烦的情景的代名词。比如，很多电影经常将体育运动和暴力场景结合在一起；大众娱乐制造并夸大体育从业者"头脑简单、四肢发达"的刻板印象；在公共讨论中，竞技体育被视作以越轨、吸毒、腐败、色情、欺骗为特征的活动，⑤ 体育的刻板印象在年轻人群体中产生了消极的影响。体育明星被媒体塑造为角色模范。

---

① Jarvie, G., "Sport, Social Change and the Public Intellectual," *International Review for the Sociology of Sport* 42 (2007): 32.

② 黄美蓉、吉振峰、房纹萱：《权力、文化、消费与认同——近 20 年国外体育符号研究述评》，《上海体育学院学报》2021 年第 3 期。

③ Duvall, S. and Guschwan, M. C., "Commodifying Global Activism and Racial Unity During the 2010 FIFA World Cup," *Communication, Culture and Critique* 6 (2013): 298-317.

④ Ncube, L., "'Bhora Mugedhi Versus Bhora Musango': The Interface Between Football Discourse and Zimbabwean Politics," *International Review for the Sociology of Sport* 51 (2016): 201-218.

⑤ Whannel, G., *Media Sport Stars: Masculinities and Moralities* (London: Routledge, 2002), p. 4.

他们或者被赞扬为年轻人应学习的楷模，或者被当作坏的示例受到谴责。[①]
镁光灯下的体育明星成了无数青少年效仿的对象，这些体育明星成了影响
力巨大的青年领袖。当然实现从一个普通运动员到体育明星的转变的关键
就是传媒的关注。在媒介传播的影响下运动员的形象往往会被媒体塑造为
"理想角色"，身体也成为体育明星最为核心的符号象征。[②] 然而体育明星的
形象不仅是一般的娱乐消费符号，也兼具竞技英雄的符码标识。[③] 若体育明
星做出了社会所赋予的正面角色以外的行为，那么将会导致原本的英雄形
象瞬间崩塌。当然，体育明星正面的符号标识能够在一定程度上引导社会
的正向发展。例如在 2020 年 3 月，亚洲首位 UFC 世界冠军张伟丽在卫冕
冠军后说："我的祖国正在经历疫情，我经过好几个国家才来到这儿，希
望我的国家赶紧度过疫情，我也知道疫情现在已经不是中国人的事儿，而
是全人类的事儿，希望大家共同努力一起渡过难关。"在这段话语中，张
伟丽尽管没有主动代表国家，但是在她的身上展现的爱国精神，以及用自
己的行动对中国伟大的"抗疫精神"的践行，让国人十分感动。这也为
她赢得了主流媒体的广泛关注，"张伟丽"的名字迅速登上当时各大媒体
的宣传头条，表明其作为正能量体育明星的价值符号得到了大众的深度
认可。

体育无疑也是一项带有突出性别象征符号的活动。男人被要求对体育
活动保持兴趣，而对女人则没有这个要求。当然，针对这条规则也会存在
例外，那些热衷于体育活动的女人被看作脱离常规者，就像男人不喜欢体
育一样奇怪。[④] 在所有的文化实践中，体育是对性别区分最显著的活动之

---

① Whannel, G., *Media Sport Stars: Masculinities and Moralities* (London: Routledge, 2002), p.9.
② 刘红、王福秋、刘连发：《网络传媒对女性运动员形象的构建及其生活空间表达》，《体育
与科学》2017 年第 6 期。
③ 於振鹏、李江、何满龙：《符号消费与社会共谋：体育明星人设的生成、维持与崩塌》，
《体育与科学》2020 年第 3 期。
④ 於振鹏、李江、何满龙：《符号消费与社会共谋：体育明星人设的生成、维持与崩塌》，
《体育与科学》2020 年第 3 期，第 10 页。

一。男孩成长进入一个世界，在那里体育成为体现男子汉气质的最有意义的活动。① 虽然在世界女权主义运动的推动下，体育领域中的男女不平等现象有所收敛，开始有越来越多的女孩子涉足原来一直被认为是男孩子才能参与的体育活动，并且越来越多的妇女参与到体育事业的管理中，但是媒体对于体育活动的性别偏见依然存在，媒体对于男子体育项目的热衷是未来较长时间依旧存在的话题。

除了性别偏见外，体育符号在传播过程中也往往伴随着种族间的"符号暴力"（symbolic violence），有色人种被贴上各种负面的标签。如在《男性健康》杂志中，白人男性运动员的身体被描述为理想化的男性类型，而黑人男性运动员在不同程度上被描述为过度强壮、暴力的"超级男性"。② 由此，体育传媒不同程度地再现了性别、种族不平等或歧视性话语。③ 体育符号在世界传播过程中的符号霸权和符号暴力成为当前不容忽视的现象，例如不少欧美学校都会用一些带有敌意和残暴意味的符号来代表他们的运动队，如老鹰这样的鸟类、斗牛犬这样的兽类、海盗这样的人群，甚至还有恶魔等。④ 在体育领域中的学校符号不仅维持了群内的团结，而且把群内和群外区分开来，固化了它们之间的等级关系。⑤ 大多数团体活动没有进入大众媒体的视野，但是，它们依旧采用一些宣传手段来强化自己的符号。而大众媒体关注下的群体的符号化意识得到进一步强化，群体之间的权力博弈也通过媒体表现出来。

（四）体育互动仪式链与网络空间的社群互动

正如前文所述，符号互动理论的传统是关注微观层面行动的意义和象

---

① Horne, J. et al., *Understanding Sport: An Introduction to the Sociological and Cultural Analysis of Sport* (Spon Press, 1999), p. 171.

② Lawrence, S., "Racialising the great man: A Critical Race Study of Idealised Male Athletic Bodies in *Men's Health* Magazine," *International Review for the Sociology of Sport* 51 (2016): 777–799.

③ 田恩庆、仇军：《西方女性体育与传媒研究》，《体育科学》2017 年第 8 期。

④ Horne, J. et al., *Understanding Sport: An Introduction to the Sociological and Cultural Analysis of Sport* (Spon Press, 1999), p. 43.

⑤ Horne, J. et al., *Understanding Sport: An Introduction to the Sociological and Cultural Analysis of Sport* (Spon Press, 1999), p. 43.

征，然而符号互动理论追随者也一直想要突破微观解释的局限，通过符号互动来寻求微观与宏观的结合。美国社会学家兰德尔·柯林斯的互动仪式链（interaction ritual chains）理论就是整合微观和宏观社会理论的杰出代表之一。柯林斯的互动仪式链理论综合了符号互动理论、拟剧论、常人方法论、社会建构论和情感社会学及有关的社会心理学理论。这一理论具有极强的历史与现实解释力，而作为抽象理论在生活场景中的自然延伸，互动仪式链理论对于我们探索日常生活中网络空间中的互动现象具有重要价值。①

柯林斯提出，互动仪式是人们最基本的活动，是一切社会学研究的起点。因为社会中的大部分现象，都是由人们的相互交流通过各种互动仪式形成和维持的，人们的一切互动都发生在一定的情境之中。整个社会都可以被看作一个长的互动仪式链，一切社会生活都可被概括为人们不同水平的际遇形成了不同的互动仪式。由此我们可以预测将会发生的事情：在不同情境下所形成的团结性有多强，将会建立起什么类型的象征符号以及它们如何跟特定的人群相关联。互动仪式链的核心机制是相互关注和情感连带，它形成了一种瞬间共有的实在，因而会形成群体团结和群体成员身份的符号。互动仪式可带来一系列的产物，主要包括以下几种。（1）一种拥有成员身份的感觉。（2）个体的情感能量：一种采取行动时兴高采烈、有力量、满腔热忱与主动进取的感觉。（3）代表群体的符号：标志或其他的代表物（形象化图标、文字、姿势），使成员感到自己与集体相关，充满集体团结感的人格外尊重符号，并会捍卫符号以免其受到局外人的轻视甚至内部成员的背弃。（4）道德感：一种推动人们维护群体中的正义，尊重群体符号，防止其受到违背者的侵害的感觉。与此相伴随的是由违背了群体团结及其符号标志所带来的罪恶感或不得体的感觉。总而言之，互动仪式链是社会结构的基础，是人们日常生活和社会交往的情境反映。互动仪式链的核心机制是相互关注和情感连带，个体之间通过互动仪式可以形成一种瞬间共有的实在，从而获得与认知符号相关联的成员身份感和情感能量。互动仪式链理论模型如图6-2所示。

---

① 李钧鹏、茹文俊：《论虚拟社区中的互动仪式链》，《广东社会科学》2020年第4期。

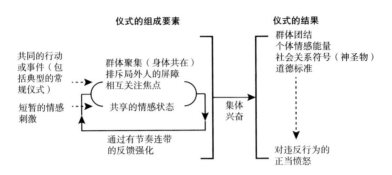

图 6-2　互动仪式链理论模型

资料来源：兰德尔·柯林斯：《互动仪式链》，林聚任等译，商务印书馆，2009，第 87 页。

互动仪式链理论认为，互动仪式的前提是"在场"，分析的是小群体在同一个地理空间的面对面互动。柯林斯强调仪式在本质上是一个身体经历的过程，因此只能发生在行动者共同在场的场景中。他以体育比赛为例，认为比赛是一种仪式，通过人为设计产生戏剧性紧张和胜利的情境；得分与排列得分的规则多年来被反复修改，目的在于使其成为"更好的比赛"，也就是说，使其能提供更多的产生集体情感的瞬间。体育符号标志作为一种神圣物，受到崇拜与尊敬。依据竞赛规则或通过展示运动技巧去获得胜利只是比赛公开的表面含义，人们见证比赛的动机，首要的是体验一场非常成功的仪式，尤其是其中强烈情感的释放，情感可以通过身体的互动而被放大。因此柯林斯假定，面对面的沟通在将来并不会消失，人们也不会十分渴望以电子交流取代身体的在场。[①]

柯林斯的《互动仪式链》是在 2004 年出版的，彼时社交网络尚处萌芽阶段。[②] 随着网络信息技术的发展，传统意义上仅限于行动者在场情况下的互动场景得到了延展，这种不在场互动呈现出许多与传统在场互动不同的特点。通过即时通信技术和社交媒体，人们可以在一个虚拟建构的环境中进行交互活动。虚拟网站中的人们也可以具有社区感和身体意识（bodily

---

① 兰德尔·柯林斯：《互动仪式链》，林聚任等译，商务印书馆，2009，第 93~106 页。
② 李钧鹏、茹文俊：《论虚拟社区中的互动仪式链》，《广东社会科学》2020 年第 4 期。

awareness），可将互动仪式链理论的应用扩展到在线互动中。总的来说，一些关键功能元素的存在便可以产生情感能量，如共享的身份和语言、聊天功能以及共同的道德标准等关键功能元素，能够维持和增强用户的体验感。而任何将"真实世界"和"网络世界"完全区分开来的举措都是不正确的。换句话说，网络身份和现实身份这两者之间是相互关联的，并在某种程度上相互反馈，任何二分法都是错误的。事实上，尽管柯林斯曾说"在线交流缺乏实时的互动流"，但如果在某种情况下，个人有情感意识认同，并且也有其他志同道合者，则可以对互动仪式链理论进行扩展，比如扩展到在线实时发生的交互行为上。

如今人们与互联网打交道的方式可能与 21 世纪初接触互联网的方式有所不同。如果柯林斯在今天写作，他对将身体距离作为群体团结的必要条件的坚持可能不会那么强烈。不可否认，二维图像和能够看到、摸到、闻到的另一个人之间肯定是有区别的。然而无处不在的身体感觉、照片上传、网络同步，以及网站上模仿讲话的聊天/论坛功能，都允许人们通过精神上的接近而聚集在一起，足以完成这种互动仪式链。① 也就是说，在这种虚拟环境中，情感的传递方式不再是面对面，互动的参与者同样可以通过相应的媒介环境获得认同感和归属感。正如李钧鹏和茹文俊②所指出的，虚拟社交场所是现代社会诞生的发达信息技术的产物，它使社会出现了新的交互方式，这也意味着一个近乎全新的研究领域的出现。例如虎扑论坛有 NBA、足球、步行街等板块，每个板块有专门的话题范围。互动的方式为某一用户发起一个话题（这个话题被称为一个"帖子"或者一个"主题"），参与到这个主题讨论中的用户在该主题下进行回复，或者说"跟帖"。这类论坛式的虚拟平台通过设置板块制造明显的群体间界限，将对某一话题感兴趣的人集中起来，因此对于某一话题而言，参与者的同质性更高，板块内形成

---

① Maloney, P., "Online Networks and Emotional Energy," *Information*, *Communication & Society* 16 (2013): 105–124.

② 李钧鹏、茹文俊:《论虚拟社区中的互动仪式链》,《广东社会科学》2020 年第 4 期。

独特圈子文化而产生"黑话"的现象也更为普遍。由于虚拟社区互动缺乏在场交流的途径，需要媒介的支持，因此对于虚拟互动来说，符号系统就是使互动进行并得以持续的媒介。现实互动与虚拟互动的比较见表6-1。

表 6-1　现实互动与虚拟互动的比较

	现实互动	虚拟互动
参与者是否在场	身体在场	身体缺场
参与界限	界限明确	存在界限,但可自由流动
符号表达	即时表达	延时性表达:表达方式只有语言文字符号
信息获取	即时获取	信息被选择性获取
关注焦点	虚拟互动关注焦点更为多样,但虚拟互动中人作为焦点则更容易发展成一系列符号象征	
互动结果	可感知的情感能量	只能通过符号意义推测

资料来源：李钧鹏、茹文俊：《论虚拟社区中的互动仪式链》，《广东社会科学》2020 年第 4 期，第 201~211 页。

当前，依托网络媒介组织体育活动的模式在我国悄然兴起，网络成为人们进行健身活动时新的组织形式，人们基于共同的体育兴趣爱好组建 QQ 群、微信群等网络平台，通过这些平台发布信息和组织体育活动。[①] 作为一种基于成员发信息而构建起来的话语表达社群，网络体育社群内的交流形成了一个有边界、有社会互动的话语空间。体育虚拟社区文化也是社区认同感、归属感和社区凝聚力、影响力的重要基础。[②] 柯林斯认为，"互动仪式能不断产生情感能量，并将这种情感与符号相联系，从而形成组织信仰、组织思想、组织道德规范以及组织文化的基础。在组织中的个人，又利用仪式所产生的情感和符号，引发之后的社会互动，经过一定的时间，这种循环成为固定的模式"。跑步社群内也时刻发生着互动仪式，其中最为典型

[①]　黄亚玲、邵焱颉：《网络体育组织发展：虚拟与现实的挑战》，《北京体育大学学报》2015 年第 11 期。

[②]　陈克：《基于网络的体育虚拟社区研究》，《中国教育信息化》2012 年第 9 期。

的就是"打卡"。"打卡"不仅与其聊天符号的独特性有关，更重要的是，作为一种社群仪式，其可增强成员对社群的黏性和认同感。"公里""步数""证书"等虚拟符号则成为成员在群内获得话语权的基础和身体实力的体现。可见，体育社群以"身体"为中心，无处不充斥着身体符号，进而实现身体的虚拟在场和身体展演。[①] 有学者对中国业余马拉松参与者在网络社会背景下通过社会互动建构个体身份认同的过程进行研究，[②] 发现与线下以跑步为主的符号互动不同，线上虚拟社区成员的互动符号形式更为多样，线上符号包括照片、文字、口头语言、网络表情等多种形式。个体对跑者身份的确认是互助与冲突等不同互动方式综合作用的结果，例如在分享前的跑者介绍环节，以照片和文字介绍为主，照片中跑者一般是以运动中的形象出现，文字则主要介绍运动经历和取得的成绩。这种虚拟空间的仪式化呈现，可以增强线上参与成员彼此之间的信任感。此外，跑者还会在虚拟空间主动分享跑步经历、对跑步的心理感悟等个人体验，体现出线上参与成员对虚拟社区具有较强的归属感与身份认同。

四　对符号互动理论的批判与展望

（一）符号互动理论的局限性

符号互动理论经过几代学者的共同努力，逐渐成为社会学研究中的一个重要理论派别，不仅对社会学，对其他学科如政治学、心理学、经济学、管理学、传播学、人类学等也产生了重要的影响。符号互动理论强调的对"微观互动"意义的诠释对占据西方思想史统治地位的理性主义提出了挑战：首先，它重视人的主观因素，强调人与动物不同，人具有主观能动性

---

① 李彪、郑满宁、钱瑾：《跑步社群的话语空间与关系结构——以"北京跑步爱好者"群为例》，《上海体育学院学报》2020 年第 6 期。

② 霍兴彦、郇昌店、郝海亭：《我国业余马拉松跑者社会互动质性研究》，《首都体育学院学报》2018 年第 4 期。

而不是简单的被动体，这是理解人类社会时不可忽视的重要方面；其次，它注重微观研究，重视人际互动的过程，强调每个个人区别于他人的特殊条件，运用这一理论可以寻找产生问题的个人或个别原因，它比结构功能主义对社会的考察更加细致；最后，它重视社会现实中的日常问题。

当然，符号互动理论也具有明显的缺陷。首先，它过于强调人的主观因素、主观心理意识，忽视了客观实际；它过于强调表现出来的、为人们所认识的东西，对于未表现出来的、事物内在的规定性则认识不足。其次，它过于强调每个个体的因素，没有看到作为整体的社会结构、制度等的作用。再次，它的研究过于微观，只能研究个人或小群体，无法研究大规模的、总体的社会现象。最后，它的方法论片面强调感觉、直觉的重要性，只承认感性认识，否认理性认识的真实性。它过分地依靠个人对事件的定义，甚至忽视社会的进步，这是肤浅的经验主义和现象主义的表现。而和符号互动主义者研究领域相似的心理学家倾向于批评在符号互动主义者的方法论中对感知的认识缺乏科学精确性。其实社会学研究根本就不存在万能的方法或理论，针对不同的研究对象和问题，我们应有选择地使用适合的理论工具。

符号互动理论引起了许多对于体育意义、认同、互动和文化的研究。但是这些研究中存在着这样两个问题。第一，它主要关注互动的关系和对现实的定义，而没有解释互动的方法以及社会机构、权力和社会物质条件对体育意义的制约。因此，互动理论研究常常忽视权力动态（power dynamics）和体育与运动实践之间的失衡。第二，对于体育和社会能够或应当被如何组织起来，互动理论没有提供批评视角。不过，现在很多互动理论者把批评理论、批判女性主义理论与符号互动理论结合起来，从而为这种视角提供了基础。[①] 符号互动理论在体育社会学研究中存在的问题不止于此，在科学研究中，要做到扬长避短，逐渐摆脱微观研究的窠臼。基于以上认识，贾维（Jarvie）展望了符号互动理论在体育社会研究中未来应关注

---

① Coakley, J., *Sport in Society: Issues and Controversies* (McGraw-Hill Publishing Co., 2001), p. 50.

的议题：第一，体育对于个人意味着什么/对于个人的意义、体育在个人生涯中的作用/扮演的角色；第二，随着时间的推移，个人身份受体育影响的方式的变化；第三，与他人互动的过程影响对体育感受的程度；第四，体育是如何形成联合和互动形式的；第五，在一定情境下，运动员之间的互相帮助或攻击。① 符号互动理论作为各类社会现象的一个解释域，在当时不仅打破了仅仅从"结构"入手分析社会问题的"桎梏"，而且成为 20 世纪六七十年代以来一直流行的主流社会科学思想。另外，它还是社会心理学理论架构的基石之一。

（二）符号互动理论的发展

符号互动理论是 20 世纪初产生的一种微观社会学理论，理论本身具有一定的历史性特点。在当今如果想继续利用符号互动理论的分析观点观察和研究现代的交流沟通行为，那么我们就有必要去除其历史局限性。如今，随着计算机技术的广泛应用，虚拟空间中的现象与关系成为当前各门学科一个新的理论增长点。符号互动理论与这一热点问题联系紧密，现代人正在运用多媒体技术和互联网进行新形式的符号创造和符号交流活动。② 网络中的数字语言以及符号图形都是为适应新的互动而创造的新的符号产物，符号互动域的拓展为人们创造符号提供了可能的空间。由此可见，新技术的出现和不断进步改变了人类的生活方式，同时也改变了人类原有的符号互动形式。

因此，为了使涌现出来的新符号的含义和解释不背离或改变现有的结构和文化，对符号互动的研究也应更加注重符号互动过程中主体的文化背景差异，更好地把握主体在跨越文化背景时发生的符号互动。应基于符号互动理论的核心观点丰富其研究意义，扩展传统的符号互动域，引领符号

① Jarvie, G., "Sport, Social Change and the Public Intellectual," *International Review for the Sociology of Sport* 42（2007）：25.

② 李伯聪：《符号世界与符号异化》，《哲学研究》1998 年第 7 期。

互动研究在更大的互动场景中观察、分析、解释互动并得出结论。此外，自 20 世纪 80 年代中期以来，后现代思想一直是符号互动主义写作的焦点。最近的《符号互动研究》中的文章都致力于研究后现代主义，对人类学、生活史、电影、身体和更普遍的文化的分析随着后现代主义的转向而变得突出。[①] 尤其是近年来，一些符号互动主义者受到了互动主义之外理论流派的发展的影响，其中影响最显著的是女权主义[②]、后结构主义和后现代主义[③]、文化研究[④]。这些发展是否能够代表符号互动主义框架的扩展或发展，是否与符号互动理论框架相关等，都是当前符号互动理论发展需要面对的辩题。

五 符号互动理论对体育研究的启示

社会互动是社会学研究的基本分析单位之一，是微观社会学的主要课题。它是个体层次和社会结构层次以及文化层次的中介，是由个人走向群体甚至更大社会组织制度的桥梁。符号互动理论强调是人类自己在人与人之间的互动中创造了社会的标准、角色、关系和结构。它对人类与社会关系的理解暗示了人类有能力来反映和评估自己的决定和行为。这种能力使我们了解自己是谁，我们又是如何与社会连接在一起的，这就是符号互动理论所讨论的自我身份问题。符号互动主义者认为自我身份的认定是自我控制和自我引导的基础，同时也是与其他人互动的关键要素。

---

① Plummer, K., "A World in the Making: Symbolic Interactionism in the Twentieth Century," *The Blackwell Companion to Social Theory* (Wiley-Blackwell, 2000), pp. 193-222.

② Richardson, L., "Speakers Whose Voices Matter: Toward a Feminist Postmodernist Sociological Praxis," *Studies in Symbolic Interaction* 12 (1991): 29-38.

③ Denzin, N. K., "The Spaces of Postmodernism: Reading Plummer on Blumer," *Symbolic Interaction* 13 (1990): 145-154.

④ Denzin, N. K., *Symbolic Interactionism and Cultural Studies: The Politics of Interpretation* (New Jersey: John Wiley & Sons, 2008).

　　互动理论可以帮助我们解释体育参与过程中所产生的意义与互动关系，如研究运动员、教练、体育观众以及其他体育参与者的互动，以及人们如何定义自己或别人为运动员，又如何在体育参与中实现自我存在的意义或被剥夺自我存在的意义。符号互动理论更加强调用对局部与个体的研究来反映体育的真实特点，并探索这些特点是如何被人们创造出来并影响他们的体育认知与行为的。对符号互动主义者来说，体育不仅是一项供人健身和娱乐的社会活动，它是一种被不同的群体赋予了意义，并被各个团体广泛接受，能起到强化认同作用的符号；从互动理论的视角看，体育活动不仅是个体或团队之间的互动，更是一种重要的、涉及面更广的社会互动。在从事体育活动的过程中，人们不断地推进社会化的进程，并不自觉强化着自己的身份认同。

　　符号互动理论还可以帮助我们从更微观、更多样、更具体、更深入的视角来反映中国的体育现象，如运动员在不同阶段（训练、竞赛以及退役后）的社会身份以及自我认知，体育参与者是如何把体育行为和其他社会因素（工作、家庭、教育、传媒等）结合在一起进而影响自己的体育参与的，体育参与者与体育组织（政府、社团、小团体）之间的互动、体育仪式（链），人们在体育过程中的自我满足、自我意识以及自我认知，[①] 运动身体的印象管理、展演和传播，体育对社会刻板印象的塑造、妥协与重塑。总之，符号互动理论为体育研究提供了新的多元视角，它更有助于我们从微观层面去理解社会生活以及人们的体育行为。

　　此外，符号互动理论在研究方法论上的辩论、开发与应用给体育研究也带来了重要的启示。针对体育量化研究将人完全置于"真空"环境的问题，符号互动理论提倡要在日常自然环境下捕捉普通人之间的互动以及他们使用的语言、意义、动作、声音等。在此基础上，参与观察法、生活故

---

① Xiong, H., *Urbanisation and the Transformation of Chinese Women's Sport Since 1980: Reconstruction, Stratification and Emancipation* (London: VDM Publishing House, 2009), pp. 54-55.

事、民族志和叙述法逐渐兴起并成为深度观察和理解体育实践/事件的途径。由于符号互动理论关注人类行为的符号特征，重视日常活动中那些精细的、隐秘的、非正式的互动过程，打破了以"系统论"为主导的体育社会学研究传统，使体育研究更加贴近人们的日常生活、更接地气，也揭示出更多制度、系统以外有意思的、多元的文化现象。

身体、运动与性别权力

——女性主义理论的视野

一 引言

女性主义理论（Feminist Theory）是社会学理论中一个充满活力、不断自我更新的理论流派。女性主义理论以社会实践中的性别问题为研究核心，其目的在于了解性别不平等的本质，探讨性别权力关系。多元性与包容性是女性主义的特征之一，女性主义存在许多支系，根据不同的认识论和目标，可分为自由女性主义、激进派女性主义、马克思主义女性主义、社会主义女性主义和后现代女性主义等。虽然女性主义产生于女性（女权）运动，但它并不是一种简单的"社会运动"或"意识形态"，而是一套完整的、多重的研究范式和理论体系。女性主义对社会学的贡献不在于提出几个观点或论调，而是整体地改变了观察社会的角度。体育女性主义主要在20世纪70年代崛起，其理论目的是通过性别视角重新审视体育制度，揭示体育中的性别关系，批判以男性为主导的体育霸权，寻求体育中的身体解放。体育女性主义不仅站在女性主义研究的前沿，还为体育理论的发展开启了另一扇大门。本讲的目的不是将复杂的女性主义理论精炼为一种统一的理论体系，而是在百花齐放、百家争鸣的前提下展示女性主义理论的思想现状及其在体育研究中的运用。

二 女性主义理论及其沿革

女性主义（feminism）是指主要以女性经验为来源与动机的社会理论与政治运动，也被翻译为女权主义。feminism 于 20 世纪被我国学者引入时，由于当时西方妇女运动以争取女性的政治权利为主，因此被译为女权运动/女权主义。随着时代的发展，当代女性运动已经不再拘泥于只追求参政权，而是试图通过改变以男性为中心建立起的社会机制来实现社会性别平等，有些学者认为此时再用"女权主义"显得概念狭隘，因此当代的 feminism被许多学者译为女性主义。

（一）女性主义理论的渊源

女性主义理论是在主流社会理论忽视女性权益的背景下产生的。18 世纪欧洲的工业革命中，资产阶级于启蒙运动中提出"人权"的思想，试图为新兴的资产阶级夺取政权引导舆论。这种先进思想为早已觉醒的女性主义思想提供了理论武器。1789 年，法国大革命中，妇女和男性一起参加了革命斗争，但最后的《法国宣言》却是面向男性的"男权宣言"。为了反抗这种不平等的遭遇，奥林普·德古日（Olympe de Gouges）发表了《妇女和女公民权利宣言》[1]，其出现标志着女权主义思潮和运动的正式形成。[2]

女性主义理论是伴随着西方女权运动的兴起而逐步发展起来的。以现代哲学关于社会运动的观点来看，女性主义通常以 18 世纪启蒙时代的思想家为起源。例如，玛丽·沃斯通克拉夫特（Mary Wollstonecraft）所著的《女权辩护》[3] 是 19 世纪之前少数几部可以称得上女性主义著作的论著之一，是以女性作为权利理性主体的经典论述。玛丽·沃斯通克拉夫特的哲

---

[1] Gouges, O., *Déclaration des droits de la femme et de la citoyenne*, 1791.

[2] 孔云梅：《关于"女性主义"问题研究综述》，《中州学刊》2003 年第 2 期。

[3] Wollstonecraft, M., *A Vindication of the Rights of Woman*（London: J. Johnson, 1792）.

学源自法国大革命，她指出性别气质的区分是人为的，不是自然的。女性应当服从正义，应当对自己的生活负责。她反对把女性排除在教育之外，并否定女性不具有理性能力的社会定论。沃斯通克拉夫特相信男性和女性对社会都有应有的责任。她同时指出女性应该拥有比男性更多的权利，因为女性一直处于弱势地位。其实早在沃斯通克拉夫特之前就有关于性别关系的论述，比如 1405 年由彼森（Christine de Pizan）撰写的《妇女城》①。该书反对仇视女性，反对关于女性的"天然"劣等性的观点。彼森专门讨论了历史和神话中所记载的那些出色女性的"天然"优越性。她的观点虽然有一点本质主义的味道，但是对当时的所谓"客观真理"提出了质疑。除此之外，哲学家亨里西·哥内留斯·阿格里帕（Heinrich Cornelius Agrippa）在 1529 年所著的《关于女性之高贵卓越的演说》（*Declamation on the Nobility and Preeminence of the Female Sex*），充满了对女性的赞美之辞，同时也认可了女性为社会所做的贡献。这些著作为女性主义的发展奠定了理论基础。

19 世纪，人们逐渐认识到女性的社会地位与男性不平等，因此，女性主义超出了文学范畴，渐渐转变为有组织的社会运动的指导思想。女性主义运动根植于西方的进步主义，尤其是 19 世纪的改革运动。有组织的女性主义运动以 1848 年在纽约州色内加瀑布市（Seneca Falls, New York）召开的第一次女权大会为开端。早期的女性主义者与最初的女性主义运动通常被认为属于"第一波女性主义"（The First-Wave），而这个阶段其实简单地说就是女性意识的觉醒与抬头；1960 年之后的女性主义被称为"第二波女性主义"（The Second-Wave），这个阶段的女性主义专注于在社会和经济上获得全面的平等：争取男女同工同酬的待遇、堕胎合法化、同性恋自由、离婚法颁布、托儿所、强暴保护站等各层面保障女性权利的措施。也有所谓的自 20 世纪 80 年代末期开始的"第三波女性主义"（The Third-Wave）。第三波女性主义的兴起是对第二波女性主义运动失败的回应。第三波女性

---

① Pizan, C., *The Book of the City of Ladies*（New York：Persea Books, 1998）.

主义尝试应对新的挑战，回避了对女性主义的本质化解释。为了避免第二波女性主义者过度聚焦于中产白人妇女经验的错误，第三波女性主义者加入了有色女性意识、后殖民理论、批判性理论、跨国主义、生态女性主义和新女性主义理论。与前两波不同的是，第三波女性主义通常着重于"微观政治"，道出关于性别压迫的比较含蓄的政治表征。

女性主义理论的目的在于了解性别不平等的本质，特别是从性别政治、权力关系与性倾向（sexuality）等方面来揭示社会性别的不平等关系。从实践来看，女性主义政治行动主要涉及诸如生育权、堕胎权、教育权、家庭暴力、孕妇留职（maternity leave）、薪资平等、投票权、性骚扰、性别歧视与性暴力等议题。女性主义探究的主题则包括歧视、刻板印象、物化（尤其是关于性的物化）、身体、家务分配、压迫与父权等。女性主义理论将性别问题作为研究的出发点，认为人类的生活经历具有区分性别的特征，而女性主义理论的焦点就是要提供一种对人类自身性别分类的新认识。与其他批判性理论相似，女性主义理论以研究个人的经历为基础，带有强烈的意识形态色彩。但同时，女性主义理论也倡导在研究中消除单纯地关注个人的倾向，通过个人的经验来进一步理解社会中经历相似的一类人的共同遭遇，由此使分析问题的视角从研究个体行为拓展到更加广阔的社会层面上。

（二）女性主义理论流派及观点

女性主义理论可以被划分为宏观理论和微观理论两大类。宏观理论是指对世界和历史加以阐释的宏大叙事理论，如世界体系理论。不同的女性主义宏观理论流派对女性受压迫的起源以及实现女性解放的目标做出了不同的论述。自由女性主义、激进派女性主义、马克思主义女性主义、社会主义女性主义、后现代女性主义等都是典型的女性主义宏观理论。

自由女性主义认为女性受压迫的根源在于两性所拥有的政治权利的不平等，比如选举权、继承权等。因此要实现男女平等需要社会进行改革，出台赋予女性更多权力和权利的政策。激进派女性主义则认为女性受压迫并不单单是不平等的政策造成的，而是父权制度的结果，在这样的制度下，男性群体拥有统治女性群体的权力。因此要实现性别平等，简单的改革是没有用的，应当根除父权制，重构新的社会制度特别是性别制度，比如消灭家庭制度、废除异性婚姻等。马克思主义女性主义则从资本主义经济政治制度的根源上分析女性受压迫问题。他们认为妇女的从属地位源于资产阶级私有制和阶级压迫。而女性要获得平等，首先要进入公共生产领域，获得经济独立，推翻资本压迫。社会主义女性主义综合了马克思主义女性主义和激进派女性主义的观点，认为女性受到不平等待遇的根本原因是经济上的不平等以及父权制的制约。因此，女性要获得完全的解放，必须实现经济独立，走出家庭参与社会生产；同时也要从文化上冲破男权制度，建立一种新的性别文化和性别秩序。后现代女性主义是 20 世纪八九十年代兴起的流派。他们认为传统的女性主义理论所接受的启蒙思想仍是以男性为中心的，所以传统女性主义理论也难以摆脱男性中心主义的思维模式，而女性主义的斗争就是要解构男性中心主义和父权制。同时，后现代女性主义理论也非常注重和强调在"差异"的基础上实现平等，并且要通过在社会文化、意识形态领域建构妇女的话语权解构所谓的"男性气质"和"女性气质"。以上所述是女性主义宏观理论最基本的几大流派。除此之外，随着时代的发展，根据关注点的不同，女性主义宏观理论还发展出了文化女性主义、唯物女性主义、性别女性主义、大众女性主义（popfeminism）、性解放女性主义（sexually liberal feminism 或 sex-positive feminism）、黑人女性主义、殖民女性主义、第三世界女性主义、生态女性主义、跨性别女性主义（transfeminism）等流派。

女性主义的微观理论也是门类繁多、不胜枚举。在此试举几例。（1）交换理论。这一理论指出，理性的人一向被假定为自私的、相互隔离的、无情感的行为者，而女性主义理论则做出了另一种假设，它假设人是相互联结的、利他的、有情感的。女性主义还用交换理论解释男女两性之间的不平等：男性占有了份额较女性大得多的政治、经济、文化和知识资源。（2）网络理论。女性主义用这一理论分析性别差异与性别不平等。每个人的社会关系都像一张相对稳定却又错综复杂的蜘蛛网，一个人的社会地位则是他的社会关系的总和。男女两性由于从儿时起结识的人不同，后来形成的关系网络也就不同，因此造成了两性发展机会间存在巨大差异。（3）角色理论。这一理论涉及女性的家庭与工作双重角色的冲突问题。这两种角色一旦发生冲突，女性的工作角色往往要服从家庭角色，女性因此丧失了大量的工作和升迁的机会，致使女性发展事业的动力降低。女性比较集中的职业由于职工缺勤率高、精力投入少，变得价值较低，报酬也较低。（4）地位期望理论。这一理论认为，在男女两性进入性别混合的目标动力群体时，群体对男性的期望值高于女性，这降低或削弱了女性在群体互动中的自信心、威望和权力。如果某位女性想反潮流而动，做出一番成就，群体内的两性都会反对她、敌视她。在这种情况下，性别期望模式得到了巩固。（5）符号互动理论。这一理论认为，人的心灵、自我和社会都是通过符号交流和话语制造出来的。正如标签理论所揭示的那样，女性往往在社会教化的过程中接受了社会对男尊女卑的定义，于是遇事常常会自责，或取悦和讨好男性以避免惩罚，久而久之就造成了两性之间的巨大差别。（6）新弗洛伊德理论。这一理论认为，儿童大多由女性抚养，无论男孩女孩在开始时爱慕的对象都是女性，因此男孩要成熟起来就必须否定母亲，女孩却不必否定母亲，结果是女孩在成为女人之后，更关注人际关系和养育性；男孩在成为男人之后，更关注个人，拒绝情感表达，总想通过在社会上的成功来证明自己的价值，这导致了男性在公共领域的统治地位和仇女倾向。男女两性发展出不同的道德和理性模式，男性强调抽象原则，女性则更加关注具体情况。①

综观女性主义的理论，有些激烈如火，有些平静如水，有些主张革命、抗争，有些认可退让、妥协，但是所有的女性主义理论都有一个基本前提，

---

① Chafetz, J. and Kotarba, J. A., "Son Worshippers: The Role of Little League Mothers in Recreating Gender," *Studies in Symbolic Interaction* 18（1995）: 9-19.

那就是：女性在全世界范围内是一个受压迫、受歧视的群体。虽然女性主义者对于其存在的必要性、贡献与概念意见不一，但是他们基本上都认为在一个跨历史跨文化的普遍存在的社会结构当中，女性在政治、经济、文化、思想、认知、观念、伦理等各个领域都处于与男性不平等的地位，即使在家庭这样的私人领域中，女性也处于与男性不平等的地位。男权主义思想认为，这种男尊女卑的性别秩序不仅普遍存在，而且是不会改变的，因为它是自然形成的社会现象；而女性主义却认为，这一性别秩序既不是普遍存在的，也不是永不改变的，因为它并不是"自然形成"的，而是由社会和文化人为地建构起来的。由于以男性为主导的社会并不会自动改变其性别权力结构，女性只能通过挑战和改变男性主导地位来改变自身的社会地位。

从方法论来看，女性主义理论试图从性别视角来分析我们的日常生活与社会实践。它构建了女性主义的社会研究模式，给我们提供了一个性别文化背景下的社会学理论框架，为我们进行社会学研究提供了一个新的研究视角。此外它也推动了社会科学研究中质性研究方法的应用。女性主义认为量化研究以结构性、客观性、整体性为特征，在研究过程中忽视了人的主观性，对人的思想和精神文化缺乏关注。这种研究模式将人物化，缺乏人文性，研究者将自己的目的和想法强加在被研究者身上，这也是一种文化霸权的体现。[1]女性主义理论还使人们不得不去直面知识、权力与性别之间的关系。

女性主义的影响不仅体现在学术层面，更体现在其对社会变革的指导上。女性主义运动是一个跨越阶级与种族界限的社会运动。在女性主义理论的指导下，女性获得了平等的教育权，女性走进了职场，成为国家领导人，拥有了自主的生育权，成为文化弄潮儿，她们的声音被越来越多地关注到，她们的身影也频繁地出现在公众视野。在某种程度上，女性地位的变化既是现代化的象征也促成了新的社会结构和价值观的形成。

---

[1] Abbott, P. and Wallace, C., *An Introduction to Sociology Feminist Perspectives*, 2nd edition (London：Routledge, 1997).

三 女性主义理论及其应用

体育用传统的眼光来看是一项带有很强性别特征的活动。譬如，通常男孩和男性成年人比女孩和女性成年人从事的体育活动多且对体育活动更热衷；而体育比赛也常常作为展现"男子气概"的特殊文化场所；纵观历史，无论是在西方还是在东方，体育都被视为男性的领域、女性的禁忌；男性通过体育活动展现出的身体素质是被赞扬和称颂的，而女性却不能以身体的强壮为荣。这就是我们所指的体育所具有的一种"男性保留特色"[①]。在这种情况下体育就很自然地进入了女性主义者的研究视野，体育领域的女性主义理论与研究也由此诞生。

当我们谈论"女性主义理论和体育"问题时，我们通常不是仅关注研究体育中所出现的单个的性别问题，而是关注如何用女性主义的视角去研究体育——女性主义分析是用理论化的分析方法来解释作为一项有性别特征的活动的体育。女性主义理论不是局限于"体育中的女性"这个早期的研究问题，而是独立作为一个理论框架体系来理解体育组织、体育制度、体育文化以及体育意识形态等社会现象和文化实践。女性主义是体育理论中非常重要的一部分。它对早期体育社会学理论以男性视角为主导的理论框架进行了挑战，在分析体育现象时植入了常被忽视的女性的视角以及价值观。不仅如此，女性主义理论所体现的政治实践性要求我们不仅要分析性别在体育中的表现，还需要探索与性别相关的制度等在体育实践过程中的演进、发展、改革等进程以及最终实现体育中男女平等的战略。

（一）体育领域中的女性主义理论发展的三个阶段

体育领域中的女性主义理论是在第二波女性主义运动的冲击下诞生的，

---

① Dunning, E., "Sport as a Male Preserve: Notes on the Social Sources of Masculine Identity and Its Transformations," *Theory*, *Culture and Society* 3 (1986): 79-90.

其发展经历了三个阶段。第一阶段：早期以研究体育中的女性地位为中心的非理论化阶段。第二阶段：自 1978 年起女性主义开始寻找并建立研究体育中女性问题的理论框架，这个时期体育领域的女性主义理论初步成形。第三阶段：自 20 世纪 80 年代末以来，受后现代思潮的影响，女性主义理论向更加多元化的方向发展。

体育活动一直都被认为是男人的领域，在 20 世纪 70 年代以前，在世界范围内，女性的体育参与无论是在广度、深度还是强度上都处于绝对的弱势。对于这种现状，20 世纪 70 年代，一批来自北美和欧洲大陆等国家的学者就体育中女性参与的不平等问题进行了批判。他们集中分析性别与性别角色、特性与动机、角色冲突等心理学问题，从心理因素角度去探讨体育中男女不平等的成因。除此之外，一些学者还用男孩和女孩在体育社会化以及教育过程中的不同经历，比如男孩常常被鼓励参与体育活动，而女孩在教化过程中则受到相反的对待来解释体育中性别失衡的问题。他们批判道：性别是一种变化的、可分配的类别，而不是通过人类机构和文化活动形成的关系的集合。他们呼吁给予女性更多的机会参加体育，废除体育政策上对女性不平等的条例，对女性的体育参与给予更多制度上和技术上的支持，消除体育中的性别歧视，制定两性体育机会平等的战略等。但是在这一阶段，大部分研究都没有很强的理论背景，只是就事论事。

在 1978 年，由卡洛·奥格罗斯比（Carole Oglesby）编著的《体育和妇女：从神秘到现实》[1] 和安·赫（Ann Hall）的《体育和性别：女性主义视角对体育社会学的论述》[2] 两本女性主义体育著作的问世标志着体育领域的女性主义理论进入了一个理论化的重要阶段。1980 年在美国丹佛举行的首届"北美体育社会学协会"（NASSS，North American Society for the Sociology of Sport）

---

[1] Oglesby, C. (ed.), *Women and Sport：From Myth to Reality* (Philadelphia：Lea and Febiger Press，1978).

[2] Hall, A. *Sport and Gender：A Feminist Perspective on the Sociology of Sport* (Ottawa：Order from CAHPER，1978).

会议上，安·赫、南希·西博格（Nancy Theberge）、马丽·伯特里（Mary Boutilier）和辛迪·萨基瓦尼（Cindy SanGiovanni）提交的文章宣告了体育领域女性主义理论的正式形成。更重要的是，这次会议为来自各大洲的女性主义学者提供了在一起交流的平台。伯特里和萨基瓦尼发表了重要的研究报告，在这份报告中她们提出了女性主义理论的类型和概念。她们按照艾利森·贾格（Alison Jaggar）和普拉·施瑞（Paula Struhl）对女性主义理论框架的分类，讨论了自由女性主义、激进派女性主义、马克思主义女性主义和社会主义女性主义及其理论在体育研究中的应用，其中的自由女性主义更是主导了20世纪80年代关于体育的研究。总之，20世纪80年代的10年是关于性别与体育的研究变化最大的10年。这个阶段的女性主义研究是在第一阶段非理论研究的基础上以女性主义学者自我批判的方式展开的。其中具有代表性的学者有美国的苏珊·比瑞尔（Susan Birrell）、加拿大的安·赫和南希·西博格，还有澳大利亚的洛伊斯·布莱森（Lois Bryson）等。

20世纪80年代末，随着批判主义理论的兴起，学术研究已经开始向有关权力关系、阶级与种族关系、性别关系等的批判主义文化研究领域转移。在这个阶段，现代女性主义理论受到了严重的冲击，取而代之的是各式各样、没有一定陈规的后现代理论以及性别文化研究。除了继续强调在体育研究中女性经验和女性视角的重要性以外，女性主义者开始把目光投向后结构理论、身体理论、福柯的话语权理论、性研究、同性恋研究以及变性文化等。最早引用福柯理论的是珍妮芙·哈格里夫斯（Jennifer Hargreaves）所写的《何为贞节？何为优雅？对体育中性别关系社会建构的讨论》[①]和玛格丽特·塔尔伯特（Margaret Talbot）所写的《对妇女和体育关系的理解：英国女性主义方法对休闲和文化研究的贡献》[②]。1993年雪莉·考尔（Cheryl

---

① Hargreaves, J., "Where's Virtue? Where's Grace? A Discussion of the Social Production of Gender Relations Through Sport," *Theory, Culture & Society Cambridge* 3 (1986)：109-121.

② Talbot, M., "Understanding the Relationship Between Women and Sport: The Contributions of British Feminist Approaches in Leisure and Cultural Studies," *International Review for the Sociology of Sport* 23 (1988)：31-42.

Cole）发表的《抵制准则：女性主义文化研究、体育和身体的技术》[①] 一文被认为是后现代女性主义在体育研究领域的重要论文。

自 20 世纪 70 年代以来，西方对体育与女性问题的研究变得种类繁多，且大多都在女性主义主流学派的理论和方法框架下进行。女性主义理论的出现不仅为妇女体育研究提供了理论支持，还在妇女争取体育权利的实践中起到了指引作用。

（二）经典女性主义理论

1. 自由女性主义理论

自由女性主义在某种程度上是体育女性主义的鼻祖。其研究被认为是对女性问题的原始分析，它也是女性主义最流行的派别之一。特别是在北美、英国和欧洲，自由女性主义理论在某种意义上主导了女性主义的思想和行为。自由女性主义理论基于人文主义本体论的立场，以自由主义的基本原则为基础，认为自由的原则应该平等适用于女性与男性。奥林普·德古日的《妇女和女公民权利宣言》、玛丽·沃斯通克拉夫特的《女权辩护》、西蒙·波伏娃的《第二性》等，都是该流派早期的经典作品。

自由主义传统认为人类本质具有两重性，即身体与意识。其认为人的意识是凌驾于身体之上的，人的精神可以支配身体，这就是人类和其他动物的基本区别。因此，自由主义者认为人的身体的能力和政治能力没有任何关系，例如男性并不比女性更适合掌握政治权力，有能力的老人也并不一定要从政治舞台上离开让位给资历平庸的年轻人。对于自由主义者来说，社会赋予个人自我发展的平等机会是最重要的，这种权利是任何政府、机构、组织和个人都不可侵犯的。同时，自由主义追求保护个人思想自由，以法律限制政府对权力的运用，保障个人的自主权，维护个人的世界观、价值观和道德观。除此之外，自由主义理论还明确区分了公共空间和私人

---

① Cole, C., "Resisting the Canon: Feminist Cultural Studies, Sport, and Technologies of the Body," *Journal of Sport and Social Issues* 17 (1993): 77~97.

空间的概念，自由主义者认为政府的政策只应适用于公共空间，而私人空间应该不受公共政策的约束。①

　　早期的自由女性主义者认为，男女平等的基础应该是他们对事物判断的能力而非他们之间身体能力的差异。女性对事物的认知能力并不比男性差，所以女性应该同男性一样拥有自由的权利。但是实际上女性的生活、经历、获得的机会、对未来的预期与男性完全不同，这是由于社会上人为设置的种种障碍限制了男女平等参与社会生活。因此女性要获得更多的权利就需要消除这些障碍（例如，一些国家为大学男生提供体育运动奖学金，对女生则没有设置这类奖学金）。当代的自由女性主义者进一步阐明了这样的观点，并且认为女性对自由、平等和公正的获得实际上就是对平等的社会机会的获得。他们认为当代妇女所处的不平等地位是由立法的缺陷造成的，法律和法规使男性拥有了比女性更多的特权。虽然自由女性主义者也承认文化和习俗是产生性别歧视的其他原因，但是他们主要还是把争取女性权利的斗争放到了公共领域，比如要求女性参与一些公共事务，这些事务涉及很多领域，包括政治、工作以及体育活动的参与。自由女性主义者倡导女性要具有平等教育、平等工作、平等适用奖励机制、平等参与体育事务以及同工同酬等权利。

　　对于自由主义来说要建立一个性别公正的社会首先需要制定"公平的游戏规则"，其次要使那些由于制度原因没有参与"游戏"的人员也能得到相应的社会关怀和服务。② 但是有一点值得注意：虽然"游戏规则"的公平性可以被监督，但是游戏、比赛的本质是有输有赢，这是不可改变的，这对于自由主义的理想是一个巨大的挑战。此外，自由女性主义认为公共政策可以改变个人的态度，因此从上层寻求途径，要求政府面向全民遵守"自由与公正"的原则，从上至下进行改革，从而使女性享有和男性一样的

---

① Jaggar, A. M., *Feminist Politics And Human Nature* (Totowa, NJ: Rowman & Allanheld Press, 1983), p. 83.

② Tong, R., *Feminist Thought: A More Comprehensive Introduction* (Boulder, CO: Westview Press, 1989), p. 2.

社会权利。这种理论和实践上的缺陷导致了自由女性主义在寻求男女平等的道路上挫折重重，因为当权者还是以男性为主，他们不可能完全、彻底地改变以男性为中心的政策和制度来迎合女性主义者的要求。

　　就体育而言，自由女性主义者致力于通过立法的方式来消除体育中的性别歧视，同时扫除女性参与体育运动的障碍。在当时的历史背景下，早期的自由女性主义运动是成功的，比如美国 1972 年的《教育法修正案》第九条和《平等权利修正案》等，强调了禁止性别歧视，特别是在分配政府体育经费时，要保证公正和平等。这些法令的颁布对女性参与体育起到了一定的推动作用，1971~2014 年，美国高中和大学中参加运动的女孩人数从 29.5 万人增加到了 320 万人，增长了近 1000%。高中女生参加团队比赛的比例从 1/27 上升到 1/3。同样，大学运动团队中的女性人数也从 3.2 万人增加到了 20 万人，增长了 500% 以上。《教育法修正案》第九条的另一个重要成果是让许多男孩和男人学会正视和尊重妇女作为运动员的身份，这在 20 世纪 90 年代之前十分罕见。① 除此之外，自由女性主义还倡导在体育训练、设施、服务、比赛参与上都要做到男女平等，这才能保证体育中最终的男女平等关系。比如在 1984 年洛杉矶奥运会上，自由女性主义者就要求把女子 10000 米长跑项目加入田径比赛中。他们认为女子运动员已经在她们的训练中跑出了 10000 米，奥运会比赛就应该设置这个项目来展示女性的能力。② 北美各个州的自由女性主义者还积极展开活动以消除体育政策对女性的歧视。比如加利福尼亚州政府要求各个大学向至少 5% 的女大学生提供体育奖学金，并拿一定的经费来发展妇女体育，等等。很明显，政策改革是自由女性主义运动的主要措施。与此同时，自由女性主义者还致力于通过教育来改变女性的地位。他们首先提出要多培养哲学、法律、心理学、社

---

① Coakley, J., *Sport in Society: Issues and Controversies* (New York: McGraw-Hill Publishing Co., 2001), p. 185.

② Toohey, D. M., "The Political Components behind Women's Participation in the Modern Summer Olympic Games," in Simri, U. (ed.), *Sport and Politics* (Netanya, Israel: Wingate Institute Press, 1984), pp. 95–104.

会学领域的女性硕士甚至博士，通过提升她们的社会地位来改变妇女的现状。比如，女性律师或法律工作者会为女性受害者提供更多的法律支援，甚至影响法律的制定；社会学的女毕业生可能在制定公共政策时会更多地从女性的角度出发。而体育科学毕业的女大学生则会从更专业更女性化的角度去考察各项运动对女性身体的适用性以及体育规则的合理性。

从过去的几十年中，我们看到了自由女性主义者的努力以及他们所取得的成果，其中特别显著的是奥林匹克运动对妇女体育的重视和发展，这在很大程度上反映出自由女性主义对体育政策的制定所产生的实际影响。他们的声音能被决策者听到、他们提出的建议能被采纳也是由于他们的重重努力。但是，我们也在自由女性主义的实践经验中发现了一定的问题。比如，虽然女性参与的机会和获得的体育经费得到了增加，但是在整个体育制度上女性的地位并没有得到很大的提高，教练以及体育官员等带有决策性的职位大多都被男性所占据，即使有一些女性体育管理者，她们大多也没有实权。女性在体育领域还是处于弱势地位。[①]

自由女性主义在这些方面的失败源于自由女性主义思想的局限性。自由女性主义强调意识的重要性，认为女性认知事物的能力并不比男性差，从该观点出发呼吁女性应与男性享有一样的权利。但这忽视了男女性在生理上的差异，并没有从女性角度改变原有的社会制度，而是追求女性和男性同等，以男性的标准要求女性，间接地承认了男性的统领地位。正如自由女性主义者追求制定"公平的游戏规则"，他们主要是针对具体的政策提出意见，只要求法律和政策上的改革，却并没有对涉及根本的结构性问题进行批判；仅仅倡导女性与男性拥有平等的参与机会，但没有从社会制度的本源去探究造成男女不平等的根本原因；对意识形态的问题关注较少，或者说对主导社会结构运行方式的因素较少涉及。这些局限使自由女性主义在其后期运动中遇到了其他流派的挑战。

---

① Acosta, V. et al., "Title Ⅸ at Twenty: The Changing Status of Women in Intercollegiate Sport from 1972 to 1992," *Proceedings of the North American Society for Sport History* (1992): 66.

2. 马克思主义女性主义理论

马克思主义女性主义是在对自由女性主义进行批判的过程中产生并成熟起来的。马克思主义女性主义和自由女性主义同样产生于资本主义时代，但与自由女性主义不同，其并不认为在资本主义社会制度下社会成员特别是妇女能被赋予同等的关于自由和平等的权利。马克思主义女性主义者认为资本主义制度掌握在那些有钱、有权的人的手中，这些人绝对不会白白让出自己的财富和权力来分享给社会的弱势群体。因此他们抨击自由女性主义单纯通过当权者进行改革来改变现实的目标是一种妄想，因为这些人在制定政策的时候一定是以自己的最大利益为基础，而不是从处于弱势地位的社会成员的利益出发。他们认为只有社会阶级和阶级压迫被消除，一个公平、公正的社会才会出现，而女性作为社会"第二阶级"的地位才会被彻底改变。

马克思主义女性主义理论是建立在如下假设之上的：最根本的压迫是阶级压迫，阶级分类是对人类社会活动和实践进行分析的最重要的分类形式。马克思主义女性主义认为性别压迫是阶级压迫的派生与衍生；在废除阶级剥削后，性别不平等现象就会消失。当代马克思主义女性主义理论关注女性在劳动问题上所受的压迫。该理论认为女性被排斥于高薪工作之外，始终属于劳动力市场的低薪一族，她们在主流劳务市场中从事非主流工作，与男性从事生产性工作不同，女性从事繁衍工作：不仅指生物学角度的生育后代（下一代工作者）的工作，而且包括操持家务的工作。

除此之外，马克思主义女性主义者对自由女性主义所信奉的身体-意识"两元论"的思想进行了抨击。他们不认为身体和意识、体力劳动和脑力劳动、人类的生物性和社会性是截然分开的。相反，他们认为是人类的体力劳动，而不是纯理性思维把自然资源转变成满足人类生存需求的必需品，因此体力劳动是人类最本质的活动。马克思主义也认为个人的理性思维、能力、需求和利益是由社会生产方式所决定的，因此随着社会生产方式的改变，人的本性也在改变。从这个意义上讲，人类社会就没有一个统一的、一成不变的、普世的原则。

虽然和自由女性主义一样，马克思主义女性主义也认为自由对个人发展具有重要性，但是它们对自由的定义却存在分歧。自由女性主义认为自由建立在自治之上。所谓自治就是人们能够从道德层面做出决定来满足自我需求，而且这种决定不会受到他人或政府的任何干涉。而马克思主义女性主义却认为自由是和生产活动相关联的，其包含身体和精神的成分。换句话说，自由就是不受任何压迫地劳动的自由。

基于以上的理念，马克思主义女性主义认为妇女之所以处于被压迫的地位，是因为在资本主义社会制度下，她们被剥夺了在公共领域参与社会生产劳动的自由，要彻底解放妇女就要使她们走出家门进入社会生产领域。妇女只有成为社会生产大军的一分子，才能走出被别人决定命运的处境。通过对社会大生产的参与，她们才能真正成为社会成员，发现自己的潜力，争取自己的利益，最终改变社会。当然，马克思主义女性主义也强调，要实现这个目标，家务劳动和照顾孩子的任务就需要由社会公共服务来承担，这样妇女才能有可能真正投入社会生产。当然，即使女性克服阻碍进入了社会生产活动，也还是将面临下一个障碍——经济边缘化，即收入不平等的问题。以女性健美运动员乔安娜·托马斯（Joanna Thomas）为例，她出生于英国，从 14 岁开始对健美运动感兴趣，于 17 岁那年以业余运动员的身份开始参与健美运动，1998 年 22 岁时赢得了英国的全国女子健美比赛冠军，随后移民美国。在 2005 年拍摄的一部英国纪录片中，她称自己很少有机会能得到足够的收入，无法获得赞助，因此不得不在网站上售卖自己的裸照来满足日常生活需求。她哀叹自己经常被男性视作性对象，而非运动员。托马斯的处境源自社会内部结构的不平等，体育机构通常对男子运动员及男子体育活动给予优惠和赞助，并歧视女性运动员。例如，2011 年美国奥林匹亚先生竞赛的奖金有 60 万美元，与此同时奥林匹亚小姐竞赛的奖金只有 6 万美元。①

---

① Molnar, G. and Kelly, J., *Sport, Exercise and Social Theory* (New York: Routledge, 2013), p. 190.

马克思主义女性主义对妇女体育发展的影响和实践主要在社会主义国家显现和展开，比如中国、古巴、苏联以及东欧的一些社会主义国家。在这些国家，女性参与体育的权利被认为是参加社会生产权利的一种延伸。因此无论是学校、工厂、单位还是军队，都为妇女提供了平等的体育参与机会，比如组织做广播操、培养女性体育教师、组织员工运动会，还有体育达标测试等。这些体育活动都是在男女平等的原则下进行的。

当然，对女性体育的发展，马克思主义女性主义者还有另外的认识。他们认为身体的健康是对社会生产的最大保障。因此要使妇女们更好地参与到社会生产中，就需要通过让她们参与体育活动来锻炼和强壮她们的身体。而这种社会对女性体育参与的要求在某种程度上超过了女性自我对体育的需求。[1]

除了针对大众妇女的体育锻炼，马克思主义女性主义者还积极倡导女性进入职业体育领域。一方面，他们认为，体育从传统来看是被男性所主导的，女性职业运动员的诞生是对男性主导权的强大冲击，这不仅为女性提供了更多的职业选择机会，还为女性提供了更多展示自己能力的社会公共空间。从文化来看，体育中女性健壮的形象也是对传统的女子柔弱、内敛、贤妻良母形象的一种颠覆。另一方面，马克思主义女性主义认为女性运动员在体育上所获得的成就是社会主义国家阶级、性别平等的最好展示，因此国家不遗余力地发展和支持妇女体育的建设和发展，这也是社会主义国家妇女在国际体育舞台上取得辉煌成绩的主要原因。

马克思主义女性主义对女性体育的发展做出了很大贡献。显然，无论是在理论上还是在实践中，其都比自由女性主义取得了更大的成果。但是，一些女性主义者也对马克思主义女性主义提出了疑问，认为马克思主义女性主义者并没有完全应用他们的理论和方法去研究女性的经验，相反，他

---

[1]　Xiong, H., *Urbanisation and Transformation of Chinese Women's Sport Since 1980: Reconstruction, Stratification and Emancipation* (London: VDM Publishing House, 2009), pp. 111-114.

们认为女性受到的压迫从属于工人阶级受到的压迫，把对女性的解放和对工人阶级的解放混为一谈。工人阶级解放固然是实现女性解放征途中重要的一个环节，但工人阶级解放并不直接意味着女性解放。还有一些女性主义者认为马克思主义女性主义只关注妇女在公共领域的社会生产，但忽视了女性生育功能也是社会发展的动力。面对这样的批评，马克思主义女性主义虽然也对与女性相关的生育、堕胎、避孕、性工作者、强奸、性骚扰等话题开展了一些研究，但同样避免不了把阶级分析作为其看问题的出发点。

　　除此之外，一些女性主义者也对以国家为主导的女性体育参与方式提出了疑问。一方面，他们认为为保证生产而由单位组织起来的体育锻炼并不能满足妇女自我的需求。女性应该有选择锻炼或不锻炼，以及选择不同锻炼方式的自由，但是在这种体制下，女性的体育活动完全变成一种政治任务，虽然在某种程度上满足了强健身体的社会需求，但是忽视了女性的独立意志和个人需求。[①] 另一方面，一些女性主义者对国家培养女性运动员的方式进行了严厉指责。他们认为虽然这种严格、专业、大强度的训练确实保证了女性运动员在比赛中取得良好的成绩，但是为了保证获胜而采用非常手段，比如非科学的训练方式、服用兴奋剂、剥夺运动员其他生活权利等做法，其实与女性主义理论的目标和原则是相违背的。除此之外，一些学者还提出，一旦失去社会主义制度支持（比如苏联的解体和东欧国家的剧变），马克思主义女性主义理论所支撑的女性体育发展方式在没有国家保障的情况下将难以为继。

3. 激进派女性主义理论

　　激进派女性主义是 20 世纪 60 年代末兴起的一个活跃的女性主义流派。和自由女性主义以及马克思主义女性主义相比，这是一个比较年轻的理论派别。激进派女性主义没有像自由女性主义以及马克思主义女性主义那样

---

① Xiong, H., "Urbanization, Women's Body Image and Women's Sport under Chinese Socialism 1949-1979: A Historical Review," *Sport History Review* 46 (2015): 127-151.

深厚的哲学传统，其理论体系主要建立在"事物的成长和发展都要从其根源开始"这个认识论之上。其认为社会存在的所有压迫的根源均在于父权对妇女的压迫，因为父权制几乎存在于每一个社会及其政治经济制度中。因此，激进派女性主义把父权制视作为女性主义者要攻击和推翻的根源。剖析和批判妇女的从属地位是其的研究中心，这和自由女性主义所寻求的法制、教育和经济改革，以及马克思主义女性主义以阶级为中心的理论研究视角有着本质的差别。该流派的代表作有凯特·米利特（Kate Millett）的《性政治学》（*Sexual Politics*）、舒拉密斯·费尔斯通（Shulamith Firestone）的《性辩证法》（*The Dialectic of Sex*）、苏珊·布朗米勒（Susan Brownmiller）的《违背我们的意愿：男人、妇女和强奸》（*Against Our Will：Men，Women，and Rape*）等。

激进派女性主义的理论视角非常多元化。早期的激进派女性主义相信个人有选择性别角色的权利和自由，因而提倡中性主义。在后期，激进派女性主义者认识到其实这样的观念更加强化了女性气质和男性气质的固定化模式，而这种性别气质固定模式的强化无助于解释性别角色是如何形成并保持的。因此，他们把研究讨论的焦点放到了生理性别和心理性别的不同之上。激进派女性主义认为，人们虽然从出生就被决定了性别，但这只是生理上的性别，即 sex。而在人的社会化过程中所形成的自我性别认定是心理性别（后来又被称为"文化性别"），即 gender。

对于性别差异，激进派女性主义有着不同的观点。本质主义者强调男、女之间确实存在着本质的生理差别，但是这并不意味着女性的生理天然就比男性差，女性身体也有着特殊的优势，比如柔软、灵活、敏感、协调性好等，而这些特征也可以创造出力量。除了生理的特殊性以外，他们还强调女性在情感、交流、处理人际关系上的优势，而这些都是男性所欠缺以及他们所建构的"理性"世界所缺失的一部分。与本质主义者不同，另外一些激进派女性主义者认为性别（gender）是社会所建构起来的，而不是自然给予的。比如婴儿出生时是没有性别的，但是大人们很想当然地给女婴穿粉色衣服，给男婴穿蓝色衣服；给女孩买裙子，给男孩买裤子；鼓励女孩玩洋娃娃，而让男孩子玩枪和汽车。是人为的而非自然的原因使性别差异出现。有一些激进派女性主义者认为，因为体育是性别气质建构的重要场所，所以需要在运动中解构和重构这些性别气质。他们提出的解决方案是跨性别运动，即男性和女性参与和传统理解相悖的运动形式。譬如，女性参与那些体现暴力和竞争性的身体接触型运动，如足球、橄榄球、拳击等，而男性参与那些展示柔和及协作的休闲类运动，如瑜伽、健美操、花样游泳和花样滑冰等。激进派女性主义者认为，通过这种跨性别参与，男性和女性可以找到理解对方的途径，同时可以促使自身的人格发展得更为完整。① 建构主义对女性的生理自然性提出了极大的挑战。他们对孩子的自然性、女性的身体以及性别差异（sex difference）提出了众多质疑。建构主义的出现直接影响了西方学者们研究女性体育的视角，并为妇女体育研究提供了非常重要的理论框架。虽然研究的视角有所不同，但激进派女性主义的出发点都是挑战人类中"性"的概念。和马克思主义女性主义相同，激进派女性主义抛弃了自由女性主义的身体-意识两元概念，而将对身体的论述作为其研究的核心。

激进派女性主义认为当代社会是一个父权制的社会，所有的制度和秩序都是以男性为中心建立起来并维护男性的利益和特权的，特别是男性拥有绝对的文化话语权，因而控制了社会的意识形态，并确定了女性的从属地位。这种性别意识形态对女性做了明确的定义，规定了何为女性美、何为不美，并给它们划定了界限。一个女人在社会中即使地位再高，也会极力表现出更多的女性气质、更好的容貌及娇羞的情态，只有这样，她才能被男权社会所认同与喜爱。显然，针对女性身体已建立了一种以男性为中心的价值体系。就体育领域的现象来看，传统认为体育领域最能表现男性的诸如力量、速度等男子化气概。奥运会的口号"更快，更高，更强"也隐喻着男性气质的特征。因此，很多成功的女运动员要么被认为缺乏女人

---

① 张宪丽：《生态女性主义视域下的西方女性主义体育理论》，《上海体育学院学报》2011 年第 5 期。

味，要么就被认为是同性恋；此外，很多体育活动的主办方或赞助商要求女性运动员化妆，穿着暴露、性感（但不适于运动），用鲜艳的发带扎马尾辫，从而显得女性化以符合大众对传统女性形象的期待，只有这样才能吸引到更多的人关注该活动。这都是性别意识形态对女性身体潜能的束缚的最佳体现。要消除现有的性别压迫，激进派女性主义者认为最首要的任务就是消除父权制。同时，他们认为女性受压迫的根源在于父权制社会通过意识形态控制女性的身体，女性经常被认为是生育、照顾家庭和养育小孩的社会无偿劳动机器。因此女性要得到真正的解放就要能够完全掌控自己的身体，包括控制生殖权利（如怀孕、流产、节育、绝育等），掌握喂养小孩、性以及体育活动的决定权。激进派女性主义学者舒拉米斯·费尔斯通就在其名著《性辩证法》中强调过，要实现女性真正的解放，最主要的是要使女性摆脱生殖动机。在未来，科学技术使女性可以控制生育的机会，人工繁殖将替代自然繁殖，而志愿的家庭将取代生物意义上的家庭，生物学革命和社会革命最终将共同促成人类的解放。[1] 一些激进派女性主义者甚至走得更远，认为女性受压迫的根源在于父权制，而父权制最明显的标志就是异性婚姻制和家庭，因此要废除异性婚姻以及家庭制度，才能解放女性。

和自由女性主义不同，激进派女性主义认为变化需要通过根本性的社会变革来实现，不能依靠平等地参与现有的社会体系来实现。因此，激进派女性主义者认为整个社会体系需要站在女性的立场上废除与重建，在此之前不能参与由男性主导的社会体系，包括体育体系。首先，激进派女性主义反对竞技体育，认为竞技体育制度建立在男性的特性和爱好之上，竞技体育以竞争和获胜为目的的本质阻碍了更多女性参加体育活动并发现她们在体育上的潜力。其次，其要求改变现有的体育秩序和结构，认为现在主导的体育模式是建立在父权制之上并宣扬男性文化霸权的，比如对运动员身体的剥削和滥用、体育暴力、赌博、体育流氓文化等都是父权制下的

---

① Shulamith Firestone, *The Dialectic of Sex: The Case for Feminist Revolution* (New York: William Morrow and Company Press, 1970), pp. 43-58.

产物。最后，激进派女性主义认为这种父权制度下的体育结构最终会导致一些体育组织包括国际奥委会、世界田径联合会等的自动解体，因为这些组织已经变成了男人们玩弄权力的工具。他们强烈抨击体育的政治化和商业化，认为体育应该以提高个人的整体身体素质和技能、创造健康和幸福的生活为目的，而并不是为个人或群体所利用的谋取利益的工具。为了摆脱男性的控制，一些激进派女性主义者倡导在传统的父权体系之外建立女性自己独立的空间和实践活动，即"分离主义"。

对"分离主义"的实践最早出现在北美的一些女子学校。在这些女子学校，学生们除了学习外语、数学等传统的科目外，还开设了体育课，其中包括很多激烈的运动项目。这些女校旨在为年轻女性创造一个不以男性为主导的、独立的教育环境，向女性传授新的道德、知识、思想、艺术和文化。其中体育也是打破女子教育陈规的突破口。学校开设了曲棍球、划艇、篮球等以前从未向女学生开放的项目，但是在规则上有所改变，更加适合女性的特点。除此之外，激进派女性主义者还积极地倡导发展女子体育俱乐部和体育联赛，比如女子橄榄球、女子篮球、女子排球、女子足球等体育联赛。健美、有氧运动、花样滑冰、花样游泳等以身体美感为中心的体育运动也被激进派女性主义者大力提倡。他们认为这种新的体育模式和实践才能体现女性的价值观。为了更好地凸显女性在体育中的地位，激进派女性主义要求女性运动员不仅要在运动场上表现自己的实力，同时还要进入体育传媒和体育组织机构，用女性的视角来报道体育，以女性的立场来制定体育政策。他们认为，只有各个种族、各个阶层、各个年龄层次的妇女都团结起来，才能建立起一个新的、代表女性利益和价值观的体育秩序。

激进派女性主义者对妇女体育研究的最突出贡献在于他们提出了父权制的概念，并把这种制度作为其解释妇女受压迫地位的根本原因。除此之外，他们对女性的身体和性进行了文化定义，并把男性对女性身体的控制和利用作为抨击的主要对象，这包括黄色文化、性骚扰、家庭性暴力、乱伦等。虽然这些新的理论视角和实践为妇女体育研究输入了新鲜的血液，但是很多学者也对激进派女性主义所提出的妇女解放战略的可行性提出了质疑。首先，他们认为激进派女性主义理论泛化了对女性的压迫和对父权制的声讨，并没有考虑到在不同社会历史背景下，妇女的生存情形是不同的，比如有色人种和白人妇女的不同、工人阶层和中产阶层妇女的不同，此外，性取向不同的妇女所受到的社会压力也是不同的。因此，一味地把妇女所受到的压迫整体化来看待并不能更深入地和完整地体现妇女问题的复杂性。其次，一些学者还对激进派女性主义者所倡导的"分离主义"提出了质疑。他们虽然认为"分离主义"的实践在社会体制之外建立了一个更适合女性价值观和个人发展的环境，并增强了妇女的自信心和集体感，但是这样做，只能使女性更加远离以男性为主的社会中心，变得更加边缘化，这种做法同时也大大阻碍了社会的整体变迁。还有一些批判来自身体理论。这些批判者认为对女性身体的过分强调会导致另一种歧义，即认为女性是一种性或生育的生物，而忽视了女性作为人这种社会和文化生物的本质。一些激进派女性主义者认为只有通过体育和锻炼来解放妇女的身体，才能使女性更加强大和独立，这样的观点看起来非常有力，但是忽视了其他领域女性的实际情况。

（三）综合性女性主义理论

自由女性主义和激进派女性主义被认为或被批评为女性主义理论"最纯"的分类。也就是说，它们将性别作为最基础的分类，有别于其他以阶级、种族、性取向、年龄、国籍、宗教为主的分类形式。而对那些批判主义学者来说，性别关系仅仅是错综复杂的权力关系方阵（如上述阶级、种族等）中的一个组成部分，因此仅仅研究性别关系是不够的。使性别关系独立于上述权力关系只会忽视其他关系在理论层面中对性别关系的影响，这样做的结果就是使性别压迫关系与其他诸如种族和阶级等压迫关系形成冲突。如果说女性主义理论正确的主题是研究各个领域的女性状况，那么女性主义理论的正确研究方向就是理解女性的多样性。因此，20 世纪 70 年代末，更多的学者认为女性主义理论的研究主体必须从单一的以白人中产阶层为主的女性向各类女性群体扩展来反映女性生活的多样性，而当代女性主义研究的一个中心任务应该是探究关于女性的其他被压迫关系并对其进行理论化处理，这也被称为综合分析阶段。

1. 社会主义女性主义理论

马克思主义女性主义是综合分析的第一次尝试，它试图将性别分析和阶级分析放在同一个理论模块中。但是正像我们先前所指出的，马克思主义女性主义理论分析问题的前提是阶级，即阶级的重要性高于性别，这一点是许多女性主义者所不能接受的。在第一次建立综合理论的尝试中，马克思主义女性主义理论很快被重新构建为注重平等原则的社会主义女性主义理论。社会主义女性主义于 1966 年由英国女学者朱丽叶·米切尔（Juliet Mitchell）于《妇女：最漫长的革命》（Women：The Longest Revolution）一文中提出，她试图把马克思主义女性主义和激进派女性主义理论综合起来。海迪·哈特曼（Heidi Hartmann）的《资本主义、家长制与性别分工》（Capitalism, Patriarchy, and Job Segregation by Sex）、艾里斯·杨（Iris Marion Young）的《超越不幸的婚姻——对二元制理论的批判》（Beyond the Unhappy Marriage：A Critique of the Dual Systems Theory）都是该理论流派中的代表作。该流派的学者认为女性所受到的压迫植根于资本主义制度和父权体系，因此资本主义的父权体系是分析社会行动的主题。社会主义女性主义者认为女性和男性不是以其生物性征定义的，而是社会建构的产物，因此是可以改变的。他们同时强调公域活动（社会生产）和私域活动（生育）对女性解放的重要性。他们相信妇女既要有外出工作的权利和自由，也应该有生育的自由，而要获取这两方面的自由光靠自上而下的改革是不行的，要以革命的方式彻底打破现有的秩序才能实现妇女的真正解放。

对于体育，社会主义女性主义者认为以前马克思主义女性主义理论下所产生的女性体育参与模式过于强调竞技体育对女性解放的意义和作用，而忽视了女性本身对体育的多元化需求；同时其也不赞成激进派女性主义所提倡的"分离主义"模式，这样实际上把女性体育排斥到了以男性为中心的体育文化之外。对于社会主义女性主义者来说，女性只有真正享受到体育给她们带来的身心愉悦才能自由地追求体育中的平等权利。因此他们倡导：（1）为那些愿意成为职业运动员的女性提供平等的机会，包括平等的体育设施、训练、经费以及服务；（2）创造一种平等的体育文化，使所有的女性可以自由地享受体育运动，而不受任何约束。社会主义女性主义把女性的经历、需求、利益放在了体育参与的首要地位，并始终将妇女在体育中的物质关系作为研究的一个重要方面。社会主义女性主义者对那些为了政治、经济目的而滥用女性运动员的行为进行了强烈的抨击，他们甚至认为，无论是在资本主义制度还是在社会主义制度下，竞技体育都避免不了和政治、经济产生关系，如果体育的这种功能被无限地扩大，那么只会导致竞技体育制度的灭亡。①

社会主义女性主义集当时主流女性主义的核心观点于一身，既吸收了马克思主义女性主义批判资本主义的观念，也吸收了激进派女性主义批判父权制的观念，但这也成为它后期遭到批判的依据来源。由于吸收了太多其他理论的内容，鲜少在理论中创造出独有的新颖的内容，社会主义女性主义经常被人诟病缺乏独特的理论特色。

2. 黑人（种族）女性主义理论

除了阶级和性别的综合理论以外，种族和性别的交互分析也是一个重要的流派。在美国，尽管非白人女性如美国非裔女性、拉丁裔女性、亚裔女性、印第安女性等在女性运动中发挥了非常重要的作用，但是在女性主义理论研究领域她们经常被忽视。对女性主义理论缺少针对有色女性研究的问题，早期不成熟的解决方法是将有色女性纳入已存在的女性主义理论体系中。这样做至少出现了两个问题：其一，这一方法的前提是假设有色女性的活动可以被包含在现有的以白人女性的活动为基础的理论框架中，但这样做无疑是漠视了有色女性的特殊经历；其二，这一方法假定有色女

---

① Costa, D. M. and Guthrie, S. (eds.), *Women and Sport: Interdisciplinary Perspectives* (Champaign: Human Kinetics, 1994), pp. 246-247.

性是一个具有统一性的女性类别，它并没有区分有色女性之间在不同文化背景下的不同生活经历。由于上述分类的缺点，许多研究有色女性的学者对传统的女性主义理论极不信任，他们认为这些理论的建立是一种殖民化的行为。① 因此，他们建议以那些最受压迫和边缘化的人群为主建立一个由边缘到中心的女性主义理论②或者独立建立以非洲为中心的女性主义思想③。黑人女性主义由此应运而生，其挑战了种族歧视和性别霸权，并设想了其他更加平等的生活方式。黑人女性主义的思想和行动总是包含着与种族、性别和阶级等方面"其他"群体间的交往。黑人女性主义的理论化提供了一种解构和重构知识的方法论，以使人们理解社会现象。

随着运动场上女性人数的稳步上升，不同种族的女性运动员也不断涌现至社会大众面前，也带来了众多的争议。2012 年，在美国 1972 年《教育法修正案》第九条颁布 40 周年之际，非裔美国妇女的体育参与问题再次成为一个热门的讨论话题。20 位不同年龄的非裔美国妇女（包括行政管理人员、教练和运动员）聚集在黑人文化研究中心，讨论该法条自颁布以来的影响。她们承认，非裔美国妇女的运动参与率和获得运动奖金的机会有所增加，但是性别和种族边缘化问题仍然存在。因为非裔美国妇女：（1）主要集中在篮球和田径这两项运动上；（2）很少有机会能参与其他更广泛的体育项目，如曲棍球、游泳和足球等；（3）作为大学运动教练的人数有限。最终讨论得出的结论是：《教育法修正案》第九条未能从参与者的需求、经验方面去很好地实现其解决性别不平等的意图和目的，甚至在某种程度上为非裔美国妇女运动和有色女性运动重建了社会种族不平等。此外，也有相当多的美国非裔女性运动员，即使在拿到全国冠军后，仍然会遭遇机会歧视（被拒绝加入体育组织）和待遇歧视（负面的媒体刻画、种族歧视和

---

① Christian, B., "The Race for Theory," *Cultural Critique* 6 (1987): 51-63.

② Hooks, B., *Feminist Theory: From Margin to Centre* (Boston, MA: South End Press, 1984), pp. 1-41.

③ Collins, P. H., *Black Feminist Thought: Knowledge Consciousness, and the Politics of Empowerment* (New York: Rroutledge, 1991).

性别歧视)。①

黑人女性主义理论使人们认识到了非裔美国妇女和其他有色人种对女性主义的重要性，鼓励有色女性用声音和自我认同来促进社会平等。其缺点在于相关研究成果相较于其他女性主义研究仍然较少。这是由有色人种种族类型多而种族人数少，种族内又存在着特定文化习俗等许多相关原因导致的。种族类型多，所以如果对每一种族中的妇女都进行详细调查，工作量十分巨大。种族人数少，又具有特定文化习俗，这使得研究者深入某些特定种族，对其中的女性群体进行调查，并对其生活的社会背景进行深刻理解十分困难。此外，对有色女性的研究还是主要集中在非裔女性上，对非裔以外其他有色族群女性的体育研究依旧非常欠缺。学者麦克·麦斯纳（Michael Messner）的女性主义文章《白肤色男性的不良行为》就提醒了大家：女性不是唯一被歧视的性别，黑人也不是唯一被歧视的种族。② 以黑人男性的经历为研究对象进行相关调查，或许也可以对黑人女性主义起到补充作用，或为其研究带来新的灵感。

3. 酷儿理论

性别（gender）与性取向（sexuality）之间的关系从 20 世纪 80 年代后期开始成为女性主义理论越来越关注的问题。早期激进派女性主义理论经常将性取向理论化，明确地把女同性恋主义作为女性独立运动的一个组成部分。他们认为女性主义只是理论，而女同性恋主义是对女性主义的实践。20 世纪 80 年代，对女同性恋问题的关注导致了学者们对同性恋恐惧症（homophobia）③ 的分析热潮，而体育成为一个很好的研究切入点。过去从事体育活动的女性常常被认为是涉足男性领域的假小子甚至是同性恋。调查发现很多女性运动员承认当她们认真、努力地从事某种体育项目时，常

---

① Ratna, A. and Samie, S. F. (eds.), *Race, Gender and Sport* (New York, Routledge, 2018): 63-64.

② Messner, M., "White Men Misbehaving: Feminism, Afrocentrism, and the promise of a Critical Standpoint," *Journal of Sport and Social Issues* 16 (1992): 136-143.

③ 同性恋恐惧症，简称"恐同症"，是指对同性恋行为以及同性恋者的非理智性的恐惧和憎恨。

常被认为是同性恋。人们想当然地认为女性同性恋者有着男性的特征，这使她们在体育中的表现要优于一般异性恋女性。而另一些人则相信过度的体育锻炼或是过激的体育训练和竞赛会使女性出现男性气质，其性倾向也会转变。体育女性主义者认为正是这种同性恋恐惧症所产生的意识形态的偏见使得女异性恋者和女同性恋者双双被排除在体育活动之外。因为害怕被冠以同性恋的头衔，很多异性恋女性不参加体育活动；而一些家长为了避免女儿在参加体育活动的过程中受到女同性恋运动员或教练的影响，也禁止她们进行体育运动。公众对女同性恋的恐惧影响着女性体育参与的选择。当她们害怕被认为是同性恋或是和同性恋有关时，一般女性会刻意避免一些体育活动，这让她们的体育潜力不能很充分地发挥出来。女性主义者认为形成这种对同性恋的恐惧症可能有个人原因，但更多的是因为受到他人（社会）对同性恋的态度和表达的影响。这种影响不仅作用于非同性恋者，也作用于同性恋者本人。那些同性恋者不愿意人们把自己的性倾向与爱好体育的事实联系在一起，渐渐地远离了体育；还有一些女运动员为了不受到歧视和嘲笑不得不隐藏自己同性恋的性倾向。

在北美，派特·葛瑞芬（Pat Griffin）、海伦·林斯基（Helen Lenskyj）和多萝西·基德（Dorothy Kidd）在这一领域做出了开创性的工作。葛瑞芬对体育中的女同性恋现象做了详细的分析[1]，同时他指出正是体育对女性的偏见所滋生的同性恋恐惧症把女性群体同体育分离开了[2]。林斯基则对女性、体育以及性倾向之间的关系进行了深入探讨[3]，她从女性价值观的角度讨论了女性之间在体育中产生友谊的可能性[4]。基德则从女运动员被迫选择

---

[1] Griffin, P., "Changing the Game: Homophobia, Sexism, and Lesbians in Sport," *Quest* 44 (1992): 251-265.

[2] Griffin, P., "Homophobia in Women's Sports: The Fear That Divides Us," in Cohen, G. L. (ed.), *Women in Sport: Issues and Controversies* (Newbury Park, CA: Sage, 1993), pp.193-203.

[3] Lenskyj, H., *Out of Bounds: Women, Sport and Sexuality* (Toronto: Women's Press, 1986).

[4] Lenskyj, H., "Girl-Friendly Sport and Female Values," *Women in Sport and Physical Activity Journal* 3 (1994): 35-45.

的异性恋价值观入手分析了体育对性别差异的强化功能。[①] 至 20 世纪 90 年代，苏珊·卡恩（Susan Cahn）所著的《变得更加强壮：20 世纪女性体育中的性别和性倾向问题》[②] 一书详尽地讨论了同性恋恐惧症在体育和体育教育中的历史。如果说 20 世纪 80 年代的女性主义者研究工作的焦点在女同性恋的身份认定上，那么自 90 年代起，女性主义者则开始用更加完整的理论模型深入地分析性倾向和体育的关系。

酷儿是英语单词"queer"的音译，有"怪异"之意，原是西方主流文化对同性恋者的贬称，后来被性激进学派借来用以概括他们的理论，带着反讽之意，逐步指向在文化中所有非常态的表达方式——"这一范畴包括男同性恋（gay）、女同性恋（lesbian）和双性恋（bisexual）的立场，也包括所有潜在的、难以归类的非常态立场"[③]，这种方式将整个"性异常"的群体更好地团结了起来[④]。酷儿理论（queer theory）于 20 世纪 90 年代在西方兴起，酷儿理论一词的提出最早是在特利莎·劳里提斯（Teresa de Lauretis）在 1991 年《差异》（*Differences*）杂志上发表的一篇名为《酷儿理论：女同性恋和男同性恋的性》（Queer Theory：Lesbian and Gay Sexualities）的文章中。该理论的代表作品有朱迪斯·巴特勒（Judith Butler）的《性别烦扰：女性主义与身份的颠覆》（*Gender Trouble：Feminism and the Subversion of Identity*，1990 年）及《身体之重：论对"性"的话语限定》（*Bodies That Matter：On the Discursive Limits of "Sex"*，1993 年），伊夫·科索夫斯基·塞芝维克（Eve Kosofsky Sedgwick）的《男人之间：英语文学和男性同性社会性欲望》（*Between Men：English Literature and Male Homosocial Desire*，1985 年）、

---

① Kidd, D., "Getting Physical：Compulsory Heterosexuality and Sport," *Canadian Women's Studies* 4（1983）：62-65.

② Cahn, S. K., *Coming on Strong：Gender and Sexuality in Twentieth-century Women's Sport*（New York：Free Press, 1994）.

③ 汪民安主编《身体的文化政治学》，河南大学出版社，2004，第 101 页。

④ 熊欢：《性别、身体、社会：女性体育研究的理论、方法与实践》，中国社会科学出版社，2016，第 448 页。

《暗柜认识论》（*Epistemology of the Closet*，1990 年）、《反常凝视：小说"酷"读》（*Novel Gazing：Queer Readings in Fiction*，1997 年）等。

酷儿理论的前身是一系列与同性恋有关的理论，但它的主张比 20 世纪70 年代兴起的同性恋解放运动（gay liberation）的主张更进一步。同性恋解放运动在欧洲和美国兴起，为性少数群体应有的生存空间而战，而酷儿理论则主张要求更多的权利，它以高亢的声调肯定自我存在的价值，拒绝被主流社会所同化。酷儿理论的目标是从根本上动摇"正常""性""异性恋""同性恋"这些传统概念，酷儿学者试图摧毁旧的概念，重新界定"正常""性别""性""家庭"等概念，以期给予人们重新界定自己的身份或性别的自由。它的作用不仅在于支持同性恋群体，更在于强调各种边缘弱势群体的正当性。与女性主义一样，酷儿理论不单单是一种理论主张，还对应着一种社会运动。它可以被解释为对当代世界中一种主体形成模式的反叛，对权力的挑战，对个人被定义的方式和把个人定义为某种特殊身份、固定在某种社会地位上这种做法的挑战。学者们称之为"酷儿政治"（queer politics）[①]。

酷儿理论的主要内容包括以下几个部分。[②]

第一，向异性恋和同性恋的两分结构发起挑战，向社会的"常态"（如异性恋制度、异性恋霸权等观点）发起挑战。它还向男性与女性的性别两分结构发起挑战，向一切严格的分类发起挑战，它的主要批判目标是西方占统领地位的思维方式——两分思维法。这种非此即彼的思维方式被一些思想家认为是限制人自由选择的桎梏，被称作"两分监狱"。在传统的性别二分结构里，女性的身体被认为不适合参与体育活动。而后通过跨越传统刻板性别印象的方式，女性介入了体育领域。随着女性运动员的不断增加，跨性别运动员参与体育竞赛的事件开始发生。当跨性别运动员的出现不再是个案时，体育竞赛的公平、公正原则要求明确对运动员参赛资格的要求。传统的性别二

---

① 熊欢：《性别、身体、社会：女性体育研究的理论、方法与实践》，中国社会科学出版社，2016，第 449 页。

② 熊欢：《性别、身体、社会：女性体育研究的理论、方法与实践》，中国社会科学出版社，2016，第 450 页。

元模式显然无法很好地带领人们走出这个困境，而酷儿理论所支持的多元性别观念，在实践上为消除性别混乱所产生的困境点亮了一盏明灯。

第二，向传统的同性恋文化发起挑战。酷儿理论不仅要颠覆异性恋的霸权，而且要颠覆以往的同性恋正统观念。它将彻底粉碎性别身份和性身份，这既包括异性恋身份，也包括同性恋身份。酷儿理论不认为男女同性恋的身份是固定不变的，因为身份是具有表演性的，是由互动关系和角色转变创造出来的，例如，一些训练队中性取向为同性的女运动员，在退队不参与体育训练以后，性取向又转变为朝向异性。因此身份是弥散的、局部的、变化的。

第三，酷儿理论具有重大的策略意义，它的出现使所有边缘群体能够联合起来采取共同行动。酷儿政治建立了一种政治的联盟，它包括双性恋者、异性恋者、女同性恋者和男同性恋者，以及拒绝占统治地位的一切生理性别、社会性别和性体制的人。酷儿政治接受所有认同这一新政治的人，无论他们过去有着何种性身份、性取向和性活动。严格来说，一个人既不能成为一个同性恋者，也不能是或不是一个同性恋者。但一个人可以使自己边缘化，可以改变自己，可以选择成为一个酷儿。正如酷儿理论家塞芝维克（Sedgwick）的观点一样，文化中两极对立的分类，本就处于一种不稳定的和动态的关系中。因此仅争取对同性恋的正面评价是不够的，还要保护人们选择做酷儿的权利。

第四，酷儿理论与后现代理论紧密结合。酷儿理论的哲学背景是后结构主义和后现代理论，它具有强大的革命性，最终目标是创造新的人际关系格局，创造人类新的生活方式，其做法是向所有的传统价值发起挑战。

体育领域内的同性恋研究长久以来都是一个被忽视的盲区，除了体育领域"异性恋意识形态"建立的权力结构、知识体制以及女权主义风潮吸引了更多的眼球外，也是因为"体育与性非常个人化和高度敏感化的关系常与性别取向、同性恋歧视紧密相连，容易产生诸多争议与复杂性"等因素。幸运的是仍有一些学者意识到了酷儿理论在体育研究中的批判意义。海瑟·塞克斯（Heather Sykes）认为酷儿理论指导下的体育研究可以改变我们对性、欲望与身体的观念，这种研究往往基于建构主义的理论假设，重新考量人文主义、认同、社会科学与文化实践等时代命题。它们以福柯的权力、知识理论为向导，不再细究男性、女性体育参与中无意识的、生理学的差别，而是研究参与主体的性别认同，同性恋参与体育被认为是同性恋主体释放被刻板印象束缚的欲望而获得快乐的过程。海迪·恩格（Heidi Eng）研究了特定的体育活动、体育的社会空间以及运动员的"更衣室文化"。她认为一般来说人们把更衣室分为男更衣室和女更衣室是为了消除在性方面（性欲望、性行为、性骚扰）的顾虑。但是这种想法完全是基于异性恋的思维模式，而同性恋完全没有被考虑到。这也进一步验证了异性恋话语模式的主导和压制性，同性恋完全处于"失声"状态。伊恩·维勒德（Ian Wellard）考察了英国南部同性恋网球俱乐部的创立过程。这种同性恋俱乐部的创立初衷是给异性恋群体之外遭受排斥的性少数群体提供一个避风港。事实上同性恋网球运动员的某些行为已经挑战了体育参与中占主导地位的价值观。但遗憾的是仅靠极少数同性恋者的参与并不能让人们意识到这些网球俱乐部在性别上具有的特殊意义。于是维勒德目睹了俱乐部当中的某些成员在社会压力下主动追求被主流文化吸纳同化的努力，这种努力也表现了体育中的同性恋力量会直接影响同性恋者们的感受与行为。①

　　体育与同性恋亚文化研究为人们提供了开放的性学视角、独立的批判精神，并引入了民族志的研究方法。诚然，体育中的性与酷儿研究在知识的系统性和理论的适用性方面仍存在一定的缺陷，如在作者的身份立场上依然保持白人特点、在内部的逻辑一致性方面还存在自相矛盾之处等。然而瑕不掩瑜，它毕竟开辟了体育与同性恋关系研究的崭新视域，并提供了重要的批判性武器——酷儿理论。体育社会学家珍妮芙·哈格里夫斯（Jennifer Hargreaves）与伊恩·麦克唐纳（Ian McDonald）对此给予高度认可："这类研究富有质疑精神、干预精神与创新精神，展示了经常被误解、

---

① 熊欢：《性别、身体、社会：女性体育研究的理论、方法与实践》，中国社会科学出版社，2016，第455~457页。

谬传和边缘化的性少数群体的日常体育经历，为理解体育中性别的复杂性提供了基石。"[1]

（四）批判主义女性主义理论

1. 批判主义与女性主义文化研究

从 20 世纪 80 年代起，越来越多的体育女性主义研究被引向了批判主义领域。批判主义的研究焦点是权力，具体应用到女性主义中则体现为探讨体育中的性别权力，如性别关系是如何在体育实践中被塑造和改变的，性别权力是如何产生的、在什么情况下可以发生转移等问题。文化研究是一种渗透着批判主义的综合分析方法，在女性主义的研究中起着非常重要的作用。文化研究最早发源于英国，之后对北美社会学产生了重大的影响。文化研究的基本假设是：社会中的权力分配是不平等的，这主要体现在不同的阶层、种族和性别所拥有的权力的不平等上。但是文化研究者认为，这些权力关系并不是固定的，而是相互竞争的。除此之外，文化研究者认为权力的维护并不是通过强硬的方式来完成的，而更多的是通过对意识形态的主导等更加隐性的方式来实现的。所谓意识形态就是指那些为统治者利益服务并充当形成"大众想法"或共识的基础的一系列观念，而体育正是意识形态斗争的公共场所。对于女性主义者来说，体育建构了性别权力关系，并赋予了性别权力以意义。因此，在体育领域，女性主义文化研究主要围绕着以下四个主题：（1）男子气概以及男性权力在体育中的形成；（2）媒体对女性在体育中形象的塑造；（3）妇女对以男性为主导的体育模式的抵制与反抗；（4）体格、性和身体在体育中的关系。[2]

体育中的男性权力是女性主义文化研究中最基本也是最传统的一个研究主题。麦斯纳（Messner）的论文《体育和男性主导：女性运动员作为斗

---

① 熊欢：《性别、身体、社会：女性体育研究的理论、方法与实践》，中国社会科学出版社，2016，第 426~459 页。

② Birrell, S. J., "Discourses on the Gender/Sport Relationship: From Women in Sport to Gender Relations," *Exercise and Sport Science Reviews* 16 (1988): 459-502.

争性意识形态》① 是这一领域里程碑式的研究文章。除此之外，文化霸权理论对体育活动进行了理论层面的剖析。在文化霸权理论的框架下，女性主义者对这个主题的研究更加深入、系统。政治上的霸权主义是指一种不均衡的政治支配状态，主要表现为某一国家由于其政治、经济实力具有很大优势而占据主导的局面。而文化霸权主义则是指不均衡的意识形态支配状态，表现为某一集团由于控制意识形态而占据主导的局面。换句话说，"霸权是一个相当完整的意识主导的系统，它是与那些被剥夺权力的人一起产生的"②。在体育活动中构建男性霸权的一个特别的积极途径就是媒体。

玛格丽特·达坎（Margaret Duncan）就媒体塑造女性体育形象的方式进行了大量的卓有成效的批判性研究工作。她研究了女性在奥运会上的照片中的形象、女性在体育杂志中的形象，以及电视荧屏是如何展示女性运动员的。她的论文向我们生动地展示了女性在体育传媒中的形象，并对媒体对女性运动员的偏颇描绘进行了批判。③ 她认为媒体对女性运动员的刻画是建立在以男性为中心的性别意识形态之上的，是为了迎合社会文化对女性角色、女性气质的塑造，实际上就是对女性体育潜力的抑制。比瑞尔（Birrell）和西博格（Theberge）进一步就通过媒体形象对女性意识形态的控制提出几个具体需要关注的问题：一是媒体对女性运动员形象宣传不足；二是媒体对她们所取得的成就进行矮化与边缘化；三是媒体对女性运动员性取向的偏见；四是媒体语言中隐含的同性恋恐惧症；五是过分描述女性在体育活动中的悲惨经历；六是媒体对女性运动员的带有偏见性的诠释——认为女性不是天生的运动员，而女性运动员不是自然的女性。女性

---

① Messner, M., "Sports and Male Domination: The Female Athlete as Contested Ideological Terrain," *Sociology of Sport Journal* 5 (1988): 197–211.

② Theberge, N. et al., "The Sociological Study of Women and Sport," in Costa, D. M. and Guthrie, S. (eds.), *Women and Sport: Interdisciplinary Perspectives* (Champaign, IL: Human Kinetics, 1994), p. 327.

③ Duncan, M. C., "Beyond Analyses of Sport Media Texts: An Argument for Formal Analysis of Institutional Structures," *Sociology of Sport Journal* 10 (1993): 353–372.

主义者认为正是体育媒体误导了大众对女性体育以及女运动员的看法，同时维护了以男权为中心的体育文化结构。

对以男性为主导的体育活动的抵抗是女性主义文化研究的一个重要的传统研究对象。在 20 世纪 90 年代，许多学者从不同领域入手对女性的抵抗进行了分析。比瑞尔和西博格共同研究了女性抵抗男性中心体育的渠道①；海伦·林斯基探讨了女性软球项目对传统体育模式的抵抗②；伊丽莎白·怀特里（Elizabeth Wheatley）比较了男性橄榄球歌曲与女性橄榄球歌曲对性的描述语言的不同③；米勒（Miller）和佩兹（Penz）分析了女性健身运动者是如何突破男性健身传统的④；海若万（Haravon）则建议把有氧运动的开展作为女性抵抗以男性为主导的体育形式的途径⑤。

除了以上三个主题以外，体格、身体与性在体育中的关系也是一个非常重要的研究方向，对这个主题的讨论主要集中在后现代女性主义理论的研究中，我们在下文重点谈论。

2. 后现代女性主义理论

"后现代主义"这一术语现在非常流行，它不是一个特定的理论，但比其他术语更适合表达后现代社会生活中的困惑与矛盾。后现代时期的生活涌现了一系列与现代主义不同的世界观，其中大多数观点对女性主义理论产生了重大影响。后现代主义在很多方面质疑了现代主义理论。他们解构

---

① Birrell, S. and Theberge, N., "Feminist Resistance and Transformation in Sport," in Costa, D. M. and Guthrie, S. (eds.), *Women and Sport: Interdisciplinary Perspectives* (Champaign, IL: Human Kinetics, 1994), pp. 361-376.

② Lenskyj, H., "Girl-friendly Sport and Female Values," *Women in Sport and Physical Activity Journal* 3 (1994): 35-45.

③ Wheatley, E., "Subcultureal Subversions: Comparing Discourses on Sexuality in Men's and Women's Rugby Songs," in Birrell, S. and Cole, C.L. (eds.), *Women, Sport, and Culture* (Champaign, IL: Human Kinetics, 1994), pp. 193-212.

④ Miller, L. and Penz, O., "Talking Bodies: Female Bodybuilders Colonize a Male Preserve," *Quest* 43 (1991): 148-163.

⑤ Haravon, L., "Exercise in Empowerment: Toward a Feminist Aerobic Pedagogy," *Women in Sport and Physical Activity* 4 (1995): 23-44.

了团体概念，认为个体（自我）才应该是理论框架的核心，因为自我的主体性总是会主导理论的记述。后现代主义并不认为语言和现实之间有着本质的联系。现实是客观存在，而语言不仅是人类进行自我表达的工具，更是建立自我意识的工具。因此，从某种意义上说，现实并不能在语言中体现出来，而语言反映的则更多的是陈述者的主观想法。这种思考方式解构了现代理论以追求真理为核心的基础。因为随着时代、社会背景的不断变迁，新产生的理论会不断推翻以前的理论，因此后现代主义认为不存在永恒的真理，只存在临时性的"真理"。此外，后现代主义挑战了传统的在单一、固定的理论框架中分析事物的方法。后现代主义者认为并不能用一个框架把观点锁定在一起汇总成一个理论。因为统一的理论框架并不能对任何现象都适用，做到面面俱到，因此需要具体问题具体分析。这种后现代主义的观点动摇了传统现代理论的普世性原则。

正如前文所述，文化研究作为 20 世纪 80 年代女性主义分析的主导性范例成为连接现代主义与后现代主义的桥梁。20 世纪 80 年代末，一些学者发表了一系列论文，试图追踪从过去相对有组织的女性主义框架到能够引导未来研究发展变化的后现代的学术变革力量的变化轨迹。文化研究带领我们从社会科学领域进入德里达（Derrida）、福柯（Foucault）和葛兰西（Gramsci）等涉及的语言研究、霸权理论、解构主义和后结构主义等其他领域。

第一，身体的训诫与权力。

福柯和后结构主义处于女性主义理论变革的中心。后结构主义通过语言和其他有代表意义的形式关注了"社会组织、社会意义、权力和个体意识等问题的分析"[①]。这种受后结构主义思想影响的理论与方法论分析策略要求我们关注语言陈述的建构与冲突的意义。对于体育研究来说，福柯的理论常常被用来解释和分析对身体的陈述。福柯关于通过训诫产生权力的

---

① Weedon, C., *Feminist Practice and Poststructuralist Theory*（New York：Basil Blackwell, 1987），p. 21.

理论为我们研究运动员的身体提供了新视点。根据福柯的观点，现代体育锻炼是培养驯良的、易控制的身体的重要工具。如果从体育的历史发展来看，我们可以发现传统体育模式宣扬的是对身体自然力量的释放以及身体与身体之间的对话，具体表现在对裸体运动的崇尚、对运动员个人体型的放任、没有严格的训练规范等方面。而现代体育则通过各种途径来培养一种"富有纪律性"的身体，如严格的身体素质训练、技术演练、饮食的控制等。福柯认为现代体育实际上使运动员失去了对自我身体的控制权力。而真正拥有权力的是那些制定这些规则的人或机构。那些所谓的科学训练模式实际上是现代医学、生理学、心理学等行使其话语权的场所，其目的是对身体进行控制。

在福柯关于身体和权力的论述的基础上，女性主义者强调了女性的身体是在各种话语权的作用下建构起来的的观点，这包括医学、科学、技术主导的话语权。比如，一些女性主义者认为传统医学过分强调女性身体结构与男性不同，如女性具有骨骼较小、肌肉较少、神经系统敏感等生理特征，这不可避地使女性在体育中处于劣势。① 虽然在西方维多利亚时代，女子的体育教育在医学的支持下是被大力提倡的，但是这也是基于医生们"母健子强"的论证，而并非出于对女性自身利益的考虑。因此女性主义者认为是医学的话语权在塑造和控制着女性身体在体育中的表现。同样，在当代社会，女性的身体仍被主流话语权所控制着。比如，科学减肥的观念使很多女性走进了健身房，跳起了健美操。一些女性为了寻求"完美"的身材，不遗余力地对自己身体进行严格的控制，比如一天摄入的卡路里应该控制在什么范围，运动应该消耗多少卡路里，减臀部应该做什么动作，丰胸又应该进行什么锻炼。从福柯的观点来看，这些都是现代科学对女性身体的控制和训诫。而一些女性主义者也提出，男性在体育锻炼中对身体

---

① Atikinson, P., "Feminist Physique: Physical Education and the Medicalisation of Women's Education," in Mangan, J. A. and Park, R. J. (eds.), *From "Fair Sex" to Feminism: Sport and Socialization of Women in the Industrial and Post-Industrial Eras* (London: Frank Cass and Company Limited, 1987), pp. 38–57.

的训诫是为了自我满足，而女性在体育中对身体的训诫是为了满足他人的眼光。① 总之，福柯关于身体和权力的分析模式对后现代女性主义的体育研究产生了极大的影响。

第二，异性恋矩阵的解构。

在后现代女性主义中，解构主义的传统也起着非常重要的指导作用，对性的解构尤其被关注。朱迪斯·巴特勒（Judith Butler）提出了女性主义性别理论中的一个重要概念，即异性恋矩阵：性、性别与性取向之间的关系。② 自 20 世纪 70 年代以来，人们已经习惯用术语"性"（sex）指代一个人的生物学与性别分类，也就是说，一个人的性别非男即女。"性别"（gender）一词被用来指代一个人在文化上的定义以及他/她需要在行为上扮演的男性化/女性化角色。"性取向/性意愿"（sexuality）指一个人在性伙伴上的选择。性/性别/性取向三者在非正式情况下并不相关，但在传统的文化假设下我们认为三者是相关的，即三者处于一个完整的组合中：女性、女性化、异性恋取向。我们想当然地认为可以通过对一个人的某种信息（如她具有女性化特征）的了解来确定这个人其他方面的类别（她是女性，也是异性恋）。

在后现代主义的思维方式下，这种异性恋矩阵是可以被解构的。首先，性别是最容易被人们所质疑的。人们发现即使在一个性别歧视社会，男子化与女子化角色也不是唯一的选择。人们或许会歧视一个具备与生物性别相异的性别特征的人，如称之为"娘娘腔"或"女汉子"，但学者与民众均认同一个人可同时具备两个性别的特征。很显然性别是文化构建的产物，因此也是最容易被解构的。体育研究对性别的解构起到了巨大的作用。学者认为体育是一种文化产物，它塑造着男性气质和女性

---

① Hall, A., *Feminism and Sporting Bodies: Essays on Theory and Practice* (Champaign, IL: Human Kinetics, 1996).

② Butler, J., *Gender Trouble: Feminism and the Subversion of Identity* (New York and London: Routledge, 1990).

气质的差别。比如，那些激烈的、高强度的、高体能要求的运动通常被认为是男性的领域；而以身体美感为主的运动项目则认为是女性气质的展现舞台。但是当代体育的发展打破了这种传统的刻板印象。女运动员可以展现"男子气概"，而男子运动员也会在运动场上展示其灵活、柔美、感性的一面。总而言之，当代体育在某种程度上逐渐地抹去了性别气质间的界限。

而在过去的十几年中，性的二元结构也正在受到严峻的挑战。要证实一个人有可能具有双重的生理性别是一个非常具有挑战性的尝试。然而，体育研究提供了检验相关逻辑的一个特别的切入点，因为体育是为数不多的逻辑上以性进行分类的文化活动之一。比瑞尔和考尔对瑞查斯（Renee Richards）由男变女、作为变性女人在法理上争取参加女性网球赛的权利的文化含义进行了分析。① 这项研究使我们认识到生理性别的分类也是文化所建构的。一些女性体育运动员由于身体的特征很男性化而常常被要求进行性别检测，这包括网球选手威廉姆斯、南非女田径运动员塞蒙娅等。塞蒙娅的性别问题曾经引起国际田联和女性主义者之间的争论，女性主义者在包括国际奥委会在内的大型体育组织总部进行了游行，呼吁取消男女之间的区别，给包括双性人在内的所有性别歧视的受害者以公平参加体育比赛的权利。这其实给各体育组织出了一个大难题，不仅成为大众茶余饭后的话题，也引起了学术界的争议。性别中的生理差异确实存在，而体育竞技追求的是一种公平公正的比赛气氛，如果取消性别上的区分，势必会导致不公平的存在，毕竟在体育比赛中，男女在力量、速度、爆发力上的差距还是比较明显的，所以忽视性别上的差异其实又在本质上违反了公平的原则。因此，怎么样对男女进行区分，以什么标准判断性别上的差异，变性人是否能作为自然人参加体育竞赛、他们会对体育性别文化起到什么样的解构作用，怎么样才能做到真正的公平等问题已经成为摆在体育理论研究

---

① Birrell, S. and Cole, C., "Double Fault: Renee Richards and the Construction and Naturalization of Difference," *Sociology of Sport Journal* 7 (1990): 1-21.

者视野里的世纪难题。第 32 届夏季奥林匹克运动会（东京奥运会）上，跨性别运动员（transgender athlete）第一次以合法身份出现在赛场上，这一现象引起了广泛的热议。

从西方体育史来看，男性与女性在体育领域是被截然分开的两个类别，其合理性基于男女"身体能力"的差异会导致他们在体育运动中的表现截然不同。在性别二元对立的认识论以及"公平"竞争的价值理念下，性别检测（sex testing）成为 20 世纪 20 年代以来国际奥委会的一项重要性别政策，其主要目的是识别在奥运比赛中的"男性伪装女选手"行为，以保证女性运动员的"真实性"。[①] 20 世纪 60 年代，在美苏冷战的政治环境下，性别检测迅速成为"东西方体育力量"对抗的焦点。以西方文化价值为导向的奥委会对东欧国家参赛选手中那些体格强壮、有着男性气质的女性运动员提出了怀疑，因为她们不符合西方传统性别文化对女性（弱小）的文化定义，因此性别检测演变为排斥"有生理优势的女性选手"的政治策略。性别检测的官方用语随之也从 60 年代的"sex testing"变为 70 年代的"femininity test"（女性气质检测），其目的是排除那些过强、过快、过于成功、过于非女性化的女性运动员。医学对性别"正常"与"非正常"的界定也迎合了这种体育性别策略，从第二性征（乳房、生殖器）的鉴定到基因（染色体）检测，再到性激素（睾丸酮素）的测量，性别检测成为"控制"体育中性别优势的主要手段。

随着性别理论的发展以及体育多元化理念的形成，性别检测逐渐受到来自各方面的挑战。[②] 其中跨性别群体成为挑战竞技体育性别政策的重要力量，他们认为性别认同（gender identity）不应该成为人们参加体育的障碍。[③] 为了保护体育的包容性、安全性和公平性，在 2004 年 5 月，国际奥

① Pieper, L. P., *Sex Testing: Gender Policing in Women's Sports* (Chicago: University of Illinois Press, 2016), p. 3.

② Heggie, V., "Testing Sex and Gender in Sports: Reinventing, Reimagining and Reconstructing Histories," *Endeavour* 34 (2010): 157-163.

③ Mahoney, T. Q. et al., "Progress for Transgender Athletes: Analysis of the School Success and Opportunity Act," *Journal of Physical Education, Recreation & Dance* 86 (2015): 45-47.

委会针对跨性别运动员制定了一项政策，指出他们可以参加比赛，但前提是他们的性别必须在自己的国家获得法律认可，进行激素治疗以"最小化与性别相关的优势"，并证明在进行变性手术之后至少有两年的时间生活在"新的性别"中。这个政策的出台也引起了社会争议。反对者认为这项政策迫使跨性别运动员去做变性手术。有的官员也指出，由于跨性别男人在任何时候都没有不公平的优势，因此应该针对男跨女、女跨男分别制定指南。还有一些学者提出，拥有天生的生理优势是竞技体育中不可避免的问题，这无关乎男女，[①] 因此"性别二元化"的检测应被同时考虑生理和社会参数的更精确算法所取代，并适用于所有运动员，这样既具有包容性又具有公平性。[②] 当然，也有学者对这一政策的根本性缺陷做出了回应，他们认为有条件地允许跨性别运动员参加体育竞赛看似"性别包容"，但并不表明体育界对性别差异的接受程度全面上升；相反，主流体育组织一直抵制包容性的性别政策（inclusive gender policies），这种抵制是基于主流体育组织对男女性别二元结构不稳定性的担忧，以及对体育社区酷儿（queer）主体身份崛起的焦虑的。[③] 无论是要求做变性手术还是要求接受控制激素治疗，其目的都是划清性别界限，维持并强化体育传统性别秩序和意识形态。他们倡导发展无性别体育（unisex sport）来消解性别二元对立（gender binary），应对在体育中的性别排斥、偏见与不公。[④]

传统二元结构中作为第三个概念的性取向也在被女性主义者重新解析。双性人以及变性人等现象不仅干扰传统的二元结构，而且挑战基于性特征进行身份识别的方式。部分学者认为一个人的行为或特别选择可能涉及性取向，

① Bianchi, A., "Transgender Women in Sport," *Journal of the Philosophy of Sport* 44 (2017): 229-242.

② Anderson, L. et al., "Trans-Athletes in Elite Sport: Inclusion and Fairness," *Emerging Topic in Life Science* 3 (2019): 759-762.

③ Sykes, H., "Transsexual and Transgender Policies in Sport," *Women in Sport and Physical Activity Journal* 15 (2006): 3-13.

④ Martínková, I., "Unisex Sports: Challenging the Binary," *Journal of the Philosophy of Sport* 47 (2020): 248-265.

但是应该注意的是一个人的性取向是可以改变的。因此，"我是一个女同性恋"（身份陈述）应被"我正处于同性恋关系中"（当前选择）所代替。体育与性取向之间的关系是女性主义体育研究的一个争论点。一些学者认为体育会改变女性的性取向，一方面，从生理来看，体育运动促进了女性雄性激素的分泌；另一方面，从文化来看，女运动员在封闭训练的环境下容易产生对同性的依恋。因此，他们认为在女运动员中的同性恋现象更加普遍。但也有研究发现，女运动员结束运动生涯以后，性取向也会相应地发生变化。

以后现代主义为核心的对异性恋矩阵的解构对现代女性主义理论产生了一定的影响。如果像后现代主义所认为的那样，性、性别和性取向并不是作为真实的、持久的二元分类而存在的，也就是说没有男、女之分，那么女性主义理论的核心概念，即女性的概念也就不存在了。那么女性主义理论的主题又将是什么？女性主义理论又将如何发展呢？这是女性主义者们所面临的问题。

（五）新兴女性主义理论

1. 具身女性主义理论

在21世纪的今天，女性主义运动和相关主题研究已有数十年的历史，但女性的身体由于性行为、性暴力、生殖权利、哺乳、性交易等问题，仍然是道德争论的重点场所。由于科学技术的发展，许多诸如代孕这样的伦理问题，使得妇女的身体被工具化，成为资本和权力交易的地点。传统的女性主义体育研究都集中于文化、语言、行为、认知、性别结构等问题，对身体和情感等主题的关注不足。因此，"新"的唯物主义者和情感理论家们主张研究应从"语言"回归到身体和体现情感的物质世界中，重点关注物质性、本体论内在性和情感，[1] 这推动了具身认知研究思潮的产生。

具身性（embodiment）是涉及哲学、心理学、语言学等多领域的前沿课

---

① Fischer, C. and Dolezal, L., *New Feminist Perspectives on Embodiment* (New York: Palgrave Macmillan, 2018), p. 83.

题，国内学界不同学者根据研究内容的不同，对其有"身体性""涉身性""具身性"等多种译法。其单词原型 embody 一词由 em 和 body 构成，在词源学中 em 来自拉丁语 in，表示进入……、在……里面、将……嵌入，body 表示身体，因此 embody 表示使……进入身体、在身体里面、将身体嵌入等，强调身体的感受。20 世纪法国学者莫里斯·梅洛-庞蒂（Maurice Merleau-Ponty）提出"身体在世"的思想，从身体体验出发探讨知觉和被知觉世界之间的关系，认为身体是认识的主体，是感受世界和建立认知的起点和最根本的方式，强调向身体的回归，建构起身体现象学。[1] 具身认知理论以梅洛-庞蒂的身体现象学为理论基础，反对身心二元论，重视身体和环境在认知形成过程中的相互作用。早期的具身化研究主要集中在现象学领域以及后结构主义领域，20 世纪 80 年代，具身化的研究视域开始广泛扩展到社会科学中。[2]

当代女性主义哲学家艾里斯·杨强调，西方哲学和社会理论历来忽视和压抑具身性对于思考、行为和感觉的意义，然而对于哲学来说，身体具有重要的意义，它不仅关系到性别认同，还涉及不同性别的主体性建构和身份问题。因此女性主义哲学必须探讨女性的身体体验与主体性建构问题，说明女性具身性的社会意义。[3] 近年有许多学者开始涉及女性主义的具身化研究，如希林（Shilling）和本塞尔（Bunsell）从性别具身的视域出发研究了女性通过参与体育运动打破男性主导的性别律令和进行女性身体构建的过程，详细讨论了女性如何影响体育运动的话语实践[4]；冈萨雷斯（Gabrielle G. Gonzales）从具身的视域探讨了多种族妇女的身体习惯[5]；熊欢

---

[1] 肖巍：《身体及其体验：女性主义哲学的探讨》，《山西师大学报》（社会科学版）2010 年第 6 期。

[2] 张震：《"回到运动本身"的具身化研究》，《体育与科学》2015 年第 5 期。

[3] 肖巍：《身体及其体验：女性主义哲学的探讨》，《山西师大学报》（社会科学版）2010 年第 6 期。

[4] 张震：《"回到运动本身"的具身化研究》，《体育与科学》2015 年第 5 期。

[5] Gonzales, G. G., "Embodied Resistance: Multiracial Identity, Gender, and the Body," *Social Sciences* 8（2019）.

等人的研究发现如今有越来越多的女性进行力量性训练，并将其作为挑战传统女性性别气质和抵抗性别角色的方式，女性通过体育实践活动，积极进行自我的主观建构和自我价值实现①；比格利（Erin Beeghly）批判了哈斯朗格（Haslanger）的作品缺少对女性具身体验的关注②。

体育活动的实践性、操作性、技术性和明显的性别区分使得其成为具身女性主义喜爱的关注对象。正如前文所述，在当代有越来越多的女性走进健身房参与体育锻炼，可究其原因绝大多数都是为了减肥减脂、寻求"完美"的身材。客观化理论（objectification theory）可以解释人们对身体形象关注和运动动机之间的关系：妇女总是不断地被关注、被评价、潜在地被客观化。③ 这种大众对女性身体的客观化促进了女性的自我客观化过程，她们开始用局外人的观点看待自己的身体，她们的外表被赋予更高的社会价值，所以她们开始进行高度的自我监控。而这也导致了许多女性的外表焦虑，当她们认为自己的外貌、身材不够符合主流审美时，她们就开始产生压力和羞耻感。大众只关注女性的外表，而很少在乎女性在运动过程中的具身体验感如何、有无特别的身体经历。此外，具身在学习方面也会产生重要影响。学者塔米·J. 弗莱雷（Tammy J. Frcilcr）认为身体体验（具身体验）是建构知识体系时知识的重要来源之一，这种知识的建构是基于亲身经历的、对活动的生理体验进行的④，正如婴儿一开始通过呼吸、睁眼、咂嘴、四肢摆动等身体动作，来逐渐形成对世界的感知，意识到"我"是我，构建"我与世界是区分开的"的独立个体的意识。斯特拉蒂

---

① Xiong, H. et al., Body Remodeling: Physical Practice and Gender Challenges for Women in the Fields of Fitness Exercises in China (paper from the ISSA 2019 World Congress Book of Abstract, Otago University, Dunedin, 2019).

② Beeghly, E., "Embodiment and Oppression: Reflections on Haslanger," *Australasian Philosophical Review* 3 (2019).

③ Fredrickson, B. L. and Roberts, T. -A., "Objectification Theory: Toward Understanding Women's Lived Experiences and Mental Health Risks," *Psychology of Women Quarterly* 21 (1997): 173-206.

④ Freiler, T. J., "Learning Through the Body," *New Directions for Adult and Continuing Education* 2008 (2008): 37-47.

（Antonio Strati）用建筑工人利用身体感觉和运动经验学习的事例来说明身体经验的重要性：建筑工人可以娴熟地在屋顶上行走，可是这一能力并不是靠学习书本中思维性的知识得到的，而是靠身体重心与平衡的把握、脚与屋顶的接触、视觉对环境的判断等一系列身体体验获得的。① 身体体验是认识世界的重要步骤，在男性社会中，女性拥有较少的接触社会的机会与较低的体育活动参与率，因此她们对世界的认识都是由男性构建的。她们无法像男性一样在一系列新奇又刺激的活动中不断丰富自身的认知，开发自身的潜力，形成清晰的自我认知。女性的认知由男性构建，她们不够了解自身，无法形成自我认同，只能被动地由男性主宰，最终男性掌握了绝对的话语权，女性被束缚在性别的枷锁中确定了从属地位。

女性主义具身理论重视女性特定的身体体验，关注社会文化和结构对生活体验的影响。人的主体性是通过独特的身体体验形成的，不同的身体结构会导致不同的身体体验，而不同的身体体验必然导致不同的认知。西蒙·波伏娃也在《第二性》中指出，由于我们通过身体来认识世界，生理的差异使得我们对世界的认知也截然不同。② 熊欢、何柳用口述方式记录了女大学生在户外徒步运动中的身体体验与心路历程，发现女大学生在户外徒步运动中的时空体验、感官体验、身心体验、人际体验、运动体验互相关联、互相影响，具有很强的具身性和反思性。这些体验既是她们在常规生活（社会结构）中所处的位置（places）和情形（situations）在自我反思性身体知觉下的一种折射，又组成了她们认知社会世界的基础。在户外徒步运动中，女大学生克服了在日常生活中的身体焦虑、被动与压抑，在"关注自我""挑战自我""掌控自我""发现真我"的过程中获得了自由、愉悦、赋权、审美体验，由此产生了在日常生活经验以外对自我身体、生活、生命的感悟和认知。③《凡身之造：中国女性健身叙事》一书更是在具

① Strati, A., "Sensible Knowledge and Practice-Based Learning," *Management Learning* 38（2007）: 61-77.

② 西蒙·波伏娃，《第二性》，李强译，西苑出版社，2011，第11页。

③ 熊欢、何柳：《女大学生户外徒步运动体验的口述研究》，《体育与科学》2017年第4期。

身理论的观照下，通过对 12 位女性健身经验的分析，提出运动带来的疼痛、酸胀、疲累等具身体验是女性主体意识形成的有效促进因素。通过体育运动，女性更多呈现出的是能动的身体、自我掌控的身体、反思的身体和积极再造的身体。健身实践为女性摆脱男性文化霸权的控制提供了一种新的解放路径。①

2. 生态女性主义理论

生态女性主义这一概念由法国学者弗朗索瓦·德·埃奥博尼（Françoise d'Eaubonne）于 1974 年在其著作《女性主义或死亡》② 一书最早使用，她将女性受到的压迫与人类对自然的压迫联系在一起，认为女性与自然的解放是密切相关的。③ 罗斯玛丽·卢瑟（Rosemary Ruether）指出：自由不可能存在于一个以支配模式为基本相互关系模式的社会里，在该社会中也难以寻求解决生态危机的办法。因此妇女必须将女性运动与生态运动联系起来，以展望一种全新的社会经济关系及与该社会相对应的价值观。④ 在生态女性主义者看来，父权制下对妇女的压迫与对自然的利用有异曲同工之处，父权制下统治的逻辑既被用来为人类的性别、人种、族群或阶级统治辩护，又被用来为统治自然辩护。⑤ 如果对女性的统治遭到质疑，那么对自然的统治也理应从本质上被重新审视其合理性。学者马尔蒂·基尔（Marti Kheel）指出，女性的声音和自然的声音在父权制社会中早已被削弱。女性和自然都被认为是客体，作为客体的她们不能说话，不会感觉，没有需要。客体的存在仅仅是为了服务于他人的需要。而当我们超越父权制的思维限制时，

---

① 熊欢等：《凡身之造：中国女性健身叙事》，社会科学文献出版社，2021，第 318 页。

② 原名为 *Le feminisme ou la mort*。

③ Sessions, G., "The Deep Ecology Movement: A Review," *Environmental Review* 9 (1987): 115.

④ 戴斯·贾丁斯：《环境伦理学——环境哲学导论》（第三版），林官明、杨爱民译，北京大学出版社，2002，第 266 页。

⑤ 何怀宏主编《生态伦理：精神资源与哲学基础》，河北大学出版社，2002。

我们开始倾听更丰富而全面的叙事，同时开始学习倾听自然。[①] 生态女性主义并不认同激进派女性主义将女性与自然分离的观点，在生态女性主义者看来，女性的自然性是与生俱来的特征。如果女性无视身心发展规律，主动刻意地失去自然性以向男性靠拢，来实现所谓的性别平等，那么事实上还是在用男性的标准来要求自己，和男性一样在操纵自然，最终还是没有摆脱男性的价值观和标准。[②]

曾经的国际奥委会主席布伦戴奇说过，女性运动员应多参加跳水、游泳、花样滑冰等艺术性较强的运动项目，而不是参加那些并不十分具有女性特征或会让女性精疲力竭的项目。[③] 或许在激进派女性主义看来，布伦戴奇的言语是一种男性权力话语在体育运动中的展现，但从另一个角度来理解，这种超负荷的运动与竞争难道就能体现女性主义所追求的性别平等吗？对于这一点，生态女性主义采取了一种折中主义或回归传统的方案，即回归自然、回归女性的本真，在女性身体特征的基础上开展体育运动，而不是无限度地跨性别运动，更不是在运动中消灭性别特征。[④]

生态女性主义在思想上强调多样性概念，主张文化多元、生态多元；在行动上重视个人能动性，号召改革。学者斯塔霍克（Starhawk）就曾明确指出，"生态女性主义向所有统治关系提出疑问，其不仅要改变行使权力的人，而且要改革权力结构本身"[⑤]。也因此，无论是思想上还是行动上，生态女性主义都为女性主义体育研究提供了支持、引导与帮助。

---

① 詹妮特·A. 克莱妮：《女权主义哲学——问题、理论和应用》，李燕译，东方出版社，2006，第 638 页。

② 张宪丽：《生态女性主义视域下的西方女性主义体育理论》，《上海体育学院学报》2011 年第 5 期。

③ Lennartz, K. *The International Olympic Committee-One Hundred Years The Idea-The Presidents-The Achievements*, Volume II（Lausanne：The International Olympic Committee, 1995），p. 164.

④ 张宪丽：《生态女性主义视域下的西方女性主义体育理论》，《上海体育学院学报》2011 年第 5 期。

⑤ Starhawk, "Ecofeminism and Earth-Based Spirituality," in Diamond, I. and Orenstein, F. (eds.), *Reweaving the World：The Emergence of Ecofeminism*（San Francisco：Sierra Club, 1990）.

3. 赛博女性主义与 esports

20 世纪 80 年代后，融合了信息与网络技术的赛博女性主义（cyberfeminism）应运而生。赛博女性主义又称网络女性主义，它由传统女性主义经后结构主义培育而形成，在当代多媒体信息科技、互联网的帮助下受到滋养而成长。cyber 一词源于古希腊语，意为舵手或管理者；后来，美国科学家诺伯特·维纳（Norbert Wiener）为了满足信息科学的发展需求，造出了 cybernetics（控制论）一词，用于对人与机器之间信息传输科学的界定。[1] 之后，为了表达对宇航员身体性能的增强[2]这一含义，美国航天科学家曼弗雷德·克林斯（Manfred Clynes）与同事内森·克莱恩（Nathan Kline）从 cybernetics 和 organism（有机体）两词中各提取了前三个字母，创造出 cyborg（电子人，又译为"赛博格"）一词，意指既包含机械体又属于有机生物体的一种状态，[3] 如人体中安装了心脏起搏器、接上义肢或植入芯片等。在这个时候，人类的身体经由现代科学技术的侵蚀、改造，早已变为机器与有机体杂糅的混合体，不再是纯粹的生理意义上的身体。1985年，美国女性主义学者唐娜·哈拉维（Donna J. Haraway）在论文《赛博格宣言：20 世纪晚期的科学、技术和社会主义的女性主义》中把 cyborg 定义为一种控制机体，一种机器和有机物的混合体，一种有如虚构物的现实创造物，是理论化的和拼凑而成的机器与有机体的"混血儿"。[4] 自此电子人的概念被引入了社会科学领域。哈拉维的电子人概念，模糊了人与动物、有机体与机器、物质与非物质、自然与非自然等明确对立的二元结构之间的界限，建构起了一种多元化的新主体概念。哈拉维建构出的赛博格身体，基于女性主义科学哲学的角度，淡化了肉体的意义，使男女的区分不再有

---

① 高艳丽：《网络女性主义源流》，《理论界》2011 年第 4 期。
② 为了使宇航员能更好地适应外太空的环境，人类利用药物、机械和外科手术等手段对宇航员的身体性能进行提升。
③ 高艳丽：《网络女性主义源流》，《理论界》2011 年第 4 期。
④ Haraway., D. J., "A Cyborg Manifesto: Science, Technology, and Socialist-Feminism in the Late Twentieth Century," in *Simians*, *Cyborgs*, *and Women*: *The Reinvention of Nature* (New York: Routledge, 1991), pp. 149−181.

必要，减轻了女性的性别焦虑，使人们重新审视女性和科技之间的关系。她把女性与计算机及网络的密切关系提升到意识形态层面，因此哈拉维被视为赛博女性主义的前驱。

同样在 20 世纪 80 年代，科幻小说中的赛博空间（cyberspace）横空出世，它对诸如地点、性别、身份、地位等现实生活中的一切进行了仿真化的模拟，人们因此得以在赛博空间中以一种前所未有的隐蔽身份的方式来进行虚拟的交往活动，在这个交往过程中，人们可以忘却现实生活中的身份差异以获得暂时的平等。英国沃里克大学控制论文化研究中心主任塞迪·普朗特（Sadie Plant）敏锐地察觉到，网络虚拟世界可以为女性提供不被男性注视的自由空间，在其中女性得以摆脱社会和身体的束缚，在一个安全的环境抒发长久以来被遮蔽和被压抑的情感，可以探索新的身份、自由地表达自己、找到工作。在现实生活中难以获得的权利与自由，在网络世界中却可以轻易得到。这种新的科学技术的发展和普及可以为女性赋权，实现性别话语和性别权力在网络媒介时代的重构。[①] 女性主义者由此认识到了信息网络技术为女性主义发展创造出的新空间和可能性，女性可以借助网络与计算机的结合，先矫正网络空间中女性的"他者"身份，为女性主体地位的真正确立奠定坚实基础，再通过消解现实生活中父权制下的男权主义，实现女性解放的目标。[②]

1997 年在德国卡塞尔市召开了第一届赛博女性主义国际大会（The First Cyberfeminist International），这次大会也成了西方第三次女性主义运动大潮的标志之一。令人意外的是，这次大会并未对"赛博女性主义"一词下定义，与会人员全部同意使其定义保持开放，以免落入本质主义的陷阱中。每个成员都同意以各自的科学论著或艺术作品来回答什么是赛博女性主义这一问题，而不必在其细节上争议不休。因而赛博女性主义在外延上是开放的，不同学者对于赛博女性主义会产生不同的阐释和定论。比如，哈拉

---

① 杜玉洁、郭力：《媒介性别视域中的网络女性主义》，《学习与探索》2021 年第 2 期。
② 高艳丽：《网络女性主义源流》，《理论界》2011 年第 4 期。

维从西方后人类主义入手，研究的是机器与生物体的混合，重新构建了赛博格的身体，进而促进了她"社会主义-女权主义"的政治观点变化；普朗特重点研究的是女性与电子技术的关系，她认为女性是赛博技术领域的模拟者和程序员，赛博空间的体验化、情感化与去中心主义化的特质与女性的气质不谋而合；此外，谢丽尔·汉密尔顿（Sheryl Hamilton）的"女性数字技术"、艾米·里查兹（Amy Richards）和玛丽安·施奈尔（Marianne Schnall）的"网络化的行动主义"等，均呈现出了多元且异质的特性。但赛博女性主义始终将性别当成基本要素，将女性主义当作出发点，把关注的焦点转移到当代技术上来，探索性别、身体、身份、文化和技术的互动。因此可以说，西方的赛博女性主义者正在企图利用当代的科学技术去探究一些现实空间中老生常谈或从未出现过的性别话题，从女性权益的维护、性别权利的平等，到去性别本质主义、无性别本质主义的萌生都有所涉及。①

赛博女性主义以网络为载体，通过一个虚拟的、数字化的网络文化传播平台，为我们打破地域、种族、文化的藩篱，重新定位了一种区别于传统价值观念的新女性主义形式。② 赛博女性主义对数字化的信息革命和人工智能都持积极的态度，认为关于阶级、性别、种族等的话语正在被技术的进步改变着，甚至可以说技术正在彻底地建构世界。但是赛博女性主义承认，由于性别化的教育和技能训练，在数字话语中女性和男性存在权力上的差异。西方主流社会普遍认为科学技术从本质上讲是男性的，它们"深深嵌入男性代码和价值观"③。但普朗特反驳了这种观点，她认为女性和现代机器间存在着由来已久的亲密关系。阿达·洛芙莱斯（Ada Lovelace）为19世纪40年代的分析机写出了第一个程序，这部分析机的原型她在世时未能建造，但另一个女性——美国海军的霍珀（Grace Murray Hopper）在20

---

① 江涛：《"网络女性主义"创作的价值商榷》，《文艺争鸣》2020年第11期。
② 高艳丽：《网络女性主义源流》，《理论界》2011年第4期。
③ van Zoonen, L., "Gendering the Internet," *European Journal of Communication* 17（2002）：5-23.

世纪 40 年代实现了她的夙愿，为第一台电子计算机编写了程序。英国著名计算机科学家阿兰·图灵 (Alan Turing) 也曾通过摄入雌激素施行弥补术，这种特殊经历对其表现力、体验力产生了"女性化"影响——正是通过使自我女性化，图灵才能在计算数学领域取得惊人的成就。① 通过这些例子，普朗特有力证明了网络技术并不是仅由男性掌控的天下。赛博女性主义破坏了 2000 多年来父权制的世界观及物质现实。②

近几年，电子竞技运动 (electronic sports 或 esports) 在世界各地年青一代中的兴起，引起了众多女性主义学者的关注。电子竞技运动是指"以数字电子产品为运动器械，在一个特定的虚拟环境中完成的人与人之间的体力、智力对抗运动"③。一些学者关注到了电子竞技运动中存在的性别偏见现象，认为性别包容目前在电子竞技领域是脆弱的。因为在电子竞技运动的背景下，对游戏技术技能的掌握成为传统运动竞赛中男性气概的象征，④而女性相对地被认为是无法掌握这样的技术能力的休闲游戏者。Coavoux 认为电子竞技的霸权性构成了加强男性统治的青春期性别文化的一部分，因为"对于男孩，游戏是一种适合社交的形式"，男性参与电子竞技运动的机会更多。⑤ Yeomi Choi 等人认为就像传统体育一样，电子竞技也是一个男性主导的行业，反映了传统体育和计算机游戏文化中嵌入的性别失衡。她通过对女性电子竞技运动员 Geguri 的个案研究，发现电子竞技运动中虽然对男性玩家的监控是积极的，但对女性玩家的监控实际上是一种异性规范下

① 黄鸣奋：《赛伯女性主义：数字化语境中的社会生态》，《吉首大学学报》（社会科学版）2008 年第 5 期。

② Plant, S., "On the Matrix: Cyberfeminist Simulations," in Shields, R. (ed.), *Cultures of Internet: Virtual Spaces, Real Histories, Living Bodies* (Lonon: Sage, 1996), pp. 170-183.

③ 李宗浩、王健、李柏：《电子竞技运动的概念、分类及其发展脉络研究》，《天津体育学院学报》2004 年第 1 期。

④ Taylor, T. L., *Raising the Stakes: E-Sports and the Professionalization of Computer Gaming* (MIT Press, 2012).

⑤ Coavoux, S., "Gendered Differences in Video Gaming," *Digital Technology and Life in Society* 6 (2019).

的凝视，会使得女性群体在电子竞技运动中被边缘化，成为他者。① 还有一些学者则看到了电子竞技运动可以带来的积极改变，认为电子竞技运动的虚拟形式内在地减少了对体育运动"身体"力学的关注，所以其得以在传统的性别失衡和不平等的情况之外运作。② 如海迪（Emily Jane Hayday）和科里森（Collison）的研究认为电子竞技运动具有创造一种包容空间、提高社会女性包容力和社会整体包容力的能力③；Li 和 Xiong 研究了赛博空间电竞女粉丝的虚拟身份，并认为女粉丝可以利用虚拟身份来自我赋权，从而抵制体育中的性别歧视，坚持发出自己的声音，并塑造自己的独特风格。④除了对电子竞技运动的关注，还有部分学者注意到了女性运动者所创办的网站的影响力。如麦凯（Steph MacKay）和达拉雷（Christine Dallaire）就对一群女滑板者的团体博客进行了研究，发现这些女性运动者意识到了男性与女性滑板者之间的边界，因此将博客视为定义和促进女性滑板运动的工具，并通过她们的滑板运动来抵制男性滑板文化规范或与之谈判。她们不仅通过博客构建了个人滑板运动员的身份，更构建和传播了一个更为广泛的女性滑板者的集体身份。所以他们认为这些滑板运动员的博客和其他一些互联网中女运动员的演讲可能会成为父权制度重组的催化剂。⑤

赛博女性主义也在许多方面受到了学界其他学者的批判。⑥ 首先，它被认为缺乏政治性，具有去政治性的倾向。在当今信息时代，虽然互联网被宣扬为一种解放性的民主化的力量，但这一说法忽视了其他条件对于线上

① Choi Yeomi et al., "Deep Strike: Playing Gender in the World of Overwatch and the Case of Geguri," *Feminist Media Studies* 20 (2019): 1-16.

② Kim, S. J., *Gender Inequality in Esports Participation: Examining League of Legends* (University of Texas at Austin, 2017).

③ Hayday, E. J. and Collison, H., "Exploring the Contested Notion of Social Inclusion and Gender Inclusivity within Esport Spaces," *Social Inclusion* 8 (2020): 197-208.

④ Li, M. and Xiong, H., "Virtual Identities and Women's Empowerment: The Implication of the Rise of Female Esports Fans in China," *Sport in Society* 26 (2023).

⑤ MacKay, S. and Dallaire, C., "Skateboarding Women," *Journal of Sport and Social Issues* 38 (2014): 548-566.

⑥ 杨纪平：《论欧美网络女性主义思潮》，《小说评论》2010 年第 S2 期。

访问的重要性，具有乌托邦的嫌疑。例如，人们需要一台设备去与平等的互联网交互，而经济条件、技术手段的不平等显然会威胁到平等的访问权。又如朗格利埃（Langellier）和彼得森（Peterson）在研究中指出的：一个人只有在她或他能力允许的情况下才能读或写博客，读和写博客需要具有总结关键词、搜索、掌握或完成任务的能力和一个受过读和写、操纵键盘、使用计算机与上网训练的身体。[①] 而社会阶级低下、无法接受教育的群体显然没有能力去很好地使用平等的互联网。其次，赛博女性主义对于科技的乌托邦式的乐观态度也遭到了质疑。批判者认为女性在赛博空间里的赋权感被夸大了，使人产生了女性在赛博空间已经可以翻身做主，成为能动的主体的错觉。很多女性确实在赛博空间创建了属于自己的天地，她们拥有自己的网页，可以在各种网络平台发声。但作为一种新兴的媒介形式，在赛博空间，父权制的意识形态仍统领着一切网络信息。并且由于具有悠久历史的男权意识形态在现实生活中带来的潜移默化的影响，很多女性在有意识或无意识的情况下都已成为男权观念的支持者。[②] 瓦奇曼（Wajcman）也在《技术女性主义》[③] 一书中批判哈拉维与普朗特缺乏对于女性在网络革命中体验状况的清楚分析，认为无论是早期女性主义者那样对技术持悲观态度还是哈拉维与普朗特那样持乐观的态度都是极端的表现。因此赛博女性主义者必须清醒地意识到赛博空间中存在的权力差异，避免陷入对网络的乌托邦式幻想当中。

如果说人类的性别之分始于物种生产领域的自然分工，进而为物质生产领域和精神生产领域的社会分工所强化的话，那么当代信息科技和生物工程正在创造改变甚至消灭上述分工的前提。由于信息基础设施的建设，互联网成为独领风骚的新型媒体，匿名登录条件下的性别已经摆脱了现实环境中原有的种种制约而得以相对自由地设定。尽管目前赛博女性主义还

---

① Langellier, K. and Peterson., E., *Storytelling in Daily Life*: *Performing Narrative* (Philadelphia, PA: Temple University Press, 2004), p.166.
② 都岚岚：《赛博女性主义述评》，《妇女研究论丛》2008年第5期。
③ Wajcman, J., *TechnoFeminism* (Cambridge: Polity Press, 2004), pp.96-97.

算不上女性主义的主流，和各国占主导地位的意识形态更是不甚合拍，但它已经成为网络文化的一个分支，代表了人们对于数字媒体、计算机与网络文化的一种态度，也反映了女性在 21 世纪的一种呼声。①

四　对女性主义理论的批判与展望

（一）女性主义理论的局限性

理论从来就不是完美的。相反，理论在给我们提供了理解问题的出发点的同时，其自身也需要不断地扩展、完善，甚至被替代。女性主义理论是一种以女性经验为基础的理论。其发展、变化的动力来自理论界对其局限性与不足的批判。对于女性主义理论来说，这些批判不仅来自其他学派的理论家，还来自女性主义者自身。我们在前文已经提到女性主义者不同流派间的批判，比如，马克思主义女性主义对自由女性主义以立法来消除性别不平等的理想进行了批判；激进派女性主义对马克思主义女性主义过分强调阶级进行了批判；社会主义女性主义认为激进派女性主义的一些主张过激；而后现代女性主义的出现则是对传统女性主义研究方法"颠覆性的继承"。无论在各个派别之间的批判是如何激烈，它们的出发点都在于更加广泛和深入地研究性别问题并寻求真正的性别平等。

非女性主义者通常从整体上来批判女性主义理论，其中批评者多是保守主义者。他们认为女性和男性在基因、生物结构与神学等方面具有不同的构造，因而生活方式不同。他们认为没有必要去改变女性的生活状态。而对女性体育研究，早期的批评方式就是冷漠：从整体上漠视女性参与体育的意义，否认把以女性为中心的分析方法作为体育中的主导性分析方法的可能性。另一种否认女性主义理论的观点认为女性参与体育是不合适的，或者说女性参与体育的问题不值得作为学术研究问题。约翰·卡洛（John

① 杜玉洁、郭力：《媒介性别视域中的网络女性主义》，《学习与探索》2021 年第 2 期。

Carroll) 1986 年在文章《体育：价值与荣耀》中认为女性宠坏了体育或者体育宠坏了女性。他的这一观点是比较典型的保守主义的观点。[1]

另一派女性主义理论批判者认为女性主义理论没有坚持社会科学的主流观点。如约翰·飞利浦（John Phillips）认为女性主义理论是"非科学的"，他批评女性主义理论缺乏客观性、价值观与政治观。女性主义者则辩驳称女性主义理论是与社会行动密切相关的理论，并不认同客观性的内在价值。他们确信女性主义者采用了一系列的方法论，开展了一系列理论分析，其中已经包含了传统的社会科学理论，在这种情况下来研究性别、体育、权力和文化是非常恰当的。

还有一些学者认为，女性主义过于夸大了父权社会的影响，女性中心主义的痕迹太深。女性主义的研究常常忽略如种族、阶级、年龄、教育等与性别之间的关联，这导致了很多研究结论的偏颇。虽然综合分析框架在某种程度上缓解了这个方法上的问题，但是以女性价值观为核心的认识论和研究视角却没有改变，这导致了对性别相关现象的过分夸大。一些批评者认为，在当代很多社会，女性主义的目标其实已经实现了，性别不平等的现象在渐渐地消失。还有一些人认为，女性主义者现在不是在为女性寻求和男性平等的地位，而是要让女性获得比男性更高的地位，成为社会的强势力量。这种颠覆性的运动不利于整体社会秩序稳定，且会扰乱人们基本价值观。

当代女性主义的不足还在于理论与实践之间的鸿沟越来越大，女性主义越来越趋向于理论的批判，而没有实际的社会革命。在女性主义逐渐收获一些成果以后，女性主义者进入了一种舒适圈，天真地相信仅依靠制度的改革、思想的自由和解放便可实现两性平等。斯坦利（Stanley）和怀斯（Wise）认为虽然女性主义理论经历了不止一个循环周期的自我批判，它的内容也发生了一些相应的变化，但这些变化并不能与其认识论、方法论和伦理学基本类别的变化相媲美。现在的女性主义包含了更多的理论和更少

---

[1]　Carroll, J., "Sport: Virtue and Grace," *Theory, Culture and Society* 3 (1986): 91-98.

的女权主义，它采取了一种平衡的形式，在许多方面模仿但却很少影响主流/男流理论。[①]

（二）女性主义理论的新趋势

本讲回顾了女性主义理论的发展以及不同理论流派。从传统的自由女性主义流派到后现代女性主义对传统理论的解构，女性主义理论在实践中不断地发展和完善。目前女性主义理论的发展方向包括两大主流趋势。第一种趋势是将有关权力和性别、种族、阶级的理论联系起来建构一个综合分析的理论框架，如社会主义女性主义理论、黑人女性主义理论、酷儿理论；第二种趋势是向后现代主义转移，从更加具体的社会现象入手来分析体育活动中女性权力的问题。如生态女性主义理论、解构女性主义理论。

女性主义理论的发展演变主要体现在以下四个转变上：从理论体系看，经历了从自由主义到激进、文化斗争再到后现代主义的转变；从理论核心问题来看，经历了从关注"性别气质"到关注"性别关系"的转变；从研究方法来看，经历了从分类研究到关系研究的演变；最后，还有以"身体"为核心的女性主义理论的涌现。从早期生理性别（sex）与社会性别（gender）的区分，到对体育父权制度（文化）概念的提出，再到对身体实践（具身性，embodiment）的探讨都是随着女性主义理论思潮的变迁进行的调整和发展。理论的重心从对女性地位、权益、角色、身份等的论述逐渐转移到对性别结构、性别文化的批判与重构上。这些理论既是国际女性体育研究的成果，也为女性体育研究朝着学科化发展提供了重要的支撑。[②]

当前女性体育研究正处于从一个研究领域逐步向学科化方向发展的过程，这既是一个长期的趋势，也是目前人文社会科学跨学科性发展的一种真实体现。但在这个过程中，许多挑战也摆在面前。从国际视野来

① Stanley, L. and Wise, S., "But the Empress Has No Clothes," *Feminist Theory* 1（2000）：261-288.

② 熊欢：《反思、批判与重构——女性主义体育理论的形成与演进》，第十一届全国体育科学大会论文，南京，2019 年 11 月，第 496~497 页。

看，女性体育研究逐渐开始从关注女性群体转变为关注两性平衡，如何在这个转移的过程中仍然坚持女性主义立场以及观察现象的视角，避免传统男性中心主义的回潮是一个重大的挑战。从研究内容来看，如何结合微观、具体、实证性的研究和宏观、策略性、理论性的研究，使女性体育研究成果能产生广泛的社会性效应和策略性的政治影响是一个重大挑战。从研究范围来看，如何打破西方中心主义的主导，创造多元文化共存的研究氛围，关注和吸收非西方社会所关注的女性、健康、体育参与的问题和研究成果，在一些共性的问题上进行真正的跨地区性研究，而在一些差异问题上给予更充分的尊重、理解和支持是国际女性体育研究面临的另一个重大挑战。①

五　女性主义理论对体育研究的启示

如今第三波浪潮下的女性主义，以全球化、多元化、综合性为特点。而女性主义也在不同理论的碰撞之下，在各种分歧和争论之下，不断自我完善和进步着。在体育领域，女性主义理论的探索路径可总结为以下两种：一是借用以"男性视角"为主的主流体育社会学理论，如埃利亚斯、马克思、吉登斯、弗洛伊德、布迪厄、福柯、鲍德里亚等理论家的理论，在其基础上补充女性主义视角和观点；二是借用女性主义理论家，如波多（Bordo）、巴特勒（Bulter）、乔多罗（Chodorow）、胡克斯（Hooks）、罗伯（Lorber）等人的视点来阐述体育中的性别规律，从而发展出相应的概念和理论。② 不同的女性主义理论也对女性体育研究产生许多启示。例如，具身女性主义理论为研究女性运动的经历、体验提供了理论框架，帮助我们理解女性在运动中的经历、体验与感受；酷儿理论向严格的二元思维发出挑

① 熊欢：《性别、身体、社会：女性体育研究的理论、方法与实践》，中国社会科学出版社，2016，第 463 页。
② 熊欢：《反思、批判与重构——女性主义体育理论的形成与演进》，第十一届全国体育科学大会论文，南京，2019 年 11 月，第 496~497 页。

战，支持尊重体育活动中的差异性和多样性；黑人女性主义理论为综合分析性别、阶级、种族、年龄、健康等不同社会变量对体育活动参与的影响提供了思路。此外，女性主义如何推进体育制度的改革、体育中的性别结构问题、社会文化对女性运动的影响、体育中的性侵问题、体育中的虚拟虐待（情感虐待、网络欺凌等）问题、发达的网络对女性体育运动的影响、女性休闲体育的发展趋势、女性体育粉丝的经历、性别对参与体育运动的老年人会起到什么样的影响、女性主义体育消费观等都是在体育领域可以运用女性主义理论继续深入研究的内容。女性主义对体育的研究可以帮助我们深入认识：

（1）女性体育参与的平等机制；

（2）体育对性别意识形态的建设和重建；

（3）身体文化和体育中的性别权力；

（4）体育传媒对性别气质的塑造和维护；

（5）体育与性倾向的关系；

（6）对以男性为主导的体育模式的抵抗；

（7）体育中的性别排斥与包容；

（8）体育对性别健康与个体的发展的促进作用。

女性主义理论已经成为体育社会学理论中不可缺少的部分，它对体育社会学的贡献不仅在于把女性从边缘拉到了研究的中心，更在于拓展了观察和研究体育制度与体育文化的视角。同时，体育领域的女性主义研究对女性主义理论的发展起到了积极的推动作用。

文化、霸权与体育

——批判理论的视野

一 引言

社会批判理论是以法兰克福学派为核心对现代社会尤其是现代资本主义社会进行多学科综合研究、分析、批判而形成的社会学理论。相比传统理论（包括社会理论和科学理论）应用普遍法则来解释事实，批判理论把自己定位为一种非"拜物化"的方法，其"批判"的对象主要集中在文化权力和"意识形态"方面，[①] 对人类解放具有启示意义。批判理论（Critical Theory）或社会批判理论（Critical Social Theory）有狭义和广义两种。从狭义讲，特指法兰克福学派"以辩证哲学与政治经济学批判为基础的"社会哲学理论，即形而上学批判与社会现实批判相结合模式。[②] 从广义讲，批判理论是指反省现代文明历史、反思现代性的社会思想学说，包括法兰克福学派的批判理论、西方马克思主义、后现代主义、女权主义、多元文化主义、文化研究等。由此可知，批判理论并不是一个具体理论，而是一种研究态度与方法

---

① Corradetti, C., "The Frankfurt School and Critical Theory," *The Internet Encyclopedia of Philosophy* (2011).

② 王凤才：《"大众文化是社会水泥"——法兰克福学派大众文化批判理论及其当代影响》，《岭南学刊》2002年第4期，第85~89页。

论。它的主要关注点是探究权力在社会文化中的产生、在社会生活中的运作，以及在人类斗争中的转移。与功能主义、结构主义、冲突理论等传统的社会学理论不同，批判理论认为没有一个统一的、普遍的方法去揭示社会生活，认为这样做反而会忽视社会的多样性、复杂性、矛盾性以及社会变迁与继承。批判理论旨在更公平、更民主、更开放地认识社会问题。

根据批判理论，体育不仅能反映社会，更是创造社会与文化的场所。批判理论家认为体育对其参与者有着积极和消极两个方面的影响。人们按照自己的生活创造了体育，体育可以支持主流文化，也可以用创新的文化来反对主流文化。同时，批判理论家认为体育是不断改变和发展的，体育的形态和当时的政府、教育、传媒、宗教以及家庭结构有很大的关系。批判理论家还特别关注文化的变迁与体育意义的变化，如男性气质与女性气质对体育参与者的限制，种族、年龄、性取向以及身体条件对体育行为的影响。在批判理论视野下，更有利于我们全面揭示体育的结构、组织和意义是如何在不断变化的权力关系中发生变化的。

二　社会批判理论及其沿革

（一）批判理论的形成

社会批判理论在西方社会经历了长期而曲折的发展过程。自从康德用"三大批判"构建起哲学大厦以来，"批判"就成了哲学家"解剖"世界的有力工具。社会批判理论的思想起源可以追溯到19世纪三四十年代黑格尔派对黑格尔（Hegel）理论的接受和解读。老年黑格尔派拥护黑格尔的唯心主义体系，拥护宗教和有神论、维护等级秩序、反对民主革命。而青年黑格尔派则强烈反对黑格尔体系的保守倾向，积极倡导民主革命和无神论，批判宗教。青年时期的马克思（Marx）和恩格斯（Engels）也曾是青年黑格尔派的一员，但二者的研究视角并未长期停留于对宗教的批判，而是迅速转向了政治批判。马克思的资本批判理论可以视为社会批判理论发展的第一阶段。

第二阶段，乔治·卢卡奇（György Lukács）于 1923 年发表的《历史和阶级意识》开创了西方马克思主义思潮，同时确立了 20 世纪新马克思主义的一个最重要的主题，即对发达工业社会的文化批判，而这两方面内容都集中体现于他的著名的物化理论中。① 物化理论揭示了资本主义社会生产力高度发达所带来的人与物关系的彻底颠覆，人类失去主体性成为"物"的奴隶。安东尼奥·葛兰西（Antonio Gramsci）在《狱中札记》中提出国家权力机器的维护需要"政治社会"和"市民社会"硬软兼施的合力，文化霸权实际上是对意识形态领导权的争夺。科尔施（Karl Korsch）在《马克思主义和哲学》中认为马克思主义理论是把社会革命当作活的整体来理解和实践的理论，其总体性体现为理论和实践的统一。② 卢卡奇、葛兰西、科尔施等继承了马克思的批判精神，同时进一步发展了社会批判理论，促成了马克思政治经济批判向法兰克福学派文化批判的过渡。

相比于马克思所处的阶级冲突分外焦灼的年代，20 世纪初的资本主义世界经济已经踏稳了发展的步伐，生产力的快速发展使人们的生活有了较大的改善，阶级关系也有所缓和。然而，第一次世界大战后，作为民主政治短期实验的魏玛共和国的解体使得阶级冲突再次暴露。另外，资本主义社会的时代变化、特征更迭会对社会批判理论的发展产生影响。③ 由于科学技术的发展和生产力的大幅度提高，社会批判理论第三阶段的研究重点转向对技术理性的批判。20 世纪 20 年代，法兰克福学派更为系统地发展了社会批判理论，并使其成为一种影响广泛的思想工具。

---

① 衣俊卿：《异化理论、物化理论、技术理性批判——20 世纪文化批判理论的一种演进思路》，《哲学研究》1997 年第 8 期，第 10~16 页。
② 王雨辰：《科尔施的"总体性的马克思主义理论"述评》，《马克思主义哲学研究》2001 年第 0 期，第 159~172 页。
③ 于永军：《法兰克福学派社会批判理论的范式转变——从传统社会批判理论到交往行为理论》，《湖南工程学院学报》（社会科学版）2009 年第 3 期，第 64~69 页。

　　以法兰克福大学社会研究所为据点，以麦克斯·霍克海默（Max Horkheimer）、赫伯特·马尔库塞（Herbert Marcuse）、西奥多·阿多诺（Theodor Adorno）等批判理论学者为主要代表的法兰克福学派第一代成员开启了对社会批判理论的早期探索。1937 年，霍克海默和马尔库塞分别发表了《传统理论与批判理论》《哲学与批判理论》，这奠定了法兰克福学派和社会批判理论的基础。霍克海默在《传统理论与批判理论》中第一次提出了"批判理论"这一概念，并对社会批判理论的对象、性质、特征、方法等进行了比较系统的阐述。霍克海默以对实证科学的批判为批判理论的前提，认为：批判的主要目的在于"让人类看到他的行为与其结果间的联系，看到他的特殊的存在和一般社会生活间的联系，看到他的日常谋划和他所认可的宏大思想间的联系"[①]。而该理论的目的绝不仅仅是增长知识本身，还在于把人从（资本主义）思想意识形态的奴役中解放出来。[②] 经过战后恢复和政治经济调整，20 世纪 60~70 年代欧美再次进入飞速发展的黄金季节。西方社会经济阶级结构的新变化和人类生存状态的新问题使社会批判理论在现实推动下重新获得了发展动力。在后现代主义对西方社会的现代化进行反思的思潮的影响下，社会批判理论的哲学和方法论基础日益成熟。[③] 1966 年，阿多诺写的《否定的辩证法》使社会批判理论的哲学基础得以成熟。批判理论成为西方哲学、社会学思潮的主要流派之一，在欧美产生了广泛的影响。

　　20 世纪 60 年代末至 70 年代初，随着法兰克福学派第一代的解体和第二代的崭露头角，社会批判理论也开始进入"新批判理论"时期。与第一代关注意识结构和资本积累危机不同，尤尔根·哈贝马斯（Jürgen Habermas）作为第二代法兰克福学派的核心人物，关注的是交际行为的一般、普遍的特征，并认为是这些日常交际行为为社会批判提供了一个更有根据的基础，

---

① 麦克斯·霍克海默：《批判理论》，李小兵等译，重庆出版社，1989。
② 麦克斯·霍克海默：《批判理论》，李小兵等译，重庆出版社，1989，第 230~232 页。
③ 张振鹏：《1990 年代以来马克思社会批判理论研究述评》，《晋阳学刊》2009 年第 2 期，第 19~24 页。

而不是第一代研究的核心内容——意识形态。① 他认为传统的批判理论已经过时，要把它改造为"现代化的理论"，并在《晚期资本主义合法性问题》和《交往行为理论》等著作中，建立起了以"交往合理性"为核心的"批判社会学"。换言之，哈贝马斯以工具理性和交往理性二元分立和冲突为基点，通过普遍语用学的建构，将交往行为的有效性要求和规范原则当作批判的社会理论的理性基础，从而完成批判理论的基础重建。②

随着 1994 年哈贝马斯的退休，法兰克福学派迈入以阿克塞尔·霍耐特（Axel Honneth）为主要代表的第三代。相较于第一代、第二代法兰克福学派，霍耐特在批判思路上发生了方向性的转变。后期哈贝马斯以交往行为理论为基础而提出的话语伦理学、协商政治理论开启了批判理论的"政治伦理转向"，意味着批判理论的"政治伦理度"开始了从边缘到核心的地位转移过程。③ 随后，霍耐特接过这一"转向"接力棒，在交往行为理论的基础上，借鉴了青年黑格尔"为承认而斗争"的主体间性理论，引入了米德的自我意识形成的心理学机制，从自然主义角度对黑格尔承认理论进行改造。霍耐特在《为承认而斗争：社会冲突的道德语法》中提出承认理论，这一理论认为爱、法权、团结三种主体间性承认形式分别赋予了人类自信、自尊、自强的实践自我关系；而强暴、剥夺权力、侮辱的蔑视形式则是对这三种实践自我关系的摧毁、伤害和侮辱。④霍耐特的承认理论对法兰克福学派社会批判理论在社会性和现实性方面的缺失进行了批判性反思，试图从交往范式的语言理论走向承认理论，并最终实现了社会批判理论的"政治伦理转向"，即从侧重于关注现实社会经济现象中的物质、财产等层面的分配不公转向关注道德、心理上的不公与伤害。⑤

---

① Anderson, J. H., "The 'Third Generation' of the Frankfurt School," *Intellectual History Newsletter* 22 (2000): 49-61.
② 郑召利：《交往理性：寻找现代性困境的出路——哈贝马斯重建现代性的思想路径》，《求是学刊》2004 年第 4 期，第 28 页。
③ 王凤才：《霍耐特与批判理论的"政治伦理转向"》，《现代哲学》2007 年第 3 期，第 49~54 页。
④ 王凤才：《论霍耐特的承认关系结构说》，《哲学研究》2008 年第 3 期，第 41~50 页。
⑤ 陈建海：《霍耐特承认理论解析》，《兰州学刊》2007 年第 3 期，第 13~15 页。

（二）批判理论的主要观点

经过三代人的发展，可以肯定的是批判理论的"批判"并不是简单的否定和谴责。对批判的不同理解表明了社会批判概念本身的复杂性，很难找出一个普遍的标准对批判的种种理解加以评价。尽管不同批判理论家有其独特的批判理论，但作为一个"理论群组"，这些理论之间存在一些共同点。批判理论一般具有以下几个核心观点。

首先，反对实证主义。社会批判理论并不是价值中立的，它关心现实社会中人的存在境遇，关心人与自然、人与人的关系，并提供价值判断。可以说，对于实证主义社会科学的质疑是各种批判理论的核心和持久的特点。[①] 但这并不意味着批判的社会理论放弃了客观性，它往往是与具体科学相结合展开对现实社会的批判性研究。

其次，社会批判理论在当前社会问题（如统治、剥削、压迫等）与消除这些问题的"可能的未来社会"之间建立了联系，在现实性与可能性之间保持了必要的张力。本·阿格（Ben Agger）认为："批判理论的作用就是提高对于现在的压迫的认识，阐明具有性质差别的未来社会的可能性。这样，在参与引发社会变迁的意义上，批判理论是政治性的。但是它又不是简单地或机械地鼓动性的，它与社会保持距离以便评价它，并为卷入社会运动的人与群体提供洞见与分析。批判理论认为统治是结构性的，也就是说，人们的日常生活受到了更大的社会机构（如政治、经济、文化、话语、性别、种族）的影响，批判理论通过帮助人们理解这些国家的与全球的压迫根源来阐明这些机构。"[②]

再次，揭示社会的矛盾和危机。批判理论总是站在受压迫的群体或阶级的立场之上，从具体的、现实的社会关系出发，去揭示它们在现实社会

---

① 陶东风：《什么是批判的社会理论》，http://www.culstudies.com，最后访问时间：2021 年 10 月 23 日。

② 陶东风：《什么是批判的社会理论》，http://www.culstudies.com，最后访问时间：2021 年 10 月 23 日。

中所遭受的异化，揭示社会的经济危机和文化意识形态危机等，寻找摆脱压迫和统治的解放之路。

复次，社会批判理论不是僵化、封闭的知识体系，它始终保持着与现实问题的呼应和"对抗"。西方马克思主义的新一代批判理论家斯蒂芬·布隆纳（Stephen Bronner）在其所著的《批判理论及其理论家》一书中认为，批判理论不是一个体系，也不能被简化为一个排斥他者的封闭系统，它构成了一种独特的逻辑形式，具有反系统和自我反思的特质。

最后，旨在促进人的自由和解放，把人从奴役中解放出来。促进人的自由和解放是批判理论的最终旨趣，这一旨趣将批判理论与实证主义区别开来，是判断批判理论的一个普遍标准。布隆纳在《批判理论及其理论家》中力图重建批判理论的激进目标，他将批判理论定义为在解放观念鼓舞下的理论大集合，并采用了"解放的迫切性"这一核心概念来审视批判理论自身。批判理论的宗旨不仅包括理解社会，还包括改造社会。

社会学具有"天生"的批判基因。批判理论在自我发展过程中对社会学、文化研究等产生了巨大的影响，掀起了各种思潮。它帮助我们清晰地看到大众文化的本质是资本主义社会促进商品生产和搭建消费体系的重要一环。除此之外，它强调了文化实践意识形态阐述的多元性，并把文化研究视野扩展到阶级以外的性别、种族等领域。[①] 在社会批判理论的影响下，大众传媒批判研究也开始兴起。

从方法论来看，作为人文社会科学方法论之一，批判主义既不同于实证主义对社会现象的外在审视，也不同于解释主义对社会行为的内在理解，而是在研究途径上采用客观的态度来认识自然界，在研究目的上采用一种主观的态度来批判和改造自然界，从而为社会科学研究开辟了一条崭新的道路。社会批判理论把内在超越当作其方法论结构的核心，力求"在批判旧世界中发现新世界"。这一概念影响了布迪厄（Bourdieu）、福柯（Foucault）、罗尔

---

① 王凤才：《"大众文化是社会水泥"——法兰克福学派大众文化批判理论及其当代影响》，《岭南学刊》2002 年第 4 期，第 88 页。

斯（Rawls）、巴斯卡尔（Bhaskar）等学者的思想，并由此发展出相对完善的批判理论分类。

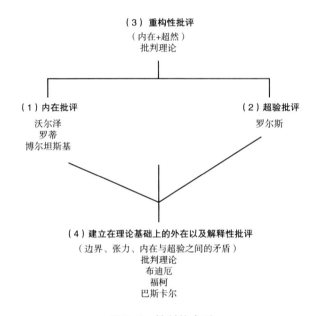

图 8-1　批判的类型

资料来源：Strydom，P.，*Contemporary Critical Theory and Methodology*（London：Taylor & Francis，2011），p. 167。

社会批判理论与传统理论的最大不同在于，它是对现有社会秩序的颠覆，而非拥护。因此，社会批判理论这一概念的诞生，一是为了表明对现存资本主义社会不公平和不公正的批判，二是对马克思主义政治经济学批判中"批判性"的继承。① 法兰克福学派所发展的社会批判理论试图将经济与文化和意识形态分析联系起来，以解释为什么马克思所期待的社会革命没有发生。法兰克福学派认为，国家对经济的大规模干预，造成了资本主义经济发展的"逆趋势"，而"文化工业"则诱导了"虚假需求"

---

① 赵民、岳海云：《马克思与法兰克福学派的资本主义批判比较研究》，甘肃人民出版社，2012。

和"虚假意识",转移了社会对阶级矛盾的注意力。因此,马克思主义革命理论中阶级矛盾明显、资本主义经济危机严重等资本主义社会革命所需的条件早已不复存在。[①] 法兰克福学派认为当今的资本主义社会是"富裕"而"病态"的,技术进步不仅带来物质富足,也伴随着国家统治机器的进化,压制并操控了人们的精神自由,消耗并磨灭了人们的独立个性。社会批判理论对资本主义革命"新动因"的探索,触发了 20 世纪 60 年代的维也纳行动主义 (Viennese Actionism),为示威游行、行为艺术、街头涂鸦等暴力、激进和直白的艺术形式开辟了一条极具批判性的社会革命道路。

总之,批判理论可以被看成一种研究态度、分析方法,批判主义学者的思想也引领了一波波社会革命。它主要关注的问题是文化的解释、权力和社会关系。批判理论主要想找出权力的来源,探索其在社会生活中的运转、在人类斗争中的转移,并寻找促进人类的自由和解放的路径。

三 批判理论在体育研究中的应用

批判理论在体育研究中主要用于揭示体育现象中的内在或深层次的矛盾。体育文化研究更是以批判理论为中心,揭示了体育文化内部矛盾以及体育霸权的形成和发展,在西方体育社会学研究中产生了巨大的影响。批判理论家关注在体育活动中的文化再生及变迁问题,认为体育是产生和改变文化及社会关系的场所。它建立在以下三个假设的基础上:(1)群体和社会的特点是有共同的价值观和利益冲突;(2)因为社会群体之间力量的平衡会发生变化,所以价值观和社会组织会随时间和情况的改变而改变;(3)由于社会价值观和社会组织的协议从来就不会是永恒的,所以社会生活中的谈判、妥协和胁迫等会持续不断。

---

① 任暟:《批判与反思——法兰克福学派"当代资本主义理论"辨析》,安徽大学出版社,1998,第 242~243 页。

批判理论家着眼于体育的复杂多样和矛盾变化的特点，研究体育的目的是揭示体育是不是为了那些比别人更有特权的人或团体而组织起来的社会活动，同时解释体育是如何变成现在这样的，又应该用什么新的方法来思考、组织和参与体育。乔治·赛吉（George H. Sage）的著作《美国体坛的权力和意识形态：一种批判的观点》①对美国主导性的运动形式进行了比较系统的批判性分析，堪称批判理论的代表性著作。从文化批判的角度，他们十分关注这样一些问题：（1）文化通过哪些体育过程产生、重构和改变；（2）在体育活动中，权力和社会差别参与文化形成、重构和改变进程的方式；（3）人们在体育活动过程中，根据哪些观念、意识去理解和诠释周围世界、形成角色身份、与人交往，并改变其生活条件或环境；（4）权力关系是如何在体育中/通过体育不断重建或被抵制的；（5）构成体育的事件和图像中，哪些人的声音被忽视了。批判理论在体育中的应用大致有以下几个主题。

（一）对体育现代性的批判

"现代性"（modernity）是指自文艺复兴时期以来西方文化和历史的基本特征，核心是理性主义。对现代性的批判就是对自工业革命开始的现代化运动所引发的社会问题的批判和反省。西方马克思主义批判理论对当代西方社会现代性的讨论焦点体现在对"工具理性""异化问题""消费主义文化问题""社会危机"等问题的分析和批判上。卢卡奇对现代性的批判以物化理论为切入点，揭示了商品形式的支配地位以及人类对物质的依赖性，也为后现代主义兴起奠定了理论基础。②对现代性的批判是当代西方社会焦虑和精神痛苦的观念表达，它以一种激进的形式，冲击发达资本主义社会及文化秩序，暴露其社会和文化的内在矛盾，揭露现实生活状况的扭曲，

---

① Sage, G. H., *Power and Ideology in American Sport: A Critical Perspective* (Champaign: Human Kinetics Publishers, 1990).

② 张闶：《卢卡奇的现代性批判——基于物化理论》，《武汉大学学报》（人文科学版）2009年第6期，第719~721页。

展示现代社会依然存在的压抑与异化，从而期望一种人性得到彻底解放、异化状态被彻底终结的乌托邦前景。①

　　法兰克福学派第一代理论家认为现代社会无限制、无规则的分化导致了思想的贫瘠和文化价值品位的丧失。霍克海默、阿多诺认为现代化几乎成了文化平面化和低俗化的代名词。马尔库塞认为现代社会单面化、异己化，在他们眼里现代性就是一种风险文化，现代化就是社会发展的陷阱。第一代法兰克福学派的思想家们像他们的理论先驱韦伯那样陷入对理性的深深绝望中，对现代社会的理性化过程持悲观的态度。他们认为必须全面抛弃和"拒绝"理性化的现代社会。与第一代对现代性抱有绝对悲观态度的前辈不同，哈贝马斯以一个理性主义维护者和现代性病理学家的身份出现在西方现代思想舞台上，他坚信理性作为社会规范力量所具有的积极意义，坚信现代性的问题最终可以在理性的范围之内得到有效解决。哈贝马斯的理论是一种以理性重建为目标的现代性理论。②

　　当持有现代批判理论的研究者将目光投向现代体育时，他们注意到现代体育在人类社会中的出现和改变经历了较为复杂和长期的社会进程。随着社会现代化进程的推进，体育作为一种大型文化活动，逐渐成为城市资本主义现代性的核心元素。③ 体育的现代性主要体现在国际化、社会化、科学化、产业化、全球化等方面。奥运会、世界杯等大型体育赛事的举办、先进的科学技术在体育领域的运用、群众体育活动的日益多元化以及体育产业的迅速发展，似乎都意味着现代性对体育发展益处无穷。但现代性不能简单地与"发展"画上等号。现代性在促进体育发展的同时，一方面令体育陷入工具体育、数字体育、经济体育的桎梏之中，使现代体育丧失了

---

① 王雨辰：《当代西方马克思主义社会批判哲学对现代性问题的研究》，《中南财经政法大学学报》2002 年第 4 期，第 24~28 页。

② 傅永军：《现代性与社会批判理论》，《文史哲》2000 年第 5 期，第 121~126 页。

③ Horne，J.，"Assessing the Sociology of Sport：On Sports Mega-events and Capitalist Modernity," *International Review for the Sociology of Sport* 50（2015）：466.

原有的人文性、娱乐性和意义①；另一方面也意味着传统民俗体育文化在工具理性盛行的社会中面临着被西方主流竞技体育"同质化"、被现代市场经济体制"边缘化"和"功利化"的险境②。贾维（Jarvie）将现代体育描述为：（1）人类能量的祭祀仪式；（2）在人类之间传递的普世性的文化流；（3）对人类生活缺陷的补偿；（4）身份认同以及区隔的社会机制；（5）一种交易而不仅是运动；（6）社会产品；（7）（体育场内外）斗争的竞技场；（8）西方或资本主义体育的代言。③

了解了体育的现代化（性）能使我们全面地、深入地认识我们生活着的现代社会。我们需要从批判的视角去揭示、评价现代体育，以便更深入地理解历史性和全球性的体育问题，如（1）什么样的历史、经济、政治和感情因素能解释文艺复兴以后，特别是 18 世纪和 19 世纪现代体育在欧洲大部分地区的出现？（2）体育参与通过什么样的历史和社会进程在人们生活中变得日益重要？什么因素使得体育在 20 世纪各种社会中都变得高度职业化和商业化？（3）什么是体育暴力？什么是控制体育暴力的历史和社会因素？（4）体育、民族特征和全球化进程之间的关系是什么？在全球化进程动态中，民族主义、媒体、经济扩张和消费发挥了什么样的重要作用？批判理论家试图从这些问题中反思体育运动现代转型的价值及其对人类自身发展的意义。

（二）对体育异化的批判

20 世纪 20 年代初，卢卡奇最早把物化理论当作马克思主义的核心内容，开了西方社会批判理论对人的异化问题进行批判研究的先河。马克思在《1844 年经济学哲学手稿》中的论证进一步支撑了这一论说。30 年代初的法

---

① 康庆武：《对体育现代性的反思》，《山东体育学院学报》2007 年第 4 期，第 7~9 页。

② 何平香、郑国华、吴玉华等：《我国民俗体育文化遗产的现代性生存——以江西中村和广西平村为例》，《武汉体育学院学报》2017 年第 12 期，第 58~67 页。

③ Jarvie, G. *Sport*, *Culture and Society*：*An introduction*（London：Routledge，2006），p. 3.

兰克福学派认为，马克思主义的重大贡献就是提出异化理论和人本主义精神。对人的异化的批判成为西方马克思主义揭露资本主义社会矛盾、批判各种社会现象的主要理论工具。他们把马克思原本意义上的劳动异化扩展到对全部社会生活领域的异化批判。马尔库塞认为在发达工业社会中，人们不仅受到统治者的外部的、物质的压迫和统治，而且受到内部的意识形态的或心理的统治，沉沦于物质欲望的虚假满足中。因此，人成了物质和技术的奴隶，沉醉于物欲而丧失了精神上的追求，丧失了批判性和创造性，人成了"单面人"，社会也成为一个"单向度"发展的社会。亨利·列斐伏尔（Henri Lefebvre）认为，随着垄断资本主义代替自由竞争的资本主义，新形式的异化更加严重，科技与生产的发展使人完全成为技术工具的仆役，生产和生活活动都单一化、标准化、规范化了，人们的心理结构适应统治结构，人们在日常生活的各个领域都承受着巨大的心理与精神上的压力。①

　　异化理论的一个分支是日常生活批判理论。该理论认为日常生活就是人们每日活动的总称。对日常生活进行批判的主要目的是恢复日常生活的本来意义，消除其中的异化现象，并实现人类的个性自由与精神独立，在日常生活与非日常生活的和谐状态中实现人类的全面发展。卢卡奇从审美起源开始对日常生活批判理论进行阐述，并说明了日常生活是理论和艺术的源泉。哈贝马斯认为，在现代社会中，由于权力与金钱无孔不入的侵蚀，特别是大众传媒的冲击，生活世界日益边缘化，私人空间逐渐被公共空间所取代，生活世界中的成员已完全失去独立判断能力与个体独立性，人们普遍存在心理焦虑与失衡。他提出用交往理论重建生活世界与系统之间的和谐关系。列斐伏尔的日常生活批判理论是建立在全面异化理论基础之上的，他从"完全的人"和"总体的人"出发，提出当代资本主义社会不仅在政治、经济而且在人们日常生活的方方面面都存在异化现象。列斐伏尔更加关注宏大理论叙述下人们的日常生活。他认为日常生活的异化对大众

---

① 严亚明：《浅论西方马克思主义对当代社会的批判》，《孝感师专学报》1998 年第 1 期，第 13~17 页。

的创造性、主动性与个性的破坏最为严重，为此，要在日常生活领域开展批判与清理，使人的解放也体现为日常生活中的个人解放。① 正如卢卡奇的学生阿格妮丝·赫勒（Agnes Heuer）所认为的那样："我们可以把'日常生活'界定为那些同时使社会再生产成为可能的个体再生产要素的集合。"②

体育作为人类的一种余暇生活方式，自然也被纳入异化理论和日常生活批判理论的关注范围。马克思认为，异化是人的物质生产和精神生产，以及伴随这些生产所产生的产品变成异己的力量，且这种力量反过来统治人的一种社会现象，其本质是异化劳动或劳动异化。③ 卢元镇认为，所谓"异化"，是指从主体中分裂出来或丧失掉的东西在摆脱主体的控制并获得独立性后逐渐壮大，反过来控制、支配、压迫或扭曲主体。④ 体育学界所研究的"体育异化"主要指的是竞技体育的异化。体育作为人类的精神文明建设领域，本应服务于人类的自由解放和全面发展，却在这一过程中颠倒了主客体关系，人类逐渐成为"异化的体育"的附庸。足球流氓、兴奋剂、过度训练等体育暴力正或显或隐地凌驾于人类的身体及社会关系之上。竞技体育的过度"职业化"和"商业化"、体育在世界舞台上有时成为表达政治诉求和发展经济的工具、"金牌主义"和"金牌至上"的理念等体现了现代体育对物质的过度崇拜，而体育本真所包含的人文性和自然性被抛诸脑后。在功利主义价值影响下，当今的体育有时偏离了它本真的意义，成为一种在工具理性操作下的功利主义体育。⑤ 对体育者而言，构成体育情境的前提，就是对日常生活世界的暂时性的有意遗忘。然而，现代体育早已与政治、经济等种种复杂的因素搅为一团而成为一种现实性的"工作"，不再是真正的"游戏"了。因此，在体育还是一种现实性的"工作"的情况下，违背

① 韩德信：《从大众文化批判到日常生活批判——西方马克思主义的理论转向》，《社会科学辑刊》2007年第5期，第200~204页。
② 阿格妮丝·赫勒：《日常生活》，衣俊卿译，重庆出版社，1990。
③ 何维民、苏睿：《当代体育异化研究》，中国社会科学出版社，2017，第23~25页。
④ 卢元镇：《竞技体育的强化、异化与软化》，《体育文史》2001年第4期，第19~20页。
⑤ 卢元镇：《竞技体育的强化、异化与软化》，《体育文史》2001年第4期。

体育的本质性规定，即对现实生活世界的暂时性有意遗忘时，就一定会出现体育活动中运动者丧失主体地位，甚至被物化的体育所支配的异化现象。体育异化的实质和核心就是体育活动中运动者主体地位的失落。[1]

国内在体育异化方面最具代表性的著作是周爱光教授的《竞技运动异化论》。在这本书中周爱光梳理了日本和欧美学者在竞技运动异化问题上的种种观点，从竞技体育的文化性异化和社会性异化两个角度进行探究，并进一步探究了竞技体育异化所导致的人的异化现象。随后，在《现代竞技运动中异化现象的类型分析》一文中，周爱光将竞技运动中的异化现象划分为政治干预的异化、社会舆论的异化、兴奋剂的异化、金钱的异化、暴力的异化、权利的异化等六个方面。[2] 何维民、苏睿的《当代体育异化研究》对学界将体育异化局限于竞技体育异化的现象进行了批判，并在前人的理论基础上，综合宏观、中观、微观三个层面重新对体育异化概念进行了界定：体育异化是指体育在活动过程中，在不自由的状态下变成异在于其本真活动结果的现象。[3] 他们指出，体育异化与制度特权、战争、科技化、商业化运作等对体育工具性和功利性的塑造不无关系；体育异化不仅表现为体育功能向教育、政治、军事等领域的泛化还体现为现代体育过程，尤其是竞技运动过程中的政治性、科技性、过度职业化和过度商业化等新属性的叠加。而作为整个体育过程的起点和终点，体育目的和体育实践结果早有背离"以人为本"核心思想的迹象。究其原因：（1）体育文化价值功能存在一定的矛盾性和不合理性；（2）社会形态的转变使得人与人之间的关系由平等转向了地位悬殊的附属关系；（3）体育是"舶来品"，由于实践经验和理论水平的不足以及政治因素的影响，体育理论在形成并向大众传播时就已经有所偏颇；（4）随着社会生产发展，体育的"生活性"减弱，逐渐成为一种独立的社会生产活动；（5）运动员等体育从业人员在体育选择上也充满了功利性的博弈。

---

[1] 谭华编著《体育本质论》，四川科技出版社，2008。

[2] 周爱光：《现代竞技运动中异化现象的类型分析》，《体育学刊》2000年第5期，第19~23页。

[3] 何维民、苏睿：《当代体育异化研究》，中国社会科学出版社，2017，第27~32页。

还有的学者指出过度商品化也是体育异化的表现。随着社会现代性的发展，加上消费主义浪潮的推波助澜，体育的市场化、商业化也无可厚非。然而，对"金钱主义"的顶礼膜拜导致了体育的过度商品化，职业性腐败便是体育过度商品化的主要表现之一。NCAA（National Collegiate Athletic Association，美国全国大学体育协会）是一个以输送优秀体育人才著称的非营利性体育组织，根据其业余主义规则的要求，学生运动员不得非法获取除学校提供的运动员奖学金以外的金钱，包括通过品牌赞助或与职业体育产生联系的方式获得的经济利益。然而，2017年FBI对NCAA的调查报告却揭露了其内部的贪腐丑闻：大学篮球教练利用职务之便收取高中篮球运动员的贿赂，以满足球员进入理想大学篮球队的欲望。阿迪达斯则贿赂球员，以吸引有潜力的球员加入其赞助的NCAA球队。虽然与NBA相比，NCAA的商业气息相对薄弱，更侧重于青年运动员的培养，但由于NCAA的巨大商业价值（2015年在美国最有价值的十大体育赛事品牌中排名第六，甚至高于NBA总决赛），职业腐败将黑手伸向了学生运动员。体育比赛的观赏性不仅表现在运动员的高超技艺和现场热烈的氛围上，令人兴奋的还有最终结果的不确定性。然而，随机性带来的比赛结果并不能让所有人都满意。对于战败方而言，失败并不仅仅意味着象征体育精神的"越挫越勇"，还意味着个人利益、集体利益乃至国家利益的受损。为了追逐利益，一些比赛的利益相关方甚至会采用滥用兴奋剂、黑哨、打假球等手段对比赛结果进行干预。

异化理论也揭示了体育异化现象对自我身体支配的控制。例如，年幼的儿童的权利往往因为他们的年幼和无知以及成人对他们的忽视而受到侵害甚至被剥夺。在少体校中"业余训练"的孩子只要在某个项目中呈现一定的运动天赋，他就很有可能成为长期集训名单上的一员并从此开始他的运动生涯。年少的他们很少懂得个体享有对自己身体的支配权，以及健康权、教育权、发展权、受保护权、不受歧视权等各种权利。高度异化的竞技体育在许多方面构成了对儿童权利的侵犯。体育运动本应是促进孩子身体、生理等各个方面健康成长较为有效的手段。然而，过早的大负荷、高强度，甚至是野蛮的训练和频繁激烈的比赛，会给青少年儿童带来生理上、心理上的严重伤害。美国一位体操运动员夏农·米勒（Shannon Miller）曾经描述道：从 15 岁开始，她就没有其他孩子拥有的快乐童年生活，唯一的快乐就是结果——金牌。① 年幼时的痛苦经历会给他们的一生蒙上难以抹去的阴影。同时，年幼无知、视教练为父母的青少年运动员，往往比成年运动员更服从教练，而教练为了出成绩拿奖牌便教唆、引诱青少年运动员服用违禁药物的例子并不罕见。最具代表性的无疑是令人触目惊心的东德运动员服药事件，其写下了奥运史上最具毁灭性的篇章。在批判主义者看来，竞技体育运动使身体变为获取胜利的工具，身体失去了主体性，是被"资本""权力"压迫的，是无力的。当人无法控制自己的身体时，以身体为介质的运动就发生了异化。

（三）对大众体育文化的批判

大众文化研究在早期主要经历了齐美尔、克拉考尔等学者的发展，而对大众文化更为系统性的研究则源自法兰克福学派内霍克海默、阿多诺与瓦尔特·本雅明（Walter Benjamin）对大众文化正反两面的争论。有别于大众文化"自下而上""从群众中来"的原本意义，霍克海默、阿多诺在《启蒙辩证法》中首次提出的"文化工业"实际上是一种脱离大众文化本真的反大众概念，是异化的大众文化，意为"凭借现代科技手段大规模地复制和传播商品化了的、非创造性的文化产品的娱乐工业体系，它通过大众传播媒介来欺骗大众，行使意识形态的统治功能"②。相较于霍克海默、阿多诺完全否定技术理性的悲观态度，本雅明不仅坦然接受了技术理性和大众文化的消极效应，还看到了机械复制通过改变艺术感知方式，从根本上改变了大众和艺术之间的关系。③ 本雅明认为，尽管机械复制会导致艺术"光晕"的消失，但艺术的世

① 保罗·大卫：《孩子的权利与体育运动》，王荷英、陈群译，《体育文化导刊》2005 年第 2 期，第 61~64 页。
② 衣俊卿：《新马克思主义的文化批判理论及其启示》，《中国社会科学》1997 年第 6 期，第 80 页。
③ 孙文宪：《艺术世俗化的意义——论本雅明的大众文化批评》，《华中师范大学学报》（人文社会科学版）2004 年第 5 期，第 25~26 页。

俗化无疑拉近了大众与艺术的距离，而不是忠于精英主义的"为了艺术而艺术"。

批判理论学者普遍认为现代资本主义社会背景下的大众文化受技术理性支配，具有幻象性、操纵性、齐一性和非大众主体性等特征。大众文化借助现代科技手段进行大规模复制和商品化制作，破坏了文化的艺术性、精神性与自由性，扼杀了文化创造的个性与独立性。由于批判功能被取消，大众文化追求的不再是知识和社会责任，而是剩余价值。[①] 大众文化所表现的社会进步只是一种虚假的进步，损害了人类艰苦营造出来的精神家园并逐步消解着其中的优秀文化。特别是大众传媒正在消解大众的判断力，将传统的、以强调个性与独立性为旨归的文化转变为以集体无意识为特征的大众文化，使大众文化失去了原有的批判精神与否定功能，从而变成资本主义统治合法性的辩护力量。[②]

如今，体育也被当作一种大众文化形式。当人们玩耍和观看体育时，他们创造、维持和改变着自身的价值观、想法和信念。文化批判理论可以帮助我们分析这些价值观、行为规范、想法、信念、意识形态、象征意义和语言是如何在体育中发生变化的，如分析媒体对男性和女性体育运动的叙述和形象化描述、种族意识对个人体育参与选择的影响、体育明星与运动中的集体无意识行为、体育事件中的话语权等。

哈格里夫斯（Hargreaves）和麦克当娜（MacDonald）在《文化研究和体育社会学》一文中概括地介绍了批判理论和体育文化研究。[③] 书中提到，当代文化研究起源于《识字的用途》（1957 年）、《文化与社会》（1958 年）以及《英国工人阶级的形成》（1963 年）三本著作对精英主义的主流文化

---

① 韩成艳：《出走与回归：西方马克思主义的人道主义文化批判》，《黑龙江教育学院学报》2006 年第 5 期，第 90~91 页。

② 韩德信：《从大众文化批判到日常生活批判——西方马克思主义的理论转向》，《社会科学辑刊》2007 年第 5 期，第 200~204 页。

③ Hargreaves, J. and McDonald, I., "Cultural Studies and the Sociology of Sport," *Handbook of Sports Studies*（2000）：48-60.

概念的挑战和对文化与阶级身份的关系的揭示。随后，葛兰西提出文化处于权力关系的中心地位，政府正是通过文化传播来控制民众的意识形态，并由此提出霸权理论，为文化研究做出了开创性的贡献。随着 1964 年伯明翰大学当代文化研究中心（CCCS）的成立，文化研究逐渐制度化发展。在制度化过程中，文化研究的重点经历了从英国工人阶级文化到权力的性别关系到种族、第三世界人民和同性恋等多元化议题的变化过程。总之，对边缘化群体的关注取代了阶级主导的研究。

最早的体育文化研究是基于 CCCS 对体育亚文化（如足球流氓）、体育媒体、边缘性体育项目、女性体育参与等主题的关注的。随后的体育文化研究则主要围绕体育、意识形态和权力运用之间的复杂关系、霸权理论在体育文化研究中的应用（例如商业利益和"理性官僚"对边缘体育文化的"驱逐"）、体育媒体传播意识形态的功能等方面来理解社会权力关系。加迪那（Giardina）的《体育教学法：全球舞台上的表演文化和特性》分析了体育中的知识、权威和权力之间的复杂关系；胡森（Hughson）、英吉利斯（Inglis）和弗利（Free）在《竞技运动的用途：一个批判的研究》一书中，运用文化研究范式和批判理论审视竞技运动在社会和社区环境中的文化生产和文化再现过程中所扮演的角色。正如格如克斯（Giroux）和霍尔（Hall）所指出的，通过理解流行文化形式的含义，我们了解了我们是如何构成的，以及我们是谁。①

对大众文化社会控制的分析也逐渐拓展到心理层面，特别是无意识领域，从而大大深化了对大众文化的控制和操纵功能的认识。文化批判主义者认为在发达资本主义社会中，大众文化已经取代了传统家庭中父亲的位置，成为大众精神上的"代理父亲"。作为"代理父亲"的大众文化鼓励大众把既定的社会规则内化为自我典范，并通过各种明星形象和媒体明示或暗示给大众：只有认同社会现状，个人才能获得幸福，否则只能落得悲惨

---

① Giardina, M. D. , *Sporting Pedagogies*: *Performing Culture & Identity in the Global Arena* (New York: Peter Lang, 2005).

下场。因此，崇拜明星就是认同社会秩序，大众消费娱乐产品的过程也就是社会规则逐渐内化为自我人格典范的过程。有些大众文化产品虽然从表面上看有满足大众愿望的性质，但其实质还是鼓励大众遵从社会规则、维护社会现状。阿多诺认为悲剧可以唤起观众某些过分强烈的情绪然后把这些不应有的情绪净化掉；大众文化则在虚幻地满足人们生活梦想的同时，诱使人们自觉放弃实现不了的梦想。① 大众文化在满足人们物质需求和感官享乐需求的同时，也"牺牲了他们的时间、意识和愿望"②，所以它又是压抑性的。

体育作为一种大众文化，也被认为是一种"精神鸦片"（opium of the people）。顾名思义，"精神鸦片"指的是使人精神上瘾而不会带来实质性帮助的精神毒素。在体育领域，最典型的"精神鸦片"莫过于地区性热门体育项目的风靡，比如足球之于拉丁美洲、超级碗和 NBA 之于美国乃至世界人民。在 20 世纪 60 年代末，为了跻身第九届世界杯，萨尔瓦多和洪古拉斯两国在赛前都有在对方住所附近制造噪声、扔臭鸡蛋和死老鼠以获得比赛胜利的行为，随即双方发生暴乱。以此为导火索，两国之间爆发了一场世界闻名的"足球战争"。尽管这一事件的根源实际上是移民问题，但由此可见，观看足球赛事或参与足球运动不仅是球迷的日常生活方式，还是他们获取精神能量所必不可少的源泉。足球在球迷心中已经成为一种类似宗教信仰的存在。从体育层面来看，足球运动在拉丁美洲的高度普及让人无法忽视这项运动，其蓬勃发展也在一定程度上对其他体育项目造成倾轧，使得民众别无选择。但从政府层面来看，足球是三大球之一，是一个非常强势的体育项目。促进群众对体育的喜爱与参与，不仅有利于提高民族凝聚力，通过足球来提高国际地位，更有助于行使意识形态的统治功能。

关心大众文化的年青一代学者更表现出对"阶级"这一研究主题时的

---

① Cook, D., *The Culture Industry Revisited: Theodor W. Adorno on Mass Culture* (Lanham: Rowman & Littlefield Publishers, 1996), pp. 60-61.

② 赫·马尔库塞：《爱欲与文明——对弗洛伊德思想的哲学探讨》，黄勇、薛民译，上海译文出版社，1987。

浓厚兴趣。约翰·哈格里夫斯（John Hargreaves）在分析英国体育发展的时候就使用了"支配权"这一概念。而霍尔特在他的另一本书《体育与英国》中指出：以"支配权"为说明工具仅仅是赋予"社会控制"论题新的外观，这就意味着这种方法依然具有强大的吸引力。新马克思主义者琼斯（Jones）则坚持经济决定论，强调体育是社会斗争和文化斗争的大舞台，在这种斗争中体育项目不断产生和被重新塑造。琼斯提出：体育活动和休闲娱乐存在"商业"、"自发"和"国家"三种形式。各个形式包含不同的文化关系，在不同的形式之间可能会形成不同类型的紧张状态。例如，"自发"是英国社会生活中最主要的特征，它能抵制"商业"形式的渗透。就英国来说，许多体育项目和休闲活动只能参照"自发"这个产生消遣活动的体系来理解，比起其他的欧洲国家，不同形式的国家级正统体育对英国整个娱乐领域的渗透力更弱。

（四）对体育全球化的批判

跟随全球化的趋势，体育领域也呈现经济全球化和文化全球化的走向。体育全球化首先表现为体育经济的全球化，而体育经济全球化最突出的特征在于体育表演和大型体育赛事的流行。大型世界或国际体育赛事的数量经历了从 1912 年的 20 场、1977 年的 315 场、1987 年的 660 场到 2005 年的 1000 场的急剧增加过程。[①] 大型体育赛事的影响力之大，让众多大型跨国公司看到了商机，纷纷加入体育赞助商的行列当中。在第一届现代奥运会——1896 年雅典奥运会上，美国柯达公司以在奥运会的成绩册上印上自家广告为条件向奥运会提供赞助，也由此成为第一批赞助现代奥运会的企业。直至柯达于 2008 年宣告破产，二者之间长达 112 年的赞助关系才得以终止。[②] 1928 年，阿姆斯特丹第九届奥运会，可口可乐随美国代表团首次到

---

① Andreff, W. , "Globalization of the Sports Economy," *Rivista di Diritto ed Economia dello Sport* 3 (2008)：15.

② 《最悲情的赞助商：120 年前就赞助奥运却黯然倒闭》，https：//cj. sina. com. cn/article/detail/3182600947/38241？doct＝0，最后访问时间：2024 年 2 月 3 日。

达并赞助了此次奥运会。可口可乐在阿姆斯特丹奥运会场馆周围设立饮料售卖亭，由此开始了与奥运会长期、持久的合作。① 到 1984 年洛杉矶奥运会，彼时的奥运会组委会主席彼得·尤伯罗斯以"电视转播权招标"和"选择唯一赞助商"为核心内容，开创了奥运会商业化运作的"私营模式"②。

得益于大型国际体育赛事对品牌的强劲宣传，许多体育跨国公司不断扩大生产规模。跨国公司开始了与发展中国家的长期合作，实现了自然资源和社会资源的全球化配置。体育代工厂如雨后春笋一般在中国、越南、印度尼西亚、柬埔寨、菲律宾、泰国等亚洲发展中国家扎营，生产体育用品和体育设备。比如，耐克是全球最大的跨国公司之一，其运动鞋生产涉及全球 15 个国家的 44.3 万名员工，其中 75% 的耐克鞋生产线工人在越南、印度尼西亚和中国。如果整合该集团的所有产品，该公司合作的工厂遍及全球 42 个国家，共有 102 万名工人。③ 体育生产的跨国合作不仅为大型体育跨国公司扩大生产规模创造了条件，还为体育代工厂所在的国家或地区提供了数以万计的就业岗位，带动了当地的经济发展，实现了"双赢"。但另一方面，体育经济的全球化也为发展中国家带来了"灾难"。对发展中国家而言，建设体育代工厂实际是发达国家对发展中国家（地区）进行经济掠夺和剥削的方式，是一种隐性的"体育殖民"。对工人而言，工作时长的压榨使他们没有时间参加运动，低廉的薪水让他们没有足够的资源购买他们生产的体育产品，缺失的工作保障和艰苦的工作条件令他们无法保障自

---

① "The 1928 Olympics in Amsterdam Witnessed the First Appearance of Coca-Cola as a Sponsor," https://www.insidethegames.biz/articles/15803/the-1928-olympics-in-amsterdam-witnessed-the-first-appearance-of-coca-cola-as-a-sponsor.

② La Rocco, C., "Rings of Power Peter Ueberroth and the 1984 Los Angeles Olympic Game," *Financial History*, *Spring*（2004）：10-12.

③ 《刚刚，Nike 宣布：设计生产时间从一年缩至 6 个月！亚洲 42 个国家代工厂、102 万名生产线员工要遭殃了!》，https://www.sohu.com/a/200837335_527026，最后访问时间：2024 年 2 月 22 日。

身健康。①

发达国家对发展中国家（地区）所实施的体育掠夺不仅体现在物质资源上，还体现在体育人才资源（主要指运动员，还包括教练员、体育科学家等）上。美国出版的《全国大学生体育协会（NCAA）国际运动员招募》一书中提到："国际体育运动中的运动员流动本质上是体育视角下的自由贸易。"为了增强本国弱势体育项目的国际竞争力，发达国家如日本、新加坡、西班牙等不惜给出丰厚薪酬和本国国籍，吸引并归化发展中国家的优秀运动员。在 2010 年莫斯科世乒赛女子团队赛决赛中，中国队以 1∶3 的比分惜败于新加坡队。但实际上，新加坡队的李佳薇、于梦雨、冯天薇、孙蓓蓓等都曾是中国人。运动员"迁徙"不仅导致输出国体育人才的流失，还使得输入国运动员在运动员移民的光环下无法崭露头角，本国观众也同样无法接触本土培养的优秀运动员。从全球的角度来看，发达国家的联盟和球队对体育人才的获取在很大程度上是以牺牲发展中国家的体育系统为代价的。②

随着世界市场的形成即经济一体化，文化方面也出现一体化的现象。以现代体育运动会为例，体育运动会的仪式无不遵从圣火仪式、运动员和裁判员宣誓、开闭幕式的庆典活动等特定模式，这一切都发源于西方。目前奥运会的竞赛项目已有 300 项之多，但这些项目绝大部分是西方人的传统项目，其他国家和民族被迫以抛弃其长期积淀而形成的传统文化为代价，在运动会上享受西方创造的"文明"。同时，竞赛规则也是以西方的价值观念为原则的，于是西方人所崇尚的竞争和刺激成为制定竞赛规则的标尺；比赛设置的奖励方式下无论多少人、多少队参加，冠军永远只有一名，把竞赛变成对"稀有"奖励的争夺。无论是世界上哪种体育项目的比赛，运

---

①　Thibault，L.，"Globalization of Sport：An Inconvenient Truth 1," *Journal of Sport Management* 1 (2009)：5-6.

②　Thibault，L.，"Globalization of Sport：An Inconvenient Truth 1," *Journal of Sport Management* 1 (2009)：8.

动员穿的总是耐克或阿迪达斯，喝的都是可口可乐。

在体育文化全球化的过程中，各发展中国家原有的传统体育方式的生存空间也日益被严重挤压。除了少数传统体育方式——如印度的瑜伽、日本的柔道等成功转型并得以适应现代社会生活以外，大多数发展中国家的民族传统体育生活方式面临日益萎缩甚至消亡的境遇。因而，西方化的体育全球化在打破西方体育与民族体育平衡的同时，会导致民族体育的西方化，并加速民族体育的自然消减。这一切的结果是：通过世界性的体育比赛，全世界各民族固有的传统体育文化、运动方式、审美趣味等渐渐消融掉了，形成了一种单一的、同质化的（西方化或美国化的）文化风格，而这种单一的、同质化的文化风格不仅刚好与奥林匹克运动所强调的"多元文化"并存的美好愿望相背离，而且还威胁到世界民族体育文化的多样性。

另外，一些学者指出体育文化的全球化不仅导致了世界体育文化的同质化和民族体育的边缘化，还影响了人们的体育价值观。西方现代体育提倡竞争，提倡超越对手、超越自然障碍，其活动是在相互较量、相互比较的过程中完成的，这一点与东方人或世界上一些其他民族的体育精神是不同的。东方民族更多地强调体育对于身心的愉悦性、审美性、娱乐性，而不是单纯的竞技性。在西方体育观念中，竞技场上的佼佼者被人们视作偶像，称为英雄。竞技的结果、成绩、名次直接影响到做人的价值以及本身的尊严，竞赛的奖品也不再是古代希腊奥林匹克运动场上的橄榄枝花环，胜利会给人带来一生的荣耀甚至富有。拜金主义、功利思想的影响，使伦理道德观念发生倾斜和滑坡。在现代体育赛场上出现的偷用禁药、贿赂裁判、打架斗殴、弄虚作假的现象，违背了体育的公正和道德。这种线性的、单向的价值取向，严重地背离了奥林匹克精神。在中国传统文化中，传统伦理道德所体现的与自然、人和社会和谐共处的思想以及重人格的观念，形成了中国人独特的体育价值观，尤其是中国少数民族传统体育活动，更有着自身丰富的独特精神，譬如其自娱性、审美性、共同参与性，"胜固可喜，败亦无忧"，把胜负看作对人生的一种体验、一种磨砺，对人格完善的一种促进。这是一种反映人本精神的文化传统。然而，这些传统完全有可能在西方体育文化价值观的冲击下，被现代人漠视。

其实，追溯历史，西方体育向全球"输出"之初就有这样的历史背景：一是以体育为缓和与被殖民国家之间关系的手段；二是以西方宗教的心态，向"愚昧落后"的民族渗透"文明"。[①] 作为一种文化载体，体育不可避免地成为西方文化价值观念的重要输出手段。伴随着工业化的浪潮和资本主义向全世界的扩张，形成于西欧文艺复兴以后的现代体育从 19 世纪逐渐扩展到全世界。一个多世纪以来，西方体育一步步占领了世界体坛的主宰地位，无论是体育的内容、形式，还是价值观念和意识，都被深深地打上了西方的烙印。从这个角度看，体育全球化在某种程度上就意味着进一步的西方化。而且，这一冲击在未来并无减弱之势。尽管随着时代的发展，其他第三世界国家也逐渐在各个领域或多或少地参与到国际体育中，如国际体育组织中也有第三世界国家成员，各种运动竞赛也会安排在第三世界国家举行，自然地，这些国家的民族体育也在逐渐融入现代体育发展的主流中，成为被世界广泛接受的体育运动，但起源于西方社会的现代体育，已经形成一种大家广泛接受的运作模式。奥运会、世界杯等一些影响较大的国际体育赛事的参与国家（地区）之多、影响范围之广，不仅使其成为世界人民的共同期待，更令其化身为被各国政府青睐的展现国家综合实力、提升国际地位的重要政治舞台。为了在竞技场上争得一席之地，通过比赛提升国家的地位，欠发达国家纷纷极力地满足这些赛事的需要，"自然"地被纳入西方体育的轨道。西方国家凭借着"先入为主"的优势，在国际体育中把持着绝对的话语权。因此，在大多数情况下，第三世界国家如东方国家的民族传统体育成了仅仅是用来映衬西方体育如何先进的"他者"，处于"沉默的大多数"的地位。[②] 同时，随着

---

① 黄亚玲、马国英：《体育全球化的文化反思》，《山东体育学院学报》2001 年第 2 期，第 7~10 页。
② 爱德华·W. 萨义德：《东方学》，王宇根译，生活·读书·新知三联书店，1999。

体育运动在世界范围内的日益普及，"体育运动代表了民主资本主义自我标榜的统治意识形态"①，形成了"一种宰制性的权力，一种全球化的话语霸权"②。在这个过程中，各发展中国家原有的传统体育方式的生存空间也被日益挤压。大多数发展中国家的民族传统体育生活方式面临着日益萎缩甚至消亡的局面。在这方面，拥有悠久历史的中国人对民族传统体育文化的日益边缘化的感受尤为强烈。

当然，分析民族体育在世界体坛所面临的"同质化""边缘化"境况不仅要考虑到西方体育"武林霸主"地位的影响，更要考虑到民族体育自身诞生和存在的条件：民族体育依存于某一地区特定的历史和文化背景。文化的产生是地方性和民族化的，文化的差异也使得我们不可能通过分配或重新分配来实现文化公正。它只能通过不同文化系统或层之间的相互交流、相互理解达到共享的目标。③ 一个国家、民族的体育亦是如此。西方在面对东方文化时，依然以其自身文化语境为标准和价值参照系。然而，在世界文化发展过程中，中国民族体育文化乃至世界民族体育文化语境下的标准和价值参照系存在缺失或不完整的情况，这是民族传统体育处于"边缘"地位的一个重要原因。因此，在体育全球化的进程中，在整合传统体育与现代化、西方体育与东方体育的关系时，我们需要重新认识中华民族传统体育的发展状况及其在融入现代化方面的不足，规范和完善中国语境下的标准和价值参考系。在此基础上，以理性的认知和饱满的热情，自觉、自愿、自主、自信地参与到全球化的历史进程中来。④ 事实上，从近代以来，从体育等方面摆脱被"边缘化"的处境，融入世界发展的大潮就一直是中华民族现代化的一个强大动力。"冲出亚洲走向世界"的口号，就是这种基于悠久历史和曾经灿烂辉煌的古代文化而产生的复杂潜意识或集体无意识的体现。

---

① 约翰·费斯克：《理解大众文化》，王晓珏、宋伟杰译，中央编译出版社，2001，第119页。
② 万俊人：《全球化的另一面》，《读书》2000年第1期，第3~10页。
③ 万俊人：《全球化与文化多元论》，《读书》2000年第12期，第97~105页。
④ 纪坡民：《从世界历史看全球化》，《读书》2003年第1期，第24~30页。

在传统体育现代化和中国体育融入体育全球化的进程中，另一个不容忽视的问题是重建民族本位的体育话语权。谭华指出所谓民族本位的体育话语权，不是指完全独立的建立在现代科学基础上的现代体育的科学话语体系之外、仍然以"阴阳"或"精气神"之类的范畴为基础的传统话语体系，不是指"中体西用"或者"西体中用"，更不是指科学体育话语体系和传统话语体系的简单糅合，而是一方面系统地研究中华民族传统体育和体育思想发展的历史，从中清理出中华民族对于生命、健康和体育问题的独特认识，另一方面系统全面地研究发源于西方但植根于现代科学基础上的现代体育的话语体系。在此基础上，通过交流与对话，共同去探讨与全人类相关的体育现象的本质、规律，从中寻求共同的语言、共同的理解。①

（五）对体育霸权的批判

对体育现代性、全球化、商业化以及流行文化等的批判研究，最终还是要落到对体育中所建立起来的权力结构（压制、束缚）的反思与批判上。"体育霸权"因而成为批判理论所集中"控诉"的焦点。

霸权理论建立在意大利马克思主义理论学者葛兰西的思想和著作基础之上。根据葛兰西的观点，决定人们行为以及意识形态的社会、政治、文化形式既不是资本主义经济基础，也不是人类存在的意识环境。相反，在社会中处于主体地位的群体发展决定了社会价值、范式和阶级。它们在宗教、艺术、文学等语言、知识、共同思想和每天的实践的基础上建立起了社会霸权。然而，霸权是可以通过斗争改变的，也就是说一个社会的价值、范式、结构等可以随着主体阶级的改变而发生变化。在政治和意识形态相互交织、相互作用的过程中，竞争团体之间由于权力而公开进行的阶级斗争开始显现。在社会生产和再生产过程中，对比工人阶级来说，上层阶级和中产阶级拥有物质、文化和政治的优势。在资本主义社会，霸权过程的分化和发展是物质基础和

---

① 谭华：《中国体育思想史结项摘要》，http：//www. sport. gov. cn/n322/n3407/n3417/c564918/content. html，最后访问时间：2021 年 10 月 23 日。

上层建筑相互作用的结果。上层建筑影响物质基础的作用和物质基础影响上层建筑一样对霸权的产生与转移具有决定性的效果。

1. 对阶级性体育霸权的反思

运用霸权理论，格鲁诺（Gruneau）和哈格里夫斯（Hargreaves）研究了资本主义社会的体育发展。[①] 他们都把社会阶级看作在意识形态和政治力量较量的过程（包括资本主义社会经济、文化、社会的物质基础和上层建筑以及上层建筑和物质基础相互关系的再生产）中，人们定义、转换、改进体育相关的价值、范式和功能的工具。他们认为所有的体育组织，不管是占主导地位还是从属地位，都在为各自的目标、组织结构、文化价值、社会作用得以在体育实践中实现或得到保障而互相斗争，这以政治斗争持续发生的方式表现出来。[②] 这个过程可以被看作等级社会冲突在物质基础和上层建筑关系中的体现，涉及主流意识形态在现有的体育发展过程中被维持或破坏的过程。哈格里夫斯认为，霸权理论不仅允许体育被理解为"更自主的文化模式"，而且对体育和性别、民族、国家相联系进行了更细微的分析。这一模式说明了体育和相关的文化活动有承载不同阶级的不同意图的能力，比如资本主义对精英体育的倡导与工人阶层对体育的需求和认识是完全不同的。

哈格里夫斯的观点得到了格鲁诺的赞同，并被格鲁诺运用到其关于体育和社会分层的研究中。格鲁诺认为社会互动的结果总是相互斗争，斗争有时候很激烈，有时候很平静。因此，他得出结论：霸权理论包含社会不同阶层之间的权力关系，而体育的社会分层并不是经济关系的直接产物。[③] 哈格里夫斯也承认，一旦关于社会秩序由经济决定的论点受到质疑，一个

① Morgan, W. J., *Leftist Theories of Sport: A Critique and Reconstruction* (Illinois: University of Illinois Press, 1994), pp. 60-127.

② Hargreaves, J., *Sport, Power and Culture: A Social and Historical Analysis of Popular Sports in Britain* (Cambridge: Polity Press, 1987).

③ Gruneau, R. S., *Class, Sport and Social Development* (Massachusetts: University of Massachusetts Press, 1983).

多元的、不过分依赖阶级观点来分析的方法之门就会被打开，对体育特点的专门化及在社会中的互动关系也会得到更广泛的关注。[①] 我们可以从具体的体育话语霸权中更深刻地理解这个问题。

2. 对西方体育霸权的批判

当学者们将批判的眼光投向 20 世纪以来的大型国际体育活动时，体育竞赛所要求的公平原则和比比皆是的霸权话语之间的强烈反差，立刻成为众矢之的。

在国际赛场中，人们并不难发现西方体育霸权的踪影。在雅典奥运会的男子体操单杠比赛中，第三个出场的俄罗斯老将涅莫夫以一套相当完美的动作征服了观众，但是裁判只给了他 9.725 分。这一明显偏低的分数让全场观众为之愤怒，报以持久而响亮的嘘声，比赛不得不因此中断。男子花剑团体决赛时裁判"误判"，虽然最终那个匈牙利裁判被驱逐，但中国也失去了夺取金牌的机会。俄罗斯体操女皇霍尔金娜在痛失女子全能冠军后连骂裁判是强盗："裁判抢劫了我的金牌，我做好了每个动作，但他们就是不肯给高分。"[②] 在 2004 年 8 月 19 日进行的男子 200 米仰泳决赛上也出现了戏剧性的一幕。美国选手、世界纪录保持者佩尔索尔第一个触壁，随后裁判认定其水下转身有犯规动作而取消了其成绩，但在美国队提出申诉后，国际泳联仲裁委员会马上又对结果进行了改判。然而事实上，裁判在重看比赛录像时，仍然确认佩尔索尔有犯规动作。[③] 2006 年 1 月 15 日，在和普京会见时，国际足联主席布拉特说，欧盟在欧洲足球赛事的组织和比赛中施加了过多的影响，并试图将这种影响扩大到世界范围。布拉特说："欧盟 25 个成员试图将他们的规矩加诸世界 207 个国家和地区，这是绝对无法接受

---

① Sugden, J. and Knox, C., *Leisure in the 1990s*: *Rolling Back the Welfare State*（Washington: LSA Publications, 1992）, pp. 263-280.

② 杨赛清：《俄罗斯强硬应对裁判不公　申诉抗议动用法律"武器"》，http://2004. sina. com. cn/cn/gym/2004-08-25/083696366. html，最后访问时间：2021 年 10 月 23 日。

③ 赵雷：《"黑手"无处不在　问题裁判玷污奥林匹克圣洁的形象》，http://2004. sina. com. cn/athens/other/2004-08-25/110096751. html，最后访问时间：2021 年 10 月 23 日。

的。足球是一项具有全球意义的运动。"普京赞同布拉特的说法，并说："这是一种足球帝国主义。"①

这种"体育帝国主义"现象由来已久。第二次世界大战结束后不久，很快掀起了民族独立的高潮。随着新兴国家加入国际体育大家庭，批评国际体育组织和国际体育活动中西方霸权的呼声也日益升高。长期以来，大多数发展中国家不仅在政治、经济方面在国际社会中地位较低，而且在国际体坛上也没有受到足够的关注和重视，缺少足够的话语权。西方价值观念、西方文化、西方体育模式和规则强加于发展中国家身上，有时可能存在强权体育的现象。许多全球性比赛项目的设置和规则制定都是基于发达国家的游戏规则的，而发展中国家的体育项目则较难迈入世界体坛的赛场。国际体育赛事中种族歧视的现象也有时会发生。受其影响，无论是国际奥委会组织还是其他国际体育组织对大多数发展中国家体育的投入也不够，对特别贫困国家的体育发展缺乏足够的人文关怀，改善这些国家体育发展环境的资金投入更少。另外，西方话语霸权不仅体现在国际体育赛场上，还体现在体育媒体关注重点的偏颇上。电视媒体是体育资讯传播的媒介，其辐射范围遍及世界，最大限度地引导了世界各国人民对体育的关注。电视广播会导致或加剧不同体育项目之间的分化。例如，足球、篮球等西方强势体育项目总是占据体育报道的最大版面，而影响力较小或没有那么受欢迎的体育项目被报道或被关注的机会则少得可怜。这种强烈的对比，实际上是体育媒体为了追逐少数"特权"体育项目所带来的媒体和经济利益，"不得不"加剧各体育项目经济发展的不平衡。② 阿多诺认为，现代流行文化的所有方面都只是准极权社会秩序的表现。③ 以奥运会项目为主的大众体育文化本质上也是一种西方文化霸权。

20世纪60年代出现的"新兴力量运动会"就是反抗西方体育霸权的最初尝

---

① 陆军：《俄总统普京批评欧盟的"足球帝国主义"》，http://lqnews.zjol.com.cn/lqnews/system/2006/01/15/000429929.shtml，最后访问时间：2021年10月23日。

② Andreff, W., "Globalization of the Sports Economy," *Rivista di Diritto ed Economia dello Sport* 3 (2008): 16.

③ Giulianotti, R., *Sport and Modern Social Theorists* (New York: Palgrave Macmillan, 2004).

试。这种反抗反映在对奥林匹克运动的批评上。艾赫伯格（Yiheberg）1984年在论文《奥林匹克：新殖民主义及其选择》中指出："现代奥林匹克就其本质来说是西方中心主义运动。"艾赫伯格是对现代体育持批判态度的学者，他在这篇论文中还指出："奥林匹克运动绝不是一个普遍性的运动，它是近200年间欧洲社会或者说西方社会框架中的特殊产物。"奥林匹克所代表的现代体育形态是西方工业化资本主义的衍生物，对它的过分宣传和其中高水平竞赛场面的层出不穷，引发了种种问题。[①]

在艾赫伯格之后，拉明特（Hlamyint）1986年出版了《殖民主义中的体育，体育中的殖民主义》一书。他通过对奥林匹克运动在非洲传播的研究，使我们对奥林匹克运动中或多或少的特权问题和身份问题有了更加深刻和全面的认识。[②] 拉明特发现奥林匹克团结基金的受益者中非洲是排在欧洲之后的，虽然欧洲不管是人民的生活还是体育运动的水平都在世界领先行列，而对于非洲人来说，这些基金根本改善不了他们现有的生活状态。因此他发现：任何颂扬奥林匹克运动全球化的论调都显得那么荒谬和不切实际，更别说非洲人民有选择地去通过不同的媒体手段感受全球化的奥林匹克运动了，在非洲这片土地上，对奥林匹克运动感兴趣的只是文学家或掌握特定语言（英语或法语）的一小部分人。

大卫·罗（David Rowe）曾在他的专著中通过对不同国家媒体对1992年巴塞罗那奥运会的转播情况进行比较分析，从一个通讯记者的视角提出了这样的观点：无论是从业余的还是职业的角度来看，众所周知的奥运会，它都属于西方发达国家。对于世界上很多其他文化类型的国家和民族来讲，奥林匹克运动并不意味着一项全球化的、普遍的赛事，使人感觉到自己加入并参加了"别人的"庆典。[③] 这或多或少地限制并重塑了现代奥林匹克运动在人们心目中的形象。整届奥运会自始至终除了在开幕式中

① 陈青：《奥林匹克文化帝国》，《体育文化导刊》2004年第5期，第30~31页。
② 大卫·罗编《批判性读本：体育、文化和媒介》，北京大学出版社，2008。
③ 大卫·罗编《批判性读本：体育、文化和媒介》，北京大学出版社，2008。

出现了喀麦隆的镜头之外，全然忽略了这支队伍，开幕式中属于这支队伍的也仅仅是可怜的16秒。而广大非洲人民看到的大多是评论家用法语呈现的"别人的"奥林匹克运动会。因此，在很多非洲当地人的眼中，奥林匹克运动会的举办权意味着高度的发展、现代化与财富，并且把经济的发展程度当作其唯一的评价标准，仅仅出现在运动员入场仪式中的为数不多的来自这个世界较为贫穷的国家的运动员的场面是十分令人尴尬的。

1994年，美国的阿伦·古特曼（Allen Guttmann）出版了《竞赛与帝国——现代体育与文化帝国主义》一书，力图对"现代体育的全球化是不是文化帝国主义的一个例证"做出回答。古特曼在该书最后一章表明了自己的立场："准确地保留从非西方社会形形色色的文化中抛弃的传统体育是对人类多样性的持续贡献。"古特曼揭示了现代体育的帝国主义性，民族传统体育对现代体育的抵制和抗拒，现代体育的变迁和演变，以及近年来传统体育的复活。他虽然承认传统体育的价值"是人类多样性的贡献"，但又明确将其当作人类共同文化的现代体育的下位文化。[①]

3. 对现代体育男性霸权的批判

在体育领域，文化霸权不仅体现在东-西、传统-现代间的博弈，还体现在性别结构中。男权长期享有体育主导性的话语权，例如，现代奥运会创始人顾拜旦男爵曾经坚决反对女性参加奥运会，始终坚持男性和业余原则。即使女性得以进入奥运会赛场，运动中男女不平等观点的支持者也总是认为女性在奥运会中最好只参加能够展现其柔美、典雅等女性气质的项目（如花样游泳、滑冰、各类体操项目等），似乎只有这样才能得到社会传统和男性群体的认可。如果一名女性试图在一项展示力量与爆发力的项目中崭露头角，她很快就会遭人质疑。[②] 1984年，当加布里埃尔·安德森·西斯想要完成马拉

---

① 陈青：《奥林匹克文化帝国》，《体育文化导刊》2004年第5期，第30～31页。

② K.吐依、A.J.维尔：《真实的奥运会》，朱振欢、王荷英译，清华大学出版社，2004，第195页。

松的消息传遍世界时，社会各界立刻对其耐力极限表示怀疑，然而两小时后，她做到了。她用实际行动告知世界，女性不等于弱者。① 尽管在 20 世纪女性在奥运会中的地位已得到明显的改善，但每一步都走得十分艰辛。

现代体育事实上仍然是男权符号的传递工具。媒体眼中的体育几乎成为男性的世界，大型体育赛事似乎成了男性的天下。美国的一项调查显示：在 722 宗电视商业性体育活动中，出现的男性占 38.6%，出现的女性仅占 3.9%。包括众多评论员在内的一场长达三小时的体育赛事中，女性评论员的评说被压缩到了 3.5 分钟。女性形象常常出现在这样一些场合中：在拳击赛中间插播的商业广告之后便会出现的身着比基尼泳装为胜利者欢呼的性感美女，或是出现在赛事中间的性感火辣的"篮球宝贝"。不管是由于媒体因素还是出于商业因素，这种现象对社会所产生的无法磨灭的导向作用，都会对两性平等的人权产生背道而驰的削弱效应。

从管理层面来看，体育更是男性的势力范围。1994 年 12 月，在美国亚特兰大奥运会上举行的国际奥委会和各国奥委会联席会议上，萨马兰奇在谈话中讲道："我们的任务是使妇女在各国和世界的体育组织中有更多的担任领导职务的机会。"真正平等权利的实现需要把女性纳入决策过程中。然而直到 2003 年 3 月，国际奥委会的 126 名委员中女性仅有 12 名，仅占委员总数的 9.5%。由此不难看出，奥林匹克管理层面的性别不平等严重而广泛地存在着，而女性在决策层面中的代表率低必然将其整体推向决策和权利的边缘。男性优势过去是并将仍然是奥林匹克运动领导组织的基本格局。② 在中国，尽管女性体育决策者和管理者的占比日渐上升，但她们仍旧面临着"管理级别或等级越高，女性体育从业者（包括运动队教练、体育管理者和决策者）的人数占比越低"的困境，话语权较为受限。③

---

① K. 吐依、A.J. 维尔：《真实的奥运会》，朱振欢、王荷英译，清华大学出版社，2004，第 203 页。
② 熊艳芳：《论奥林匹克运动决策层中妇女的地位与作用》，《北京体育大学学报》2006 年第 3 期，第 299~301 页。
③ 马德浩、季浏：《我国女性竞技体育发展所面临的困境及应对策略》，《沈阳体育学院学报》2016 年第 3 期，第 10 页。

理查德·霍尔特在《体育与英国》中认为：这种状况的产生"并不是由于人们不愿意赋予她们所应该得到的东西，而是因为体育已被看成是彻头彻尾的大男子气概"。大男子气概思想和妇女的温顺"特质"同样长久存在。凯瑟琳·麦克龙（Kathleen MeCrone）对英国维多利亚时代后期妇女与体育所做的研究也突出了这一点。妇女们试图寻找并确立自己在体育中应有的位置，也借此争取把妇女从"第二性"的地位中解放出来，但是这样的奋斗仅仅局限在中上层阶级妇女中。到20世纪初期，已经有妇女参加一些体育项目，一般是高尔夫和网球。就像麦克龙所强调的，这样的结果使妇女们走出家庭并为外界所接受，她们已被部分地从维多利亚时代的陈规陋习中解放出来了。但是，劳动阶层妇女，特别是已婚妇女，还不能直接地参与到体育中来。妇女们会在俱乐部的房间里为赛后的男人们准备好茶点等提神的东西，就像一般情况下妇女在板球中所起的作用那样。虽然到了21世纪，越来越多的普通妇女也参与到了体育中，但是根据福柯的观点，"男性凝视"作为一种社会监控已然成为一种隐藏更为深刻的体育文化霸权在左右着女性体育的参与方式、观念和态度。例如，为了迎合社会规范对女性身体审美的要求，很多女性进入健身领域。健身对于她们来说，是在男性凝视下的身体行动（策略），或者说是文化霸权下的自我要求。[1] 通过性别气质的建构，维持了体育中的性别秩序和男性霸权。如何撼动体育中的男性话语霸权是体育女性主义者致力解决的核心问题。

四　对批判理论的反思与展望

（一）批判理论的局限性

作为时代和环境的产物，社会批判理论必然会受到社会历史变迁的影响，其批判重心也会因此而发生转移。社会批判理论在不同的年代总有自

---

[1]　熊欢等：《凡身之造：中国女性健身叙事》，社会科学文献出版社，2021，第313~315页。

身偏爱的批判对象，"厚此薄彼"的批判也不可避免地使自身具有局限性。从黑格尔到马克思到西方马克思主义再到法兰克福学派，社会批判理论在历史长河中也可能逐渐迷失方向，遗忘本我的溯源。

社会批判理论面临着迫切的现代危机。① 首先，社会批判理论指责资本主义现代化进程对人性的"肢解"，却未反思自身偏爱人的社会性和心理性需求而没有顾及人的物质性需求的问题，体现了该理论的内部矛盾；其次，随着资本主义社会对工具理性扩张的修正和制衡，以工具理性为核心对资本主义理性展开彻底批判的社会批判理论也逐渐显示出与现实的脱节和不相称；最后，社会批判理论虽然为人们充分认识资本主义现实打开了大门，却没有指出一条切实可行的道路及可以努力的方向，"批判有余而建构不足"。对政治经济层面的忽视，暴露出其自身的空想性。

法兰克福学派的社会批判理论虽然继承和借鉴马克思的异化劳动理论和弗洛伊德的精神分析理论，但其对资本主义的批判只是价值观念上的道德伦理批判，因而其理论是非科学性的。② 其理论重点在社会意识形态和文化领域，这意味着法兰克福学派对资本主义的猛烈抨击仅仅停留于思想意识领域而忽略了对政治经济领域的深挖。单纯的理论批判则使得法兰克福学派背离了马克思的唯物辩证法，因而其理论是抽象的。

社会批判理论和马克思主义哲学虽然都是对资本主义社会的批判，但相对于马克思主义哲学的批判立足点——"实践"，社会批判理论以马克思早期著作的异化范畴为批判立足点，使其自身陷入单纯的人道主义价值判断，而马克思主义哲学本真的实践批判精神则被消解了。③ 上述社会批判理论对政治、经济等实践批判的忽视，体现了其与马克思批判精神的背离。法兰克福学派将资本视为超越社会历史的存在，但资本本身就是依托于社

---

① 王才勇：《从哈贝马斯到霍耐特——批判理论的现代转型》，《毛泽东邓小平理论研究》2009 年第 5 期，第 66~67 页。

② 刘晓双：《法兰克福学派的社会批判理论》，《法制与社会》2017 年第 24 期，第 272~273 页。

③ 李长虹：《西方马克思主义对马克思哲学批判精神的继承及其理论局限性》，《郑州航空工业管理学院学报》（社会科学版）2011 年第 4 期，第 60~62 页。

会历史的延续而发展至今的。社会批判理论如果停留在单一维度，仅仅针对现存社会现状进行外在的人本主义批判，只会让自己与马克思唯物史观的科学性渐行渐远，从而使自身陷入外在批判的理论窠臼。因而社会批判理论必须回归总体性，回到当代资本主义的本质变化层次，深挖其内部社会历史矛盾。①

（二）批判理论的发展趋势

法兰克福学派发展到第三代霍耐特，社会批判理论似乎开始遗忘了马克思的思想，二者渐渐分化。"霍耐特把历史的脚步从马克思退回到黑格尔，以便重新设置'从黑格尔到马克思'的研究计划。"拉尔·耶吉（Rahel Jaeggi）对此表示："在我看来，这是批判理论在今天应该做的事情……依循从黑格尔到马克思的线索，去探索重建批判理性的道路……基于黑格尔所开启的内生性批判的思路，我们可以在分析社会的运行规范的过程中，揭示其内在的危机环节，同时也彰显其蕴藏的转型潜力。这是一种很有特色的方法，它是描述性与规范性的结合，既是分析的方法也是批判的方法。在今天，我们需要对社会机制做出更加有力度的、批判性的反思，而这就必须要回顾黑格尔和马克思的道路。"②

约瑟夫·格里高利·马奥尼（Josef Gregory Mahoney）认为批判理论向黑格尔的内在回归趋势是受到现代性危机的召唤；批判理论的发展趋势之二体现在在债务、金融、审美和自然环境等方面对全球危机的关注；趋势之三则指向当前许多所谓的批判理论都是机会主义的，部分学者利用动荡的局势进行创作，其创作动力主要来自市场需求；趋势之四是批

---

① 刘晓晓：《"社会批判"理论的再批判》，https：//kns. cnki. net/kcms/detail/detail. aspx? dbcode＝CCND&dbname＝CCNDLAST2019&filename＝CSHK201903280042&uniplatform＝NZKPT&v＝KACA8aKlVDhstBx8lNFXyw3KBB93RcNZcak9uLPJMZDl5wtGXY42mwaYNXPZelEkkw8waRLeY% 25mmd2BM%3d，最后访问时间：2021 年 10 月 23 日。

② 张义修：《当代德语境中的马克思哲学与批判理论——访拉尔·耶吉教授》，《哲学动态》2017 年第 2 期，第 103 页。

判理论在全球范围内的持续传播，非西方的"其他"学者开始使用自己的语言，用一种彻底的批判方式来运用理论，逐渐将批判理论"本土化"。①

进入 20 世纪以来，随着全球政治、经济、文化、科技等环境的变迁，社会批判理论也发生了很大的变化。1995 年格·施威蓬豪依塞尔等创立了《批判理论杂志》，力求继承和发展法兰克福学派的社会批判理论。但其与前人单一的理论类型不同，新的批判理论倡导在新的政治、社会、文化和经济语境中重构批判理论，并对当代世界社会和文化现状进行批判性的思考，② 从多元化的批判视角、媒介化的社会环境和全球化的社会语境等方面把握和反思现存社会状况，这进一步发展了社会批判理论。但同时，变幻莫测、信息多元的新时代也为批判理论带来了巨大冲击。首先，后现代主义、后结构主义等后思潮（后批判理论）尽管在一定程度上传承和吸收了批判理论的观点，但又加剧了批判理论的消解；其次，当今社会"快时尚""快餐""Brunch"（早午餐）等追求速度、及时享乐的全球消费主义思潮取代了批判理论的"深度思考"，阻碍了批判理论在大众群体中的传播；最后，相比于法兰克福学派，新兴的批判理论学者的思考缺乏坚实的社会基础、统一的批判对象和清晰的理论主张，也没有一个明确的目标愿景。③

五　批判理论对体育研究的启示

批判理论是体育社会学研究的重要理论之一。它的理论特色在于：

---

① 约瑟夫·格里高利·马奥尼：《当前批判理论的四种主要趋势》，张也译，《国外理论动态》2014 年第 1 期，第 25~35 页。

② 曾一果：《重构社会批判理论》，https：//kns.cnki.net/kcms/detail/detail.aspx? dbcode = CCND&dbname = CCNDLAST2014&filename = CSHK20140604B010&uniplatform = NZKPT&v = G7ks OAd3AFcJC%25mmd2FcLi76akNv1oFjDgmQ1oaPb7qeXk3ooMg9d2ZnbQ8YuiWpgzyVbLw5%25mmd2BT lDNHwY%3d，最后访问时间：2021 年 10 月 23 日。

③ 曾一果：《批判理论、文化工业与媒体发展——从法兰克福学派到今日批判理论》，《新闻与传播研究》2016 年第 1 期，第 26~40 页。

（1）它通常对体育现实问题和当代体育现象进行批判性研究；（2）致力于揭示体育内部的矛盾与危机，且通常站在弱势群体立场上去揭示各种体育异化现象和体育所反映出的社会、经济、文化意识形态的危机；（3）努力寻找解决体育异化问题和危机的策略，并强调研究者必须与体育现实保持距离以便评价它；（4）始终保持着与体育现实问题的呼应和"对抗"，批判理论不是一个排斥他者的封闭系统，它构成了一种独特的逻辑形式，具有反系统和自我反思的特质；（5）倡导通过体育运动促进人的自由和解放，把人从运动文化的奴役中解放出来是批判理论的最终旨趣，也是它与实证主义的根本区别。批判理论不仅试图理解社会，而且要改造它。

批判理论在体育研究中的应用非常广泛。20 世纪 70 年代以后，越来越多的学者开始运用它来分析体育问题。其中包括这样一些主要的问题和研究主题：体育活动中的人权问题；体育与社会等级之间的联系及体育在社会等级结构维系中的作用；体育活动中存在的种族、性别、阶级、社会群体之间的不平等现象及其根源；国际体育活动中的霸权或体育帝国主义问题。从现有的文献来看，批判理论主要集中在对欧美体育的研究上，只是在体育霸权或体育帝国主义这些问题上，南美、非洲和亚洲体育才受到一些研究者的关注。这种现象产生的主要原因是非欧美学者理论功底和研究视野、研究条件和研究环境等方面的局限，这使社会批判理论研究的深度、广度和应用范围都受到了较大的限制。批判理论的研究框架和视角对于研究中国体育现象有很大的意义，特别是在研究中国不同社会阶层的体育方式、城市化进程中的各种体育问题、国民体育权益保障、民族体育的发展、体育产业化进程中的社会问题、体育中的性别问题等方面，有很大的研究空间和现实意义。

现代体育世界的建构与解构

——后结构主义理论的视野

一 引言

后结构主义（post-structuralism）是后现代主义最有代表性的一个理论学派。后现代主义是一种从理论上难以下精准定论的概念，因为后现代主义理论家均反对以各种约定俗成的形式来界定或者规范其主义。而哲学界则先后出现不同学者就相类似的人文境况进行解说，其中能够为后现代主义做大略性表述的哲学文本，可算是法国的后结构主义，之后发展为解构主义。后结构主义是在对结构主义的批判与反省的基础之上发展起来的。它们抛弃了结构主义的简化主义方法论，挑战了结构主义宣称自己能够诠释所有文本的元定理（metalanguage），并且认为一个文本之外中立全知的观点是不可能存在的。后结构主义者追求的是意符的无限扮演（play）。也因此，后结构主义领域中很少有相互一致的理论，但是每个理论都是以对结构主义的批判为起点的。虽然后结构主义主要以文化现象为研究目标，但是后结构主义的研究也是带有政治性的，因为许多后结构主义者相信，我们居住的这个世界事实上只是一个社会建构，其中有许多不同的意识形态涌动着想要建立霸权。后结构主义最初应用于文学研究和批判领域，随后，应用范围拓展至社会人文学科的众多子学科领域，如种族研究、教育、家庭研究、地理、健康、农村研究、社会历史等。很显然，后结构主义已经成为当代学术理论的一个重要分支和组成部分。后结构主义理论进入体育社会学领域虽然时间不长，但是近40年来，一些受后结构主义学派影响的研究文章在体育社会学领域已经占据了一定地位，形成了一种趋势，它们质疑了当代体育结构、语言、权力和主观能动性的内在关系，并用后结构主义的理论框架分析了"后现代体育"的现象与文化模式。

总之，后结构主义正在体育社会学的学者间不断传播并深深地影响着体育文化研究的发展方向。本讲旨在介绍在体育社会学范畴内不断增长的后结构主义学说及其发展情况。我们将集中讨论后结构主义在法国学术界的文化根源，并着重分析三位重要的法国后结构主义理论家，即雅克·德里达（Jacques Derrida）、米歇尔·福柯（Michel Foucault）和让·鲍德里亚（Jean Baudrillard）的理论观点及其理论在体育社会学中的应用与延展。

二　后结构主义理论及其沿革

（一）结构主义

结构主义是20世纪下半叶常被用来分析语言、文化与社会的研究方法之一。它的产生与二战后法国社会经济发展的巨大变化息息相关。自20世纪50年代开始以抵抗纳粹运动为中心的社会文化运动随着时代的变迁出现深刻的变化。此时，法国总统戴高乐正在实施一项战后经济复苏计划，旨在推进法国社会的工业化、城市化、商业化和中央集权化进程，试图将法国发展成一个与当时美国、苏联比肩的世界强国。尽管法国难以成为世界头号强国，但20世纪50年代法国社会出现了翻天覆地的变化，法国人的日常生活也出现巨大的变化。正如阿达（Ardagh）所述："法国进入一个伟大的复兴时代。随着国家经济的高速发展，法国经济已经完成了从农业经济向工业经济的转变，法国从一个低迷的经济体开始转变为世界上最具活力、最成功的经济体制。人民生活的富裕带来了生活方式的变化，由此新旧社会方式的变化带来了前所未见的冲突。"① 我们也许不能简单地将结构主义的出现归因于法国科技现代化与新型资本主义政策的实施，但是我们可以确定的是，戴高乐实施的法国现代化政策与结构主义所倡导的理性化、科学化地分析人类存在的秩序和一致性从某种程度来看是一脉相承的。

人类学家克洛德·列维-斯特劳斯（Claude Iévi-Strauss）被认为是将结构主义理论从安静的语言讲堂带到喧闹的哲学殿堂的代表性人物。② 从其早期的一系列著作到 1962 年发表的《野性思维》，标志着结构主义开始统治法国的学术界。结构主义明确反对存在主义，列维-斯特劳斯倾向于一种激进的反人道主义，主张通过客观的、普遍的结构来理解人类行为和文化现象，使人类主体分散化。结构主义可被看作一种具有许多不同变化的概括研究方法。广泛来说，结构主义企图探索文化意义是透过什么样的相互关系（也就是结构）表达出来的。根据结构理论，文化意义的产生与再造是透过作为表意系统（systems of signification）的各种实践、现象与活动而发生的。结构主义者的研究对象从食物的准备与上餐礼仪到宗教仪式，从游戏到竞技，从文学到非文学类的文本，从文化艺术到大众娱乐，他们希望从不同的生活维度来探究文化意义被制造与再制造的深层结构。

瑞士符号学家费迪南德·德·索绪尔（Ferdinand de Saussure）的《通用语言学》课程为结构主义向后结构主义语言学的转向奠定了基础。索绪尔最重要的理论贡献是他对理性主义语言观的否定，他认为语言是一种自然命名的机制，其基础是语言与物质或想象对象之间存在内在的、不变的联系。索绪尔并没有盲目地反映现实，而是认为语言能够积极地塑造人类的意识，从而为理解和体验物质世界和想象世界提供信息。索绪尔把语言概念化为一种社会的而不是自然的现象。他强调语言系统的

---

① Ardagh，J.，*France in the 1980s*（Harmondsworth：Penguin Press，1982），p. 13.
② Poster，M.，*Existential Marxism in Postwar France*（NJ：Princeton University Press，1975），p. 93.

规则、深度结构与个体参与语言系统的口语产物之间的区别。索绪尔主张，必须对语言进行共时分析，特别是对那些被认为是不变的结构要素进行分析，而不是对语言表达的历史变化采取历史性的关注。这种理解语言结构的历史性共时方法，围绕着将符号的分叉结构确定为意义建构或符号化的主要机制。索绪尔描述了语言符号中两个紧密结合的元素之间的区别和相互关系，即能指（符号的声音、图像等）与所指（与符号相关的概念或心理图像）之间的对立，将它们彼此分开，并将它们当作整体的一部分。①

如何进一步理解语言是一个有意义的系统结构？索绪尔对此做出了深刻的论述。索绪尔认为一个符号所包含的思想或因素，不如围绕它的其他符号重要。从这一观点出发，索绪尔强调了二元对立的重要性（他以父亲和母亲为例），就像"整个语言机制"是基于它们所暗示的声音和概念上的差异。索绪尔对语言学的另一个重要的观点是对语言学的理解，主要集中在他对符号的任意性的断言上。符号被认为是任意的，因为几乎在所有的情况下，所指和能指之间没有固定的或自然的统一，符号的两个元素之间的任意联系不是基于某种必要的和不变的关系，而是在一个社会中使用的每一种表达方式，原则上都是基于一种集体的规范，他指出，就如同字母"t"和它的发音之间并没有预先约定的联系，此外，声音"树"、图像"树"或者词"树"之所以与概念"树"相关联，只是因为语言共同体的偶然性约定。

结合马赛尔·莫斯（Marcel Mauss）、杜尔凯姆和雅各布森（Jakobson）的思想精髓，索绪尔开创性的见解也为列维-斯特劳斯的结构人类学提供了理论基础，列维-斯特劳斯运用索绪尔的语言学分析了许多原始社会的神话、图腾、亲属关系和交换仪式。他将结构主义的概念转移到人类学资料的研究中，他以符号为中心术语，不仅分析了符号在社会中

---

① Saussure, F., *Course in General Linguistics*, trans. by W. Baskin（New York：Philosophical Library, 1959），p. 67.

的传递，也将结构设想为符号系统的问题，也就是说，结构安排是有意义的。①

列维-斯特劳斯结合他自己的实地研究以及其他的研究成果后认为，人类思维的结构与构成社会的语言和物质表达的结构直接相关：所有这些都基于一套通用的二元对立面，包括自然与文化、生与死、神圣与亵渎、光明与黑暗、生的与熟的、男与女的对立等。列维-斯特劳斯混淆了传统人类学的欧洲中心主义，宣布他的发现同样适用于现代社会。换句话说，根据列维-斯特劳斯的观点，确实存在一种真正的普遍逻辑，而特定文化形态的各种语言和物质表达只是无处不在的二进制代码的不断变化的排列和联合。

列维-斯特劳斯指出："文化、社会和人们思想中的一切是由普遍相同的和无意识的结构所支配的。"② 先进的结构主义作为一种合法的科学实践，涉及客观、理性和对人类状况普遍知识的严谨探索。正如哈兰德所说的，结构主义者通常关心的是如何了解人类世界，通过详细的观察和分析来揭示人类世界，并在扩展的解释网格下绘制它。③ 结构主义规定，对人类存在的理解只能通过确定在文化系统（如语言、宗教、神话）中的普遍逻辑所提供的人类活动的表达方式来进行，而不能通过剖析这种文化系统中的个体表达来进行。这样，列维-斯特劳斯就提出了一个激进的观念："人类科学的终极目标不是构成人，而是要解散人。"④

结构主义不是一种单纯的传统意义上的哲学学说，而是一些人文科学

① Coward, R. and Ellis, J., "Structuralism and the Subject: A Critique," in T. Bennett, G. Martin, C. Mercer and J. Woollacott (eds.), *Culture, Ideology and Social Process* (Milton Keynes: Open University Press, 1981), pp. 153–164.

② Bannet, E. T., *Structuralism and the Logic of Dissent: Barthes, Derrida, Foucault, Lacan* (British Library Cataloguing: University of South Carolina Press, 1989), pp. 43–90.

③ Harland, R., *Super-structuralism: The Philosophy of Structuralism and Post-structuralism* (London: Routledge Press, 1988), p. 67.

④ Levi-strauss, C., *History and Dialectic, in the Sawage Mind* (Chicago: University of Chicago Press, 1966), p. 126.

和社会科学家在各自的专业领域里共同应用的一种研究方法，其目的就是试图使人文科学和社会科学像自然科学一样精确化、科学化。结构主义的方法有以下两个基本特征。

第一个基本特征是对整体性的强调。结构主义认为，整体对于部分来说具有逻辑上优先的重要性。因为任何事物都是一个复杂的统一整体，其中任何一个组成部分的性质都不可能孤立地被理解，只有把它放在一个整体的关系网络中，即把它与其他部分联系起来，它才能被理解。也就是说，在任何情境里，单个因素的本质就其本身而言是没有意义的，它的意义事实上由它和既定情境中的其他因素之间的关系所决定。正如索绪尔所认为的，语言是一个系统，它的各项要素都有连带关系，而且其中每项要素的价值都只能因为有其他各项要素同时存在而体现出来。因此，对语言学的研究就应当从整体性、系统性的观点出发，而不应当离开特定的符号系统去研究孤立的词。列维-斯特劳斯也认为，社会生活是由经济、技术、政治、法律、伦理宗教等各方面因素构成的一个有意义的复杂整体，除非其中的某一方面与其他联系起来考虑，否则便不能得到理解。所以，结构主义坚持只有通过存在于部分之间的关系才能适当地解释整体和部分。结构主义方法的本质和首要原则在于，它力图研究联结和结合诸要素的关系的复杂网络，而不是研究一个整体的诸要素。

第二个基本特征是对共时性的强调。索绪尔指出，共时"现象"和历时"现象"毫无共同之处：一个是同时要素间的关系；另一个是个体要素在时间上代替另一个要素，是一种事件。索绪尔认为，既然语言是一个符号系统，系统内部各要素是相互联系、同时存在的，那么作为符号系统的语言是共时性的。至于一种语言的历时性也可以被看作在一个相互作用的系统内部各种成分的序列。于是索绪尔提出一种与共时性的语言系统相适应的共时性研究方法，即对系统内同时存在的各成分之间的关系，特别是它们同整个系统的关系进行研究的方法。在索绪尔的语言学中，共时性和整体观、系统性是相一致的，因此共时性的研究方法是整体观和系统观的必然延伸。

正如葛伦兹（Grenz）点评列维-斯特劳斯的结构主义时所言："结构主义不仅是对自己观念的反对，而且是对主观能动性的反对。"① 列维-斯特劳斯明确反对欧洲的人文主义，这种人文主义将现代主体理解为一个统一的中心主题，且认为它天生具有理性思考和行动的能力。为了进一步确定结构主义主体性仅仅是通过他们与语言的关系表现出来的观点，列维-斯特劳斯通过索绪尔的理论与萨特激进的唯意志主义公开的人文主义理论形成鲜明的对比，反驳了任何关于个体创造自我和环境能动性的概念，并提出分散现代主体的观点。根据索绪尔的观点，由于语言惯例仅是"依靠由社区成员签署的某种契约而存在"，因此创造的意义就成为一种"很大程度上的无意识的"行为，② 在这种行为中，个体只扮演一种生殖的角色。因此，正如科沃德（Coward）简洁地表述的那样："列维-斯特劳斯的结构主义向我们表明了人类的主体不是同质的，并且控制着自己的，他是由一个结构构成的，这个结构的存在使他的视线无法逃脱。"③

（二）后结构主义理论及核心观点

第二次世界大战后，法国文化学术界处于空前的繁荣期，从而有力地推动了后文艺复兴时期社会哲学的快速发展。二战后法国摆脱了纳粹的蹂躏，在社会、政治、经济、科技现代化等方面产生了积极的变化，由此带来了人们日常生活的巨大变化。结构主义的严格与非历史的科学主义理论框架已经无法破译法国现代社会生活的复杂性、矛盾性和多样性。结构主

① Grenz, S. J., *A Primer on Postmodernism Grand Rapids* (MI: W. B. Eerdmans Press, 1996), pp. 83-123.

② de Saussure, F., *Course in General Linguistics*, trans. by W. Baskin (New York: Philosophical Library, 1959), p. 72.

③ Coward, R. and Ellis, J., "Structuralism and the Subject: A Critique," in T. Bennett, G. Martin Mercer and J. Woollacott (eds.), *Culture, Ideology and Social Process* (Milton Keynes: Open University Press, 1981), p. 160.

义理论所处的不堪一击的状态为法国部分哲学家和理论家在后结构主义旗帜下的集结提供了动力。①

在进一步讨论后结构主义的观点之前，我们要先解释一下后结构主义的前缀"后"。后结构主义的"后"不应该被解释为一种对结构主义的全面和决定性的否定。更确切地说，"后结构主义的'后'不是已经消灭了结构主义，'后'是指这个理论出现于结构主义之后并将寻找在正确的方向上拓展结构主义的方法"②。进一步来说，后结构主义是建立在结构主义理论之上并关注语言中的意义、现实和主体性构成的思想。后结构主义主要批判结构主义对形而上学传统的依附，反对传统结构主义把研究重点放在客观性和理性问题上，企图恢复非理性倾向，追求从逻辑出发而得出非逻辑的结果，揭示语言的规律。

另外，一些学者常常将后结构主义与后现代主义混为一谈。有学者指出二者概念一致，可互相引用，并将"后现代"当作二者皆可使用的术语。对这种说法，本书不敢苟同。后结构主义所具有的明确的学术谱系及研究核心，是无法在被轻易地修改后归入外延更加宽广和模糊的后现代主义的范畴的。后现代主义（post-modernism）是一个从理论上难以精准下定论的概念，因为后现代主义理论家均反对以各种约定俗成的形式来界定或者规范其主义。从形式上讲，后现代主义是一股源自现代主义但又反叛现代主义的思潮，它与现代主义之间是一种既继承又反叛的关系；从内容上看，后现代主义是一种源于工业文明的对工业文明负面效应的思考与回答，是对现代化过程中出现的剥夺人的主体性、机械划一的整体性、中心化和同一性等的批判与解构，也是对西方传统哲学的本质主义、基础主义、"形而上学的立场"、"逻各斯中心主义"等的批判与解构；从实质上看，后现代主义是对西方传统哲学和西方现代社会的纠正与反叛，是一种在批判与反

---

① Denzin，N. K.，*Images of Postmodern Society*：*Social Theory and Contemporary Cinema*（London：Sage Press，1991），pp. 60~90.

② Sturrock. J.，*Structuralism*（London：Fontana Press，1986），p. 137.

叛中又难免走向另一极端——怀疑主义和虚无主义——的"过正"的"矫枉"。后结构主义者与后现代主义者得以相互联系的纽带是对现代化问题的彻底批判以及他们自身对于后索绪尔理论①的认识，但是他们对特定现代事务的理解也有一定的差别。因此，任何将后结构主义和后现代主义混为一谈的做法都是具有误导性的、不准确的。

众所周知，结构主义的基本观念在于认为一个文本或现象的表层结构与其深层结构之间可以清晰地划出条界限；而在后结构主义看来，这种区分不过是在重申"生成"与"存在"、"意见"与"真理"、"表现"与"实在"、"现象"与"本体"等传统形而上学的区分，而且在每个对子中总是轻前重后。后结构主义认为，在每个对子中前者与后者是完全相互依赖的，因此表层结构与深层结构之间的区分是假定的，是意义或意指（signification）游戏的产物，并不是现实的或终极的区分。不仅是深层结构必然要左右表层结构并在表层结构上显现自身，而且表层结构往往要反抗、打破乃至抛弃深层结构的所谓逻辑。更具体地讲，在后结构主义者看来，任何文本的意义并不应在文本背后或底层的深层结构中去寻找，而应在文本自身要素的不断转换的意义游戏中去寻找。

首先，后结构主义者试图解构文本的世界。德里达认为："没有任何事物是可以游离于文本之外的。"② 这种观点出自索绪尔对话语重要性的认知。而用福柯的话来说，符号系统和产生真理的主观化过程是在人们对个体、对他人以及对周围环境建立意义的过程中发生的。布朗（Brown）分析后结构主义的根源时指出：

---

① 瑞士语言学家索绪尔（Ferdia）是现代语言学的重要奠基者，也是结构主义的开创者，他被后人称为现代语言学之父、结构主义的鼻祖。《普通语言学教程》（*Cours de Linguistique Generale*）是索绪尔的代表性著作，集中体现了他的基本语言学思想，对 20 世纪的现代语言学研究产生了深远的影响。同时，由于其研究视角和方法论所具有的一般性和深刻性，书中的思想成为 20 世纪重要的哲学流派结构主义的重要思想来源。他的理论观点被称为索绪尔理论。

② Derrida, J., *Of Grammatoogy*, trans. by Spivak, G. C. (Baltimore and London: The Johns Hopkins University Press, 1976), p.291.

　　　　语言自身并没有反映现实，语言只是积极地构建现实。世界并不是由有意义的实体所组成的，语言也不是以中性的方式给出相应的名称。语言参与了现实的构建过程，语言的理解力与其代表的意义正是脱胎于上述现实构建的进程。[①]

　　一些理论批评家错误地认为后结构主义对语言的关注是对现实物质存在的漠视。然而，德里达和其他的后结构主义者并不倡导所谓"在文字之外不存在任何事物"的荒谬的、超凡的唯我论。因为世界的意义是由语言来表达的，文字之外并非没有任何事物。相反，后结构主义是建立在"文字之外的任何事物都没有意义"这一假设之上的，这一点是关键。后结构主义者面对的是"文本的世界"，它与某种阅读方式联系在一起。后结构主义不拟建构，而重解构。它不像结构主义那样以理论框架存在，然后将之运用于具体批评。相反，它对文本进行具体阅读和细读。这种阅读旨在表明，对于一份文本，读者可以从多个角度入手读出多重含义。在此，这种阅读并不对"原文"说三道四，既不褒扬也不贬低，而是对它进行改写（rewriting），阅读活动实际上是读和写的"双重活动"，"读就是写"。后结构主义特别批判了结构主义关于语言系统或它们所产生的文本的封闭性（closure）的假定，认为这种假定是形而上学思维方式的残余。对此，后结构主义提出了一种截然相反的观点，认为语言和文本是彻底开放和多义性的。这就是说，语言和文本可以传达多重意义，接受多重解释。换句话说，语言和文本是进行意义游戏的开放空间。

　　其次，后结构主义以游戏的姿态抗拒形而上学，主张突破结构主义的二元对立模式。后结构主义认为二元对立是人赋予对象的，而不是对象本有的，它是一种构想的结构，是一种人为的游戏。在后结构主义者看来，二元对立模式非常有用，适合于对任何文化现象的分析。但这种

---

① Brown, S., "*Postmodern Marketing Research: No Representation without Taxation*," *Journal of the Market Research Society* 37 (1995): 291.

分析方式过于简单化，带有明显的任意性。他们认为列维-斯特劳斯用自然与文化的二元对立来分析社会文化现象是有问题的，并据此把他看作形而上学的最后堡垒。后结构主义进而主张超越传统的非此即彼的二元逻辑。它冲击了传统的二元对立之间的笔直的界限，让其错位或脱臼，从而倾斜起来，于是就避免了两极之间的正面冲突。后结构主义并不认为存在静态的两极对立，相反，它主张的是存在两极之间的运动。在概念游戏中，各种对立因素都活跃起来，不可能停留在某一因素之中。他们否认能指（the signifier）与所指（the signified）间存在稳定的关系。比如，与结构主义者索绪尔认为应从语音和概念的差异来推断意义的观点不同，后结构主义者德里达则强调语言的空洞性，并认为差异性既不是一个单词也不是一个概念。德里达否认能指与所指间存在固定的不可改变的关系，他认为所指的意义是从有限的能指所表达的区别中产生的，能指自身是这些差异的创造者。符号的活力源于差异性，在任何时候都不能去假设、综合和参考，从某种意义上来说，一个简单的自身元素只能参考其自身。[1] 伊格尔顿（Eagleton）则进一步阐述了后结构主义理论的思想核心：

> 我们所说的话的意思并没有立即体现在符号中。因为一个符号的意思从某种意义上看常常是缺失的。能指传导了符号的意思，但它很难完全单独呈现在任何符号中，它是不断闪现的现实与缺失的统一体。阅读一篇文章更像是寻找这种不断闪现的过程，而不是去数项链上的珠子。[2]

后结构主义者认为在任何符号中都存在一种现在缺失的"轨迹"或

---

[1] Derrida, J., *Positions*, trans. by A. Bass（Chicago：University of Chicago Press, 1981）, p. 26.

[2] Eagleton, T., *Literary Theory：An Introduction*（Oxford：Basil Blackwell Press, 1983）, p. 128.

者是它与以前的其他元素间的联系。超凡的所指的不可能性是指一个符号在语言之外所具有的单一的、稳定的和普遍的意义被进一步拓展到无限的空间和领域中。① 德里达指出语言是空洞和不完整的，当一个符号至少是被临时固定并且语言氛围恒久不变的时候，交流才开始起作用，这导致后结构主义关注语言、意义和知识的政治属性。赛曼（Seidman）指出："当语言和社会秩序成为固定模式或者所表达的意义是鲜明的和稳定的时候，就应该将其理解为不是真理的展现而是一种权力的展示。"② 总之，当结构主义的科学主义者开始努力寻找理性的、客观的研究和普遍的真理时，后结构主义却努力去发掘它非理性的、主观性的构造与局部性的特点。

这种突破是具有真正的认识论意义，还是走入了一种更加极端的主观主义呢？或许，后结构主义对于二元对立的超越在更大程度上是一种补救，也就是说在结构的观念处处捉襟见肘的时候，后结构主义以一种更加令人迷惑的意义游戏把人引入一个更加远离自然世界的文本世界。这中间既可以看到结构主义与后结构主义之间的断裂，也可以看到二者之间的延续。值得注意的是，断裂可能是一种假象，它掩盖的也许是一种转换或延续。后结构主义对结构主义二元对立的所谓超越中，可能更多的是一种思维方式的转换，或者说是一种游戏方式的转换。

最后，后结构主义提倡主体离心化。后结构主义者认为，人类主体缺乏稳定性、统一性和整体性。如同人类所构建的语言一样，其主体也是不稳定的、脱节的和分段化的。③ 福柯对多种学科领域中的主体问题进行的多方面、多层次的分析最为重要。他将这些学科中以主体为出发点的各种方

---

① Derrida, J., *Writing and Difference*, trans. by A. Bass（Chicago：University of Chicago Press，1978），p. 118.

② Seidman, S., *Contested Knowledge：Social Theory in the Postmodern Era*（Cambridge：University of Cambridge Press, 1994），p. 68.

③ Hall, S., "The Question of Cultural Identity," in S. Hall, D. Held and A. Mcgrew（eds.），*Modernity and Its Futures*（Cambridge：Polity Press, 1992），pp. 273–325.

法统称为现象学方法，认为它赋予了先验主体或纯粹意识以优先性。他的考古学指向话语的无意识层次，旨在揭示人们在无意识中是如何运用话语规则来构成知识的，明显地褒扬了主体的优先地位。由于话语的结合与分化是在无意识中受制于话语规则的，是不以人的个别意志为转移的，考古学方法成为主体的"坟墓"。福柯的分析表明，主体并不是一种统治性的、支配性的力量，相反，它或者是通过受支配的实践，或者是通过自由的实践而被构造出来的，它是规则、风格和文化环境的产物。福柯进而指出，人是通过三种对象化模式而被构造成主体的：（1）成为科学的研究对象；（2）成为分化的实践对象；（3）成为伦理实践的对象。这三者分别被构造成知识主体、权力主体和伦理主体。[①] 这些不同类型的主体都不过是现代性的产物，它们只具有功能性的意义。

　　将主体离心化后，结构主义的普世主义观点无意中复制了"人文主义关于人的自然属性不可改变的观点"[②]。后结构主义激进地抨击结构主义的内在人文主义，认为人类主体是一种有活力的和多样化的实体，在特定策略下以特定的形式和体验在特定的历史和机构背景下展开。通过标示的处理后，主体是一个总是在处理中的从未完工的战略性"产品"。除此之外，后结构主义者认为语言为个人在世界中的经历提供了具有解释性的框架。尽管在后现代时期需要永久性地重建结构，后结构主义认为谨慎的、构建性的、相互联系的主体本质是不变的。后结构主义者通过各种方式表现出对于众所周知的真理的抵触与批判、对于公认常识的反思、构建所认可真理的不断的努力、批判所谓真理的发展趋势与揭示其内在非连贯性的努力等。总而言之，后结构主义思想的方向是强调主体的自然属性，这不仅指向主体的各个层面，还指向其主观能动性的本质。从语言结构与拓展层面上来说，后结构主义理论不可避免地体现了

① 德雷弗斯、拉比罗：《米歇尔·福柯：超越结构主义与解释学》，芝加哥大学出版社，1983，第87~120页。

② Best，S. and Kellner，D.，*Postmodern Theory：Critical Interrogations*（New York：Guilford Press，1991），pp. 58-130.

"主体意识"和"空洞无物"两大特征。

无论是德里达的解构谋略，还是福柯的考古学和系谱学，尽管后结构主义者对西方的形而上学传统发起了一次又一次的冲击，但是他们完成的都只能说是一种认识视角的扩展，并不足以颠覆西方形而上学的根基，因为后结构主义本身不过是一种"没有主体的主观主义"。简而言之，它只是对实证主义声讨中的一种呼声而已，并不足以形成一种认识论上的革命。当然，后结构主义并不单纯是一种语言游戏的循环，它所提出的解构对于文化分析和文化批判确实产生了不可低估的影响。

无论如何，后结构主义给西方社会带来了一种全新的、具有挑战性的理论思潮。不管是自由主义还是马克思主义思想，现代社会学家研究的问题都主要围绕着经济、国家、组织和文化价值等各个方面，后结构主义打破了这种陈规，把其研究分析具体集中到身体、性取向、身份识别、消费主义、医学话语权和自律技巧等相关的社会进程分析领域，试图通过这些更加细微的社会事务来反映社会的文化制度和价值观。从某种意义上讲，后结构主义是在超越结构主义的二元对立的过程中来具体实施自己的消解策略的。消解并不是一种空洞的理论设想，而是具体的理论建树。

三　后结构主义理论在体育研究中的应用

后结构主义理论和观点很多都是从体育社会学研究中提炼出来的。这些研究谈到了身体、性取向、身份识别、消费主义、医学话语权、自律技巧等。代表作有格鲁诺（Gruneau）的《现代体育的批判：权力文化与身体政治的理论化》①，米勒（Miller）的《阴茎简史》②，思凯（Sykes）的

---

① Gruneau, R., "The Critique of Sport in Modernity: Theorising Power, Culture, and the Politics of the Body," *The Sports Process: A Comparative and Developmental Approach* (1993): 85–109.

② Miller, T., "A Short History of the Penis," *Social Text* 43 (1995): 1–26.

《体育教育中女同性恋身份的建构：研究性取向的女性主义和后结构主义方法》①，凡·万尼斯伯格（Van Wynsberghe）、李奇（Ritchie）合写的《后现代媒体文化中的奥林匹克标志的象征性消费》②，哈维（Harvey）和斯巴克（Sparks）的《现代化背景下的身体政治》③，以及考尔（Cole）和丹尼（Denny）的《在后里根时代美国的偏离可视化：魔术师约翰逊与职业体育的淫乱世界》④ 等。这些著作都是采用后结构主义视角对当代体育中发生的社会现象进行的深刻阐释。

后结构主义者关注塑造现代性的话语（discourse）、社会过程（processes）以及社会制度（institution），他们提倡要真正了解现代社会的本质，必须从各个方面来探索知识、权力和主观性之间的关系。由于体育辩证地包含在现代性的话语（进步、理性、个人主义）和过程（工业化、城市化、全球化）中，因此，体育可以被视为一种现代制度，体育社会学将后结构主义思想当作一种理论工具来挖掘当代体育文化的话语结构和相关的主体是完全合适的。而对于体育社会学研究者来说，后结构主义框架也成了"时尚"的理论工具来发掘当代体育文化繁杂的构成形式及其主观性。近几十年，体育社会学后结构主义学术研究队伍在不断壮大，他们的研究领域集中于现代体育的结构与体育发展经历。这些研究成果使我们看到了以往所没有看到的当代体育文化中深刻的问题，特别是体育价值观矛盾、腐败以及"摇摇欲坠"的状态。西方学者因此又把后结构主义体育社会学的研究核心和目标命名为"后体育"（post-sport），意图超越现代体育研究模式，进而探讨体育与

---

① Skyes, H. "*Constr (i)(u) cting Lesbian Identities in Physical Education: Feminist and Post-structural Approaches to Researching Sexuality*," *Quest* 48 (1996): 459-469.

② Van Wynsberghe, R. and Ritchie, I., "Relevant Ring: The Symbolic Consumption of the Olympic Logo in Postmodern Media Culture", in G. Rail (ed.), *Sport and Postmodern Times* (New York: State University of New York Press, 1998), pp. 367-384.

③ Harvey, J. and Sparks, R., "The Politics of the Body in the Context of Modernity," *Quest* 43 (1991): 164-189.

④ Cole, C. L. and Denny, H., "Visualizing Deviance in Post-reagan America: Magic Johnson, AIDS, and the Promiscuous World of Professional Sport," *Critical Sociology* 20 (1995): 123-147.

现代化的内在关系、体育与政治的关系、体育与现代进程中的暴力运动、反政府活动的关系等。

德里达、福柯和鲍德里亚是后结构主义的代表人物。他们对体育社会学和"后体育"批判的发展做出了理论和方法上的指导。德里达从语法学的视角解构了现代体育的哲学基础；福柯用系谱学的方法挖掘了体育作为一种现代纪律机构对社会的影响；鲍德里亚则用超现实宇宙学勾画出体育是如何融入新领域中的。三位代表性学者为我们理解现代体育的团体性、竞争性、压制性、离散性的形式提供了重要的理论视角。

（一）雅克·德里达：现代体育二元性的解构

雅克·德里达于 1930 年出生在阿尔及尔的阿尔及利亚（当时阿尔及利亚还是法国的一部分）的一个中产阶级犹太家庭中。德里达在阿尔及利亚获得学士学位后前往巴黎继续深造。1952~1956 年，他在科尔师范学院学习哲学，在那里他对黑格尔、海德格尔和胡塞尔的作品特别感兴趣，并接触了著名的黑格尔学者——让·希波莱特（Jean Hippolite）。随后，德里达于 1960~1964 年在索邦大学教授哲学，随后又于 1964~1984 年在法国里昂高等师范学院（Ecole Normale Supérieure）任教，在此期间，德里达完成了他最重要的作品。德里达 1984 年被任命为法国高级科学社会学院的主任，自 20 世纪 70 年代以来德里达还定期到北美进行讲学，特别是耶鲁大学、约翰霍普金斯大学和加州大学欧文分校。这些讲学为德里达在美国学院中赢得了重要的学术地位，有学者评论说，德里达在美国的名声甚至比在他自己的国家还要大。①

德里达的研究领域涉及较广，尽管他是后结构主义的领军人物，但他的研究成果却常常被体育社会学的研究者所忽略。能够运用德里达方法论与理论去深度研究体育相关问题的研究者寥寥无几。尽管如此，德里达的去结构化的研究方法一直是现代体育研究的重要方法之一，它为探讨现代体育与现

---

① Matthews, E., *Twentieth-century French Philosophy* (Oxford: Oxford University Press, 1996), pp. 60-90.

代性话语结构的关系做出了指引。

德里达认为"真理的自我陈述性"建构了西方哲学与现代社会形态，并且深刻地体现在现代体育经济中。他的"去结构化战略"使他的学说赢得了对西方传统的理性二元论的"谨慎的怀疑主义"的称号。正如布朗所概括的：尽管去结构思潮发端于批评主义、调查与分析等流行趋势的背景，与其他批判主义所不同的是去结构主义是通过认真与详细地阅读文本的处理过程来探究事物的非连续性与矛盾的。[①] 因此，去结构化又被称为"反击文艺复兴遗产的游击战"[②]。因为受到海德格尔（Heidegger）的影响，德里达非常关注政治与实践对语言、知识和真理的影响。他认为不能简单地将二元结构相互置换，这样做仅意味着向对立面靠拢。他写道：

> 去结构不能限制自身，不能变为中立化，必须通过双重识别、双重协作和实践来实现推翻传统的对立面与颠覆系统的目的。只有在这种情况下去结构才能为自身提供干预它所批评的对立面的工具。[③]

德里达因此创造出一种新的依附性写作形式。他在一个大的文本中发现其中所含的去结构性文本，通过拆分等手段来解释事物自身存在的偶然性、不稳定性、分散性和缺省性的本质特征。作为学术思想实践，解构主义通过从内部去挑战哲学的对立面来抑制、抵制和瓦解哲学的对立面。对于德里达来说，解构主义文本干预的最终目标是证明构成西方思想基础的深层概念对立的不确定性和不可能性。[④]

[①] Browm, S., "Marketing as Multiplex: Screening Postmodernism," *European Journal of Marketing* 28 (1994): 36-37.

[②] Boyne, R., *Foucault and Derrida: The Other Side of Reason* (London: Routledge Press, 1990), p. 90.

[③] Derrida, J., *Margins of Philosophy*, trans. by A. Bass (Chicago: University of Chicago Press, 1982), p. 329.

[④] Norris, C., *Derrida and the Economy of Différance* (London: Fontana Press, 1987), p. 82.

德里达认为西方哲学传统建立于逻各斯中心论（Logocentrism）① 的逻辑之上。这种传统认为客观的、中心的和普遍的知识（logo）的存在先于可识别并可以表达的语言。西方主导哲学理论认为现实与神话是二元对立的，客观现实存在于良知之外：哲学真实地反映了现实，神话论则严重扭曲了现实。作为逻各斯中心论的代表，高土柏（Grossberg）认为现代性的建构是现代西方哲学语音中心主义②的偏见。语音中心主义认为语音（陈述的临时要素）具有凌驾于图表（写作的空间要素）之上的特权，是真理表达的中介。口语阶段被认为是对思想和意识最纯粹的表达；而写作阶段则被认为是一种衍生性和非及时性表达。从亚里士多德、法国激进的启蒙思想家卢梭（Rousseau）到索绪尔等思想家均认为演讲更接近于超凡的内在性，它是一种直接的、自然的、透明的和真实的表达内在真理的方式。语音中心主义是反映以人类为主体的现代符号中心学的基础，是形而上学的体现。③它认为个体意识能够迅速和真实地反映在言语中：

> 语言的完美性反应在其完全的透明度上。它不会扭曲所代表的世界。一个世界、一种语言是一种梦想。世界事物由语言表达出来，语言能够完美地反映我们所观察到的事物。④

语音中心主义与西方哲学的逻各斯中心论均认为通过演讲"自我意识"

---

① 逻各斯中心论将逻各斯（理性）当作真理和意义的中心，并相信真理能为主体经过理性的内在之光而知晓。这个传统将存在当作主题，并且极想建立一个关于各种对立概念的等级次序，维持意义的稳定和理性的有效。按照这种批判，西方形而上学忽略了生活世界中的理性复杂性，将自己限于认知的、工具的维度。传统形而上学对于秩序之源和事物结构的首要关切基于这样一个宇宙论和存在论的假定，即这个世界有一个有序的基础。

② 语音中心主义认为声音和话语比文字语言更加自然，更加强大。他们认为口语比文字更加丰富、更有利于交流，而文字只是建立在口语基础上的二级语言。

③ Derrida, J., *Of Grammatology*, trans. by Spivak, G.C. （Baltimore and London: The Johns Hopkins University Press, 1976）, p. 176.

④ Boyne, R., *Foucault and Derrida: The Other Side of Reason* （London: Routledge Press, 1990）, p. 91.

能得到充分地表现，且这强化了知识的普遍性和基础性。但德里达反驳语音中心主义。他认为"写"对"说"如同增加和替代的行为。用卢梭的术语来说，写作是对演讲的一种"危险的补充"①，因为它对演讲所表达的原始意识不仅是一种增加，还是一种替代。演讲/写作二元结构等级性地反映在语音的自然表达与图表的艺术表达之间。

与演讲/写作的二元结构类似，西方思想结构中的其他二元对立（如现实/神话、出现/缺席、自然/文化、善良/邪恶、神圣的/亵渎神灵的、男性化的/女性化的）都是基于一种"暴力性的等级结构"②，其中二元结构中前者是高高在上的，后者是从属的和低等的，而正是这种不平等的二元结构模式深刻地影响着西方思想、科学和文化，并自然而然地产生了现代权力关系。这种权力关系表现在对某种形态或事物的肯定、赞扬、追捧和对其所谓相反面的否定、贬低和唾弃中。德里达认为这种二元结构产生的原因是人们人为地把结构中的两者对立起来并将其当作互相补充的元素。因此，独立地看待单一结构才能消除二元结构的等级特征。总之，逻各斯中心论是德里达要去解构的对象。在他看来，哲学应该关心逻各斯之所以能成为可能的条件，而不是将逻各斯视为真理可能的条件。德里达否认"陈述、本质、真理或现实"等是"思想、语言和经验"的基础。

雪莉·考尔（Cheryl Cole）将德里达的解构主义理论运用到体育社会学的领域。考尔强调，体育具有强化"自然危机"的特点，特别是在体育被假定为"身体的自然状态"的情况下。③ 通过德里达的解构主义思维，考尔对自然身体状态与非自然身体状态的对立关系产生了质疑。她指出随着时代的发展，有关人类身体的问题已经对传统认识与理解构成了巨大的挑战，

---

① Derrida, J., *Of Grammatology*, trans. by G. C. Spivak（Baltimore, MD: Johns Hopkins University Press, 1976）, p. 144.

② Derrida, J., *Positions*, trans. by A. Bass（Chicago: University of Chicago Press, 1981）, p. 41.

③ Cole, C., "Addiction, Exercise, and Cyborgs: Technologies of Deviant Bodies," *Sport and Postmodern Times*（1998）: 271.

身体不再是自然的产物，而是添加了非自然的因素，如人工授精、代孕、身体器官移植、变性手术等。而体育比赛中使用兴奋剂更能体现科技对人类自然性的解构。[①] 德里达特别指出由于假肢工程的进步，那种对身体自然的、原始的、有机性的假设被打破，因此很难区分身体的自然性和非自然性。考尔在德里达的基础上进一步对有关体育是一种自然的状态的理论提出了质疑。她认为体育不再是一种纯器官性身体的活动，而是一种汇集科学技术的非自然性的人为创造。[②]

体育反兴奋剂运动被认为是在体育活动中对用"化学假肢"来增强身体的实践的斗争。体育比赛之所以禁用药品是由于其威胁了身体的"自然"机理。然而，考尔认为在科学研究寻找什么是所谓对身体有害、什么是对身体无害的药品的过程中，兴奋剂测试系统正在不断地对药品做出重新分类，这进一步导致了我们对自然与非自然认识的疑惑，也不得不使我们对兴奋剂问题不断做出最新的解读，如伊曼努埃尔·伊西多里（Emanuele Isidori）就认为兴奋剂和运动都是一种药物，二者都可能伤害或有益于人类。[③] 由此，考尔指出对自然身体状态做出准确定义是不可能的，这如同自然总是受到非自然的影响，自然/非自然二元对立结构不会长期存在。[④] 而从实践来看，体育中兴奋剂的使用已经跨越了哲学层面的讨论而上升为政治问题。

德里达的后结构主义研究也涉及体育文化中的种族和性别问题。比如考尔和安德鲁采用德里达的理论，通过对两位伟大的美国职业篮球运动员约翰逊和迈克尔·乔丹的案例分析来解释他们在媒体中的身份是如何摆脱

① Cole, C., "Addiction. Exercise, and Cyborgs：Technologies of Deviant Bodies," *Sport and Postmodern Times* (1998)：265.

② Cole, C., "Addiction. Exercise, and Cyborgs：Technologies of Deviant Bodies," *Sport and Postmodern Times* (1998)：271.

③ Hager, PETER, F., "Philosophy, Sport and Education International Perspectives ," *Journal of the Philosophy of Sport* 43 (2016)：171-174.

④ Hager, PETER, F., "Philosophy, Sport and Education International Perspectives," *Journal of the Philosophy of Sport* 43 (2016)：272.

种族二元结构的束缚的。① 美国非洲裔超级巨星约翰逊和迈克尔·乔丹在篮球运动中取得的成功使他们摆脱了扎根于美国传统社会中根深蒂固的、充满暴力的黑人形象的束缚。考尔和安德鲁认为约翰逊和迈克尔·乔丹颠覆了美国社会固有的种族形象，使黑人/白人的文化界限变得模糊起来。然而，之后约翰逊的性取向曝光，而迈克尔·乔丹的赌博嗜好也使人看到其复杂的个性，这些将他们以往远离其他美国非洲裔的负面形象重新恢复。安德鲁将乔丹比喻为一个浮动的、不稳定的、种族性的能指，在其各种属性中他的暴力的种族阶层属性在不断发展的美英文化中被重新复制。后结构主义对体育文化中的性别研究产生的影响也是巨大的。胡德·威廉姆斯（Hood-Williams）通过引述一个 19 世纪中期雌雄同体人巴宾（Barbin）的悲惨经历，对国际奥委会性别测试试图习惯性地"消除、区分和发现真实性别"的做法表现了强烈质疑。他指出，国际奥委会的教条主义的测试性别的方法是建立在民粹主义协调传统与自然性别区分的美好愿望之上的，这种做法忽略了在现实生活中生理性别与文化性别一样具有构建性的事实。② 在后结构主义思潮下，如何解构在体育中男强-女弱的性别秩序、如何跨越性别边界成为女性主义者致力探讨的问题，这在女性主义的相关部分中已经有了充分的讨论。无疑，2021 年东京奥运会跨性别运动员可以合法参与比赛，可以说是在实践层面上为打破体育制度中的性别二元对立迈出了重要的一步。

正如考尔和安德鲁总结的那样，体育中二元结构的界限正在被不断跨越，由此需要不断地调整政策以保持其稳定。他们认为："由于去结构主义者所强调的界限被跨越，去结构主义者则需要研究各个因素之间的力量：在界限处不断被释放的压力。保持这种界限的政策、意志与暴力的划分的

---

① Cole, C. and Andrew, D. L., "Look-it's NBA Showtime!： Visions of Race in the Popular Imagary," *Cultural Studies* (1996)：70-71.

② Hood-williams, J., "Sexing the Athlete," *Sociology of Sport Journal* 12 (1995)：291.

不完整性。"① 简而言之，德里达的理论使学者们从解构的角度对现代体育的本质及其哲学基础进行了反思。

（二）米歇尔·福柯：现代体育纪律的形成

米歇尔·福柯于 1926 年出生在普瓦捷。他的父亲和两位祖父都曾是法国省城的外科医生。年轻的福柯因为没有追随家族事业而让父亲失望，同时因学业失败也煎熬了一段时间，但他最终还是在学校取得了优异成绩，在巴黎著名的里昂高等师范学院的全国大学入学考试中获得了第四名。一进大学，福柯就患上了严重的抑郁症，这促使他的父亲安排他去看心理医生。为此，福柯变得高度怀疑精神病学家的作用和影响，并同样积极拿自己来研究心理学。他分别于 1948 年和 1950 年获得了索邦大学颁发的哲学许可证和心理学许可证。1952 年，他被授予巴黎大学精神病理学博士学位。1951~1955 年，福柯在法国里昂高等师范学院任教。随后，他接受了瑞典乌普萨拉大学的任命，教授法语，在此期间，福柯利用大学的图书馆做了大量的研究工作。

米歇尔·福柯曾被描述为世界上最著名的思想家，② 在法国所有的后结构主义者中，福柯是在体育社会学研究领域中最有建树的一位。事实上，后结构主义者所涉及的体育社会学研究甚至被描述为"福柯式"的。与德里达对事物的明显漠视和鲍德里亚对事物的普遍蔑视相比，福柯的作品被从事现代体育研究的众多学者所喜爱。德里达理论太抽象、太复杂，这让研究者们在应用其理论时会产生困惑；而福柯的理论相对来说实用性更强，更贴近社会，更易被社会学家所接受。

福柯研究的重点在于解释现代系统知识的增长与权力关系是如何扩张

---

① Cole, C. and Andrew, D. L., "Look-it's NBA Showtime！: Visions of Race in the Popular Imagary," *Cultural Studies* (1996): 152.

② Miller, J., *The Passion of Michel Foucault* (New York: Simon & Schuster, 1993), p. 13.

到控制身体行为和存在的实践领域的。① 因此，福柯对现代社会中围绕身体的纪律和快乐的描述对体育社会学的研究很有帮助。事实上，法国著名的马克思主义学者简-玛丽·博姆（Jean-Marie Brohm）甚至将体育称为也许是福柯分析的最能代表"纪律性社会"的社会实践。对福柯来说，权力不只是物质上的或军事上的威力（当然它们是权力的一个元素），也不是一种固定不变的、可以掌握的物体，而是一种贯穿整个社会的"能量流"。福柯认为知识是权力的一种来源，因为一旦有了知识，你就有定义或解释一种事物或现象的权威。福柯不将权力看作一种形式，而将它看作个人使用社会机制来表达真理并将自己的目的加于这种真理之上的方式。对福柯来说，"真理"的出现（其实是在某一历史环境中被当作真理的事物）是运用权力的结果，而人只不过是权力的工具。福柯认为依靠一个真理系统建立的权力可以通过知识、历史、讨论等被质疑，比如通过强调身体可以忽略思想的权力，通过艺术创造也可以对科学的权力进行挑战，等等。

　　除了对知识和权力的探讨，福柯最著名的研究就是对现代监狱制度及其延伸出的社会问题的探讨。福柯出版于 1975 年的《规训与惩罚》掀开了现代社会福柯理论重要的"政治解剖学"的开端。它讨论了现代化前公开的、残酷的统治（比如通过死刑或酷刑来统治）是如何渐渐转变为隐藏的、心理的统治的。福柯提到自从监狱发明以来它就被看作唯一的解决犯罪行径的方式。福柯在这部书中的主要观点是对罪犯的惩罚与犯罪两者互为前提条件。福柯认为传统帝王透过凌迟罪犯、斩首示众，以肉体的展示来宣示自身统驭的权威，这种以直接施暴的方式进行管理的形式在 16 世纪悄悄地改变。福柯以两个历史事件为典范，说明规训手段的方式与样貌完全不同以往。其中一个事件是鼠疫肆虐于欧洲，为了让发生鼠疫的地区灾情不致继续扩散，国王指示每户人家关紧门户，闭居自身住所，不可在未经许可下到公共空间溜达，街道上只有持枪的军人以及固定时间出来的巡察，

---

① Turner, B. S., "The Discourse of Diet," *Theory, Culture and Society* 1 (1982): 23-32.

通过点名、登记，记录每个居民的存亡并交付市长进行重新审核。由此可以看出，规训方式从原来的威吓转变为用科学知识、科层制度进行各种分配安置。福柯强调规训机制原本只是要将一群扰乱社会秩序者关起来，然而这件单纯的事情在心理学、生理学、人口学以及犯罪学诞生之后，变得复杂起来。人们开始研究为何这群人与一般人不同，他们观察这群人的颅骨大小、考察其小时候是否被虐待等，并为"罪犯"这个身份附加了更多的意涵。福柯认为监狱中透过反复操练、检查审核、再操练，不只是要矫正犯人的行为，还要让犯人认清自己是个罪犯，是具有偏差行为的"不正常"人，所以要努力矫正自己，并忏悔和自我审查。监狱、警察都是在"帮助"罪犯做这件事情。也就是说，这套机制中的受益者既是主体又是客体。

《规训与惩罚》表明现代存在的历史性研究不应该与知识主体的理解联系在一起，而应将以历史性研究为基础的理论实践当作研究的中心。福柯的目的是将生物权力的运作理论化，剖析身体和现代个体在戒律性知识的控制下发生的主客观变化。从更广的范畴来看，这种谱系学的研究方法反映了关于人体的科学的、内在的现代化学科（如犯罪学、监狱管理学、心理学、精神病学、经济学和人口学）是如何出现的。除此之外，他的理论还提供了现代戒律机构网络（如监狱、工厂、学校和医院）的哲学和组织基础。福柯认为正是这些戒律机构推动了工业化资本主义的兴起。

为了进一步解释个体是如何成为生物权力（bio-power）与知识的组成部分的，福柯将注意力转向了杰里米·边沁（Jeremy Bentham）1791年设计的现代监狱"Panopticon"，即所谓的全景监狱。Panopticon源于希腊语，是全部和可见的意思，它描述了一种专门设计的让监狱犯人通过监控系统逐步回归自然的结构形式和功能。这种戒律机构通过不断地测试、修正和对人体的各种训练来将罪犯改变为社会可接受的个体。对福柯来说，全景监狱就是现代社会"一种无限概括的全景主义机制"的典型。① 从对现代监狱

---

① Foucault, M., *Discipline and Punish*: *The Birth of the Prison* (New York: Pantheon Books, 1977), p. 216.

的研究中，福柯发现现代自律性权力并不仅是一个强权压迫的工具，而且承载着一种回归自然的力量。换句话说，现代生物权力不仅是指对人身体的控制，而且是对人的灵魂的"一种威慑"①。福柯认为，在这种条件下通过修正性的自律机构，对身体进行控制的医学技术得以很好地发展，从而形成了对正常人身体行为与指标的规范。福柯对全景监狱（Panopticon）研究的重要性在于他揭示出监狱其实反映了在各种现代机构中起作用的是一种自律权力的功能和安排，这些机构包括学校、医院、军事中心、精神病治疗机构、管理机构、警察和国家机关等。

福柯晚期的研究成果是通过其著作"性史三部曲"表现出来的。他通过研究发现，在古希腊罗马时期，关于"性"的艺术以及生存美学是关怀和陶冶自身的生活方式。这使"性"被提升到更高层面。古代的生存美学虽然会对自身的行为有某种程度的约束，但其完全是为了满足自身审美和愉悦的欲望。而且，它的实行过程也完全出于个人内心对自由的向往。因此，福柯后来在文集中提到生存美学并不是偶然的，在福柯看来，人生在世并非为了使自己变成为符合某种"身份"标准的"正常人"或"理性"的人。对人来说，最重要的不是把自身界定或确定在一个固定身份的框架之内，而是要透过逾越游戏式的生存美学，发现人生的"诗性美"的特征，创造出具有独特风格的人生历程。福柯一向把理论创造、思维活动以及生活当成一种生存游戏和艺术，并认为这是一种"关怀自我"和进行身体生命审美化的过程，也是追求最高自由境界的一种"身体的技术"或"身体的实践"。但是，他发现在西方文化和思想的演变过程中，自从基督教的道德和罗马统治者的权力运作相结合之后，特别是自从近代社会产生之后，西方人的思考模式和生活方式都发生了根本的变化。主体性逐渐成为个人和社会生活以及文化再生产的基本原则。"自我"（self）的历史存在论所要探讨的基本问题，就是我们自身是如何成为主体的？福柯在这个基本论题

① Foucault, M., *Discipline and Punish*: *The Birth of the Prison*（New York: Pantheon Books, 1977），p. 209.

中强调了两方面的含义：一方面是试图揭示他一贯批判的传统主体性原则的真正实质及其建构过程，另一方面则重点指明"创建绝对自由的自我"在生存美学理论和实践中的核心地位。

为了揭示传统主体性原则的真正实质，福柯在其一生的理论研究中，以大量的精力从事知识考古学以及权力和道德系谱学的批判研究活动，不遗余力地揭示权力、知识和道德以及各种社会文化力量的紧密交错关系，揭露它们相互配合、纵横穿梭而彼此渗透的关系，特别是揭示它们在创建和散播各种论述以及贯彻论述的过程中，"威胁利诱"地运用复杂的策略的权术游戏的特征。福柯指出，就是在这种政治运作中，我们逐渐丧失了"自我"。一方面"自我"成为知识、权力和道德的客体，同时也成为话语、劳动和生活的客体；另一方面"自我"不知不觉地沦为历代社会统治势力所宰制的对象。因此，福柯指出，主体无非是各种传统理论对每个人的自身进行扭曲的结果，也是社会统治势力宰制个人的欺诈手段。

福柯对身体、知识和权力的关系的认识被认为是后结构主义体育研究的核心概念。身体是构成体育活动的物质核心，也是表达体育精神的最好载体。[①] 福柯的研究旨在解释现代知识的增长和身体戒律之间存在的权力扩张。[②] 这为研究体育中的权力关系提供了一个新的理论视角，即从知识和身体关系的变迁来反映体育权力制度的形成和演变过程。有学者也认为体育作为一种社会实践活动是福柯所分析的"纪律社会"的一个最好的例证。福柯的理论在体育社会学研究中的使用大体可分为两大方面：一是运用福柯的监狱模式研究体育中的纪律制度以及权力关系；二是直接受到福柯后期著作"性史三部曲"的影响来解读生物权力（bio-power）与统治活动的关系。除此之外，福柯关于性和身体的理论对体育女性主义研究起到了很重要的指导作用。

---

① Hargreaves, J., "The Body, Sport and Power Relations," in J. Horne, D. Jary and A. Tomlinson (eds.), *Sport*, *Leisure and Social Relations* (London: Routledge & Kegan Paul, 1987), pp. 139-59.

② Turner, B. S., "The Discourse of Diet," *Theory*, *Culture and Society* 1 (1982): 23-32.

　　首先，考尔和奥力（Cole and Orlie）简要地运用福柯的实证分析方法将体育当作一项重要的现代科技进行了研究。按照他们的分析，体育被认为是现代生物知识及其实践的一个重要场所。他们认为"体育制造并规范了所谓的运动员身体"①。运动员身体被认为是特殊的身体，它具有健康、强壮、富有纪律性以及生产力强等特点。体育也可以被理解为一个控制与规范身体的生产器械以及单纯展示形体与其意志能力的场所。因此，体育被认为是现代纪律权力的一种代表。

　　约翰·贝勒（John Bale）进一步用福柯理论从地理学的角度揭示了体育、空间和权力三者间的关系。他认为体育作为一种纪律权力不仅在运动场上对运动员的身体进行了控制，还在运动员的私人生活中控制他们的意志，并且将纪律内化为运动员自身的标准。贝勒认为现代体育的演变与福柯所描述的惩戒的演变具有很大的相似之处。他认为二者都是从身体/公开的空间到意志/私人的空间的转移。他写道："体育场地已经从一个开放的公共的空间转变为一个个分割独立的监禁场所。"② 现代运动空间的全景主义被罗伯特·瑞哈特（Robert Rinehart）用游泳池间接地体现出来，他惟妙惟肖地描述了运动员在游泳馆训练的场景。他认为整个游泳馆就是一个全景监控机构，在教练的监控下，运动员执行重复的训练方案，直至他们完全把这些动作掌握并把它们内化为自己身体的一部分。正如瑞哈特指出的，这样一个巨大的游泳池被规范化之后转变为一个"狭窄的监禁"场所。教练员、运动员、队友、救生员、管理员等组成了监控运动员自身身体的权力转轮。③

　　正如布迪厄所述，从福柯理论的角度来说体育训练就是一种对身体的"世俗的禁欲"，而这种"禁欲"是违背了人的自然性和意愿的。现在的教

---

① Cole, C. L. and Orlie, M., "Hybrid Athletes, Monstrous Addicts, and Cyborg Natures," *Journal of Sport History* 22 (1995): 228-39.

② Bale, J., *Landscapes of Modern Sport* (London: Leicester University Press, 1994), pp. 60-90.

③ Rinehart, R., "Born-again Sport: Ethics in Biographical Research," in G. Rail (ed.), *Sport and Postmodern Times* (New York: State University of New York Press, 1998), pp. 33-48.

练根据所谓的"科学指导"，不断控制运动员的自我运动行为和能力，他们通过整齐划一的、重复的、系统的、严格的训练，使运动员的身体完全掌握他们所制定的运动技巧。除此之外，体育俱乐部（运动队）制度的形成实际上把运动员从空间上隔离开了，在俱乐部（运动队）里，运动员的饮食、作息时间都有严格的规定，医疗人员反复地对队员进行体检、试验，制订其恢复计划，确定其训练强度，所有的队员都不得不被俱乐部（运动队）中的体育制度（奖惩制度）所调控。正因如此，体育俱乐部（运动队）实际上就成为一所进行改造和惩罚的"监狱"。

其次，福柯对生物权力（bio-power）和"驯服的身体"（docile bodies）的论述对后结构主义的体育研究也产生了重要的影响。福柯基于政治、性、知识和话语等方面对于权力的性质和功能进行了微观分析，又具体提出了一种"权力压抑"的假设，权力本质上是用来压制人的，只有真理权力才能够解放人。在此基础上，他认为每个人的思想、行为都受到镶嵌于肉体之内的生物权力的支配。只是以前人们更看重国王的权力，把自己的生物权力主要寄托在英明的君主身上，而现在人们更看重国家的权力，认为只有国家才能够保障人民的生产力，想方设法保持人民的健康、强壮、活跃、勤奋和安全。然而，要想实现这个目标，国家最需要的是两样东西——知识体系和行政设备。这两个方面的发展都基于企图控制、规范和支配人们的生物权力，使他们成为"驯服的身体"（docile bodies），结果就使得近代以来人类孜孜以求的有关"正义、自由、平等、理性、革命和启蒙"的思想、理论和话语逐渐被对生物权力的控制程序和实践所取代。任何个人都无法逃避，而且最终都在某种程度上成为由国家权力所控制、支配并奴役的"机器人"。

托比·米勒（Toby Miller）的文章《阴茎简史》是一篇具有代表性的福柯式研究。米勒把现代体育看作一种制度和话语权的衍生物，特别是当把体育与具有性别特任的公共知识的形成和传播相结合起来的时候，这种权力关系表现得就特别明显。米勒在工业化与现代化的背景下对体育教育、体育锻炼、健康形象的塑造、当代体育形式等的制度化进程进行了研究。

通过这些研究，米勒认为当代体育文化的各种表现形式是被其共同的政治目标联系在一起的，而这种政治目标就是对男性身体进行管理和控制以使其具有高效、审美和自我约束等特征。这种目标也逐渐形成了对体育运动的"标准表达方式"①。

布赖恩·布朗格（Brien Pronger）巧妙地补充了米勒的文章，在大量借鉴福柯理论的基础上，布朗格解释了解剖学课程如何将人的身体置于后现代消费资本主义下进行技术化和政治化的过程。布朗格以图表的方式展示了人体医学知识是如何影响体育活动、体育比赛、锻炼和保健专业人员的思想，并最终指导实践的。对人类形态的生物客观性的讨论使正常的（也就是有生产力的）运动、锻炼或健康的身体成为一种压抑却诱人的"现代科技项目中的工具"②。例如，所谓的体育科学根据人的生物特征，把身体分门别类，并规定其体育特长，比如，黑人爆发力强，田径项目成绩优异；白人身材高大，游泳快；黄种人身材小却灵活，小球比赛占优势；等等。这些语言描述实际上都反映了科学对身体的规范、限制和控制。

尽管福柯因忽视受压迫和弱势地位的妇女而受到严厉的批判，但他为后结构主义女性主义者开启了研究思路，由此产生了一些与性别和性别文化政治相关的作品。后结构主义女性主义认为体育身体已经被视为一种制定性规范、性实践和性别身份的控制体系。玛格丽特·达坎（Margaret Duncan）在两期《体形》（Shape）杂志（妇女健身杂志）中分析了妇女身体形象所产生的政治问题。③ 她指出所谓的现代生物科学知识物化了女性参与体育活动的意愿和责任，它过分地强调了通过体育来增加形体美感的价值而忽略了体育锻炼所带来的身体健康的价值。她以图表的方式将监狱角色对女性身体的戒律机制勾画了出来。除此之外，她还分析了公共话语

---

① Miller, T., "A Short History of the Penis," *Social Text* 43（1995）：3.

② Pronger, B., "Rendering the Body, the Implicit Lessons of Gross Anatomy," *Quest* 47（1995）：435.

③ Duncan, M., "The Politics of Women's, Body Images and Practices Foucault, the Paacon, and Shape Magazine," *Journal of Sport and Social Isues* 18（1994）：48-65.

的传播（传媒）是如何使性感、苗条、健康的女性身体形态成为身体文化的主流，而这种身体文化的主流又是如何潜移默化地强调女性在社会中的服从角色的。从更加全景的角度，麦克奈尔（Macneill）讽刺性地将明星身体广告比喻为展示政治经济权力和他/她们所倡导的"科学"知识的场所。[①]

马库勒（Markula）将女性体育文化从关注媒体转移到关注物质经历上，她将福柯理论运用于对女性有氧运动者的研究上。[②] 马库勒除了谈到有氧运动中的文化空间所隐含的权力安排以外，还分析了一些女性健身的矛盾心理：一方面希望拥有理想的身材，另一方面认为实现这种愿望是"荒唐的"。[③] 她进而指出，权力在纪律性社会的无所不至并不意味着人们必须盲目服从权力。产曼（Chapman）综合运用福柯理论和女性主义文化研究成果，对一支女子轻量划艇队围绕"控制体重"问题进行了研究。她通过研究发现，在女子划艇这项竞技运动中，极端的身体练习活动和严格的饮食控制以及广泛运用的女性科技共同扮演着纪律约束机制的角色。产曼也用女性划艇运动员的经历说明了福柯理论关于构建自我的积极体验中所存在的自由与限制间的矛盾关系。她指出，体育一方面是女性在权力关系中反抗压迫的工具，另一方面也进一步使她们陷入所谓规范化趋势下限制自我的怪圈中。[④] 然而在最近的一项研究中，熊欢等发现其实这两个方面不是截然对立和互斥的，女性运动的身体经验不是简单的"规训与挑战""压迫与解放""天生与建构"的二元对立，而是各种属性互相转换、融合的过程。

---

① Macneill, M., *Sex, Lies, and Videotape: The Political and Cultural Economies of Celebrity Fitness Videos, Sport and Postmodern Times* (New York: University of New York Press, 1998), pp. 48-60.

② Markula, P., "Firm but Shapely, Fit but Sexy, Strong but Thin: The Postmodern Aerobicizing Female Bodies," *Sociology of Sport Journal* 12 (1995): 424-453.

③ Markula, P., "Firm but Shapely, Fit but Sexy, Strong but Thin: The Postmodern Aerobicizing Female Bodies," *Sociology of Sport Journal* 12 (1995): 50.

④ Chapman, G.E., "Making Weight: Lightweight Rowing, Technologies of Power, and Technologies of the Self," *Sociology of Sport Journal* 14 (1997): 221.

女性在运动中体验着"痛与乐的伴随""妥协与抵抗的调整""束缚与自由的切换""秩序与无序的包容"，她们可能乐观地接受着"规训"，也在挫折和压迫中获得了自我解放和救赎。[①]

福柯理论还为研究体育与男性主义之间的关系提供了思路，特别是在对当代体育文化中种族和男性主义间关系的研究中，发挥了重要的指导作用。重要的研究包括斯鲁普（Sloop）用福柯理论对麦克·泰森强奸华盛顿小姐这一案例的剖析。他认为这种文化强权现象出现在"福柯考古学与系谱学方法论的裂缝中"[②]，按照福柯的方法论，斯鲁普试图从泰森被传统认为是贬义的能指——"拳击手"和"美国非洲高裔"的关系入手去破解制定社会规范与真理的规则。不管泰森是否有罪，由于他的主观形象，大多数美国公众认为他有罪是非常可能的。另一个重要的研究就是考尔将福柯对现代纪律的权力、身份和身体的研究视角与德里达的主权理论相结合，对迈克尔·乔丹在当代美国的影响做出研究。[③] 她指出商业化的"美国乔丹"不仅是一个产品，而且主导了美国的流行文化。乔丹作为美国大众偶像的形象与美国城市非洲裔青年桀骜不驯的形象形成了强烈的反差，由此改变了大众的观点，也引起了政府对其社会政策的反思。

福柯的行动、权力和排斥观点也为研究体育协会的运作提供了重要的参照思路。佩兹德克（Pezdek）和米切尔卢克（Michaluk）从福柯的排斥概念入手研究波兰足球协会（PZPN）的运作，根据福柯的观点，权力是通过许多制度表现出来的，这些制度影响着与之建立关系的个人，个人必须遵守纪律、服从命令，并且不允许他们做出对组织重要的决策。这种情况实际上不能在形式上和法律上真正改变，因为即使制定新法律，

---

① 熊欢等：《凡身之造：中国女性健身叙事》，社会科学文献出版社，2021，第314页。

② Sloop, J. M., "Mike Tyson and the Perils of Discursive Constraints: Boxing, Race and the Assumption of Guilt," *Out of Bounds: Sports, Media and the Politics of Identity* (1997): 105.

③ Cole, C. L., "American Jordan: PLAY, Consensus, and Punishment," *Sociology of Sport Journal* 13 (1996): 366-397.

改变 PZPN 的所有成员，接受协会的一系列新规则等，也不会改变在每个机构中运作的权力机制。[①]

福柯的理论还为休闲运动的实践和创新提供了研究的视角。黛布拉·肖根（Debra Shogan）根据福柯对休闲约束的分析，研究了休闲活动的结构性约束如何限制或促进参与者的活动。作为强调社会约束促进休闲体验的方式，肖根证明了福柯关于约束如何在结构中促进技能的理论观点。研究同时表明，身份的结构性约束被证明会在参与休闲体验之前对参与者产生影响。[②]查尔斯·西尔维斯特（Charles D. Sylvester）则根据福柯的知识、权力和政治之间的关系理论，讨论了重新想象和创建治疗性休闲娱乐活动的重要性和实践价值。西尔维斯特认为，福柯的理论为道德的自我形成和改革提供了方法，有助于重新想象和改变治疗方法，有益于娱乐活动的变革和再创造。治疗性休闲娱乐的真正身份永远无法确定，因为治疗性休闲娱乐是一种社会建构，而不是客观的需要。知识具有创造力和控制力，可以在人们的生活中产生积极或消极的影响。治疗性休闲娱乐的主导话语可以通过历史知识、批判性反思、道德自我形成和行动来理解、挑战、重新想象和改变。[③]

除此之外，福柯的理论还为竞技体育提供了很有意义的分析视角。卢克·琼斯（Luke Jones）运用福柯的思想（特别是他对纪律和惩罚的学科分析）探讨了约翰·格里舍姆（John Grisham）的短篇小说《漂白者》（*Bleachers*）中运动员退役和教练员退休过程的复杂性。琼斯认为，福柯对纪律处分的思想有助于解释格里舍姆小说中运动员变为"驯服的身体"的过程，还指出了运动员成为"驯服的身体"后的潜在陷阱，其中就包括对

---

① Pezdek, K. and Michaluk, T., "The Functioning of the Polish Football Association from the Perspective of Michel Foucault's Conception of Exclusion," *Soccer & Society* 17 (2016): 450-463.

② Shogan, D., "Characterizing Constraints of Leisure: A Foucaultian Analysis of Leisure Constraints," *Leisure Studies* 21 (2002): 27-38.

③ Sylvester, C. D. "Re-imagining and Transforming Therapeutic Recreation: Reaching into Foucault's Toolbox," *Leisure/Loisir* 39 (2015): 167-191.

运动员退休的影响。① 这为了解教练和运动员的复杂关系、展示运动员退休过程的复杂性，以及总结那些过度依赖"体育纪律逻辑"的教练员的行为和态度所带来的问题提供了有意义的数据来源。② 吉姆·丹尼森也借鉴了福柯这一思想，批评了这些还原主义者对有效和合乎道德的教练的理解，并认为，要使教练成为变革的积极力量，必须对知识和假设进行持续的批判性检查以帮助教练解决问题。③

从上述的各种研究中我们可以发现福柯后结构主义的视角对当代西方体育研究的重要性，虽然这些研究的切入点都非常小，但是都反映出了当代体育制度中的权力关系。

（三）让·鲍德里亚：后现代体育的超现实性

让·鲍德里亚（Jean Baudrillard）生于 1929 年，作为家族中第一个上大学的人，他在巴黎获得了社会学博士学位，曾任教于巴黎十大和巴黎九大。从 1968 年出版《物体系》开始，他撰写了一系列分析当代社会文化现象、批判当代资本主义的著作，并最终成为享誉世界的法国知识分子。鲍德里亚被描述为后现代社会思想大师、后现代理论家，甚至被誉为"变装皇后"，被后现代知识分子当成偶像。鲍德里亚和德里达、福柯一样都是法国后结构主义思想的代表。尽管鲍德里亚观点更为激进，但他无疑为后结构主义的发展做了重要的贡献。因为，德里达解构了现代性的认识论和本体论基础，福柯发掘了现代学科知识和制度，而鲍德里亚则预示着现代性的终结和社会历史向超越现代性的新阶段的过渡。④

① Jones, L. and Denison, J., "Challenge and Relief: A Foucauldian Analysis of Retirement from Football," *International Review for the Sociology of Sport* 52（2017）：924-939.

② Jones, L., "Reading John Grisham's Bleachers with Foucault: Lessons for Sports Retirement," *Sports Coaching Review* 9（2020）：168-184.

③ Denison, J. and Avner, Z., "Positive Coaching: Ethical Practices for Athlete Development," *Quest*, 63（2011）：209-227.

④ Kellner, D., *Jean Baudrillard: From Marxism to Postmodernism and Beyond*（Stanford, CA: Stanford University Press, 1989）, p.94.

鲍德里亚在求学期间主修的是社会学，其主要思想的形成受到了马克思、索绪尔、列维-斯特劳斯等的影响。他的早期思想传承于马克思主义，随后接受并发展了符号学说，并创建了自己独特的后现代主义理论，20世纪80年代以后，对当代场景中主体与客体之间的新型关系的形而上学进行研究，这逐渐取代了他对后现代性的分析。1976年出版的《象征交换与死亡》是其最具影响力的著作，被公认为后现代理论与文化研究的最重要、最经典的作品之一。《消费社会》一书从消费的意义上解释了时下的社会，并让他风靡于大众，他的理论在一定程度上成为法国学界批判、理解消费社会的思想基础。

与德里达和福柯的作品一样，鲍德里亚的作品在国际学术界引起了极大的反响，众多拥护者对他的热情和众多批评者对他的反驳都证明了这一点。在他的文学素养提升过程中，鲍德里亚的写作已经从相对传统的学术讨论，即他对马克思主义政治经济学和符号学的创新性综合讨论发展到一种类似于宇宙学的科幻小说，通过讽刺性的夸张描述，投射出对未来世界的展望。[①]

在几种最主要的后现代理论发展过程中，鲍德里亚近乎极端的思想体系是其中一个不可或缺的重要环节。他的理论目前正深刻影响着我们的文化理论以及有关传媒、艺术和社会的话语。在他的早期思想中，他试图将传统的马克思主义政治经济学同符号学以及结构主义综合起来，发展一种新马克思主义社会理论。他对消费社会中主体与客体之间的控制关系、商品化的资本主义社会中的日常生活以及定位于一些被组织到指意系统中的符号的符号学理论等进行了一系列的分析，研究涉及家庭环境、建筑、绘画以及媒体等各种现代现象。他在这个时期的作品主要有《物体系》（1968年）、《消费社会》（1970年）和《符号政治学批判》（1972年）等。在之后的著作中，鲍德里亚运用符号学研究媒体和现实向结构的转化，他开始

---

① Hebdige, D., *Hiding in the Light：On Images and Things*（London：Comedia Press, 1988），pp. 90-120.

站在后现代的立场，抛弃一切对现实真实的应用而转向超现实，即一个由拟像构成的世界。在他的拟像社会中，模型和符号构造着经验结构，并消灭了模型与真实之间的差别，人们以前对真实的体验以及真实的基础均已消失，这段时期的作品主要有《生产之镜》（1973 年）、《符号交换与死亡》（1976 年）、《末日的幻觉》（1976 年）、《仿象与拟真》（1981 年）等。

鲍德里亚在 20 世纪 80 年代以后的形而上学的思想首先体现在其《宿命的策略》（1983 年）中，在这本书中他描述了客体（大众、信息、媒体、商品等）的无限增殖，最终逃脱主体的控制的过程，实现了主客体之间的角色逆转。他的理论改变了贯穿西方形而上学的主体对客体的统治这条主线，他认为这种统治已经结束，建议个人向客体世界投降，并放弃主宰客体的计划。他的这种理论充分反映在当代文艺作品中，西方一部红得发紫的科幻电影 *Matrix* 展现的就是他所描述的景象。而鲍德里亚的后现代理论大部分致力于描述现代性中的关键性东西（生产、社会、历史等）的消失，这就构成了他对历史终结的讨论。在他的理论中，人们正面对着一个灰暗的未来，一切都已完成了，只有同样的事件无限地重复，这就是后现代的命运。鲍德里亚关于历史终结的理论主要表述在 1988 年的一篇名为《公元2000 年已经到来》的文章中。鲍德里亚是悲观的，他给我们描述的后现代社会是阴暗的，但我们当前还生存在现实的社会中。他曾经指出，我们不要"忘记福柯"，因为福柯相信知识可以改变我们的命运。

鲍德里亚的社会思想，以消费社会批判为起始，其特点就在于结构主义符号学视野的参与。在《物体系》的结论篇，他明确地指出："要成为消费的对象，物品必须成为符号。"这种身份的转换，也使得人与人间的关系"变成了消费关系"。《消费社会》仍以物的分析为起点，他进而提出了"消费社会的逻辑"，并将该社会类型界定为"进行消费培训、进行面向消费的社会驯化的社会"，而"消费"则"是（对消费个体进行分化）实现社会控制的一种有利因素"。由此可见，早期的鲍德里亚将马克思主义批判理论与结构主义符号学结合起来，试图提出一整套的商品符号学原理和消费社会逻辑。这种努力在他开始反思"批判之维"的《符号的政治经济学批判》里，仍没有减退，他甚至更极端地认定："商品完全被当作符号，被当作符号价值，符号则被当成商品。"在《符号交换与死亡》写作前后，鲍德里亚还吸收了福柯等的后结构主义观念。在鲍德里亚看来，一方面，在现代消费社会，"所指的价值"取消了，也就是说，符号形式所指向的"真实"的内容已经荡然无存，符号只进行内部交换，不会与真实互动；另一方面，劳动力与生产过程也发生了类似的变异，所有终极生产内容均已消逝，生产只能发挥一种符号的代码或编码的功能，同时，货币和符号、需要和生产目的、劳动本身也都成为悬浮的了。一方面是"符号真实指涉"的终结，另一方面则是"生产真实性的真正终结"，在这个意义上，鲍德里亚才最终认定"这是劳动的终结、生产的终结""能指-所指辩证关系的终结""使用价值-交换价值辩证关系的终结""古典符号时代的终结、生产时代的终结"。所以，他提出，唯有死亡，才能无视和逃避这个为代码逻辑所支配的世界，逃避这个任何物都与其他物既等同又无关的世界。由此看来，"死亡的平等"所能规避的，似乎就是庄子表面意味上的"齐物"的宇宙。总之，鲍德里亚好似为他的观众们擎起了一枚"万花筒"，人们从里面窥见的是消费社会所折射的方方面面，但万变不离从"消费符号"到"符号交换"的"圜中"。

"类像理论"是鲍德里亚另一个著名的理论，有时甚至成为代替他的"符码"。他的思想主旨，就在于从历史序列的角度为后现代主义文化设定一个坐标系。鲍德里亚提出了"类像三序列说"（The Three Orders of Simulacra）。类像的三个序列与价值规律的突变相匹配，自文艺复兴时代以来依次递进：

（1）仿造（counterfeit）是从文艺复兴到工业革命的"古典"时期的主导模式；

（2）生产（production）是工业时代的主导模式；

（3）仿真（simulation）是被代码所主宰的目前时代的主导模式。

第一序列的类像遵循"自然价值规律",第二序列的类像遵循"市场价值规律",第三序列的类像遵循的则是"结构价值规律"。我们可以举艺术品的例子来加以旁证。在工业革命之前,艺术品的仿制只能通过手工制造的方式来完成,从一幅画临摹成另一幅画,这是并不破坏自然规律的模仿,这种仿制只能在原作之外增加"赝品"。在工业革命之后,由于机械化大生产方式的出现,艺术品的仿制就可以采用机械制造的方式,比如古典主义的名画可以通过印刷术来仿制,这也就是本雅明所说的"机械复制时代"的艺术生产方式,市场规律这只"无形的手"在其中起调控作用。而现时代,随着以手推磨为标志的"农业社会"的远去、以蒸汽机为标志的"工业社会"的繁荣,以"互联网"为标志的知识经济时代的来临,任何造型艺术品都可以被转化成影像在网上传播,这些被无限复制的"类像",已成为可以被简约为 1 和 2 两个数字的"符码"。

第三序列的"类像"主要用以描述当代社会出现的一种提供给大众的"形象文化",如无所不在的电视影像对大众文化的环绕和包围就是如此。这种形象虽然首先能"反映基本现实",但进而会"掩饰和歪曲基本现实",进而又会"掩盖基本现实的缺场",最后到"纯粹是自身的类像"领域,不再与任何真实发生关联。

可见,所谓"类像",是游移和疏离于原本的或者说没有原本的模本,它看起来已不是人工制品。"simulacrum"被翻译成"拟像"也有道理,类像的"类"指的是形象群的复制性,拟像的"拟"指的是形象与形象之间的模拟性。"类像"创造出的正是一种人造现实形成的第二自然,大众沉溺其中看到的不是现实本身,而是脱离现实的"类像"世界。

这很好理解,当代都市大众就生活在这样的世界里,在大众日常生活的"衣""食""住""行""用"当中,"形象文化"无孔不入——外套和内衣、高脚杯和盛酒瓶、桌椅和床具、电视机和音像设备、手机和计算机、自行车和汽车、霓红灯和广告牌无不充满了商业形象,这种形象是被大规模生产出来的,是毫无现实感的。这是因为,通过"文化工业"的巨大过滤器,一切的商业形象都经过了"机械复制"的链条，成为游离于模本而趋于无限复制的"类像"。一言以蔽之，在鲍德里亚的视野内，后现代主义文化最核心的特质在于：类像与真实之间的界限得以"内爆"。今天的文化现实就是超真实的，不仅真实本身在超真实中陷落，而且真实与想象之间的矛盾亦被消解了。同时，"类像"与大众之间的距离也被销蚀了，"类像"已内化为观众自我经验的一部分，幻觉与现实混淆起来。毫不夸张地说，生活在这种被"类像"所环绕包围的世界内，"我们的世界起码从文化上来说是没有现实感的，因为我们无法确定现实从哪里开始或结束"，在文化被高度"类像化"的境遇中，大众只能在当下的直接经验里体验时间的断裂感和无深度感，实现日常生活的虚拟化。

20世纪90年代，鲍德里亚的思想进入所谓的"类像第四序列时期"。作为"类像"思想在这一时期的新发展，他开始关注第三序列的"代码-矩阵"的分解问题，呈现了其思想的开放性。但无论是"类像三序列说"，还是后来发展出的"四序列说"，"类像"思想无疑都是后现代主义文化的重要标志之一，同时也成为测度文化后现代性的标准之一。鲍德里亚的作品和德里达、福柯的作品一样引起全球学术界的强烈反响，其支持者与反对者不计其数。在1983年的一次采访中，他承认"我的作品不是学术的，也不是文学的。它正在不断变化，它正变得缺乏理论性，不需要通过参考资料来验证结果"①。遵循这种激进的分析方法，鲍德里亚的作品转向非理论化、空洞内容和非政治化的虚无主义，由此引发了许多批评家的口诛笔伐。鲍德里亚后期的作品甚至被批评为荒谬的，即便如此，一些文学评论家仍坚持认为他的研究是不可或缺的。确实如此，鲍德里亚对当代体育文化的分析与研究的贡献是不可低估的。正如皮耶尔（Pierre）所评述的，美国甚至全球体育产业都正被"媒体推动的明星娱乐"的方式所主导。将来体育的电视化现象将愈演愈烈。这种全球化的后现代体育文化的快速发展验证了鲍德里亚的实体性、实证性和

---

① Gane, M. (ed.), *Baudrillard Live: Selected Interviews* (London: Routledge, 1993), pp. 40-60.

政治性主张的现实意义。

鲍德里亚关于当代体育文化的评论验证了他的内爆性后现代主义理论的有效性，并对后现代体育的结构产生了影响。鲍德里亚用 1978 年世界杯预选赛来吸引法国公众的注意力，并在同一天晚上对引渡德国律师 Klaus Croissant 之事漠不关心。鲍德里亚说："几百人在桑特监狱前示威，一些律师在夜间进行了一些激烈的活动，而两千万人在电视屏幕前度过了一个晚上"[1]。鲍德里亚认为，不应该因为政治法律事件而剥夺法国公众观看足球比赛的权利。超现实的第三序列"类像"以其审美性和表面性（无深度性）来吸引大众，从而使他们偏离理性交流，转向情感和戏剧性的体验。在鲍德里亚的观点中，足球比赛被视为一种"戏剧序列"，即一种能够激发情感反应和集体身份感的活动，与日常生活的理性和逻辑相对立。因此，鲍德里亚认为，即使在政治或法律争议中，人们也应该保留享受这种情感和集体体验的权利。[2] 鲍德里亚还对 1985 年发生在布鲁塞尔海瑟尔（Heysel）体育馆的悲剧事件（其中 39 名 Juventus 队支持者死亡）发表了评论。他指出这是全球电视媒体滋生的野蛮主义，他斥责"媒体本身想反映整个暴力事件的真实性，但是这种暴力是通过全球性的电视节目的方式来传递的，在这个过程中转变成对体育自身的嘲弄"[3]。尽管媒体公开谴责这种暴力行为，但是具有讽刺意味的是媒体通过全球网络不断地传播这种事件，由此增加了"世界体育精彩奇观"的戏剧性内容，变成了全球电视观众的"配餐"。[4] 这就是他所谓的"类像"现象。最后，鲍德里亚以 1987 年 9 月发生在西班牙首都马德里的一场皇家马德里队与意大利拉普勒斯队之间的欧洲

---

[1]　Pierce, C. P., "Master of the Universe," *GQ* 4 (1995): 185.

[2]　Baudrillard, J., "The Implosion of Meaning in the Media and the Implosion of the Social in the Masses," in K. Woodward (ed.), *The Myths of Information: Technology and Postindustrial Society* (Madison, WI: Coda Press, 1980), pp. 137-48.

[3]　Baudrillard, J., "The Implosion of Meaning in the Media and the Implosion of the Social in the Masses," in K. Woodward (ed.), *The Myths of Information: Technology and Postindustrial Society* (Madison, WI: Coda Press, 1980), p. 143.

[4]　Baudrillard, J., *Fatal Strategies* (New York: Semiotext Press, 1990), p. 75.

杯比赛为案例，谈到了体育比赛的未来发展前景。由于在之前一场比赛中西班牙队球迷出现了不文明行为，足球管理当局下令这场比赛不允许观众进场观看，只能通过电视直播观看。鲍德里亚认为这种"神奇的足球比赛"的发生展示了后现代体育的未来方向：没有人能够直接在比赛现场体验比赛，人们将看电视直播。在这种情况下，体育将会变成一项纯粹的表演……而体育比赛的现实感将被电视的综合影像所替代。① 事实上，2021年东京奥运会因为COVID-19，绝大多数比赛没有现场观众，人们都是在荧幕前欣赏比赛。为了弥补"遗憾"，组委会用数字技术在现场制造声效，但是从空荡荡的观众席间发出的尖叫、喊叫和欢呼的声音让奥运场馆的气氛显得更加怪异。奥运广播服务公司首席执行官埃克萨霍斯（Exarchos）表示："使用这些数字化工具，我们还有很多要学习……如何利用技术来强调和突出肉眼看不到但实际发生的事情。我们要突出世界在这里（现场），全世界在观看、全世界在参与、全世界都在支持运动员的努力。"然而，在荧幕前，人们看到的是科学技术拼接出来的运动竞赛的综合影像，这就是鲍德里亚描述中的仿真运动世界。

　　珍妮薇·瑞尔（Genevieve Rail）富有建树地将鲍德里亚对后现代体育的理解表述为"文化的生产者和再生产者，是过多消费意识的倡导对象"②。瑞尔就鲍德里亚所涉及的体育、审美、健身和传媒领域的研究作品依照时间顺利分为早期、中期和后期三个阶段。他秉承鲍德里亚的观点，坚持指出"体育媒体模式的本质"是反媒体的、民粹审美的、分散的、肤浅的和被历史遗忘的。约翰·贝勒（John Bale）综合瑞尔的研究成果将鲍德里亚分析未来体育的观点描述为未来体育是物质和电视仿真的世界，这种情况在北美可以看到，在他看来，这也是带动国际流行文化重要部分发展的引擎。③ 斯蒂文·瑞德海德（Steve Redhead）将鲍德里亚的后现代理论当作一

---

① Baudrillard，J.，*Fatal Strategies*（New York：Semiotext Press，1990），p. 77.

② Rail，G.，"Seismography of the Postmodern Condition：Three Theses on the Implosion of Sport,"*Sport and Posmodern Times*（1998）：156.

③ Bale，J.，*Landscapes of Modern Sport*（London：Leicester University Press，1994），p. 169.

种工具对 1994 年美国世界杯足球赛时的流行文化进行了研究。他认为美国 1994 年世界杯是"一个全球媒体盛会：一个缺乏'真实参考性'的仿真和超现实的盛会"①。

鲍德里亚思想的象征性价值核心还吸引了学者对当代体育中复杂的商品符号经济的研究兴趣。凡·万尼斯伯格（Van Wynsberghe）和李奇（Ritchie）把鲍德里亚理论当作以奥运五环标识为案例进行后现代符号学研究的理论基础。他们用图表来展示在媒体符号残渣、广告和市场营销产业主导的后现代文化中，奥运五环标识已经从它所象征的理想的现代化体育的意义中被切割。在后现代媒体领域，奥运五环标识已经变为多重符号下超商业的能指：它可以被用来代表产品，更有广告商围绕这个标识编造它们所想的故事。② 在有关体育吉祥物的讨论中，斯洛维克斯基（Slowikowski）把美国本地的吉祥物（例如美国 Illiniwek 大学城市运动的"Illiniwek 队长"）当作民间的超现实仿真。她认为这些"本土的美国类像"构成了在美国流行文化中占主导性、习惯性的能指。③ 用鲍德里亚的理论来分析，它们就是后现代美国文化"绝对假冒"的超现实仿造品。斯图（Szto）成功借鉴了鲍德里亚的超现实主义思想，对耐克的红色鞋带（red shoelaces）挽救生命（save lives）的运动进行了批判性的分析。这一倡议鼓励消费者通过购买红色鞋带的行为来帮助他们挽救生命。④ 波维斯（Powis）和韦利亚（Velija）则运用鲍德里亚的超现实思想研究了英格兰和威尔士板球委员会与 NatWest 银行的关系，分析了屡获殊荣的赞助活动板球无国界（CHNB），并探索了 CHNB 如何呈现理想的英国板球形象。波维斯通过使用

---

① Redhead，S.，"Baudrillard，Amerique and the Hyperreal World Cup，" *Sport and Postmodern Times*（1998）：221-238.

② Rail，G.，*Sport and Postmodern Times*（New York：State University of New York Press，1998），pp. 48-52.

③ Slowikowski，S. S.，"Cultural Performance and Sport Mrscots，" *Journal of Sport and Social Issues* 17（1993）：23-33.

④ Szto，C.，"Saving Lives with Soccer and Shoelaces：The Hyperreality of Nike（RED），" *Sociology of Sport Journal* 30（2013）：41-56.

鲍德里亚的超现实和非事件概念对 NatWest 的 CHNB 活动进行了批判性的分析，证明了英国板球运动具有包容性和多样性的超现实视野。① 因此，鲍德里亚的超现实主义理论为研究商品、标志和信息在体育运动中的作用提供了理论框架。

鲍德里亚的思想对休闲体育的理论研究和应用也具有重要的现实意义。克里斯·罗杰克（Chris Rojek）讨论了鲍德里亚思想在休闲理论中的地位，并探索了其在模拟休闲环境研究中的实际应用。罗杰克认为，鲍德里亚挑战了休闲研究中的传统实证主义假设，传统代理理论倾向于将休闲视为自由的领域，将工作视为必要的领域，而鲍德里亚认为有必要把休闲当作整个象征文化的一个方面来研究，而不是当作一个狭隘的、独立的、专门的领域，鲍德里亚还赋予了语言和沟通在理解休闲和社会中的突出地位。② 斯蒂文·瑞德海德（Steve Redhead）则认为鲍德里亚的超现实思想为数字休闲文化的研究提供了理论启发。瑞德海德认为，数字体育休闲文化的发展使传统的知识产权概念陷入混乱，休闲理论中的数字休闲研究需要转变思维方式的批判理论和批判理论家来维持，而鲍德里亚可能就是阐明前进道路的理论家。正如鲍德里亚所言，我们所面临的后学科和跨学科的未来使我们处于极大的不确定性中，但至少在休闲研究中，这不应使我们措手不及。③

对于鲍德里亚的理论，一些学者也提出了批判。罗杰克（Rojek）就认为鲍德里亚"有意夸大其词"，他认为鲍德里亚进入休闲领域进行研究如同一个后现代主义者入现代主义者的聚会。④ 对那些以现代实证主义、政治和体育逻辑为理论体系的研究者来说，他们不认同鲍德里亚在体育社会学领域的观点。摩根（Morgan）对学者们对鲍德里亚关于当代体育文化

① Powis, B. and Velija P., "Cricket has no Boundaries with NatWest? The Hyperreality of Inclusion and Diversity in English Cricket," *Sport in Society* 24（2020）：1510-1525.

② Rojek, C., "Baudrillard and Leisure," *Leisure Studies* 9（1990）：7-20.

③ Redhead, S., "Afterword: A New Digital Leisure Studies for Theoretical Times," *Leisure Studies* 35（2016）：827-834.

④ Rojek, C., "Baudrillard and Leisure," *Leisure Studies* 9（1990）：7-20.

的主要观点的反驳进行了概括，他使用诸如"轻率的""不正常的""肤浅的""相对主义者"等词汇来描述鲍德里亚关于当代体育文化的理论，用"新潮"来描述鲍德里亚，认为其是体育社会学领域的"后现代主义漂流者"。然而，摩根也承认并鼓励学者对鲍德里亚的"奇怪的新理论"进行进一步的研究，将鲍德里亚的全部作品当作研究后现代体育复杂性的一种理论工具。然而，迈克·甘恩（Mike Gane）认为鲍德里亚的理论是值得关注的，尽管存在"非常不符合现实的判断"……但是总体上鲍德里亚的理论所产生的想象力的连续性、持久性以及意义深远的观点仍然值得我们学习。[①]

四　对后结构主义理论的批判与展望

（一）后结构主义理论的局限性

后结构主义理论为体育社会学的研究提供了许多的思路，学术研究队伍也日益壮大，后结构主义的变体为解释体育运动与当代语言、权力和主体性的关系提供了一种重要的解释工具，但后结构主义理论仍旧具有其局限性：一方面，许多领域的研究已经被乏味和肤浅的后结构主义理论的变体所淹没，同时，后结构主义理论是以潜在的非生产方式被运用到体育社会学研究之中的；另一方面，对福柯和鲍德里亚作品的批判性观察来自女权主义者，他们指责福柯和鲍德里亚不代表妇女，不为妇女说话。另外，对后结构主义还有另一种批判，尤其是对福柯和鲍德里亚的批判，认为他们描绘了当代社会的一幅消极悲观的图景。福柯对权力的看法也可以被悲观地认为是一种永远存在的、没有人能够逃脱的纪律力量。所以，现在判断后结构主义是否为我们提供了一个悲观或现实的自我观还为时过早。

斯图亚特·霍尔（Stuart Hall）将后结构主义理论描述为一个时尚理论

---

① Gane, M., *Baudrillard's Bestiary: Baudrillard and Culture* (London: Routledge, 1991), p. 57.

家的没完没了的时髦循环，你可以像穿上 T 恤一样穿新理论。[①] 或许，更有成效的做法是，不要把后结构主义看作一个排外的德里达式、福柯式或鲍德里亚式的学者，而更多地坚持后结构主义是特定类型的政治知识实践。从这个意义上说，后结构主义知识教育实践与文化研究的实践是紧密联系在一起的（文化研究本身也越来越受到后结构主义理论的影响）。

（二）后结构主义的新思潮

后结构主义理论使我们认识到，没有任何理论范式是完美无缺的，也没有任何理论范式是永恒的。但是，关注历史和权力关系的后结构主义使我们能够理解，甚至或许能够改变我们的世界。

针对后结构主义的局限所在，通过发展替代性的思维模式、更进步的表达工具，以及最终更具潜力的（后）现代体育自我体验来打破体育（后）现代性令人窒息和压抑的形式。格罗斯伯格认为文化研究应该是有纪律的（远离相对主义，不断寻求新形式的知识权威）、跨学科的（其重点要求跨越传统的学科界限）、自我反思的（从不自满于它的知识权威，它认识到它所产生的知识的不足和潜在的矛盾）、政治的（从根本上讲是关于理解的，以期改变人们生活的现实）、理论的（不是教条式地坚持一种理论立场，它强调理论的必要性），并且从根本上讲是语境的（批判性研究的对象、方法、理论和政治与它所处的语境密不可分）。后结构主义是一种理论工具，通过展示它的生命力，来批判性地分析体育运动令人眼花缭乱的复杂性。[②]

五　后结构主义理论对体育研究的启示

首先，后结构主义理论被用来批判性地解释体育运动与当代语言、权

---

① Hall, S., "On Postmodernism and Articulation：An Interview with Stuart Hall," in D. Morley and K. H. Chen （eds.）, *Stuart Hall：Critical Dialogues in Cultural Studies* （London：Routledge, 1996）, pp. 131-50.

② Paglia, C., "Gridiron Feminism," *Wall Street Journal* 12 （1997）：22.

力和主体性的关系。为此，我们可以在后结构主义理论视野下研究现代体育的哲学基础，研究体育文化与种族，研究体育运动与阳刚之气，研究现代体育的形态和结构特征，研究后结构主义对现代体育运动的政治性解读，研究体育运动中兴奋剂的使用，研究后体育时代下体育社会学的重新定位，等等。

其次，体育被认为是现代体育学科力量的一种体现。通过福柯的理论视角，我们研究正常的身体，同时也可以研究与规范相背离的"异常"身体、"我们"和"体育"是如何与权力联系在一起的；同时，受福柯实体地理学思想的影响，我们也可以在体育地理学领域进行开创性的研究，如研究体育、空间和权力之间的关系，研究竞技体育在运动全景图下的权力运行机制，研究体育与规范化的技术，研究体育、治理与新自由主义的关系等。

最后，鲍德里亚后现代体育的超现实分析也给了我们一定的启示，我们可以运用鲍德里亚的社会想象力去探索体育美学，去研究大众传媒对解释当代体育赛事的本质、经验和缺失感，研究体育观众、体育调解、赌博与游戏分类等。

身体、运动与文化实践

——具身理论的视野

一　引言

　　身体是体育与社会文化的中介，也是体育活动的主体。运动的身体是理解社会文化权力关系在身体上的运作逻辑的最佳场所，同时也是观察身体的主体性和能动性如何改变社会文化结构的重要途径。在当今人文社会科学的研究中，对于身体的理解有两个重要的传统，一是建构主义传统，把身体视为一个具有明确结构的社会建构之物、文化意义系统中的一个符码；二是以具身（embodiment）[①] 为核心的现象学传统，理解人类生命历程（包括出生、成长、繁衍和死亡）中的主体实践。在建构主义看来，身体是被动的、被形塑甚至被社会创造的，身体是社会意义和社会关系的载体与容器。反建构主义则强调身体为社会关系的基础，主张关注活生生的身体经验。随着身体在人类学、社会学中重要性的日益凸显，越来越多的观点主张身体既是社会文化的经验主体，又是社会构成的多维中介，即身体在社会实践中存在并不断产生意义。在此背景下，具身理论成为社会学研究

[①]　有学者将"embodiment"翻译为具身体现，包括身体的具备、特征、状态、过程，乃至于经验研究和理论研究阐述中身体视角的凸显。引自克里斯·希林《身体与社会理论》（第2版），李康译，北京大学出版社，2010，第9页。

不可或缺的理论和方法论基础。从具身理论立场出发重新激发社会学的想象力来思考社会文化与个体经验与实践之间的权力关系，成为21世纪以来身体研究的新方向。作为回应，学术界建构和发展了一个包含具身体现（embodiment）、具我体现（enselfment）和具地体现（emplacement）（下称：具身、具我和具地）三维的社会视野，结合经验性（empirical）、反思性（reflexivity）和情境性（contextuality）的具身研究（embodied research）得到了越来越多学者的青睐。具身理论也为体育社会学家考察体育运动中身体的复杂性、矛盾性与不稳定性提供了独一无二的理论洞见。

二 具身理论及其沿革

到目前为止，具身研究经历了三个阶段：说身体（talk about the body）、身体说（talk of the body）、身体"说"（"talk" from the body）。① 第一个阶段"说身体"是将身体整体当作研究对象，身体是社会文化建构物或是生物机体，身体只是被谈论的对象；第二个阶段"身体说"，考察了"活身体"，身体的行动和具身体验成为人类活动中心，人们可以为自己的身体体验发声，体验态身体逐渐清晰起来，并呈现在学术文本中；第三个阶段"身体'说'"，强调了身体的移动（movement）是理解人本质的途径，认为身体的移动本身就是一种表达方式，而非必须要通过文字和语言来描述（诠释），因此需要通过各种非语言的行动表现来感知和解读身体的感觉、体验和情绪。

（一）具身理论的源流

20世纪70年代之前，在人类学和社会学中身体是被"视而不见"的。80年代，受到"身体转向"（turns of body）思潮的影响，具身理论开始受

---

① Farnell, B., *Dynamic Embodiment for Social Theory*："*I Move Therefore I Am*"（New York：Routledge, 2012）, p. 16.

到主流人文社会学界的关注。到 90 年代，具身理论已经呈现一种各学科融合发展的趋势，吸纳了历史学、哲学、教育学、文化研究、人类学、生物学、性别研究、医学、种族和民族研究、肥胖和残疾研究等学科和分支学科的观点和理论。可以说，具身理论不是源自单一的学科，其相关研究也没有形成固定、单一的理论体系，它是在身体现象学、身体人类学、身体社会学交互影响下形成和不断发展的。

1. 身体现象学

具身理论的产生绕不开西方漫长的身体哲学史。在西方哲学中，身体一直是一枚硬币的两面——身体与灵魂（精神）之一。自希腊与希伯来文明，身心的关系便处于冲突和紧张之中，例如柏拉图的哲学便是建立在灵魂与身体二分的关系之上的。在他看来，身体是高尚灵魂的枷锁，是灵魂的坟墓。而到文艺复兴时期，哲学家笛卡尔一句"我思故我在"彻底将身体压制于精神之下，精神成为理性与纯洁的象征，而身体则代表着感性与束缚。直到尼采拨开身心形而上学的迷雾，直言："身体是唯一的准绳。"[①]尼采点明了所谓思想、精神、灵魂都是身体的产物。身体是第一性的，这彻底动摇了精神对身体的绝对统治。另一位哲学家和精神分析学家弗洛伊德，则直接撕开了遮蔽身体的所有文明外衣，第一次将"身体"置于社会历史文明的高度，让身体摆脱了肉欲、低贱、附属的地位，进入了社会思想的论域。弗洛伊德用"本能"理论，让人的身体自觉让位于身体本身；用"本我""自我""超我"的概念来表述"身体的人"和"人的身体"的区隔。梅洛-庞蒂的身体现象学则直接冲破了笛卡尔身、心二分的哲学本体论基础，身体的物性维度获得了极度强化。[②]

从哲学来看，具身首先是一个本体论问题，它承认身体是存在于世的方式（being-in-the-world），认为身体才是第一位的，这与柏拉图与笛卡尔

---

① 尼采：《权力意志》（上卷），孙周兴译，商务印书馆，2007，第 126 页。

② 乔治·维加埃罗主编《身体的历史》（修订版　卷一），孙圣英、赵济鸿、吴娟译，华东师范大学出版社，2019，第 2~5 页。

主张的身心分离的观点相悖。梅洛-庞蒂直言："身体是存之于世的载体，对一个生命体而言，拥有身体便意味着能够与一个确切的环境相融并永远参与其中。"① 对于梅洛-庞蒂来说，现象学是思考我们与世界关联的各种方式，他认为身体是感觉中介，从一开始就包含对世界的认识和理解。继梅洛-庞蒂之后，学界以身体现象学为核心的理论，从哲学层面上深刻反思了"身心关系"，探讨了人们如何通过身体来认识世界和自我。身体现象学的目的在于通过忠实地、真实地描述我们所处的现象场，全面地解释我们生活经验的整个境遇（或范围）。②

其次，具身涉及主体（subject）与身体同一性的问题。具身总与主体有关，它栖居在、控制着一个身体或与一个身体同延（coextensive），甚至被囚禁在一个身体里。主体最终可能与身体相同，或者是身体浮现的产物。这便是具身化主体和身体的同一性问题。③ 肉身化主体确保了身体实现物性与灵性的统一。④ 身体经验体现或表达着人的意志与精神，只有人的身体才能够成为认识、实践和审美的承担者。但这需要身体发挥其自主性、能动性和目的性等特质。⑤ 只有身体实现其主体性，才能真正拥有人类认识，具有改造和创造世界的能力。因此，具身理论强调了以自我经验和感觉为构成要素的主体性。

再次，具身涉及主体与意义的关系。对于身体现象学而言，身体与意义融为一体。身体承载着意义，表达着意义。意义的循环传递过程就是身体不断地构造并重构自身的过程。我们甚至可以说，身体就是意义本身。因此可以说身体是人存之于世的载体。⑥

---

① Merleau-Ponty, M. and Carman, T., *Phenomenology of Perception* (London and New York: Routledge, 2012), p.111.

② 丹尼尔·托马斯·普里莫兹克：《梅洛-庞蒂》，关群德译，中华书局，2003，第11页。

③ Smith, J. E. H., *Embodiment: A History* (New York: Oxford University Press, 2017), p.115.

④ 杨大春：《从身体现象学到泛身体哲学》，《社会科学战线》2010年第7期，第24~30页。

⑤ 张之沧：《"身体主体性"解析》，《国外社会科学前沿》2020年第11期，第4~17、95页。

⑥ 刘胜利：《从对象身体到现象身体——〈知觉现象学〉的身体概念初探》，《哲学研究》2010年第5期，第75~82、128页。

最后，关于认识论的主体间性（intersubjectivity）问题。具身是人类意识主体以复杂和不可简化的方式与世界的内在连接。简单来说，具身哲学关注生活中主体之间的相互作用。[1] 梅洛-庞蒂将身体看作社会之源泉，身体构成了空间的一部分，而空间是身体与世界的关系产生意义的场所。在他看来，空间的存在不能脱离身体的存在，所谓的客观空间建立在身体的空间之上，因此，没有我们的身体也就没有空间的存在。[2] 换言之，自我位于身体之中，而身体位于时间与空间之中，身体、知觉、行为和体验共同构成认识世界的基础。[3]

通过对现象学传统（特别是胡塞尔、海德格尔、萨特、梅洛-庞蒂、施泰恩和舍勒）批判性与创造性的解读，具身理论在心理学、认知科学、精神分析学和医学领域得到普遍的应用与发展。

2. 身体人类学

受到身体哲学发展的影响，"身体"成为人类学的重要研究对象。20 世纪 80 年代，由道格拉斯（Douglass）在 1973 年创立的身体人类学已经迅速发展成一个完整的分支学科。身体人类学试图通过对具身化社会关系的诠释（如部落间人们的互动可能比现代社会的个体之间的互动更面对面、更直接和具身）将身体问题置于最突出的位置。不过，人类学总体上关注的是这些身体互动关系的语言与象征意义，而不是本体论的肉身性，身体仍然被视而不见，没有被明确地解释。例如，道格拉斯的作品中将身体当作具有精神和意识的场所，与身体相关的污秽、肮脏、疾病等被理解为成一个抽象化象征系统。[4] 在人类学家莫斯（Mauss）的作品中，社会群体之间交换的最有力的礼物之一是以妻子或孩子为形式的人的身体。然而，这也

---

① Jensen, R. T. and Moran, D. (eds.), *The Phenomenology of Embodied Subjectivity* (Cham: Springer, 2013), p. viii.

② 关群德：《梅洛-庞蒂对空间的现象学理解》，《法国研究》2009 年第 4 期，第 64~67 页。

③ 熊欢、何柳：《女大学生户外徒步运动体验的口述研究》，《体育与科学》2017 年第 4 期，第 63~70 页。

④ Cregan, K., *The Sociology of the Body: Mapping the Abstraction of Embodiment* (London: Sage, 2006), pp. 1, 94.

是依据身体的象征性和社会性而不是它的物质性去解释的。受到身体现象学的影响，身体人类学研究逐渐认识到身体不能脱离人们的生活经验，要在生活经验中去理解身体，需要关注到具身的问题。莫斯在 30 年代，提出了"身体技术"（body techniques）的概念，他认为身体作为一种工具在不同文化中有不同的使用方式，[①] 这对身体实践的具身研究也产生了重要的启示和影响。

从 20 世纪 80 年代中期开始，一些人类学家开始倡导"经验人类学"（an anthropology of experience）。他们发现人类学过度关注意义、话语、结构关系和政治经济等问题，而忽略了日常经验、突发事件对人们生活的影响。[②] 在经验人类学看来，现象学的焦点在于个体经验层面，但这种知觉和经验也包括诸多维度：感官的、肉体的、教化的、相互作用的、分散的、集中的、政治的、理论的和个体的。这些维度亦诉诸教育、社会化和政治权力。[③] 到 90 年代受到知觉现象学和医学人类学的影响，出现了"感官转向"（the sensory turn）研究思潮。"感官转向"在认识论上的重要贡献不在于强调"身体"，而在于在学界建立起了"感官既是一种生理现象，也是一种文化现象"的共识。[④] 感官研究的倡导者宣称身体感官取向是彻底解决身体文化研究中笛卡尔范式的新的尝试。传统上属于心理学、神经学关注对象的身体感觉，也变成历史学、社会学、人类学以及文学关注的焦点之一。学者们对感官体验、知觉及实践探索进行了广泛讨论，例如感官民族志（sensory ethnography）的诞生不仅回应了具身研究所倡导的从"身体观"转向"身体感"，也为人类学乃至人文社会科学研究提供了新视角和新方法。

---

① Cregan, K., *The Sociology of the Body*：*Mapping the Abstraction of Embodiment*（London：Sage，2006），p. 2.

② Ram, K. and Houston, C.（eds.），*Phenomenology in Anthropology*：*A Sense of Perspective*（Bloomington：Indiana University Press, 2015），p. 6.

③ Ram, K. and Houston, C.（eds.），*Phenomenology in Anthropology*：*A Sense of Perspective*（Bloomington：Indiana University Press, 2015），p. 6.

④ 迈克尔·赫茨菲尔德：《人类学：文化和社会领域中的理论实践》，刘珩、石毅、李昌银等译，华夏出版社，2009，第 269~280 页。

3. 身体社会学

身体社会学是具身理论发展的重要基础。特纳（Turner）的《身体与社会》（1984 年）和费瑟斯通（Featherstone）的《身体：社会进程和文化理论》（1991 年）这两本著作为身体社会学的出现奠定了基础。此外，1982 年发行的《理论、文化与社会》（*Theory, Culture & Society*）和 1995 年发行的《身体与社会》（*Body & Society*）两个期刊也成为身体社会学的理论重镇和学术交流的前沿阵地。身体社会学作品、刊物和研究组织机构的成立和发展，推动了20 世纪 80 年代社会学"身体转向"的研究浪潮。

在早期身体社会学的作品中，身体建构主义理论占据了主流。具身理论的发展是伴随着对建构主义的批判逐渐成熟起来的。在"身体是自然的，还是文化的"的争论中，早期大部分社会学者倾向于身体是文化（后天）的产物这种观念。比如在莫斯之后，社会学家注意到人体基本的活动，如走、跑、跳舞和就座都需要通过训练习得，而不同文化要求不同的身体技术。这些也影响了布迪厄后来提出的观点，即人的身体必须通过训练而获得一种能区隔社会阶层的惯习。① 此外，埃利亚斯从人们行为、习惯、品味的长期变迁来考察社会文化对身体的控制与约束；福柯从监狱、学校、医学和性习俗等社会机制、权威入手去剖析如何通过权力关系规训身体。然而，批判者认为建构主义倾向于忽视或否认现象学世界的重要性：身体的文化表征的确基于历史，但也存在具身性的经验，而且研究者需要把身体当作一种生活体验来加以理解，而不能抽象化地进行诠释。特纳对建构主义的批判更为强烈，他在《身体与社会》第一版中借鉴了帕森斯的功能主义，试图建立一套"秩序化"的身体理论，但在第三版中，他花了较大的篇幅来对社会建构主义的局限进行批判，并试图为社会学理论提供一个基于人类具身体现的本体论基础。②

特纳试图构建的本体论基础是以具身为人类行动理论的必要前提的，

---

① Turner, B. S., *The Body & Society*（*Third Edition*）（London：Sage，2008），pp. 11–12.

② Turner, B. S., *The Body & Society*（*Third Edition*）（London：Sage，2008），p. viii.

这与克里斯·希林（Chris Shilling）的肉身实在论（corporeal realism）的理论框架亦有借鉴与发展的关系，即把身体看成社会构成过程中的多维中介，并与经济、文化、社交和技术等紧密相连。[①] 特纳的身体理论与科索达斯（Thomas Csordas）的行动基本结构（Elementary Structures of Agency）也有共通之处。依据科索达斯的观点，身体与世界的关系为：行动中心定位分别是存在、惯习（habitus）和权力关系；行动模式，依次是意向、实践和话语；行动矢量（方向）是梅洛-庞蒂所提出的从我们的身体到世界，投射到世界和面向世界的意义上，布迪厄认为这个行动是双向的，而福柯则表示世界在我们身体之上（见表10-1）。据此，希林归纳的对身体的研究主要有以下三个典型立场：身体社会建构论、身体现象学、结构化理论的身体观。[②] 在身体社会学的补充下，具身理论也渐渐成为解释性别现象、种族问题、公共健康、大众心理、教育过程、文化实践等的一种理论工具。

表 10-1　身体与世界关系中的行动基本结构

	关系（relation）	定位点（locus）	模式（mode）	矢量（vector）
梅洛-庞蒂	身体→世界	存在（existence）	意向（intentionality）	走向世界（being-in-the-world）
布迪厄	身体⇄世界	惯习（habitus）	实践（practice）	身体与世界相互作用（reciprocity of body-world）
福柯	身体←世界	权力关系（power relations）	话语（discourse）	世界于身体之上（world-upon-body）

资料来源：Mascia-Lees, F. E., *A Companion to the Anthropology of the Body and Embodiment* (Chichester, West Sussex, UK: Wiley-Blackwell, 2011), p.138。

[①] 克里斯·希林：《文化技术与社会中的身体》，李康译，北京大学出版社，2011，第1~2页。
[②] 克里斯·希林：《文化技术与社会中的身体》，李康译，北京大学出版社，2011，第51页。

作为身体社会学研究的中坚力量，女性主义社会学家长期以来一直将身体当作知识的基础，且强调需要探索具身的、情境的、实践的、感觉的知识。[①] 女性主义具身理论的发展渊源需要追溯到存在主义哲学家波伏娃的《第二性》，其中研究了女性作为一个被社会征服的"第二性别"的生活经历。波伏娃通过现象学反思女性的存在问题，从根本上定位了女性具身体现的主体性，为女性主义现象学的进一步发展奠定了基础。[②]

随后，女性主义具身理论的发展呈现三个取向。（1）经验建构取向以艾莉斯·马利雍·杨（Iris Marion Young）的女性主义现象学为代表，她运用肉身化理论探讨女性身体经验如何形塑主体认同。她首先对生理决定论进行了批判，其次以性别（gender）的社会性角色来取代生理基础的性（sex），再次则以具身化、活生生的肉身存在分析看似自然的身体如何受到文化的铭刻，最后为了弥补肉身存在理论过度个人化的缺陷，强调肉身存在于社会结构中。[③]（2）相较之下，格罗兹（Grosz）的肉身女性主义更偏向结构化思路[④]，她讨论的生理性别既有构成性也有生成性[⑤]。康奈尔（Connell）提出身体既是社会实践的对象又是社会实践的能动者的观点。[⑥]（3）现象学女性主义更注重女性的经验意义和日常生活，这与梅洛-庞蒂对生活经验、具身和性向的类似强调是一致的。[⑦] 他们将研究对象聚焦于身体的生活经验，强调了（每个个体/类别的）身体是独特的，不同于其他身

---

① Sparkes, A. C. (eds.), *Seeking the Senses in Physical Culture: Sensuous Scholarship in Action* (New York: Routledge, 2017).

② Zeiler, K. and Käll, L. F., *Feminist Phenomenology and Medicine* (Albany: State University of New York Press, 2015), p. 6.

③ 艾莉斯·马利雍·杨：《像女孩那样丢球：论女性身体经验》，何定照译，商周出版公司，2007，第 vi 页。

④ Grosz, E., "Notes Towards a Corporeal Feminism," *Australian Feminist Studies* 5 (1987): 1-16.

⑤ 克里斯·希林：《文化技术与社会中的身体》，李康译，北京大学出版社，2011，第 22 页。

⑥ 王政、张颖主编《男性研究》，上海三联书店，2012，第 67 页。

⑦ Fisher, L. and Lester, E. (eds.), *Feminist Phenomenology* (Dordrecht: Springer Netherlands, 2000), p. 4.

体，具有特定的性别、年龄、种族和能力，具身性的生活经验影响了我们与他人和世界互动的方式。[①]

随着具身女性主义[②]与具身酷儿理论[③]等理论分支与流派的出现与发展，女性主义者试图通过具身体现理论来建立以女性身体为中心的研究范式，她们认为女性的身体是物质世界和象征意义共同决定的。具身女性研究应关注更多的性别化的身体议题，如怀孕女性的身体体验、生产的具身经验、厌食症患者的具身感受、年轻或衰老的身体体验、酷儿身体、身体暴力、当代文化中其他强迫性的身体实践等。以性别化身体（gendered body）为切入点，女性主义对具身理论的形成与发展也产生了持续性的影响。

（二）具身理论的主要观点

在具身理论视野下，具身是人类存在的最基本的生存状态，是我们的肉体关联世界和他人的重要途径和方式。具身（embodiment）体现在社会学、心理学中是指知觉、理智等精神现象与身体（肉体）密切相关，人的认知以身体结构和身体活动为基础。[④] 它的主要观点如下。（1）强调一种整体的身体观，即人是有机体、意识、情感和行动的统一整体，这种意识、身体和实践的统一被简称为"具身"。[⑤]（2）强调身体实践与感官体验，具身是肉体与感官关联的行动，是一种实践的、感性的、与行动相关的个人行为。[⑥]（3）强调身体主体性与反思性。身体不仅是感觉和知觉的中心，也

---

① Zeiler, K. and Käll, L. F., *Feminist Phenomenology and Medicine* (Albany: State University of New York Press, 2015), p. 1.

② Fischer, C. and Dolezal, L., *New Feminist Perspectives on Embodiment* (New York: Palgrave Macmillan, 2018).

③ Malatino, H., *Queer Embodiment: Monstrosity, Medical Violence, and Intersex Experience* (Lincoln: University of Nebraska Press, 2019).

④ 张连海：《感官民族志：理论、实践与表征》，《民族研究》2015 年第 2 期，第 55~67、124~125 页。

⑤ Turner, B., *Routledge Handbook of Body Studies* (New York: Routledge, 2012), p. 62.

⑥ Burkitt, I., *Bodies of Thought: Embodiment, Identity, and Modernity* (London: Sage, 1999), p. 71.

是本体感受和运动的中心。而身体存在于我们所有的感知经验中，并参与所有其他的意识功能，所有其他形式的意识体验都是以这样或那样的方式建立在感性的、感官的意识之上的。[①] 具身也强调反思性，认为具身体验的过程是伴随着自反性的，通过反思才能真正理解个体与社会的关联，也才能赋予具身行动文化意义。（4）强调具身表达的过程性与历史性，侧重社会关系和社会意义的生成。例如，安东尼奥·葛兰西就认为主体是由个人和更大规模的社会力量的相互作用构成的。[②] 具身是我们与他人和世界联系的可能性条件，具身化的社会关系既是特定社会结构的背景，又是这种社会结构所产生的结果，这给予我们获得和创造社会意义的条件。[③]

具身理论学家将身体当作社会构成的媒介，认为身体行动和经验是文化思想的基础，而社会关系与社会过程是一种具身化的存在形式。他们的目标是构建一个具身社会学，在这个学科中充分考虑社会生活的肉身特征。[④]

首先，在具身理论的视野下，社会关系是以具身化形式存在的，是既定的社会形态与系统的存在，我们通过这些系统创造和获得社会意义。[⑤] 例如亲子关系是人类一种社会关系，这种社会关系是建立在母/父-子肉体上的关联，而不是空洞的语言修辞。这与特纳主张的一个"肉身社会"（somatic society）相呼应，认为"具身"产生于生活中，与肉身实践组合起来，例如，母乳建立了母子相互依恋的（肉身）关系，而这种关系被赋予了更广泛的文化意义——伟大的母爱。除了特纳，其他重要的身体社会学

---

① Jensen, R. T. and Moran, D. (eds.), *The Phenomenology of Embodied Subjectivity* (New York: Springer, 2013), pp. ix-x.

② Nancy, C. and Hartsock, M., "Experience, Embodiment, and Epistemologies," *Hypatia* 21, 2 (2006): 178-183.

③ Cregan, K., *The Sociology of the Body: Mapping the Abstraction of Embodiment* (London: Sage, 2006), p. 3.

④ Shilling, C., "Embodiment, Experience and Theory: In Defence of the Sociological Tradition," *The Sociological Review* 3 (2001): 327-344.

⑤ Shilling, C., "Embodiment, Experience and Theory: In Defence of the Sociological Tradition," *The Sociological Review* 3 (2001): 327-344.

家也在这个议题上达成了共识。比如，克罗斯利（Crossley）借鉴了梅洛-庞蒂的观点，提出了肉身社会学（carnal sociology），以解释身体在社会生活中的积极作用，[①] 这种社会学关注的是身体做什么。大约在同一时间，威廉姆斯和本德洛（Simon J. Williams and Gillian Bendelow）也提出具身应该成为社会学的中心。他们认为人的具身是我们在世界中存在的基础，为了更广泛理解身体与自我、文化与社会之间的关系，[②] 需要一种具身化的社会学（embodied sociology）。希林也认为社会学研究需要采取肉身现实主义（corporeal realist）的本体论，坚持将身体和社会作为真实的存在，把社会结构（如经济阶级）和具身主体交织在一起进行研究。[③] 托马斯（Carol Thomas）还强调需要一种非还原性的唯物主义的身体本体论，认为身体是生物的、物质的和社会的。[④]

其次，具身理论强调具身化的社会过程，即将"具身体现"解释为一个过程而不是将身体当作一种现象去分析。换句话说，具身化是被我们称为"物质化"（corporealization）的持续实践的效果或结果；具身是物质实践的集合，它产生并赋予了"身体"在日常生活中位置。[⑤] 具身在特纳那里有四个层面的含义。第一，具身是社会习惯中身体的定位。在这方面，布迪厄的实践、惯习的观念很容易用来描述具身体现。第二，具身体现是一种关于生活世界的感觉和实践存在。在这个意义上，它非常接近经验人类学的概念。感觉的、活的身体是日常社会关系中一种实践成就，但它也通过具身实践对生活世界进行主动塑造。第三，具身体现是一种社会规划（social project），身体也必然是社会的产物。在这种意义上，具身发生在一

① Crossley, N., "Merleau-Ponty, the Elusive Body and Carnal Sociology," *Body & Society* 1 (1999): 43–66.
② Williams, S. J. and Bendelow, G. A., *The Lived Body: Sociological Themes, Embodied Issues* (London: Routledge, 1998), pp. 3–8.
③ Shilling, C., *The Body in Culture, Technology & Society* (London: Routledge, 2005), p. 12.
④ Thomas, C., *Sociologies of Disability and Illness* (London: Palgrave Macmillan, 2007).
⑤ Turner, B., "Disability and the Sociology of the Body," in Albrecht, G. L. et al. (eds.), *Handbook of Disability Studies* (Thousand Oak, CA: Sage, 2009), pp. 252–267.

个已经社会化的生活世界，它不是一个孤立和个体化的项目，相反，它位于一个社会网络中，一个由相互联系的社会行动者组成的社会的、历史的世界中。第四，具身也是生产自我的过程，具身和具我是相互依赖、相互依存和相互加强的。这也构成了身体社会学框架下社会的三维视图——具身、具我和具地。[①] 具身（embodiment）是表明社会行动的肉身存在，是一个贯穿整个生命周期的变化过程，而不是静态现象。需要指出的是，具身发生在社会世界中，而不是自然世界。具我（enselfment）是个体主动社会化的过程（socialization into selfhood）。我们必须自我反思，并意识到自我是个体化的社会行动者，以便与其他和社会存在进行有意义的交往。成功的具身也伴随着具我的过程，即使自我成为目的性和个体化的社会主体的过程。具地（emplacement）意味着将自我放置在某个地方场所之中。知觉现象学认为，由于地方是人们存在于这个世界的方式的中心，地方不仅将人们周围的事件积聚起来，而且积聚了体验和历史，甚至语言和思想，因此，人们总是具地的。社会关系中"行动的具地体现"（the emplacement of action）表明了任何（身体）行动都是处于一定的物理和社会背景之中的。

最后，具身理论强调反身性。早期的身体社会学主要关注"对身体做了什么"[②]。经过发展，越来越多的身体社会学家提倡"反思性具身"（reflexive embodiment）[③]。例如，莫斯的身体技术所隐含的主体改变的空间与能动性的具身实践不断被挖掘与阐释。对于福柯主义者来说，反思性具身范式一方面能够揭示当代权力与身体的隐秘关系，另一方面则可以通过具身行动改善特定社会系统中不平等的权力关系。布迪厄主义者则把社会差异当作反思性具身分析的一个重点。而从吉登斯的观点来看，反思性具

---

① Turner, B. and Rojek, C., *Society and Culture: Principles of Scarcity and Solidarity* (Thousand Oaks: Sage Publications, 2001).

② Crossley, N., "Merleau-Ponty, the Elusive Body and Carnal Sociology," *Body & Society* 1 (1995): 43-66.

③ Waskul, D. D. and Vannini, P., *Body/Embodiment: Symbolic Interaction and the Sociology of the Body* (England: Ashgate, 2006), p. 22.

身是在现代社会背景下个体自我认同的重构，身体成为反思主体的过程。对吉登斯而言，在高度现代性的社会，"我们如何生活"成为个体必须思考的问题，而个体反思行动的生活方式是破解现代性困境的路径之一。

总之，具身是人类存知于世的方式，是人以自我身体和经验为中介认识世界的过程，也是世界通过人的身体传达出抽象的意义的过程。具身理论可以说涵盖了哲学本体论、认识论的维度，也包括人文科学研究的方法论范畴。具身理论与认知科学、教育学、医学、女性学、休闲旅游、艺术建筑的融合发展也为体育社会学"具身"的转向提供了跨学科基础。

三　具身理论在体育研究中的应用

自具身理论被引入体育社会学研究以来，这种以"身体的运动实践"为新的社会学观察点去理解体育与世界之间的关联性的理论，对传统体育社会学以社会结构、制度、冲突、行动、互动为研究对象的宏观视角发起了冲击。具身理论所强调的"实践"（praxis/practices①）、"体验性"（experiential）、"主体性"（subjectivity）、"反身性"（reflexivity）不仅是体育具身研究的核心，也是运动身体的特征。在具身理论的启发下，体育具身研究范式（embodied research paradigm）渐兴。这种新的研究范式通过对体育运动实践的肉体、情感和感官等主体性体验的探索，为具身性、批评性和反身性的体育社会学研究提供了新的理论与方法论的指引。

（一）运动的具身实践

具身实践（embodied practices）是人们体验世界的方式的核心，② 也是体育具身研究的理论焦点。在特纳看来，具身概念可以作为社会行动的理

① 实践的英文翻译有两种，见 https：//wikidiff. com/praxis/practice？utm_content＝cmp－true。praxis 是指对任何一门学科的实际应用，而 practices 是对提高技能的活动的重复。

② Barbara，H.，"Embodiment and Social and Environmental Action in Nature-based Sport：Spiritual Spaces，" *Leisure Studies* 4（2011）：495-512.

论框架。他认为具身是一个生命过程，人的生命过程需要学习身体技巧——走路、坐、跳舞、吃饭等，具身是这些身体实践的集合，产生并赋予"身体"在日常生活中的地位。人们不仅"拥有"一个身体，也在积极地"做"一个身体。身体是在情景化的社会接触中通过行动和互动形成的。① 在这个过程中，身体变得有意义。在具身研究中，身体本身也不是单一的分析对象或主体，因为在人类主观体验、互动、社会组织、制度安排、文化过程、社会和历史的层面上，具体的身体经验一定是分层的、微妙的、复杂的和多方面的。② 换言之，身体实践是处于一定的社会文化背景之中的，而身体也是根植于社会实践之中的。

运动的身体是我们与世界发生联系的中介。在具身理论视野下，身体实践既是一种规范性的操演（学习），也是文化艺术创新的源泉，还是主体反抗的手段。在体育运动领域，这种基于社会文化情境的运动身体实践主要包括三种活动模式：学习（learning）、创造（creativity）与抵抗（resistance）。

首先，运动中的身体实践是能动的学习过程，具身也是个体的主动社会化过程。具身实践因此可以被理解为（个体）"通过文化适应获得的集体行为和信仰以个体形式呈现并反映在身体层面'活生生'（lived）的过程"③。在运动情境下，具身化的自我是通过他们参与的体育实践以及不同的体育监管机构来创造和重塑的。④ 但这并不是福柯主义的"压迫式"身体实践，而是通过身体实践主动获得所在文化背景中的身体技术。虽然有学者批判莫斯把"身体技术"视为身体工具，但在体育领域却是个例外，身

---

① Waskul, D. D. and Vannini, P., *Body/Embodiment：Symbolic Interaction and the Sociology of the Body* (England：Ashgate, 2006), pp. 6-7.

② Waskul, D. D. and Vannini, P., *Body/Embodiment：Symbolic Interaction and the Sociology of the Body* (England：Ashgate, 2006), p. 2.

③ Carrie, N., *Agency and Embodiment：Performing Gestures Producing Culture* (Cambridge, MA：Harvard University Press, 2009), p. 9.

④ Gray, R., "Embodied Perception in Sport," *International Review of Sport and Exercise Psychology* 7 (2014)：72-86.

体技术是体育运动一个重要的部分，是行为的一部分。① 所有身体技术的目的都在于使身体适应它的用法，② 其介入的主要手段便是教育。然而"不同的社会群体对身体的使用（行走、携带）不同"③，会有自己的主观理解在里面。比如莫斯提到的学习游泳。学习游泳技术不是简单复制动作的机械模式，事实上优秀的运动员可以随机应变。再者，游泳技术的原理是规范性的知识，但游泳者是用不同的方式去掌握它，也就是以具身方式进行运动实践。当然，身体技术嵌入具体的文化背景之中，会受到规范管理或者被理性化。例如，过去（甚至现在）女性在获得某种运动技术（如拳击技术）时会受到限制，因为这被视为不淑女的做法。此外，当代运动员的运动风格（例如，运动员的跑姿）受到高度科学的检查与纠正。但是，这些事实不应该掩盖实践者本人对身体技术的使用和理解。运动本身就是一种实践性的（practical）理解方式。④ 这方面比较典型的例子是与中国武术相关的身体技术与具身的研究。武术虽然是对传统身体技术的继承，但这种技术的学习并非简单的模仿，而是每个个体都会融入自我的理解，最终形成具有个人特色的技艺风格。探索在运动实践中体验和理解身体技术在个人、社会和政治层面上的表达⑤是运动身体研究的一个重要议题。

其次，运动中的身体实践是具有创造性的。身体实践的创造性，源自习惯的改变，而这种习惯的改变来自人在环境的变化以及人与环境之间的关系重构过程中的反身性思考。例如，运动员在参与比赛后的顿悟。这些与高强度身体活动相关的竞赛体验就是"改变生活的事件"，因为其让参与

---

① 马塞尔·莫斯：《社会学与人类学》，佘碧平译，上海译文出版社，2014，第3页。
② 马塞尔·莫斯：《社会学与人类学》，佘碧平译，上海译文出版社，2014，第19页。
③ Blake, A., *The Body Language: The Meaning of Modern Sport* (London: Lawrence & Wishart, 1996), p. 23.
④ Crossley, N., "Researching Embodiment by Way of 'Body Techniques'," *The Sociological Review* 1 (2007): 80-94.
⑤ Barbara, H., "Embodiment and Social and Environmental Action in Nature-based Sport: Spiritual Spaces," *Leisure Studies* 4 (2011): 495-512.

者、活动和环境之间实现了和谐，[1] 这也是运动员塑造自我特质的过程。不过，这种创造性具身实践的意义和知识性还未被充分挖掘。另外一个例子是著名舞蹈家拉班（Laban）创造的拉班舞谱（Labanotation），其被视为将身体运动转化为文字符号（知识）的最佳体现。拉班将舞蹈（身体姿势）作为一种书写系统，通过身体（body）、空间（space）、时间（time）、附加动力（additional dynamics）以及关系（relationships）提供了一种记录身体话语的方法——使用身体运动的符号学来记录行动产生的意义。[2] 拉班动作分析（Laban's movement analysis）有数以百万计的身体、努力（effort）、形状（shape）和空间的组合。但不是所有的行动者都均等地利用这四个类别。在表达和功能上，当一个人反复使用某种模式，就定义了个人风格。（1）身体实践可以使身体说话（body speaks）——我们是谁，我们是怎样的；（2）身体实践可以激发个体努力（effort reveals）——去听，去适应，去调谐，互相交流、清楚地表达；（3）身体实践还可以凸显空间（space is palpable）——去占据、定义、改造空间，在复杂性的空间中找到特定的模式；（4）身体实践也可以促生网络关系（shape brings us into relationships）——我们可以照顾自己，我们可以与他人沟通，我们可以接纳和分享。[3] 这便是身体作为一种语言、知识和实践形式所具备的治愈和创造性的功能。

最后，身体实践也是主体抵抗既定社会结构与制度的途径。不少研究已经解释了具身实践如何在身份认同和文化建构中发挥作用。身体被具身理论者视为一种抵抗社会力量的媒介，这在女性主义体育研究领域被很好地诠释。例如，很多学者发现，在当代社会，女性越来越多地参与到球类、拳击、健美等对抗性强、"不淑女"的运动中，这不仅积极地塑造了女性身

---

[1] Shilling, C., *Changing Bodies: Habit, Crisis and Creativity* (London: Sage, 2008), pp. 1-20.

[2] Farnell, B., *Dynamic Embodiment for Social Theory: "I Move Therefore I Am"* (New York: Routledge, 2012), p. 49.

[3] Bradley, K. K., *Rudolf Laban* (London: Routledge, 2008), pp. 67, 68, 97.

体的素质和力量，也挑战了社会性别秩序，[①] 在某种程度上是抵制男性霸权的一种手段。正是在这种背景下，女性健美运动员被一些女权主义者宣扬为抵制霸权规范的"楷模"，健壮的女性身体被象征为反抗男权文化的权力场所。身体实践在体育中抵抗社会结构的另一种表现就是在运动实践中身体惯习（habitus）的改变。惯习是在实践中将社会规范和观念内化为知识结构、演绎成行为习惯的一种内在机理导向。运动具身实践可以对抗或改变惯习，比如在对老年运动者的研究中发现，在运动充足的条件下，衰老的身体也具有挑战年龄惯习的潜力。这些上了年纪的运动者发现自己在体育运动场域里，能够建立一种具身运动实践模式，这有可能改变他们的物质、社会和文化资本。这一场域的出现归功于体育与外部因素的结合，尤其是体育、休闲与身体健康被联系在一起了，这有助于消除传统的阶级、年龄和性别障碍，使老年人的不利地位更容易改变。[②] 还有在性别方面，女性运动者也可以通过运动实践，改变性别化的运动惯习对女性的负面影响，从具身赋权以消解女性的自我客体化。[③] 这也符合布迪厄的结构化理论取向，个体的性别化、衰老的、（不）健康的身体是通过运动实践构建起来的，也可以通过具身的运动实践进行抵制与重构。

总之，在具身理论看来，主体可以通过身体实践主动适应具体的社会文化，并发挥能动性和创造性；通过身体实践，体育运动动作技术得到了发展和进步，艺术获得了创新和升华；通过身体实践，还能抵抗既定的制度与文化秩序，冲击原有的权力关系，最后改变社会的不平等结构。

（二）运动身体的感官维度

"体验"（experience）是每个生命直接存在的形式，具身研究强调对生

---

① 熊欢、王阿影：《性别身体的挑战与重塑——健身场域中女性身体实践与反思》，《上海体育学院学报》2020 年第 1 期，第 49～58 页。

② Tulle, E., "Running to Run: Embodiment, Structure and Agency Amongst Veteran Elite Runners," *Sociology* 2（2007）：329-346.

③ Liimakka, S., "I Am My Body: Objectification, Empowering Embodiment, and Physical Activity in Women's Studies Students' Accounts," *Sociology of Sport Journal* 4（2011）：441-460.

活经验的丰富描述，以便能够解释个人和生活世界的丰富意义。尽管体育哲学家承认在竞技体育、学校体育和休闲运动中，运动的身体与主体都存在同一性关系①，但是在哲学家有关身体的分析框架中，缺乏"肉身性"（corporeality）（肌肉、神经、基因和血液）的经验②。因此，体育社会学家倡导在不同社会背景下，对各具特色的运动身体经验及其意义进行探索，希望更多地倾听人们身体的"声音"。

　　身体不仅是感觉和知觉的中心，也是本体感受和运动的中心。身体存在于我们所有的感知经验中，并参与所有其他的意识功能。所有其他形式的体验都是以这样或那样的方式建立在感性的、感官的意识之上的。③ 在某种程度上，可以说感官体验是运动得以发生的基础，也是彰显具身主体性的重要途径。具身研究非常关注感官维度，因为人的身体实践正是通过感官、欲望和适当行动的形成而进入现实世界的。④ 感官现象学的"回到事物本身"促使人们重新关注身体运动中那种"原初"的身体体验，而这种身体体验恰恰构成了心智与认知的基本素材。具身认知主张，认知是一种具身的行动，身体的感觉运动模式塑造了人们的思维风格。⑤ 而经验是通过感官形成的，形成之后感知者才能将其转化为有意识的思考，是运动体验过程中感官元素发出的信号，使个体有意识地将主体与外部世界相连。听觉、视觉、嗅觉和触觉在运动表现中是重要的，把握好这些"感官"有利于深度探索体育运动参与者如何运用"活生生的身体"去训练、锻炼和比赛，以及与其他人和社会文化互动。

---

① Koski, T., *The Phenomenology and the Philosophy of Running* (Springer International Publishing: Imprint: Springer, 2015).

② Giulianotti, G., *Routledge Handbook of the Sociology of Sport* (London: Routledge, 2015), p. 272.

③ Jensen, R. T. and Moran, D. (eds.), *The Phenomenology of Embodied Subjectivity* (Dordrecht: Springer, 2013), pp. ix-x.

④ Crossley, N, *The Social Body: Habit, Identity and Desire* (New Delhi: Sage, 2001), pp. 123, 127.

⑤ 叶浩生：《身体的意义：从现象学的视角看体育运动的认识论价值》，《体育科学》2021年第1期，第83~88页。

对于一般的运动而言，五种感官活动是参与体育活动的基础。一是移动和节奏，移动是体育运动必不可少的，经验丰富的运动者能够产生一种"心流"（flow），这需要长时间有意识的技术练习，这在太极等中国传统武术中体现得较为明显。打太极拳强调身心合一，能够产生各种身体感，然后学会以身体思考，强化心的作用，最后可从技术、艺术，进而升华至道的不同进程和修炼境界。① 二是听觉和呼吸，运动参与者"倾听"他们的呼吸、他们的身体和所处的环境，以确保自己身体在自己的控制之下。三是视觉，运动参与者以不同的方式"观看"他们的运动，技术娴熟的参与者"看到"了机会和可能性——橄榄球比赛中的"盲跑"、足球比赛中的防守分流传球、篮球比赛中的转身空间等都是视觉产物。四是嗅觉，运动身体被香味和气味包围，这增强了参与者或旁观者的"在场"感，如汗味，汗水是一个体育文化的隐喻，运动者汗流浃背的感觉是自我肯定与自我成就的标志。② 五是触觉，"触感"（haptic）是很多体育活动开展的核心，是运动决策判断的基础，例如，高尔夫球手推杆、拳击手出拳前衡量自己与对手的距离，还有板球投球前寻求擦球的时机等。我们经常所指的球感包含着对球的时间感、空间感与接触感，它在球员的阶序性高低方面扮演关键性角色，也是运动者与身体主体性互相建构的历程，透过时间的积累逐渐将打球的知识内化于身体中。③

除此之外，感官也是在各种运动场景下身体进行学习、适应环境的途径。例如，在日常生活、休闲体育和户外竞技运动之中，很重要的一点是学习如何感知天气，以及知道在不同天气状况下如何活动，例如高海拔登山活动。这些登山运动员学会适应不同的天气条件，通常需要一种积极主

① 陈政权、李加耀、王雅萍：《太极拳参与者身体感之探讨》，《体育学报》2012 年第 2 期，第 6 页。
② Atkison, M., "Ethnoaesthesia: Ashtanga Yoga and the Sensuality of Sweat," in A. C. Sparkes (ed.), *Seeking the Senses in Physical Culture: Sensual Scholarship in Action* (Oxford: Jaylor & Fromcis, 2017), p. 70.
③ 李加耀：《网球运动员身体感之人类学研究》，《运动文化研究》2012 年第 19 期，第 7~27 页。

动的、主体的、有意义的、反思性的工作形式。因为随着时间的推移，登山运动员必须沉浸式地参与气象感知实践，凭自身经验学习如何应对天气。这种学习不仅是如何识别和解释环境变化，而且更重要的是身体的感觉以及自身对这些条件变化的反应。最终，凭借长年累月的经验，登山运动员能够描述对天气的"感觉"，并熟练地应对不同的天气。我们从中可以看到将物质身体、精神和环境的相互作用与社会行为者的存在方式和学习方式联系起来的可能性。[①] 这表明了身体感官可以作为认知与环境之间的中介，很好地展示了一种"身体-精神-世界"联系的方式。[②]

再有，运动感官体验很好地凸显了运动身体的强具身性。艾伦-柯林森（Allen-Collinson）指出了一个关于运动感官认识的误区，即很多科学家将运动身体的热觉、触觉、流汗、痛感以及动觉（身体运动的感觉）视为自然的生理现象，但是她在对这些感官维度进行社会学、现象学研究之后发现，运动者的感官体验都与具体的社会文化情境相关。[③] 例如，运动中的热感是人身体经验和独特的感知模式，运动中的触觉能够感受到不同的压力，温度离不开日常生活经验与个体的身体训练。[④] 相反，当身体以一种持续的、流动的、运动的方式将精神、身体和世界联系在一起的时候，这些基于运动"肉体的、有生命的、有质感"的体验，以及"出汗的、触摸的、看到的、听到的、闻到的和品尝的"感官体验才会产生文化意义。例如田径比赛高峰状态的"怒吼声"是一种胜利的表征，高温瑜伽的"汗"感是脂肪在慢慢蒸发的暗喻，健身的酸痛感是对自我付出的一种确定。斯帕克斯（Sparkes）

---

① Allen-Collinson, J. et al., "Embodiment in High-altitude Mountaineering: Sensing and Working with the Weather," *Body & Society* 1 (2019): 90-115.

② Allen-Collinson, J. et al., "Weather-wise? Sporting Embodiment, Weather Work and Weather Learning in Running and Triathlon," *International Review for the Sociology of Sport* 54 (2019): 777-792.

③ Allen-Collinson, J. and Owton, H., "Intense Embodiment: Senses of Heat in Women's Running and Boxing," *Body & Society* 2 (2015): 245-268.

④ Allen-Collinson, J. and Hockey, J., "Feeling the Way: Notes Toward a Haptic Phenomenology of Distance Running and Scuba Diving," *International Review for the Sociology of Sport* 3 (2011): 330-345.

编写的《在体育文化中寻求感官：行动中的感官学问》一书，还考察了海上运动的"水性"、自行车盲人表演者多感官间（intersensory）的"团结感"、荧光夜跑运动中的"黑暗"感、柔术中的身体接触感、格斗中的感官教学等。他们从具体的身体感官探索了人们如何通过从事这些"肉身性"活动创造意义，并随着时间的推移，在各种社会环境中理解自己和他人的具身存在。① 这些别开生面的运动感官体验研究开拓了的体育文化研究的新版图，有助于我们在不同的环境和文化中重新定义身体-自我-社会关系，并增进了我们对身体文化多重性和交互性的理解。②

最后，从方法论来看，感官研究也弥补了体育人文社会学中运动体验研究的缺失。20 世纪 90 年代，社会学家提出身体感觉是构成社会意义的基础，也是历史过程的产物。③ 随着社会学中感官革命（the sensory revolution）的发生，体育研究者也开始改变理解感官的方式。视觉之外的听觉、触觉、味觉和嗅觉成为探索身体运动文化隐喻的切入点。他们认为运动中人们的尖叫、汗水、体温和目光，以及身体时间感和空间感等，不仅是简单的肉体感觉，还有其特定的身体文化隐喻。④ 德加利斯（de Garis）就指出，体育运动的身体体验本质上是感官的，而不仅仅是通过视觉或口头交流来转译的，而且"感官知识是非常有意义的数据，对于那些仅以视觉观察的人来说是无法获得的"⑤。因此，运动感官研究强调从方法论角度抓住经典民族志在观察和访谈中忽略掉的有关身体感的深层知识。这些研究依然会使用传统民族志方法，如参与观察、访谈和其他参与式研究方法，但是在方

---

① Sparkes, A. C. (ed.), *Seeking the Senses in Physical Culture: Sensuous Scholarship in Action* (New York: Routledge, 2017).

② Allen-Collinson, J. and Hockey, J., "From a Certain Point of View: Sensory Phenomenological Envisionings of Running Space and Place," *Journal of Contemporary Ethnography* 1 (2015): 63-83.

③ 余舜德主编《体物入微：物与身体感的研究》，台湾清华大学出版社，2008，第 12 页。

④ Sparkes, A. C. (ed.), *Seeking the Senses in Physical Culture: Sensuous Scholarship in Action* (New York: Routledge, 2017), p. 7.

⑤ Sparkes, A. C. (ed.), *Seeking the Senses in Physical Culture: Sensuous Scholarship in Action* (New York: Routledge, 2017), p. 7.

法实践上会更多地借助视觉和听觉等技术。因此，研究者需要进行实时和空间沉浸式的实地工作，重新思考、感受和参与身体的感官和感觉，以此认识体育运动文化。

（三）运动身体的主体性

梅洛-庞蒂早已指出肉身不是一物，而是使主体得以与其他事物接触，并通往其他事物的机制。[①] 运动是感知肉身主体最为直接的经验来源，[②] 这种运动体验对主体的意义主要体现在以下几个方面。

第一，我们学习运动技能并非被动接受，而是一个经验累积与自我不断反思的过程，身体作为认知主体是积极参与其中的。例如我们常说的个人或团队的运动"风格"。一种别具一格的运动表现的形成，不仅仅是动作模仿，还需要运动者反复体悟、雕琢、反思，最后达到浑然天成的效果。虽然体育运动有固定的运动技术或套路，但令人惊叹的运动风格依然层出不穷，原因在于经年累月的体育活动的身体主体性作用。

第二，人类体育运动的经验累积是自我主动参与其中，自我意识唤起，并不断探寻个体生命意义的过程。只有当一个人通过身体运动，将自我主动投入实际的身体活动时，他才会体验到自身是作为身体而存在的，而且这个时候他也才可能体认到自身身体特质与感觉。因此，"不是身体在运动，而是运动产生了身体"[③]。体育活动是了解身体、接纳身体、自由支配身体的最好方式。例如，休闲活动是人类行为中最能满足人自由选择的一个方面，人们通过休闲能自由选择做什么，同时，通过放松、沉思的消遣活动让人体验到自由、选择、乐趣或愉快的感觉。再者，运

---

① 余碧平：《论梅罗-庞蒂的肉体概念》，《复旦学报》（社会科学版）2005 年第 3 期，第 110~115 页。

② Kennedy, E. and Markula, P., *Women and Exercise: The Body, Health and Consumerism* (London: Routledge, 2012), pp. 280–281.

③ 宋灏：《关系、运动、时间——由现象学观察身体》，《运动文化研究》2016 年第 6 期，第 45~81 页。

动可以为个人创造、表达和赋权提供经验，因为它把我们身体从集体的理解中抽离出来，使我们倾向于强调个人自由、选择、力量、能力的重要性，让个体变得更有自我意识。因此，可以认为运动增强了个体对"我与世界"之间关系的控制能力，从而改变自身的处境，获得积极的身体体验。①

第三，肉体是主体与情绪联系最紧密的空间，运动（参与或观看）是感知情绪最直接的来源。身体运动让人的快感、痛感与悲喜情绪并存，在运动过程中的情绪感受大约分为四大类：第一类是最明显、最普遍的运动感受，就是正向和快乐的感受，此类感受也有强弱之分，从松弛感、快乐感、亢奋感，直到所谓的巅峰状态皆属之；第二类是负面的情绪反应，例如紧张、焦虑、失望、害怕、无聊等；第三类是来自生理上的感受，如呼吸变急促、心跳加速、肌肉疲劳或全身无力等；第四类是由运动情境引发的感受，如气候因素、物理的环境因素以及人际互动等。这些强烈情绪、感官体验让日常"不显"的身体在运动情境下"复显"，是主体"被迫在场"，让那些追求塑身效果或冲击成绩的理性行动转向关注身体内在感受，是实现自我调和的重要一环。当个体在经历流畅的运动体验时，能够产生正面的情绪反馈，让参与者全神贯注于己身，感受到兴奋、快乐和动力，由内向外产生舒畅感，这源自意识和肉体的高度融合。② 有人这样描述这种运动所带来的愉快体验"我从中得到某种身体上的兴奋……当一切都在进行时，我汗流浃背、身体发热或者有点欣喜若狂"③。不过，愉快情绪体验不仅是一种生理现象，还是特定社会文化的隐喻。例如，健美运动者所追求的自我损毁的快感，背后是此项运动推崇的"无痛不获"的文化——肌肉的充血，这往往取决于对自己身体耐

① 熊欢等：《凡身之造：中国女性健身叙事》，社会科学文献出版社，2021，第316页。

② Dunning, E., *Sport Matters*：*Sociological Studies of Sport*，*Violence and Civilisation*（London：Routledge，1999），p. 3.

③ Csikszentmihalyi, M., *Flow*：*The Psychology of Optimal Experience*（New York：Harper Perennial Modern Classics，2008），p. 100.

力的挑战，每每总要将力量逼至极限，乃至气空力竭、颓然倒地方能满足。① 然而，痛苦的运动体验，或是身体与意识的割裂（有可能是超越生理极限的），或是运动损伤与疼痛，或是社会文化环境所带来的不适。这些运动情绪的具身体验表明，运动的身体是速度、力量、勇气与兴奋、疼痛和矛盾的结合，是主体创造与表达自我的重要方式。

第四，运动具身体验是主体身份认同的来源，对社会文化制度定位具有重要作用。因此，我们能够经由具身经验审视运动的身体在微观层面生产和重构日常生活的方式。② 例如青少年热爱的极限运动对于他们来说，不单意味着危险和伤亡，还可以从个体层面带来内在身体的深刻变化。极限运动妙不可言的感官体验，增强了精神和身体的能力，感受到时间放缓、让身体回到原始状态、漂浮和飞行、与自然界的亲密感情等是青少年通过极限运动与自我、自然主动对话的具身体现。③ 而从文化层面来看，这些极限运动也使青少年男女在运动中能够体验所属群体身份与文化，是一种建构社群文化或抵抗主流文化的具身实践。④ 与此同时，性别/性向、种族、年龄（老年人和青少年亚文化）、健康状况等所体现的社会文化意义不仅能从主体运动经验中抽象出来，更像烙印一样铭刻在具身体验之中。运动身体的性别化体验就是一个典型的例子。例如杨（Young）所观察的，在运动中女性行为紧张、胆怯、不自然，"像男孩一样投球"需要大胆而自由地伸展身体和占用空间。这并不是说女生不可以投球，或者说所有男生都可以不受限地投球，而是表明女性身体主体性受限。在很多女性健身运动的日常经验中，我们也发现女性身体运动是受限的，而且是在特定的场域下经

---

① 叶德宣：《不识未来肌肉：健身的残酷乐观》，《中外文学》2017 年第 1 期，第 77~110 页。

② Hughson, D. and Inglis, J., "Merleau-Ponty in the Field: Towards a Sociological Phenomenology of Soccer Spaces," *Space and Culture* 6 (2000): 115-132.

③ Brymer, E. and Oades, L. G., "Extreme Sports: A Positive Transformation in Courage and Humility," *Journal of Humanistic Psychology* 1 (2009): 114-126.

④ Thorpe, H. and Olive, R. (eds.), *Women in Action Sport Cultures: Identity, Politics and Experience* (Basingstoke: Palgrave, 2016); Kidder, J., *Parkour and the City: Risk, Masculinity, and Meaning in a Postmodern Sport* (New Brunswick, NJ: Rutgers University Press, 2017).

由无形的身体感知实践着"像女性一样运动"。一些学者认为，既然女性的主体性是被具身经验所建构出来，那么也可以从身体实践产出新的身体体验/经验以获得自我解放和主体性的回归。这在残障者的运动经验中也能得到体现。残障的身体总被视为"不完全的""有缺陷的"，但是通过运动参与，这些边缘群体被"看见"——虽然身体残障，但主体性是完全的。[①]　总之，人们的运动具身体验可以表达身份认同，也可以固化身份认同。社会学强调的是运动身体的主体性及其身份认同只能在社会关系中实现。

综上，具身理论强调只有人的身体才能够成为认识、实践和审美的承担者，也只有当身体有了主体性人才能拥有改造和创造世界的能力。

（四）运动的反身性

反身性（reflexivity）指的是存在于知识与社会之间或者研究者与被研究者之间的特殊关系形式，强调社会行动者对自身所处社会情境的持续反思。[②]　具身是个体主动社会化的过程（socialization into selfhood），成功的具身也伴随着被称为具我体现（enselfment）的过程，这是一个人自我反思，有目的性和个体化的社会过程。[③]　身体社会学研究强调"反身性具身"（reflexive embodiment）[④]，但学者们的观点也不尽相同[⑤]。从吉登斯的观点来看，"反身性具身"是在现代化晚期的社会背景下个体重构自我认同，成为反思主体的过程。由于受到现代化与全球化的销蚀，传统社会给予个体的支持日益减少，为此个人的行动越来越依赖自身的知识与能力。对吉登斯

---

① Powis，B.，*Embodiment*，*Identity and Disability Sport：An Ethnography of Elite Visually Impaired Athletes*（London：Routledge，2020）.

② 安东尼·吉登斯、菲利普·萨顿：《社会学基本概念》（第2版），王修晓译，北京大学出版社，2019，第51页。

③ Turner，B. and Rojek，C.，*Society and Culture：Principles of Scarcity and Solidarity*（Thousand Oaks：Sage Publications，2001），pp. x-vii.

④ 一些书将reflexivity也翻译为"反身性""自反性"。

⑤ Waskul，D. D. and Vannini，P.，*Body/Embodiment：Symbolic Interaction and The Sociology of the Body*（England：Ashgate，2006），p. 22.

而言，在高度现代性的社会"我们如何生活"成为个体必须思考的问题，而建立在个体反思行动基础上的生活方式是破解现代性困境的路径之一。这对体育运动中的个体自我认同、身体、生活方式等产生了影响。① 追求极限、冒险运动，便是现代人"反身性具身"的最好体现。以冒险登山者的具身研究为例，"怀疑、偶然性和风险"是冒险登山者休闲体验的核心。尽管现代技术的发展可以降低登山的风险，但一部分冒险登山者认为"真实"地存在是对自然的"恰当"利用，这些登山者通过刻意寻求高水平的风险和不确定性来抵制冒险休闲活动的商业化和技术化过程，甚至"准备为休闲体验而死"②。可见，追求生活方式运动的具身经验已经成为部分人追求自我认同、自我实现和反思人与自然关系的重要途径。

与吉登斯形成鲜明对比的是，福柯和他的追随者主要从权力的角度看待"反身性具身"。对于福柯主义者来说，反身性相当于自我监管与自我统治，其源自外部"全景"机制的内化，这也回应了康德所提出的"自律即自由"（也是当下流行的健身 App Keep 的口号"自律使我自由"）的观点。在新自由主义和消费文化的影响下，那些自认为肥胖、不健康，需要通过有氧运动重新塑造的运动参与者，已经成为"致力于持续自我监控的人"③。许多女性主义者也以福柯权力的观点为反思性别问题的基础，性别化具身也成为人们自我管理的方式。

布迪厄则把社会差异当作"反身性具身"分析的一个重点，但这种反思是以阶级为区分的、有意识的身体管理实践。人们意识到身体资本可以作为阶层上升的有价之物，能够与经济资本、文化资本或社会资本进行转换。因此，通过体育运动参与有目的地培养符合阶层身份的体育惯习、品

---

① 熊欢编著《身体、社会与体育：西方社会学理论视角下的体育》，当代中国出版社，2011，第 104 页。

② Wheaton, B., *Understanding Lifestyle Sports: Consumption, Identity and Difference* (London: Routledge: 2004), p. 55.

③ Mansfield, L., Gender, Power and Identities in the Fitness Gym: Towards a Sociology of the 'Exercise Body-beautiful Complex (Ph. D, diss., Loughborough University, 2005), p. 71.

味，塑造高回报的身体。

除了以上三种代表性观点，克罗斯利借鉴库利和米德等的观点提出的互动论（Interactionism）取向的"反身性具身"也产生了较大的影响力。互动论取向的"反身性具身"将社会主体定位在一个互动的环境中，他们认为社交网络在构成人体意义中发挥了重要作用。[①] 因为反身性不仅仅是理性的，涉及合理化（rationalization）的，也是关系的、对话的和情感的。这种具身反思视角对于运动具身化研究也十分重要，有利于进一步思考个体运动的时间、空间、社会和历史背景等因素。[②]

综上，"反身性具身"首先表现在主体的自我反思中，主要基于感觉身体的过程。在这个过程中，个体与自己的关系通过身体媒介展开，并可以通过练习来增加感觉的意识，例如冥想、瑜伽和舞蹈。[③] 其次，这种反思性也存在于社会关系之中，是运动身体感受与"社会空间"关系的具身实践，个体在与他人、生活空间的互动中自我定位或反思社会文化。[④] 还需要看到的是"反身性具身"也会带来身体的赋权。赋权在这里不仅是指主体在身体体验中获得愉悦的权利，也包括对自我身体的控制产生的权力。[⑤]

四　对具身理论的批判与展望

（一）具身理论的局限性

具身理论的兴起，推动了身体社会学的发展，但也有种种的批评之声。不同的身体研究取向，都试图关联同样五花八门的具身理论，这导致有关

---

① Waskul，D. D. and Vannini，P.，*Body/Embodiment：Symbolic Interaction and the Sociology of the Body*（England：Ashgate，2006），p. 25.

② Wellard，I.，*Researching Embodied Sport*（London：Routledge，2015），p. 79.

③ Pagis，M.，"Embodied Self-reflexivity，"*Social Psychology Quarterly* 3（2009）：265-283.

④ Kern，L.，"Connecting Embodiment，Emotion and Gentrification：An Exploration Through the Practice of Yoga in Toronto，"*Emotion Space & Society* 1（2012）：27-35.

⑤ 熊欢：《"自由"的选择与身体的"赋权"——论体育对女性休闲困境的消解》，《体育科学》2014 年第 4 期，第 11~17 页。

身体和具身的研究变得难以调和，如雾里看花，令人捉摸不透。这种困境主要体现在以下四个方面。

第一，无意识与无前反思性的行动几乎不存在。梅洛-庞蒂身体现象学试图以本体论的"含混性"来表达一种身心统一的原初经验，但却没能找到现象身体概念的本体论基础。① 他坚持认为，对行为不需要为了有目的地识别而去思考或反思。但事实上，许多有意义和智慧的人类行为都是前反思性的。② 在一些具身研究中，身体物质性（唯物主义）与身体主体性（灵性、意识内在性）由于二者间的张力与矛盾一直纠缠不清。③ 人是历史性、过程性与关系性的主体，因此行动与结构的关系并非截然分开，对于尝试与身体建构论的决然区分，也被很多人视为徒劳之举，而且也是一种循环论证的重蹈覆辙。④

第二，具身理论强调主体行动和身体经验，但在处理行动与结构之间的关系时常摇摆不定。要么流于经验叙事，要么将具身体现的物质性置于特定的理论考量之下。与建构主义身体观相反，现象学主张的人与世界的关系是以"我"为中心的延伸。虽然身体现象学从人的具身的角度揭示了世界的组织方式，但这种关系倾向是单向的，脱离特定社会文化条件来谈主体性并不现实，这也导致早期的具身理论在考察社会结构与主体行动之间的互动关系时略显吃力。⑤ 具身研究也无法避免现象学方法中研究对象与研究者、语言与主体间性的理解差异，⑥ 即研究不一定能够原汁原味地呈现研究对象的真实经验，两者之间存在一定的偏差。这可能导致走向另

---

① 刘胜利：《从对象身体到现象身体——〈知觉现象学〉的身体概念初探》，《哲学研究》2010 年第 5 期，第 75~82、128 页。

② Turner, B., *Routledge Handbook of Body Studies* (New York: Routledge, 2012), p. 136.

③ 杨大春：《从身体现象学到泛身体哲学》，《社会科学战线》2010 年第 7 期，第 24~30 页。

④ 布莱恩·特纳：《身体与社会》，马海良、赵国新译，春风文艺出版社，2000，第 2、223 页。

⑤ Allen-Collinson, J., "Feminist Phenomenology and the Woman in the Running Body," *Sport, Ethics and Philosophy* 3 (2011): 297-313.

⑥ 赵进：《体育科学质性研究之现象学研究方法论》，《成都体育学院学报》2018 年第 1 期，第 13~20 页。

外一个极端，即研究变成纯粹的个体经验叙事，对社会现象缺乏解释力。[1]
具身研究者更多关注的是个体"行动"，这也造成了具身研究无法单纯依靠
经验材料来获得具有理论高度的结论的"困境"，他们需要采用额外的理论
工具将个人体验融入各种社会建构模式中。[2]

第三，具身研究中也可能存在一种悖论，就是理论家在分析人们如何
体验其身体时，他们实际上关注的是体验的身体基础。因此，用现象学的
方式阐述身体的各项能力、倾向、实践、体验时，身体还是很可能隐退不
显的。[3] 莱德的研究就很好地指出了这个矛盾的根源所在，根据现象学的这
个特性，莱德提出了"身体的缺席"这一概念。莱德认为当人们在身体功
能运转正常并从事一项有目的的行动时，身体通常会在体验中"隐身"或
"不显"；但当身体患病或疼痛时，身体的社会生产作用降至最低，身体就
会"复显"，成为关注的焦点。当我们的身体变成理性化社会系统的诸般效
应和规范化时间的定位场所时，我们的感知体验就会隐退。莱德的理论有
助于我们理解人们在当代社会中为何把身体作为目的，而忽略了身体作为
一种手段或经历的现象。[4] 所以，需要警惕具身理论可能存在走回头路的危
险，避免成为建构主义或者结构主义的傀儡。

第四，具身理论概念庞杂、方法多样，暂未形成清晰的、较统一的理论
系统。首先，具身理论渊源横跨哲学、社会学、人类学、心理学和认知科学
等学科，一方面能够弥合社会科学和自然科学之间的鸿沟，有助于学科间融
合发展；另一方面也导致具身理论的概念繁杂，不同学科理解各异，不同理
论和方法之间相互矛盾，不利于具身理论的发展。其次，存在对具身理论滥
用与误用的问题。社会学、体育社会学的现象学方法与哲学现象学时常混淆
不清，造成了诸多困难。众多声称自己属于体育现象学的研究并未区分两者

---

[1] 布莱恩·特纳：《身体与社会》，马海良、赵国新译，春风文艺出版社，2000，第 225 页。

[2] Turner, B., *Routledge Handbook of Body Studies* (New York：Routledge, 2012), p. 275.

[3] 克里斯·希林：《文化技术与社会中的身体》，李康译，北京大学出版社，2011，第 62~64、225 页。

[4] Leder, D., *The Absent Body* (Chicago, IL and London：University of Chicago Press, 1990), p. 1.

的理论渊源，将哲学的现象学方法与直接性、主体性、经验性的研究等同，从而受到一系列的批评。① 最后，体育现象学研究者艾伦-柯林森正面回应了这个问题，她指出体育社会学中的现象学研究并非源自胡塞尔开创的哲学现象学，而是源自舒茨的社会学现象学，我们现在讨论的是一种被认为属于社会或"社会学"形式的现象学，其关注的是人们日常生活的互动意义。②

近年来，新唯物主义（new materialism）认识论对身体研究的影响愈加明显。新唯物主义者认为具身在某种程度上只能解决表象问题，而对于身体的物质性、流动性和边界问题的解释则显得无力。

（二）具身理论的影响与发展

虽然具身理论本身还存在局限性、概念杂糅等问题，但是具身理论对人文社会科学界的影响是深远的且具有一定变革性的。

首先，具身理论为解决前期身体理论和经验研究的本体论之争，提供了弥合建构主义和自然主义的研究路径。其次，具身理论提出了一种新的社会学研究范式，将身体看作方法，身体既是研究的主体，也是研究的手段。也就是说，经验身体既是自我的表征（一种"文本"），也是一种创造模式（一种"工具"）。③ 再次，具身理论的发展，让身体从社会学的边缘来到学科的中心位置，这种发展也使社会学研究志趣转向了日常身体的生活经验，涉及性别、种族和民族、性、健康和医学、残疾、体育运动、衰老与死亡等主题。特别是在重大的社会、文化、政治和技术变革之后，身体的重要性比以往任何时候都更加凸显，这激发了社会学内生的理论志趣——从整形手术到文身，从时尚到健康，从健身到医疗，从年轻到衰老，从性行为到运动表现，社会学研究"身体转向"的趋势越来越明显。最后，

---

① Halák，J. et al.，"Phenomenology is Not Phenomenalism. Is There Such a Thing as Phenomenology of Sport?" *Acta Gymnica* 44（2014）：117-129.

② Allen-Collinson J. and Evans，A. B.，"To Be or Not to Be Phenomenology：That Is the Question," *European Journal for Sport and Society* 4（2019）：295-300.

③ Ellingson，L. L.，*Embodiment in Qualitative Research*（New York：Routledge，2017），pp. 1-2.

具身理论促进了一系列学科或研究分支的蓬勃发展。2009 年，具身社会学正式成为美国社会学协会下设的一个部门。这个部门的使命是支持和鼓励广泛的具身社会学研究，包括形态学（morphology）、人类生殖、解剖学、生物技术、遗传学等生物层面的具身理论，以及虚拟身体、身体生产力、变化的身体、生命历程和身体、身体和精神/灵魂等具有挑战性的议题。[1]它还倡导具身理论与认知科学、教育学、医学、女性主义、休闲旅游、艺术建筑和体育社会学融合发展。

虽然具身理论为学术界带来较大的影响，但具身理论自身的发展还需要面对摇摆不定、庞杂矛盾的困局。对于这些困局，学界有四种不同应对方式，以推动身体以及具身理论的持续发展。

第一种，直接采取梅洛-庞蒂的现象学思路，主张行动导向和生命态的理论取向。在社会学、文化人类学、女性主义的现象学研究分支能够看到这种思路。其中影响较大的要数克罗斯利的肉身社会学策略，他在早期将梅洛-庞蒂的身体理解为难以捉摸的身体（elusive body），并发展出一种兼容并包的肉身社会学，认为"自我"、"社会"和"符号秩序"都是经由身体进行运作的。[2] 这种策略强调身体现象学的灵活性，能够很好地处理主体与客体的二元对立，之后他在承认身体是社会行动的主体之余，适当地添加莫斯[3]、福柯[4]、布迪厄[5]等理论家的观点以及结构主义[6]、实用主

---

① http://sectionbodyembodiment. weebly. com/.

② Crossley, N., "Merleau-Ponty, the Elusive Body and Carnal Sociology," *Body & Society* 1 (1995): 43–66.

③ Crossley, N., "Researching Embodiment by Way of 'Body Techniques'," *The Sociological Review* 1 (2007): 80–94.

④ Crossley, N., "Body-Subject/Body-Power: Agency, Inscription and Control in Foucault and Merleau-Ponty," *Body & Society* 2 (1996): 99–116.

⑤ Crossley, N., "The Phenomenological Habitus and Its Construction," *Theory and Society* 1 (2001): 81–120.

⑥ Crossley, N., "Phenomenology, Structuralism and History: Merleau-Ponty's Social Theory," *Theoria* 103 (2004): 88–121.

义、符号互动[1]等思想，发展出诸如"反身性具身"[2] 和"互动具身"[3] 等新的理论学说，最后开启诸如关系社会学（relational sociology）[4] 等新的研究领域。这种实用主义策略对于体育社会学的具身研究是有用的，例如艾伦-柯林森等从事的体育现象学研究也是基于这样的思路，以身体经验为研究对象，而在解释这些经验资料时，灵活地借鉴了其他理论工具来进行分析。

第二种，另起炉灶，否定现有的身体理论，重新建立具身体现的本体论基础。在这方面，特纳的影响最大。在前面也提到，作为身体社会学的开拓者，特纳刚开始采取的思路是借鉴帕森斯等的建构主义取向，但后来他反思并批评了当下社会学和身体社会学发展的趋势之一，称之为"装饰社会学"，即一种痴迷于商业和流行文化，没有历史深度，不从事比较研究，几乎没有政治相关性的社会学。在身体研究方面，社会学家也一直忽视身体在社会中位置的历史变迁。[5] 为了解决建构主义身体观缺乏对社会行动的观照，以及现象学取向经验研究对过程性、历史性考量不足的问题，特纳试图围绕"具身行动"重建当代社会学。他认为社会学可以在具身行动这个基础上重新获得其最初对经济、政治和伦理的关注。[6] 首先，特纳指出：我们更喜欢"具身"的概念，而不是"身体"，因为我们想表明社会行为者的物质存在是一个在整个生命周期中变化的过程，而不是一个静态现象。其次，我们要认识到具身行动发生在社会世界中，而不是"自然"中。最后，

---

[1] Crossley, N., "Body Techniques, Agency and Intercorporeality: On Goffman's Relations in Public," *Sociology* 1 (1995): 133-149.

[2] Crossley, N., *Reflexive Embodiment in Contemporary Society: The Body in Late Modern Society* (London: McGraw Hill, 2007).

[3] Waskul, D. D. and Vannini, P., *Body/Embodiment: Symbolic Interaction and the Sociology of the Body* (England: Ashgate, 2006).

[4] Crossley, N., *Towards Relational Sociology* (London: Routledge, 2011).

[5] 布赖恩·特纳编《Blackwell 社会理论指南》（第 2 版），李康译，上海人民出版社，2003，第 578~590 页。

[6] Turner, B. and Rojek, C., *Society and Culture: Principles of Scarcity and Solidarity* (Thousand Oaks: Sage Publications, 2001), p. x.

借鉴埃利亚斯等的观点，特纳将"具身"当作一个过程来探讨，而不是将"身体"当作一种现象来研究。沿着具身体现的过程性，特纳转而关注到在高级现代性的社会中个体所面临的危机、风险和疾病等问题，这对健康社会学、宗教社会学和家庭社会学的影响颇深，也启发了体育社会学中关于健康、兴奋剂、残疾和伤病及体育社会化具身视角的探索。不过，这种思路也不是没有问题的，它忽视了现有身体理论取得的成果，而且试图兼容不同理论的长处以避免各自存在的不足，可能会导致矫枉过正、无法调和。

第三种，承认主体的不稳定，认为身体在社会思想中扑朔迷离，从而需要借鉴不同的理论，不断开辟新的研究方向。随着具身理论的发展，身体经验研究也逐渐摆脱现象学限制，按照自身研究需要采纳实用主义、符号互动理论、后结构主义以及结构化理论等观点，不断提高具身理论对社会现象的阐释能力。研究多聚焦在边缘群体，如女性、有色人种、少数族裔、老年人、酷儿群体等。这种思路承认社会文化对主体身份认同有生产与再生产的作用，从而为边缘群体、亚文化的研究开启了新的大门。一方面，这让新的研究成果如雨后春笋般涌现，如女性主义具身体现、酷儿具身体现、种族具身体现、年老具身体现、健康具身体现、赛博具身体现……不一而足。这对于边缘化群体的研究特别有吸引力，也启发了体育社会学中关于身体、权力与文化等方面的诸多有影响力的研究。另一方面，这种遍地开花的做法也不是完全没有问题，当下发展具身理论的首要任务可能不是继续开疆拓土，而是将各种理论统合在一个清晰的框架之下。

第四种，发展一种综合的理论框架，将具身体现融合成一个综合的理论体系。这方面影响力最大的是希林的肉身实在论。希林借鉴了实用主义（pragmatism）传统，将身体视为社会构成的多维中介。实用主义关注社会行动的外部和内部条件，探索社会环境如何塑造人的性格与行为，以及人的行动如何改变社会环境。[1] 以这种方式，身体不仅被视为社会影响的场

---

① Shilling, C., *Changing Bodies*：*Habit*，*Crisis and Creativity*（London：Sage，2008），pp. 26，42.

所，而且被视为具有使其成为社会关系和过程的源泉的能力。基于这个理论前提，希林希望能够将不同的身体与具身理论取向有机整合起来。马奎尔也提到要应对当下体育社会学的"危机"，更需要的是跨学科和多理论的"综合"（synthesis）[①]。在体育社会学中，在具身理论综合发展方面，由安德鲁斯（Andrews）等发起的身体物质文化研究（Physical Cultural Studies，PCS）可以说是最具创新性和革命性的一次实践，其研究焦点"能动的身体"（active body）、移动的身体（moving body）都延续了身体"物质性"与"社会性"并存的本体论立场。PCS 视运动的身体为社会文化的定位场所，以洞悉社会结构对个体的规约，同时充分挖掘社会行动者的能动性，以寻求运动身体的解放，并推动体育运动公正与平等地发展。[②]

五 具身理论对体育研究的启示

首先，具身理论提供了一个弥合社会科学中旷日持久的身体-心灵、结构-行动、社会性-生物性等二元对立的可能性方案。具身理论强调能动的身体实践、感官经验和个体的反思能力，为社会学研究者重新阐释经典身体概念提供了很好的理论视角，如莫斯的"身体技术"、福柯"自我技术"以及布迪厄的"惯习"等。这使曾经被笼罩在功能主义、建构主义、决定论中的身体理论焕发新生，让研究者可能从具身角度考察人类是如何通过身体实践产生特定文化，并主动适应、理解、创新与传播的；同时，研究者也可以在经验层面去探究运动主体被制度、话语和权力建构的方式。这个研究过程可以促进新理论与新方法的诞生。

其次，体育运动与具身理论有天然的契合性，身体即体育运动的主体，运动的身体又是结构与行动的中介。体育具身研究是以运动身体为核心，

---

① Maguire，J.，*Reflections on Process Sociology and Sport*（New York：Routledge，2013）.

② 熊欢：《从社会身体到物质身体的回归——西方体育社会学身体文化研究的新趋向》，《北京体育大学学报》2021 年第 8 期，第 113～121 页。

将身体社会学、符号互动理论、后结构主义、结构化理论、女性主义等主流社会学理论结合起来，然后去探究文化权力关系在主体经验上运作的逻辑。同时，以运动身体为实践、体验、反思的媒介，反映能动的身体如何通过具身实践适应、改变和抵抗社会文化与制度。

最后，具身研究所强调的实践性、反思性与批判性理应是当下体育社会学研究的"精神内核"。正如著名体育社会学家马奎尔指出的，当下体育社会学者的研究更偏向应用型，特别是能够快速产生经济效益的项目，而基础性和理论性的研究备受冷落。因而，体育社会学者更应该从事基础性、批评性的研究。

从总体发展趋势来看，具身理论已经超越现象学范畴，迈向理论综合的方向。具身理论与符号互动理论、结构化理论、后结构主义等理论交融发展，并且也介入了新自由主义、后殖民主义、全球化、地缘政治、消费主义等宏观话题中。这种理论融合在体育运动研究方面更是显而易见，特别是在莫斯"身体技术"的具身性、福柯"自我技术"具身批评性、布迪厄的具身反思性以及衍生的分析视角中。此外，新唯物主义转向扩大了具身理论的视野，也扣合了当下社会学试图解决社会性与生物性决然划分的问题的趋势。毫无疑问，运动的身体是新唯物主义的最佳定位场所。物质的、肉身的、运动的身体以及它如何定义身体活动和整个社会图景，已成为体育文化研究的一个重要主题，这也为深度挖掘身体运动的社会机制提供了研究路径。

具身理论在中国哲学、社会学、人类学、教育学、认知科学、医学、建筑学和文化艺术等领域得到广泛应用并产出丰硕的实证研究成果。特别是中国传统身体观念所倡导的"身心合一"被具身理论所吸纳，发展出"身体感"等中国本土化的理论项目，并被运用到中国身体人类学、文化人类学研究之中，同时也启发了一系列"身体感"视角下的体育研究。除此之外，具身理论对于中国体育哲学、体育社会学和体育人类学，以及学校体育、运动训练和体育美学等都具有重要的理论指导意义，为挖掘体育文化的意义，探究运动技术的习得与生成、体育美学等提供了一个截然不同的研究范式。更为重要的一点是，目前我国体育社会学对于运动身体的理解仍停留在建构主义的层面上，所以具身理论，特别是现象学的方法，在体育社会学研究领域的应用也将拓展我们对运动身体的多重认识与理解。具身理论启发我们应更多关注运动身体的实践、体验对于文化的理解、传播与再生产的作用。在研究立场与价值取向上，研究实践应以揭示社会不平等、推动社会进步为目标，并且要坚持研究的批评性与反思性。

阿格妮丝·赫勒：《日常生活》，衣俊卿译，重庆出版社，1990。

艾尔·巴比：《社会研究方法》（第11版），邱泽奇译，华夏出版社，2009。

艾莉斯·马利雍·杨：《像女孩那样丢球：论女性身体经验》，何定照译，商周出版公司，2007。

爱德华·W.S.：《东方学》，王宇根译，生活·读书·新知三联书店，1999。

安东尼·吉登斯：《超越左与右——激进政治的未来》，李惠斌、杨雪冬译，社会科学文献出版社，2000。

安东尼·吉登斯：《社会的构成》，李康、李猛译，生活·读书·新知三联书店，1998，第65页。

安东尼·吉登斯：《社会学基本概念》（第2版），王修晓译，北京大学出版社，2019。

安东尼·吉登斯：《现代性的后果》，田禾译，译林出版社，2000。

安东尼·吉登斯：《现代性与自我认同：晚期现代中的自我与社会》，夏璐译，中国人民大学出版社，1998。

布迪厄、华康德：《实践与反思——反思社会学导引》，李猛、李康译，中央编译出版社，1998。

布迪厄：《实践感》，蒋梓骅译，译林出版社，2003。

布莱恩·特纳：《身体与社会》，马海良、赵国新译，春风文艺出版社，2000。

布赖恩·特纳编《Blackwell社会理论指南》（第2版），李康译，上海人民出版社，2003。

大卫·罗：《批判性读本：体育、文化和媒介》，北京大学出版社，2008。

戴斯·贾丁斯：《环境伦理学——环境哲学论》，林官明等译，北京大学出版社，2002。

戴维·波普诺：《社会学》，李强译，中国人民大学出版社，1999。

丹尼尔·托马斯·普里莫兹克:《梅洛-庞蒂》,关群德译,中华书局,2003。

德雷弗斯·拉比罗:《米歇尔·福柯:超越结构主义与解释学》,芝加哥大学出版社,1983。

何怀宏:《生态伦理——精神资源与哲学基础》,河北大学出版社,2002。

何维民、苏睿:《当代体育异化研究》,中国社会科学出版社,2017。

赫·马尔库塞:《爱欲与文明——对弗洛伊德思想的哲学探讨》,黄勇、薛民译,上海译文出版社,1987。

侯钧生:《西方社会学理论教程》,南开大学出版社,2001。

黄瑞祺:《社会理论与社会世界》,北京大学出版社,2005。

贾春增:《外国社会学史》,中国人民大学出版社,2000。

K. 吐依、A.J. 维尔:《真实的奥运会》,朱振欢、王荷英译,清华大学出版社,2004。

克里斯·希林:《文化、技术与社会中的身体》,李康译,北京大学出版社,2011。

兰德尔·柯林斯:《互动仪式链》,林聚任等译,商务印书馆,2009。

兰德尔·柯林斯、迈克尔·马科夫斯基:《发现社会之旅:西方社会学思想评述》,李霞译,中华书局,2006。

雷蒙·阿隆:《社会学主要思潮》,葛秉宁译,上海译文出版社,2015。

黎民:《西方社会学理论》,北京大学出版社,2005。

列维-斯特劳斯:《结构人类学》,陆晓禾译,文化艺术出版社,1989。

林聚任:《社会理论》,中国人民大学出版社,2016。

刘少杰:《后现代西方社会学理论》,社会科学文献出版社,2002。

卢梭:《爱弥儿》(上卷),李平沤译,商务印书馆,1999。

刘易斯·A. 科瑟:《社会学思想名家》,石人译,中国社会科学出版社,1990。

《马克思恩格斯全集》(第23卷),人民出版社,1972。

马克斯·韦伯:《经济与社会》,约翰内斯·温克尔曼整理,林荣远译,商务印书馆,2004。

马克斯·韦伯:《社会学的基本概念》,顾忠华译,广西师范大学出版社,2005。

马克斯·韦伯:《新教伦理与资本主义精神》,袁志英译,上海译文出版社,2019。

玛格丽特·波洛玛:《当代社会学理论》,孙立平译,华夏出版社,1989。

迈克尔·赫茨菲尔德:《人类学:文化和社会领域中的理论实践》,刘珩等译,华夏出版社,2009。

麦克斯·霍克海默:《批判理论》,李小兵等译,重庆出版社,1989。

莫斯:《社会学与人类学》,佘碧平译,上海译文出版社,2014。

尼采:《权力意志》（上卷），孙周兴译，商务印书馆，2007。

帕梅拉·艾伯特，《女性主义观点的社会学》，俞智敏等译，巨流图书公司，1996。

塔尔科特·帕森斯:《社会行动的结构》，张明德等译，译林出版社，2003。

皮埃尔·布迪厄:《男性统治》，刘晖译，海天出版社，2002。

乔纳森·H. 特纳:《社会学理论的结构》，邱泽奇译，华夏出版社，2001。

乔纳森·H. 特纳:《现代西方社会学理论》，范伟达译，天津人民出版社，1988。

乔治·维加埃罗:《身体的历史》（修订版　卷一），张竝、赵济鸿译，华东师范大学出版社，2019。

任皑:《批判与反思法兰克福学派"当代资本主义理论"辨析》，安徽大学出版社，1998。

任海:《奥林匹克运动》，人民体育出版社，1993。

苏国勋:《理性化及其限制——韦伯思想引论》，上海人民出版社，1988。

谭华:《体育本质论》，四川科学技术出版社，2008。

汪民安:《身体的文化政治学》，河南大学出版社，2004。

王政、张颖:《男性研究》，上海三联书店，2012。

威廉·莎士比亚:《皆大欢喜》，朱生豪译，云南人民出版社，2009。

威廉·托马斯:《不适应的少女:行为分析的案例和观点》，钱军、白璐译，山东人民出版社，1988。

西蒙·波伏娃:《第二性》，李强译，西苑出版社，2011。

熊欢等:《凡身之造:中国女性健身叙事》，社会科学文献出版社，2021。

熊欢:《性别、身体、社会:女性体育研究的理论、方法与实践》，中国社会科学出版社，2016。

熊欢编著《身体、社会与体育:西方社会学理论视角下的体育》，当代中国出版社，2011。

余舜德主编《体物入微:物与身体感的研究》，国立清华出版社，2012。

约翰·费斯克:《理解大众文化》，王晓珏、宋伟杰译，中央编译出版社，2001。

约翰·洛克:《教育漫话》，傅任敢译，人民教育出版社，1985。

约瑟夫·马奎尔、凯文·杨:《理论阐释:体育与社会》，陆小聪译，重庆大学出版社，2012。

詹妮特·A. 克莱妮:《女权主义哲学:问题、理论和应用》，李燕译，东方出版社，2006。

Aarti Ratna，*Race，Gender and Sport*（New York：Routledge，2018）.

Adam，B. N. and Sydie，R. A.，*Sociological Theory*（London：Sage，2010）.

Adler, P. A. and P. Adler, *Blackboards and Blackboards* (New York: Columbia University Press, 1991).

Alexander, J. C. , *Action and Its Environments* (New York: Columbia University Press, 1988).

Alexander, J. C. , *Neofunctionalism* (Beverly Hills: Sage, 1985).

Alexander, J. C. , *Theoretical Logic in Sociology* (Berkeley: University of California Press, 1982).

Alexander, J. C. , *Twenty Lectures: Sociological Theory Since World War II* (New York: Columbia University Press, 1987).

Alomes, S. , *Tales of a Dreamtime* (Melbourne: Cambridge University Press, 1994).

Andrews, D. L. , "The National Basketball Association," in A. Cvetovitch and Kellner, D. (eds.), *Articulating the Global and the Local* (Boulder, CO: Westview Press, 1997).

Archer, I. , *We'll Support You Ever More* (London: Hutchinson, 1976).

Ardagh, J. , *France in the 1980s* (Harmondsworth: Penguin Press, 1982).

Armstrong, G. , *Football Hooligans: Knowing the Score* (Oxford: Berg, 1998).

Atikinson, P. , "Feminist Physique: Physical Education and the Medicalisation of Women's Education," in J. A. Mangan et al. (eds.), *From "Fair Sex" to Feminism: Sport and Socialization of Women in the Industrial and Post-Industrial Eras* (London: Frank Cass and Company Limited, 1987).

Atkinson, M. and K. Young, *Deviance and Social Control in Sport* (Champaign: Human Kinetics, 2008).

Atkison, M. , "Ethnoaesthesia: Ashtanga Yoga and the Sensuality of Sweat," in A. C. Sparkes (ed.), *Seeking the Senses in Physical Culture* (Routledge, 2017).

Bale, J. , *Landscapes of Modern Sport* (London: Leicester University Press, 1994).

Bannet, E. T. , *Structuralism and the Logic of Dissent: Barthes, Derrida, Foucault, Lacan* (Columbia: University of South Carolina Press, 1989).

Baudrillard, J. , *Baudrillard Live: Selected Interviews* (London: Routledge, 1993).

Baudrillard, J. , *Dillard Lw l new* (London: Routledge Press, 1993).

Baudrillard, J. , *Fatal Strategies* (New York: Semiotext Press, 1990).

Baudrillard, J. , "The Implosion of Meaning in the Media and the Implosion of the Social in the Masses," in K. Woodward (ed.), *The Myths of Information: Technology and Postindustrial Society* (Madison, WI: Coda Press, 1980).

Best, S. and Kellner, D. , *Postmodern Theory: Critical Interrogations* (New York:

Guilford Press, 1991).

Birrell, S., *Sporting Encounters* (Amherst: University of Massachusetts Press, 1978).

Birrell, S. J., "Feminist Resistance and Transformation in Sport," in D. M. Costa et al. (eds.), *Women and Sport: Interdisciplinary Perspectives* (Champaign, IL: Human Kinetics, 1994).

Blackshaw, T. and T. Crabbe, *New Perspectives on Sport and Deviance: Consumption, Performativity and Social Control* (London: Routledge, 2004).

Blake, A., *The Body Language: The Meaning of Modern Sport* (London: Lawrence & Wishart, 1996).

Blumer, H., "Social Psychology," in E. D. Schmidt (ed.), *Man and Society* (New York: Prentice-Hall, 1937), pp. 144-198.

Blumer, H., *Perspective and Method* (London: University of California Press, 1998).

Bobbio, N., *The Future of Democracy*, R. Griffin trans. (Minneapolis: University of Minnesota Press, 1987).

Boltansk, L., *On Critique: A Sociology of Emancipation* (Cambridge: Polity, 2011).

Booth, D., *Australian Beach Cultures* (London: Frank Cass, 2001).

Bourdieu, P., *Distinction: A Social Critique of the Judgement of Taste* (Cambridge: Harvard University Press, 1984).

Bourdieu, P., *Essay Towards a Reflexive Sociology* (Stanford: Stanford University Press, 1989).

Bourdieu, P., *The Weight of the World: Social Suffering in Contemporary Society* (Cambridge: Polity Press, 1999).

Bourdieu, P., *Sociology in Question* (London: Sage, 1993).

Bourdieu, P., *An Invitation to Reflexive Sociology* (Cambridge: Polity Press, 1992).

Boyne, R., *Foucault and Derrida: The Other Side of Reason* (London: Routledge, 1990).

Bradley, K. K., *Rudolf Laban* (London: Routledge, 2008).

Brohm, J. -M., *Sport: A Prison of Measured Time* (London: Ink Link, 1978).

Bryant, C. and Jary, D., *Anthony Giddens: 4 Vols* (London: Routledge, 1996).

Bryant, C. and Jary, D., *Giddens' Theory of Structuration* (London: Routledge, 1991).

Bryne, R., *Foucault and Derrida: The Other Side of Reason* (London: Routledge Press, 1990).

Bryson, L., "Challenges to Male Hegemony in Sport," in Michael Messner and Don Sabo (eds.), *Sport, Men, and the Gender Order: Critical Feminist Perspectives* (Champaign, IL:

Human Kinetics, 1990), pp. 173–184.

Burkitt, I. , *Bodies of Thought: Embodiment, Identity, and Modernity* (London: Sage, 1999).

Burns, T. , *Erving Goffman* (London: Routledge, 1992).

Butler, J. , *Gender Trouble: Feminism and the Subversion of Identity* (New York and London: Routledge, 1990).

Byrne, D. , *Social Exclusion* (Milton Keynes: Open University Press, 2005).

Cahn, S. K. , *Coming on Strong: Gender and Sexuality in Twentieth-century Women's Sport* (New York: Free Press, 1994).

Caplow, T. , *Principles of Organisation* (New York: Harcourt, Brace and World, 1964).

Carrie, N. , *Agency and Embodiment: Performing Gestures Producing Culture* (Harvard University Press, 2009).

Cashmore, E. , *Making Sense of Sport* (London: Routledge, 1996).

Chaney, D. , *Lifestyle* (London: Routledge, 1996).

Clara Fischer et al. , *New Feminist Perspectives on Embodiment* (New York: Palgrave Macmillan, 2018).

Coakley, J. and E. Dunning, *Handbook of Sports Studies* (London: Sage, 2000).

Coakley, J. , *Sport in Society: Issues and Controversies* (New York: McGraw-Hill Publishing Co. , 2001).

Cohen, P. , *Modern Social Theory* (New York: Basic Books, 1968).

Cohen, P. , *Images of Deviance* (Penguin Books Ltd, 1971).

Cole, C. , *Addiction, Exercise, and Cyborgs: Technologies of Deviant Bodies, Sport and Postmodern Times* (New York: State Universality of New York Press, 1998).

Collins, P. H. , *Black Feminist Thought: Knowledge Consciousness, and the Politics of Empowerment* (New York: Routledge Press, 1991).

Collins, M. and Kay, T. , *Sport and Social Exclusion* (London: Routledge, 2002).

Connolly, J. and Dolan, P. , *Gaelic Games in Society: Civilising Processes, Players, Administrators and Spectators* (New York: Palgrave Macmillan, 2020).

Cook, D. , *The Culture Industry Revisited: Theodor W. Adorno on Mass Culture* (Lanham: Rowman & Littlefield Publishers, 1996).

Costa, D. M. et al. , *Women and Sport: Interdisciplinary Perspectives* (Champaign: Human Kinetics Press, 1994).

Coward, R. and Ellis, J., "Structuralism and the Subject: A Critique," in T. Bennett, G. Martin, C. Mercer, and J. Woollacott(eds.), *Culture, Ideology and Social Process* (Milton Keynes: Open University Press, 1981), pp. 153–164.

Cregan, K., *The Sociology of the Body: Mapping the Abstraction of Embodiment* (London: Sage, 2006).

Crossley, N., *Towards Relational Sociology* (London: Routledge, 2011).

Crossley, N., *The Social Body: Habit, Identity and Desire* (New Delhi: Sage, 2001).

Csikszentmihalyi, M., *Flow: The Psychology of Optimal Experience* (New York: Harper Perennial Modern Classics, 2008).

Cvetkovkh, B. A. and Kellner, D., *Articulating the Global and the Local: Globalization and Cultural Studies* (Boulder: Westview Press, 1996).

Davis, K., *Embodied Practices: Feminist Perspectives on the Body* (London: Sage, 1997).

Declan, H. and Stewart, M. C., *The Fix: Soccer and Organized Crime* (McClelland: Stewart, 2010.)

Delaney, T. and T. Madigan, *The Sociology of Sports: An Introduction* (Jefferson: McFarland Company, 2009).

Delaporte, F., *Disease and Civilation: The Cholera in Paris* (Cambridge, MA: MIT Press, 1986).

Demerath, N. J., *Synecdoche and Structural Functionalism* (New York: Free Press, 1967).

Denzin, N. K., *Symbolic Interactionism and Cultural Studies: The Politics of Interpretation* (New Jersey: John Wiley & Sons, 2008).

Denzin, N. K., *Images of Postmodern Society: Social Theory and Contemporary Cinema* (London: Sage Press, 1991).

Derrida, J., *Of Grammatology*, trans. by Spivak, G. C. (Baltimore and London: The Johns Hopkins University Press, 1976).

Derrida, J., *Positions*, trans. by Bass, A. (Chicago: University of Chicago Press, 1981).

Derrida, J., *Writing and Difference*, trans by Bass, A. (Chicago: University of Chicago Press, 1978).

Derrida, J., *Margins of Philosophy*, trans. by Bass, A. (Chicago: University of Chicago Press, 1982).

Dew, P., *Habermas, Autonomy and Solidarity* (London: Verso, 1986).

Dunning, E. and Rojek, C., *Sport and Leisure in the Civilizing Process* (London: Palgrave Macmillan, 1992).

Dunning, E., *Sport Matters: Sociological Studies of Sport, Violence and Civilisation* (London: Routledge, 1999).

Dunning, E., *Handbook of Sport Studies* (London: Sage, 2006).

Dunning, E. and Hughes, J., *Norbert Elias and Modern Sociology: Knowledge, Interdependence, Power, Process* (London: Bloomsbury Academic, 2013).

Dunning, E. and Sheard, K., *Barbarians, Gentlement and Players: A Sociological Study of the Development of Rugby Football* (Oxford: Martine Robertson, 1979).

Dunning, E. et al., *Sport Histories: Figurational Studies in the Development of Modern Sports* (London: Routledge, 2004).

Dunning, E. et al., *The Roots of Football Hooliganism: An Historical and Sociological Study* (London and New York: Routledge and Kegan Paul, 1988).

Durkheim, E., *The Division of Labour in Society* (Glencoe, IL: Free Press, 1964).

Durkheim, E., *The Elementary Forms of the Religious Life* (New York: Collier Books, 1961).

Durkheim, E., *The Rules of Sociological Method* (Glencoe, IL: Free Press, 1938).

Dyck, N., "Games, Bodies, Celebrations and Boundaries: Anthropological Perspectives on Sport," in N. Dyck (ed.), *Carnival* (New York: Mouton, 2000).

Eagleton, T., *Literary Theory: An Introduction* (Oxford: Basil Blackwell Press, 1983).

Edelman, R., *Serious Fun* (New York: Oxford University Press, 1993).

Edwards, H., *Sociology of Sport* (Homewood, IL: Dorsey Press, 2005).

Eitzen, D. S., *Fair and Foul: Beyond the Myths and Paradoxes of Sport* (Devon: Rowman & Littlefield Publishers, 2009).

Eitzen, D. S., *Sport in Contemporary Society* (New York: Worth Publishers, 2001).

Elias, N., *Involvement and Detachment* (Oxford: Basil Blackwell, 1987).

Elias, N., *The Civilizing Process, Volume 1: The History of Manners*, trans. by E. Jephcott (Oxford: Basil Blackwell, 1978).

Elias, N., *What is Sociology?* (London: Hutchinson, 1978).

Elias, N. and Dunning, E., *The Quest for Excitement* (Oxford: Blackwell, 1986).

Elias, N., *The Civilizing Process* (Oxford: Blackwell, 2000).

Ellias, N. and Dunning E., *Quest for Excitement: Sport and Leisure in the Civilising Process* (Oxford: Basil Blackwell, 1986).

Farnell, B. , *Dynamic Embodiment for Social Theory: I Move Therefore I Am* (New York: Routledge, 2012).

Featherstone, M. et al. , *The Body: Social Process and Cultural Theory* (London: Sage, 1991).

Ferguson, A. , *An Essay on the History of Civil Society* (Edinburgh: A. Millar & T. Caddel, 1767).

Fine, G. , *With the Boys* (Chicago: University of Chicago Press, 1987).

Fischer, C. and Dolezal, L. , *New Feminist Perspectives on Embodiment* (New York: Palgrave Macmillan, 2018).

Foucault, M. , *Discipline and Punish: The Birth of the Prison* (New York: Pantheon Books, 1977).

Frisby, W. , "Weber's Theory of Bureaucracy and the Study of Voluntary Sports Organisations," in A. O. Dunleavy, A. W. Miracle, and C. R. Rees (eds.), *Studies in the Sociology of Sport* (Fort Worth: Texas Christian University Press, 1982).

Gane, M. , *Baudrillard's Bestiary: Baudrillard and Culture* (London: Routledge, 1991).

Gans, H. J. , *Popular Culture and High Culture* (New York: Basic Books, 1999).

Geertz, C. , *The Interpretation of Cultures* (New York: Basic Books, 1973).

Geneviève Rail, *Sport and Postmodern Times* (New York: State University of New York Press, 1998).

Giardina, M. D. , *Sporting Pedagogies: Performing Culture & Identity in the Global Arena* (New York: Peter Lang, 2005).

Giddens, A. , *Capitalism and Modern Social Theory* (Cambridge: Cambridge University Press, 1971).

Giulianotti, R. , "Durkheimian Elements, Religion, Integration and Social Order in Sport," in *Sport: A Critical Sociology* (Cambridge: Polity Press, 2005).

Giulianotti, R. , *Scotland's Tartan Army in Italy* (Aberdeen: University of Aberdeen, 1991).

Giulianotti, R. , *Sport and Modern Social Theorists* (New York: Palgrave Macmillan, 2004).

Giulianotti, R. , *Routledge Handbook of Sociology of Sport* (London: Routledge, 2015).

Giulianotti, R. , *Class, Sport and Social Development* (Amherst: University of Massachusetts Press, 1983).

Giulianotti, R. and R. Robertson, *Globalization and Football* (London: Sage, 2009).

Goffman, E. , *Frame Analysis* (Cambridge: Harvard University Press, 1974).

Goffman, E. , *Interaction Ritual* (Harmonds Worth: Penguin, 1967).

Goffman, E. , *The Presentation of Self in Everyday Life* (Harmondsworth: Penguin, 1959).

Gorn, E. J. and W. Goldstein, *A Brief History of American Sports* (New York: Hill and Wang, 1993).

Gould, S. J. , *Life's Grandeur* (London: Jonathan Cape, 1997).

Grenz, S. J. , *A Primer on Postmodernism Grand Rapids* (Grand Rapids, MI: W. B. Eerdmans Press, 1996).

Gruneau, R. S. , *Class, Sport and Social Development* (Massachusetts: University of Massachusetts Press, 1983).

Guoqi Xu, *Olympic Dream: China and Sports 1895 - 2008* (Harvard University Press, 2008).

Guttmann, A. and Thompson, L. , *Japanese Sports* (Hawaii: University of Hawaii Press, 2001).

Guttmann, A. , *Games and Empires* (New York: Columbia University Press, 1994).

Gyozo Molnar et al. , *Sport, Exercise and Social Theory* (New York: Routledge Press, 2013).

Habermas, J. , *Moral Consciousness and Communicative Action* (Cambridge, Mass: MIT Press, 1990).

Habermas, J. , *The Theory of Communicative Action Volume Two: Lifeworld and System* (Boston: Beacon Press, 1987).

Hall, A. , *Feminism and Sports Bodies: Essays on Theory and Practice* (Champaign, IL: Human Kinetics, 1996).

Hall, M. A. , 1996, *Feminism and Sport Bodies: Essays on Theory and Practice* (Champaign: Human Kinetics).

Hall, S. , "The Question of Cultural Identity," in S. Hall, D. Held, and A. Mcgrew (eds.), *Modeity and Its Futures* (Cambridge: Polity Press, 1992), pp. 273-325.

Hall, S. , "On Postmodernism and Articulation: An Interview with Stuart Hall," in D. Morley and K. H. Chen (eds.), *Stuart Hall: Critical Dialogues in Cultural Studies* (London: Routledge, 1996), pp. 131-150.

Haraway, J. Donna, "A Cyborg Manifesto: Science, Technology, and Socialist-Feminism in the Late Twentieth Century," in *Simians, Cyborgs and Women: The Reinvention of*

Nature (New York: Routledge, 1991).

Hargreaves, J. , *Sport, Power and Culture: A Social and Historical Analysis of Popular Sports in Britain* (Cambridge: Polity Press, 1987).

Hargreaves, J. , "The Body, Sport and Power Relations," in J. Horne, D. Jary, and A. Tomlinson (eds.), *Sport, Leisure and Social Relations* (London: Routledge & Kegan Paul, 1987), pp. 139–159.

Hargreaves, J. , "Victorian Familism and the Formative Years of Female Sport," in J. A. Mangan and R. J. Park (eds.), *From "Fair Sex" to Feminism: Sport and Socialization of Women in the Industrial and Post-Industrial Eras* (London: Frank Cass and Company Limited, 1987).

Hargreaves, J. , " Revisiting the Hegemony Thesis," in *Leisure in the 1990s* (Eastbourne: Leisure Studies Association, 1992) .

Hargreaves, J. , *Sport, Power and Culture* (Cambridge: Polity Press, 1995).

Harland, R. , *Super-structuralism: The Philosophy of Structuralism and Post-structuralism* (London: Routledge Press, 1988).

Harris, H. A. , *Sport in Greece and Rome* (Thames and Hudson, 1972).

Harris, D. , *Involvement in Sport: A Somatopsychic Rationale for Physical Activity* (Philadephia: Lea and Febiger, 1973).

Haut, J. et al. (eds.), *Excitement Processes, Norbert Elias's Unpublished Works on Sports, Leisure, Body, Culture* (Wiesbaden: Springer, 2018).

Hebdige, D. , *Hiding in the Light: On Images and Things* (London: Comedia Press, 1988).

Heinila, K. , *Sport in Social Context* (Jyvaskyla: University of Jyvaskla Press, 1998).

Held, D. and A. McGrew (eds.), *Globalization Theory: Approaches and Controversies* (Cambridge: Cambridge University Press, 2007).

Hetherington, K. , *Expressions of Identity* (London: Sage, 1998).

Holt, R. , *Sport and the British: A Modern History* (Oxford: Oxford University Press, 1992).

Hooks, B. , *Feminist Theory: From Margin to Centre* (Boston, MA: South End Press, 1984).

Horne, J. et al. (eds.), *Sport, Leisure and Social Relations* (London and New York: Routledge & Kegan Paul, 1987).

Houlihan, B. , *Sport, Policy, and Politics: A Comparative Analysis* (London: Routledge,

1997).

Houlihan, B., "Politics and Sport," in Jay Coakley & Eric Dunning (eds.), *Handbook of Sports Studies* (London: Sage, 2002).

Hughes, J. A., Martin, P. J., and Sharrock, W. W., *Understanding Classical Sociology: Marx, Weber, Durkheim* (London: Sage, 1995).

Illich, I., *Medical Nemesis* (London: Calder & Boyars, 1975).

Ingham, A. G., *Occupational Subcultures in the Work World of Sport* (Reading, Mass: Addison-Wesley, 1975).

Jaggar, A. M., *Feminist Politics and Human Nature* (Totowa: Rowman & Allanheld Press, 1983).

James, C. L. R., *Beyond the Boundary* (Duke University Press, 1993).

Jandt, F. E., *Intercultural Communication: A Global Reader* (California: Sage, 2004).

Jarvie, G., *Sport, Culture and Society: An introduction* (London: Routledge, 2006).

Jarvie, G., "Sport, Racism and Ethnicity," in *Handbook of Sport Studies* (London: Saga, 2006).

Jarvie, G. and Maguire, J., *Sport and Leisure in Social Thought* (London and New York: Routledge, 1994).

Jensen, R. T. and Moran, D., *The Phenomenology of Embodied Subjectivity* (Wiesbaden: Springer, 2013).

Johnson, M., *The Body in the Mind: The Bodily Basis of Meaning, Imagination, and Reason* (Chicago: University of Chicago Press, 1987).

Jones, R. L., M. Hughes, and K. Kingston, *An Introduction to Sports Coaching: From Science and Theory to Practice* (London: Routledge, 2008).

Joseph Maguire, *Global Sport: Identities, Societies, Civilization* (Blackwell: Blackwell Publishers Ltd, 1999).

Judy Wajcman, *Techno-Feminism* (Cambridge: Polity Press, 2004).

Karl Lennartz, *The International Olympic Committee-One Hundred Years the Idea-The Presidents-The Achievements Volume* II (Lausanne: The International Olympic Committee, 1995).

Kellner, D. Jean, *Baudrillard: From Marxism to Postmodernism and Beyond* (Stanford, CA: Stanford University Press, 1989).

Kelly, W. W., "Blood and Guts in Japanese Professional Baseball," in S. Linhart (ed.), *The Culture of Japan as Seen Through Its Leisure* (New York: State University of New

York Press, 1998).

Kennedy, E. and Markula, P., *Women and Exercise: The Body, Health and Consumerism* (Routledge, 2012).

Kidder, J., *Parkour and the City: Risk, Masculinity, and Meaning in a Postmodern Sport* (New Brunswick, NJ: Rutgers University Press, 2017).

Kim, S. J., *Gender Inequality in eSports Participation: Examining League of Legends* (University of Texas at Austin, 2017).

Klein, A., *Little Big Men* (Albany, NY: SUNY Press, 1993).

Klein, A., *Sugarball* (New Heaven: Yale University Press, 1991).

Koski, T., *The phenomenology and the Philosophy of Running* (Wiesbaden: Springer, 2015).

Langellier, K. and E. Peterson., *Storytelling in Daily Life: Performing Narrative* (Philadelphia, PA: Temple University Press, 2004).

Lasch, C., *The Culture of Narcissism* (London: Abacus, 1979).

Lash, S. and Urry, J., *Economics of Signs and Space* (London: Sage, 1994).

Laura, L. Ellingson, *Embodiment in Qualitative Research* (London: Routledge, 2017).

Leder, D., *The Absent Body* (Chicago, IL and London: University of Chicago Press, 1990).

Lenskyj, H., *Out of Bounds: Women, Sport and Sexuality* (Toronto: Women's Press, 1986).

Levi-strauss, C., *History and Dialectic, in The Sawage Mind* (Chicago: University of Chicago Press, 1966).

Littlewood, P., *Social Exclusion in Europe: Problems and Paradigms* (London: Ashgate, 1999).

Llobera J, *The God of Modernity* (Oxford: Berg, 1994).

Loland, S., "Justice and Advantage in Sports Games," in T. Tannsjo and C. Tamburrini (eds.), *Values in Sport* (London: E and FN Spon, 2000).

Loy, J. W. and W. John, "The Nature of Sport: Definition Effort," in E. W. Gerber and W. J. Morgan (eds.), *Sport and the Body: A Philosophical Symposium* (London: Henry Kimpton, 1979).

Loy, J., *Sport and Social Systems* (California: Addison-Wesley Publishing Company, 1978).

Loyal, S. and Quilley, S. (eds.), *The Sociology of Norbert Elias* (Cambridge:

Cambridge University Press, 2004).

Lunt, P. and Livingstone, S. , *Mass Consumption and Personal Identity* (Milton Keynes: Open University Press, 1992).

Lüschen, G. , *The System of Sport-problems of Methodology, Conflict and Social Stratification* (Champaign, IL: Stipes, 1981).

Macneill, M. , *Sex, Lies, and Videotape: The Political and Cultural Economies of Celebrity Fitness Videos, Sport and Postmodem Times* (New York: University of New York Press, 1998).

Maguire, J. , *Reflections on Process Sociology and Sport* (New York: Routledge, 2013).

Malatino, H. , *Queer Embodiment: Monstrosity, Medical Violence, and Intersex Experience* (University of Nebraska Press, 2019).

Malcolm, D. and Velija, P. (eds.), *Figurational Research in Sport, Leisure and Health* (Routledge, 2018).

Malinowski, B. , *The Dynamics of Cultural Change* (New Haven, CT: Yale University Press, 1945).

Mangan, J. A. and R. J. Park, "Introduction," in J. A. Mangan and R. J. Park (eds.), *From Fair Sex to Feminism: Sport and Socialization of Women in the Industrial and Post-industrial Eras* (London: Frank Cass and Company Limited, 1987).

Mansfield, L. Caudwell et al. , *The Palgrave Handbook of Feminism and Sport, Leisure and Physical Education* (Basingstoke: Palgrave Macmillan, 2018).

Mansfield, L. , *Gender, Power and Identities in the Fitness Gym: Towards a Sociology of the Exercise Body-beautiful Complex* (Ph. D, diss. , Loughborough University, 2005).

Marlula, P. , "Looking Good, Feeling Good: Strenthening Mind and Body in Aerobics," in L. Laine (ed.), *On the Fringe of Sport* (St Augustin, Germany: Academia, 1993), pp. 93-99.

Marx, K. , *Capita* (Oxford: Oxford University Press, 1867).

Mason, T. , *Passion of the People? Football in South America* (London: Verso, 1995).

Matthews, E. , *Twentieth-century French Philosophy* (Oxford: Oxford University Press, 1996).

McIntosh, I. , *Classical Sociological Theory: A Reader* (Edinburgh: Edinburgh University Press, 1997).

Mead, G. H. , "Selections from Mind, Self, and Society," in Anselm Strauss (ed.), *George Herbert Mead on Social Psychology* (Chicago: University of Chicago Press, 1964).

Merleau-Ponty, M. and Carman, T. , *Phenomenology of Perception* (Routledge, 2012).

Merton, R. K. , *Social Theory and Social Structure* (Glencoe, IL: Free Press, 1957).

Merton, R. K. , *Social Theory and Social Structure* (New York: Free Press, 1968).

Messner, M. , *Power at Play* (Boston: Beacon Press, 1992).

Miliband, R. , *Marxism and Ethics* (Oxford: Oxford University Press, 1977).

Miller, J. , *The Passion of Michel Foucault* (New York: Simon & Schuster, 1993).

Miller, A. , *Ancient Greek Athletics* (New Haven, CT: Yale University Press, 2006).

Molnar G. and Kelly, J. , *Sport, Exercise and Social Theory: An Introduction* (London: Routledge, 2012).

Muchembled, R. , *Popular Culture and Elite Culture in France 1400 – 1750* (Baton Rouge: Louisiana State University Press, 1985).

Norris, C. , *Derrida and the Economy of Différance* (London: Fontana Press, 1987).

Novak, M. , *The Joy of Sports* (New York: Harcourt, Brace & World, 1976).

Oglesby, C. , *Women and Sport: From Myth to Reality* (Philadelphia: Lea and Febiger Press, 1978).

Overman, S. J. , *The Influence of the Protestant Ethic on Sport and Recreation* (Aldershot: Avebury, 1997).

Parkin, M. , *Marxism and Class Theory: A Bourgeois Critique* (London: Tavistock, 1979).

Parsons, T. , *The Social System* (Glencoe, IL: Free Press, 1951).

Parsons, T. , *The System of Modern Societies* (Englewood Cliffs, NJ: Prentice-Hall, 1971).

Peaeson, K. M. , "Deception, Sportsmanship and Ethics," in W. J. Morgan and K. V. Meier (eds.), *Philosophical Inquiry in Sport* (Champaign, IL: Human Kinetics, 1988).

Peterson, R. W. , *Only the Ball Was White* (NJ: Prentice-Hall, 1970).

Pieper, L. P. , *Sex Testing: Gender Policing in Women's Sports* (Chicago: University of Illinois Press, 2016).

Plant Sadie, "On the Matrix: Cyber-feminist Simulations," in R. Shields (ed.), *Cultures of Internet: Virtual Spaces, Real Histories, Living Bodies* (London: Sage, 1996).

Plant Sadie, *Zeros and Ones* (London: Fourth Estate, 1997).

Pooley, J. , "Ethnic Soccer Clubs in Milwaukee: A Study in Assimilation," in M. Hart (ed.), *Sport in the Sociocultural Process* (Dubuque, IA: Wm. C. Brown, 1976), pp. 475 – 492.

Poster, M., *Existential Marxism in Postwar France* (NJ: Princeton University Press, 1975).

Powis, B., *Embodiment, Identity and Disability Sport: An Ethnography of Elite Visually Impaired Athletes* (London: Routledge, 2020).

Radcliffe-Brown, A. R., *Structure and Function in Primitive Society* (Glencoe. IL: Free Press, 1952).

Rail, G., *Seismography of the Postmodern Condition: Three Theses on the Implosion of Sport* (New York: University of New York Press, 1998).

Ram, K. and Houston, C., *Phenomenology in Anthropology: A Sense of Perspective* (Bloomington: Indiana University Press, 2015).

Raney, A. and J. Bryant, *Handbook of Sport and Media* (Lawrence Erlbaum Associates, 2006).

Ransom, J., "Feminism, Difference and Discourse: The Limits of Discursive Analysis of Feminism," in C. Ramazanoglu (ed.), *Up Against Foucault* (London: Routeledge, 1993).

Redhead, S., "Baudrillard, Ameriques and the Hyperreal World Cup," in G Rail (ed.), *Sport and Postmodern Times* (New York: State University of New York Press, 1998), pp. 221–238.

Reynolds, L. T. and N. J. Herman-Kinney, *Handbook of Symbolic Interactionism* (Oklahoma: Altamira Press, 2003).

Rigauer, B., "Marxist Theories," in J. Coakley and E. Dunning (eds.), *Handbook of Sports Studies* (London: Sage, 2001), pp. 309–321.

Rigauer, B., *Sport and Work* (New York: Columbia University Press, 1981).

Riley, J. and Foner, A., *Aging and Society. volume 3: A Sociology of Age Stratification* (New York: Ruessel Saga Foundation, 1972).

Rinehart, R., *Born-Again Sport: Ethics in Biographical Research*, in G. Rail (ed.), *Sport and Postmodern Times* (New York: State University of New York Press, 1998), pp. 33–48.

Riordan, J., *Sport in Soviet Society: Development of Sport and Physical Education in Russia and the USSR* (Cambridge: Cambridge University Press, 1980).

Robert Van Krieken, *Norbert Elias* (London: Routledge, 1998).

Robertson, R., *The Sociological Interpretation of Religion* (Oxford: Blackwell, 1970).

Roche, M. and Van Berkel, R., *European Citizenship and Social Exclusion* (Ashgate: Aldershot, 1997).

Rojek, C., *Decentring Leisure* (London: Sage, 1995).

Rothe, J. P., *Understanding Qualitative Research: Concepts and Cases in Injury* (Edmonton: The University of Alberta Press, 2000).

Sage, G. H., *Power and Ideology In American Sport: A Critical Perspective* (Champaign: Human Kinetics Publishers, 1990).

Sandy, R., Sloane, P. J., and Rosentraub, M. S., *The Economics of Sport: An International Perspective* (New York: Palgrave Macmillan, 2004).

Saussure, F., *Course in General Linguistics*, trans. by W. Baskin (New York: Philosophical Library, 1959).

Seidman, S., *Contested Knowledge: Social Theory in the Postmodern Era* (Cambridge: University of Cambridge Press, 1994).

Shilling, C., *Changing Bodies: Habit, Crisis and Creativity* (London: Sage, 2008).

Shilling, C., *The Body in Culture, Technology & Society* (London: Routledge, 2005).

Shulamith Firestone, *Dialectic of Sex: The Case for Feminist Revolution* (New York: William Morrow and Company Press, 1970).

Sloop, J. M., "Mike Tyson and the Perils of Discursive Constraints: Boxing, Race and the Assumption of Guilt," in Aaron Baker and Todd Edward Boyd (eds.), *Out of Bounds: Sports, Media and the Politics of Identity* (Bloomington: Indiana University Press, 1997).

Smart, B., *The Sport Star: Modern Sport and the Cultural Economy of Sporting Celebrity* (London: Sage, 2005).

Smith, J., *Embodiment: A History* (New York: Oxford University Press, 2017).

Sparkes, A. C. (ed.), *Seeking the Senses in Physical Culture: Sensuous Scholarship in Action* (New York: Routledge, 2017).

Starhawk, "Ecofeminism and Earth-Based Spirituality," in I. Diamond and G. F. Orenstein (eds.), *Reweaving the World: The Emergence of Ecofeminism* (San Francisco: Sierra Club, 1990).

Stewart, D. A., *Deaf Sport: The Impact of Sports Within the Deaf Community* (Washington: Gallaudet University Press, 1991).

Sturrock, J., *Structuralism* (London: Fontana Press, 1986).

Sugden, J. and Knox, C., *Leisure in the 1990s: Rolling back the Welfare State* (Washington: LSA Publications, 1992).

Sugden, J. and Tomlinson, A., "Theorizing Sport, Social Class and Status," in J. Coakley and E. Dunning (eds.), *Handbook of Sports Studies* (London: Sage, 2000).

Synder, E. and Spreitzer, E. , "Social Stratification and Sport," in E. Synder and E. Spreitzer (eds.), *Social Aspect of Sport* (New Jersey: Prentice Hall, 1989).

Theberge, N. et al. , "The Sociological Study of Women and Sport," in D. Costa et al. (eds.), *Women and Sport: Interdisciplinary Perspectives* (Champaign, IL: Human Kinetics, 1994).

Thomas, C. , *Sociologies of Disability and Illness* (London: Palgrave Macmillan, 2007).

Thorpe, H. and Olive, R. , *Women in Action Sport Cultures: Identity, Politics and Experience* (Basingstoke: Palgrave, 2016).

Tomlinson, A. , J. Horne, and G. Whannel, *Understanding Sports: An Introduction to the Sociological and Cultural Analysis of Sport* (London: Spon Press, 1999).

Tong, R. , *Feminist Thought: A More Comprehensive Introduction* (Boulder, CO: Westview Press, 1989).

Toohey, D. M. , "The Political Components Behind Women's Participation in the Modern Summer Olympic Games," in U. Simri (ed.), *Sport and Politics* (Netanya, Israel: Wingate Institute Press, 1984).

Tumin, M. M. , *Social Stratification* (N. J. : Prentice-Hall, 1967).

Turner, B. S. , *The Body & Society* (Third Edition) (London: Sage, 2008).

Turner, J. and A. Maryyanski, *Functionalism* (Menlo Park, CA: Benjamin Cummings, 1979).

Turner, B. , "Disability and the Sociology of the Body," in Albrecht, G. L. et al. (eds.), *Handbook of Disability Studies* (Thousand Oak, CA: Sage, 2009).

Turner, B. and Rojek, C. , *Society and Culture: Principles of Scarcity and Solidarity* (London: Sage, 2001).

Turner, B. , *Routledge Handbook of Body Studies* (New York: Routledge, 2012).

Turner, B. S. , *The Body & Society* (Second Edition) (London: Sage Publication, 1996).

Turner, J. H. , *The Structure of Sociological Theory* (Belmont: Wadsworth Publishing, 2002).

Van Wynsberghe, R. and I. Ritchie, "Relevant Ring: The Symbolic Consumption of the Olympic Logo in Postmodern Media Culture," in G. Rail (ed.), *Sport and Postmodern Times* (New York: State University of New York Press, 1998), pp. 367–384.

Waddington, I. , *Sport, Health and Drugs: A Critical Sociological Perspective* (London: Spon, 2000).

Waskul, D. D. and Vannini, P., *Body/Embodiment: Symbolic Interaction and the Sociology of the Body* (England: Ashgate, 2006).

Weber, M., *Max Weber: Selections in Translation* (Cambridge: Cambridge University Press, 1978).

Weber, M., "Class, Status and Power," in K. Thompson and J. Tunstall (eds.), *Sociological Perspectives* (Harmondsworth: Penguin, 1971), pp. 250-264.

Weedon, C., *Feminist Practice and Poststructuralist Theory* (New York: Basil Blackwell, 1987).

Wellard, I., Researching *Embodied Sport* (London: Routledge, 2015).

Wenner, L. A., *Media, Sport and Society* (London: Sage, 1989).

Whannel, G., *Media Sport Stars: Masculinities and Moralities* (London: Routledge, 2002).

Wheatley, E., "Subcultural Subversions: Comparing Discourses on Sexuality in Men's and Women's Rugby Songs," in S. Birrell et al. (eds.), *Women, Sport, and Culture* (Champaign, IL: Human Kinetics, 1994).

Wheaton, B., *Introduction: Mapping the Lifestyle Sport-scape* (London: Routledge, 2004).

Wheaton, B., *Understanding Lifestyle Sports* (London: Routledge: 2004).

Williams and Bendelow, *The Lived Body: Sociological Themes, Embodied Issues* (London: Routledge, 1998).

Xiong, H., *Urbanisation and Transformation of Chinese Women's Sport Since 1980: Reconstruction, Stratification and Emancipation* (London: VDM Publishing House, 2009).

Zeiler, K. and Käll, L. F., *Feminist Phenomenology and Medicine* (New York: State University of New York Press, 2015).

Zeitlin, I. M., *Rethinking Sociology: A Critique of Contemporary Theory* (New York: Appleton Century Crofts, 1973).

相关学者简介

杰奎琳·艾伦-柯林森（**Jacquelyn Allen-Collinson**），英国林肯大学体育社会学教授，健康促进研究小组（HART）主任。她目前的研究兴趣集中在体育具身的社会学-现象学方法、女性主义现象学与女性在体育运动中的体现感觉的社会学、哮喘者在运动/锻炼方面的生活经验上。她在主流的社会学和体育社会学期刊上发表了100多篇文章，她最近的工作是研究运动/锻炼中的热感受。她目前正在领导一个关于运动哮喘的生活经验的国际多学科项目，包括在 Chest 杂志上发表一系列文章。

大卫·L. 安德鲁斯（**David L. Andrews**），马里兰大学运动机能系体育文化研究小组的教授。安德鲁斯教授的研究批判性地审视了作为一个复杂的经验组合的身体物质文化（PCS）（包括但不限于运动、健身、锻炼、娱乐、休闲、舞蹈和与健康相关的其他运动实践）。在其他焦点中，他分析了体育文化与晚期资本主义的结构和限制、新自由主义治理的相关系统以及当代大都市生活的本质之间复杂的相互联系。安德鲁斯担任《体育与社会问题》（*Sport and Social Issues*）的副编辑，以及《体育社会学杂志》（*Sociology of Sport Journal*）、《体育社会学国际评论》（*International Review for the Sociology of Sport*）《传媒与体育》（*Communication and Sport*）、《休闲研究》（*Leisure Studies*）等杂志的编辑。代表作有《体育商业文化：晚期资本主义美国的体育论文集》（*Sport-Commerce Culture：Essays on Sport in Late Capitalist America*）、《布莱克威尔运动指南》（*The Blackwell Companion to Sport*）、《体育与新自由主义：政治、消费和文化》（*Sport and Neoliberalism：Politics，Consumption，and Culture*）、《全球文化和体育系列》（*Global Culture and Sport book series*）等。

加里·阿姆斯特朗（**Gary Armstrong**），就职于英国布鲁内尔大学，主要研究方向是体育社会学和全球体育文化，对有关足球的文化现象有深入的探讨。主要学术著作有《足球文化与身份》（*Football Cultures and Identities*）、《当地与世界足球》（*Local and Global Football*）、《足球流氓现象：带你认识足球》（*Football Hooligans：Knowing the Score*）等。

迈克尔·阿特金森（**Michael Atkinson**），加拿大多伦多大学运动机能学和体育学院的教授。阿特金森的教学和研究兴趣的中心领域涉及人类苦难的经验/作为物理文化的激进体现、物理文化中的生物伦理学问题，以及人种学研究方法。迈克尔的人种学研究对象包括票贩子、摔倒的跑步者、灰狗和猎狐文化、阿斯汤加瑜伽练习者、直道和跑酷青年文化，以及铁人三项运动员。迈克尔是《体育、锻炼和健康定性研究》（*Qualitative Research in Sport，Exercise & Health*）和《体育社会学杂志》（*Sociology of Sport Journal*）的编辑。

约翰·贝勒（**John Bale**），英国基尔大学体育地理学教授，于伦敦大学毕业，一直从事体育地理学研究以及体育后现代主义教研工作，其代表作有《现代体育的景观》（*Landscapes for Modern Sport*）、《体育、空间和城市》（*Sport，Space and City*）、《体育与后现代主义》（*Sport and Postcolonialism*，合著）、《奔跑的文化：与时间和空间比赛》（*Running Cultures：Racing in Time and Space*）等。

艾伦·贝尔纳（**Alan Bairner**），体育社会学领域之杰出学者，现担任英国拉夫堡大学体育与社会理论教授。其学术生涯起步于爱丁堡大学政治学领域，继而在莫雷豪斯教育学院取得历史与现代研究 PGCE 学位，并在赫尔大学荣获博士学位。在加入拉夫堡大学之前，贝尔纳教授于阿尔斯特大学任教长达二十五载，并曾担任体育研究教授。他在体育社会学领域的学术贡献至关重要，尤其是在体育与政治交叉领域的研究，重点关注国家认同及民族主义。贝尔纳教授个人及其与他人合著的著作丰富多样。其代表作包括《体育、民族主义与全球化：欧洲和北美视角》（*Sport，Nationalism and Globalization：European and North American Perspectives*）和《体育、宗派主义与分裂的爱尔兰社会》（*Sport，Sectarianism and Society in a Divided Ireland*）。此外，他还担任多部具有深远影响书籍的编辑及合编工作，如《体育与爱尔兰：历史、身份、问题》（*Sport and the Irish：Histories，Identities，Issues*）、《丰富的游戏？足球身份与财务》（*The Bountiful Game？Football Identities and Finances*）及《奥运政治：调查》（*The Politics of the Olympics：A Survey*）。贝尔纳教授对学术领域的贡献亦体现在其担任《亚太体育与社会科学期刊》创始编辑及多份重要期刊编辑委员会成员，包括《国际体育社会学评论》和《足球与社会》。

苏珊·比瑞尔（Susan Birrell），1978 年于马萨诸塞大学取得体育社会学博士学位，现是美国爱荷华大学教授。其研究领域包括体育文化研究、体育性别研究、体育意识形态研究等，对体育女性主义和批判主义理论的发展做了杰出的贡献。她的代表作有《读懂体育：关于权力和代表的批判》（*Reading Sport：Critical Essays on Power and Representation*）、《女性、体育与文化》（*Women，Sport，and Culture*）、《社会文化过程中的体育》（*Sport in the Sociocultural Process*）等。

马丽·伯特里（Mary Boutilier），美国薛顿贺尔大学政治学教授，主要从事性别政治研究以及女性主义理论研究，早期体育女性主义代表人物，代表作有《体育女性》（*The Sporting Woman*，合著）、《母亲、女儿以及政治女性的社会化》（Mothers，Daughters，and the Socialization of Political Women，合著论文）、《奥运会中的个人和团队项目：一个关于平衡的问题》（Individual and Team Sports in the Olympics：A Question of Balance，合著论文）等。

简-玛丽·博姆（Jean Marie Brohm），法国社会学家、人类学家、哲学家，法国蒙比利埃大学社会学教授，杂志 *Quel Corps* 的创始人，对体育批判理论的建立做出了巨大的贡献。代表作有《体育：时间的监狱》（*Sport：A Prison of Measured Time*）、《体育社会政治学》（*Sociologie politique du sport*）、《奥林匹克的神话》（*Le mythe olympique*）等。

克里斯·布伦伯格（Chis Bromberger），法国普罗旺斯大学体育社会学、体育民族学教授，伊朗法国研究学院院长，伊朗问题专家，在人类学研究方法领域发表了 200 多篇论文，研究主要集中在地中海地区的体育现象，特别是足球运动上。代表作有《足球：作为一种视角和仪式》（*Football as World View and as Ritual*）、《足球热和世界杯：为什么如此狂躁》（*Football Passion and the World Cup：Why So Fury?*）、《地中海西北城市的外籍球员、文化梦想和社区身份》（*Foreign Footballers，Cultural Dreams and Community Identity in some North western Mediterranean Cities*）等。

苏珊·布朗乃尔（Susan Brownell），美国密苏里州立大学人类学与语言学系教授，于加利福尼亚大学获得博士学位，在体育以及身体文化领域进行了研究，并在中国北京完成了她的田野调查，发表了《为中国训练身体：共和国体育及其道德秩序》（*Training the Body for China：Sports in the Moral Order of the People's Republic*）、《论中国的女性气质和男性气质》（Chinese *Femininities/Chinese Masculinities*：*A Reader*，合著）、《北京奥运会：奥运会对中国的意义》（*Beijing's Games*：*What the Olympics Mean to China*）等。

　　罗茨·布莱森（Lois Bryson），澳大利亚皇家墨尔本理工大学社会学系荣誉教授，主要研究领域包括社会政策、性别问题、国家福利以及女性健康等，他的研究对澳大利亚的公共福利政策的改革起到了重要作用，现在仍担任澳大利亚长期女性健康研究工作，其代表作包括《福利与国家：谁是受益者》（*Welfare and the State*：*Who Benefits*）、《女性与暴力：妇女如何成功处理暴力》（*Women and Violence*：*Women Successfully Dealing with Violence*）、《澳大利亚女性健康与政策发展》（*The Women's Health Australia Project and Policy Development*）、《妇女间的新差异》（*The New Differences between Women*）、《母亲身份与性别关系：21 世纪的去向？》（*Motherhood and Gender Relations*：*Where to in the Twenty first Century?*）等。

　　伊恩·伯基特（Ian Burkitt），英国布拉德福德大学社会学和犯罪学系荣休教授。主要关注身份、具身与社会关系等议题。其作品包括《社会自我》（*Social Selves*）、《身体的思想》（*Bodies of Thought*）、《情绪与社会关系》（*Emotions and Social Relations*）等。

　　苏珊·卡恩（Susan Cahn），于 1981 年获加利福尼亚大学学士学位，1985 年和 1990 年获得明尼苏达大学硕士和博士学位，现任美国布法罗大学历史系教授，主要研究兴趣为美国女性历史、非洲裔美国人历史、美国南部历史、女性主义理论、同性恋研究。代表论文有《从肌肉女到棒球手男：美国女性体育中的男性化、女同性恋和恐同症》（From the 'Muscle Moll' to the 'Butch' Ballplayer：Mannishness, Lesbianism, and Homophobia in U.S. Women's Sport）、《挤压、竞赛和衣柜：女性体育教育历史上的恐同症》（Crushes, Competition and Closets：Homophobia in the History of Women's Physical Education）、《体育评论：体育史中口述历史的运用、可能性和问题》（Sportstalk：The Uses, Possibilities, and Problems of Oral History in Sport History）。代表著作有《变得强壮：21 世纪女性体育的性别和性征》（*Coming on Strong*：*Gender and Sexuality in Twentieth-Century Women's Sport*）、《美国女性和体育：记录文献》（*Women and Sports in the United States*：*A Documentary Reader*，合著）、《性别估计：南部女生的问题年代》（*Sexual Reckonings*：*Southern Girls in a Troubling Age*）等。

　　杰·科克利（Jay Coakley），美国科罗拉多大学社会学教授，于 1971 年美国诺特丹大学获社会学博士学位。他主要从事体育社会学、娱乐、体育与休闲方面的研究，发表了论域广泛的论著，并编辑出版了重要书籍。他多年（1983～1989 年）担任《体育社会学》（*Sociology of Sport Journal*）的编委，至今仍是《国际体育社会学评论》

（*International Review for the Sociology of Sport*）的编委。他还曾担任美国健康、体育、娱乐与舞蹈联合会体育社会学学会主席和北美体育社会学学会主席，1996 年被选为美国运动学与体育学学会资深会员。主要著作有《体育研究手册》（*Handbook of Sports Studies*，合著）、《社会中的体育：议题与争论》（*Sport in Society：Issues and Controversies*）、《在体育内部》（*Inside Sports*，合著）等。

雪莉·考尔（Cheryl Cole），美国伊利诺伊大学传媒学院教授，分别在文化社会学（美国爱荷华大学）和体育研究（南加州大学）领域获得双博士学位，并兼职《体育与社会问题杂志》（*Journal of Sport & Social Issues*）、《文化研究——批判方法论》（*Cultural Studies—Critical Methodologies*）杂志和《体育质性研究》（*Qualitative Research in Sport & Exercise*）杂志编委会工作，她的研究领域包括女性文化学、性取向和种族研究、美国批判研究、体育与传媒、身体理论和民族学方法论等。代表作有《女性、体育与文化》（*Women，Sport & Culture*，合著）、《体育与国家主义的合作》（*Sport and Corporate Nationalisms*，合著）等。

凯特·克雷根（Kate Cregan），1999 年获墨尔本莫纳什大学哲学博士学位，现在墨尔本皇家理工大学工作。她的大部分写作和研究都是基于对时间、空间和文化的具身体现的理解——特别是对身体的医学解释、医学技术以及身体在图像中的表现的。主要的作品有《身体社会学：具身的抽象映射》（*Sociology of the Body：Mapping the Abstraction of Embodiment*）、《身体的剧场：现代伦敦早期的死亡和生命的体现》（*The Theatre of the Body：Staging Death and Embodying Life in Early Modern London*）、《身体与社会的关键概念》（*Key Concepts in Body and Society*）等。

玛格丽特·达坎（Margaret Duncan），1984 年在美国普渡大学获得博士学位，现为威斯康星大学教授，主要从事体育与性别和传媒的研究，代表著作有《1989 年、1993 年和 1999 年电视播放的体育中的性别印象》（*Gender Stereotyping in Televised Sports in 1989，1993，and 1999*）、《电视播放的体育中的性别：1989 ~ 2004 年的新闻和重点》（*Gender in Televised Sports：News and Highlight Shows 1989–2004*）、《肥胖和传媒中的理想身体：年轻非洲裔美国女性的健康和健身体验》（*Obesity and Body Ideals in the Media：Health and Fitness Practices of Young African-American Women*）、《沉默、运动胸衣和摔跤色情：电视体育新闻和节目中的女性》（*Silence，Sports Bras，and Wrestling Porn：Women in Televised Sports News and Highlight Shows*）、《运动中的身体：体育活动的社会学》（*Bodies in Motion：The Sociology of Physical Activity*）、《体育知识是力量：通过虚幻的体育参与加

强男性特权》（*Sports Knowledge is Power*：*Reinforcing Masculine Privilege through Fantasy Sport Participation*）等。

艾瑞克·邓宁（Eric Dunning），英国莱斯特大学社会学系教授，莱斯特学派创始人之一，体育社会学的先驱之一，研究领域包括功能主义理论和艾利亚斯的文明进程理论在古典以及现代社会学中的应用、体育和休闲社会学、文明化进程中的暴力问题（包括体育暴力、足球流氓问题等）。其代表作包括《野蛮人、绅士和运动员》（*Barbarians*，*Gentlemen and Players*）、《体育问题：暴力和文明化的社会学研究》（*Sport Matters*：*Sociological Studies of Sport*，*Violence and Civilization*）、《足球流氓的起源：历史学社会学研究》（*The Roots of Football Hoolihanism*：*an Historical and Sociological Study*）、《球迷的争斗：世界范围内的足球流氓现象》（*Fighting Fans*：*Football Hooliganism as a World Phenomenon*）、《体育与社会学的批判观念》（*Sport*，*Critical Concepts in Sociology*）（四卷）以及《诺贝特·埃利亚斯，现代社会思想大师》（*Norbert Elias*，*Sage Masters of Modern Social Thought*）（四卷）等。

哈利·爱德华兹（Harry Edwards，1942 年至今），非洲裔美国社会学家，在康奈尔大学获得博士学位，并在加利福尼亚大学的社会学系任教授。他的研究主要集中在美国的非洲运动员问题上，他倡导美国黑人应该参与到职业体育的管理体制中，而不仅仅是成为运动员。凭借《黑人运动员的起义》（*The Revolt of the Black Athlete*）一书，成为"奥林匹克人权"项目的缔造者。他的著作主要包括《体育的阐述和当代心理学》（*Sports Illustrated and Psychology Today*）、《教育黑人运动员》（*Educating Black Athletes*）、《黑人学生运动员：承担起责任来》（*Black Student-Athletes*：*Taking Responsibility*）、《必要的斗争》（*The Struggle that Must Be*）以及《体育社会学》（*Sociology of Sport*）。

诺贝特·埃利亚斯（Norbert Elias，1897~1990 年），20 世纪德国著名社会学家，生于德国布雷斯劳的一个犹太人家庭，1918 年在布雷斯劳大学获哲学博士学位，1930 年担任法兰克福大学卡尔·曼海姆教授的助教，从此开始其社会学研究生涯。1933 年纳粹上台后，埃利亚斯辗转流亡国外，先后到过英国、法国、荷兰以及加纳等国，战后应德国明斯特大学之聘重返德国。埃利亚斯一生历经坎坷磨难，其社会学思想被重新发现后，立即对德国社会学的重建产生了巨大影响。主要著作有《文明的进程》（*The Civilizing Process*）（两卷）、《个体的社会》（*The Society of Individuals*）、《宫廷社会》（*The Court Society*）、《垂死者的孤单》（*The Loneliness of the Dying*）、《介入与距离》（*Involvement and Detachment*：*Contributions to the Sociology of Knowledge*）、《论时间》（*Time*：*An Essay*）、《寻找兴奋：体育和休闲的文明进程》（*Quest for Excitement*：*Sport*

461

and Leisure in the Civilizing Process）等。

布伦达·法内尔（**Brenda Farnell**），1990 年获印第安纳大学社会文化与语言人类学博士学位，是伊利诺伊大学香槟分校的人类学和美洲印第安人研究教授，人类学系主任。她是具有英国现代舞蹈与舞蹈教育专业背景的人类学家，其广泛的研究兴趣围绕着人类生活中丰富的身体运动实践的复杂性和多样性以及西方学术思想模式的相对缺失。她是《人类活动人类学研究期刊》（*Journal for the Anthropological Study of Human Movement*）的编辑。她的作品包括《拉班剧本：非舞者运动写作的开始文本》（*The Laban Script：A Beginning Text on Movement Writing for Non-Dancers*）、《文化语境中的人类动作符号：动作与舞蹈中的有形与无形》（*Human Action Signs in Cultural Context：The Visible and the Invisible in Movement and Dance*）、《你明白我的意思吗？平原印第安人的手语语言与行动的体现》（*Do You See What I Mean? Plains Indian Sign Talk and the Embodiment of Action*）、《社会理论的动态体现："我动故我在"》（*Dynamic Embodiment for Social Theory：I Move Therefore I Am*）、《塞奇心理学理论百科全书》（*The SAGE Encyclopedia of Theory in Psychology*）等。

迈克·费瑟斯通（**Mike Featherstone，1946 年至今**），英国伦敦大学高尔德史密斯学院社会学教授、"理论、文化与社会"中心主任，著名的文化研究学者、后现代主义者和文化全球化论争最有影响的参与者。著有《消费文化与后现代主义》《消解文化——全球化、后现代主义与认同》等。1982 年，费瑟斯通创办了《理论、文化和社会》杂志（Theory，Culture& Society），并担任主编职务，1995 年他又与特纳合作创办《身体与社会》杂志，他的研究兴趣广泛，比如消费文化、后现代主义、全球化、老龄化和生命历程、身体和美学、社会和文化理论、新兴的信息科技和社会变迁等。其著作和编著包括《消费文化与后现代主义》（*Consumer Culture and Postmodernism*）、《解构文化》（*Undoing Culture*）、《身体：社会进程和文化理论》（*The body：Social Process and Cultural Theory*）、《赛博空间、赛博身体、赛博朋克》（*Cyberspace，Cyberbodies，Cberpunk*）等。他的著作被翻译成 16 种语言文字在世界各国广泛传播，在文化研究领域、后现代研究领域、消费文化研究领域都产生重大影响。

亚当·弗格森（**Adam Ferguson，1723~1816 年**），苏格兰的哲学家和历史学家，是苏格兰启蒙运动中最具影响力的人物之一。他曾任军牧，后来成为爱丁堡的心智哲学（当时称为 pneumatics）与道德哲学教授（1764~1785 年）。1767 年他的《论文明社会史》（*Essay on the History of the Civil Society*）出版，引起了热烈的反响，并被翻译成欧陆多种语言。弗格森的贡献主要在于他对在他之前的哲学思想做了综合，他并不是特别有原创性的思想家，但他在当时的影响却是巨大的，尤其是对德国的思想家，如黑格尔和马克思。他的代表作还包括《历史的进程以及罗马共和国的结束》（*The History of the Progress and Termination of the Roman Republic*）、《道德哲学的原则》（*Institutes of Moral Philosophy*）等。

　　理查德·朱利亚诺蒂（Richard Giulianotti），体育社会学领域知名学者，现任拉夫堡大学社会学教授，同时担任挪威东南大学教职。其学术生涯涵盖足球、体育、全球化、发展与和平、治安与安全、青年、犯罪与偏差行为、大型赛事及移民等领域，进行了广泛研究，出版大量作品。朱利亚诺蒂教授在学术著作中为体育社会学领域奠定重要基础。其主要出版物包括与罗兰德·罗伯逊合著的《全球化与足球》（*Globalization and Football*）及《全球化与体育》（*Globalization and Sport*），并与 G. 阿姆斯特朗与 D. 霍布斯合著《2012 年伦敦奥运会政策》（*Policing the London 2012 Olympic*）。此外，朱利亚诺蒂教授编辑出版《发展与和平的劳特利奇体育手册》（*The Routledge Handbook of Sport for Development and Peace*），并在国际期刊与编辑书籍中发表多篇论文。他参与多个重要研究项目，受到欧盟委员会、英国经济与社会研究委员会（ESRC）及纳菲尔德基金会等机构资助。近期研究涵盖 ESRC 资助项目，探讨英国足球环境中的酒精消费，以及两个关于全球体育对促进全球发展与和平贡献的 ESRC 资助项目。

　　派特·葛瑞芬（Pat Griffin），美国马萨诸塞大学社会公平教育项目的荣誉教授，曾为马里兰大学运动员，有 25 年作为教练和教育者的经验，致力于改良体育文化以使更多年轻的同性恋运动员可以公开生活并得到应有的尊重。2007 年被世界体育协会公认为100 位最具影响力的体育教育者，代表作有《强壮的女人》（*Strong Women*）、《深柜：女同性恋和体育中的恐同症》（*Deep Closets：Lesbian and Homophobia in Sports*）、《为了多样性和社会公正而教育：教师和教练员手册》（*Teaching For Diversity and Social Justice：A Sourcebook for Teachers and Trainers*）等。

　　拉伦斯·高士柏（Lawrence Grossberg），美国文化研究以及流行文化研究知名学者，对传媒与文化的哲学研究也颇有造诣。他在美国伊利诺伊大学获得传媒学博士学位，之后分别在美国普渡大学、伊利诺伊大学任教，现为北加州大学（UCN）传媒学院教授。代表作有《这是一种罪：论后现代主义》（*It's a Sin：Essays on Postmodernism*）、《政治与文化》（*Politics and Culture*）、《文化研究中的将来时》（*Cultural Studies in the Future Tense*）、《媒体制造：流行文化中的大众传媒》（*Media Making：Mass Media in a*

Popular Culture）等。

　　理查德·格鲁诺（Richard Gruneau），加拿大体育社会学家，1970 年获得加拿大圭尔夫大学社会学、地理学学士学位，1972 年获得加拿大卡尔加里大学社会学和人类学硕士学位，1981 年毕业于美国马萨诸塞大学，获博士学位，现任教于加拿大西蒙弗雷泽大学。主要代表作为《阶级、体育和社会发展》（*Class，Sports and Social Development*）、《缺失的新闻：加拿大新闻的过滤器和盲点》（*The Missing News：Filters and Blind Spots in Canada's Press*）、《体育以及社会发展》（*Sports，And Social Development*）、《现代化或霸权：体育和社会发展的两个观点》（*Modernization or Hegemony：Two Views of Sports and Social Development*）、《体育：一种社会学研究的领域》（*Sport as an Area of Sociological Study*）等。

　　阿伦·古特曼（Allen Guttmann），美国体育社会学家、体育史学家，阿默斯特学院教授，任职于该校美国研究中心。他的研究集中在北美社会与体育及世界体育史方面，其著作多次获北美体育史学会、国际体育史学会、美国奥委会和国际奥委会的奖励。主要著作有《妇女体育》（*Women's Sports*）、《从宗教仪式到世界纪录》（*From Ritual to Record*）、《奥运会必须继续下去》（*The Games Must Go On*）和《运动观众》（*Sports Spectators*）。

　　安·赫（Ann Hall），加拿大阿尔伯特大学休闲体育学、妇女研究荣誉教授，英国德蒙福特大学特邀研究员，早期体育女性主义代表人物，长期从事体育与性别的研究，代表作有《体育和性别：女性主义视角对体育社会学的论述》（*Sport and Gender：A Feminist Perspective on the Sociology of Sport*）、《体育、性别角色和性别身份》（*Sport，Sex Roles，and Sex Identity*）、《女性主义与运动的身体：理论与实践》（*Feminism and Sporting Bodies：Essays on Theory and Practice*）等。

　　唐娜·珍妮·哈拉维（Donna Jeanne Haraway，1944 年至今），美国哲学家，主要研究后现代主义和女权主义，曾任教于夏威夷大学，现任加州大学圣克鲁斯分校教授。哈拉维长期从事对现代科学话语的文化解构工作，著作颇丰，包括《灵长类视觉——现代科学世界中的性别、种族和自然》（*Primate Visions：Gender，Race，and Nature in the World of Modern Science*）、《类人猿、赛博格和女人》（*Simians，Cyborgs，and Women*）等，目的是解构人们关于身体、种族的知识。其科学文化解构工作已经构成了后现代文化批判当中的重要资源，被当代女性主义奉为经典，特别是她提出的"半机械人"（又译"赛博格"）概念，为人们审视后现代语境中人与机器、自然的"混血"关系提供了重要的理论视角。2000 年 9 月，唐娜·珍妮·哈拉维因其对自己研究领域的 "杰出贡献" 而被授予科学社会学最高荣誉 John Desmond Bernal 奖。

珍妮芙·哈格里夫斯（Jennifer Hargreaves），英国布鲁内尔大学体育社会学系教授，体育社会学研究早期代表人物之一，代表作主要有《体育、文化和意识形态》（*Sport，Culture，and Ideology*）、《体育、权力和文化》（*Sport，Power，and Culture*）、《运动的女性：历史及社会学中妇女体育批判议题》（*Sporting Females：Critical Issues in the History and Sociology of Women's Sports*）、《体育女杰：差异及身份的政治》（*Heroines of Sport：The Politics of Difference and Identity*）、《体育、文化、权力和身体》（*Physical Culture，Power And the Body*）、《马克思主义、文化研究和体育》（*Marxism，Cultural Studies and Sport*）等。

卡列文·黑尼拉（Kalevi Heinilä），芬兰体育社会学家，芬兰于韦斯屈莱大学教授，体育社会学先锋人物，对国际体育研究做出了巨大贡献。其代表性论文有《国际体育的总体化过程》（*The Totalization Process in International Sport*）、《体育与国际社会对冲突的理解》（*Sport and International Understanding：A Contradiction in Terms*）、《社会学对体育研究的贡献》（*Contribution of Sociology to the Study of Sport*）、《国际体育中团体内部的冲突》（*Notes on Inter-Group Conflict in International Sport*）等。

戴维·豪（David Howe），加拿大西安大略大学运动科学学院教授，同时担任弗兰克·J. 海登体育与社会影响终身教授职位。拥有伦敦大学学院医学人类学博士学位、多伦多大学社会人类学硕士学位和特伦特大学人类学学士学位。其研究重点是与残疾人体育及其健康结果相关的体育活动文化。他专注于包容性体育活动和残疾人体育的社会文化环境，探索残疾与医学在体育中的共同构成。他的作品主要有《运动、职业精神和疼痛：伤害和风险的民族志》（*Sport，Professionalism and Pain：Ethnographies of Injury and Risk*）、《残奥运动的文化政治：通过人类学的视角》（*The Cultural Politics of the Paralympic Movement：Through the Anthropological Lens*）等。

艾伦·英格汉（Alan Ingham，1947~2005 年），出生于英格兰曼彻斯特，在利兹大学学习体育教育，在美国华盛顿州立大学取得了硕士学位，在马萨诸塞大学取得社会学博士学位。1978 年在华盛顿大学人体运动学系工作，1984 在迈阿密大学体育教育、健康及体育研究系担任教授。1984~1987 年担任国际体育社会学委员会主席，是国际体育社会学杂志《ISSA》的创办者之一，1984~1985 年还兼任 ICSS 秘书及 ICSS 公告主编，

2001 年获得北美体育社会学最佳文章奖。代表论文有《体育化过程》（The Sportification Process）、《林格曼效应：团体大小和团体表现的研究》（The Ringelmann Effect：Studies of Group Size and Group Performance）、《体育、结构化和霸权》（Sport，Structuration and Hegemony）、《体育社会学的研究方法：从心神不宁的症状到韦伯的治疗法》（Methodology in the Sociology of Sport：From Symptoms of Malaise to Weber for a Cure）、《关于北美体育社会学的社会学：统一中的不统一》（A Sociology of North American Sociology of Sport：Disunity in Unity）、《评估体育英雄、女杰：比赛、形式和社会关系》（Evaluating Sport "hero/ines"：Contents，Forms，and Social Relations），并有著作《社会发展中的体育：传统、过渡和变迁》（Sport in Social Development：Tradition，Transitions and Transformations）和《谁说了算？知识的产出和体育社会学的应用问题》（Whose Knowledge Counts? The Production of Knowledge and Issues of Application in the Sociology of Sport）等。

西里尔·詹姆斯（Cyril James，1901~1989 年），曾用笔名 J. R. Johnson，出生于特立尼达和多巴哥，是特立尼达历史学家、社会理论家、评论家和新闻工作者，在特立尼达时他就开始为西印度的独立而活动，1932 年移居英国北部兰卡夏郡，1933 年离开位于兰卡夏郡的家前往伦敦后，他成为泛非洲主义运动的主要领导人以及阿比西尼亚国际非洲友人组织的主席（1935 年）。1938 年到达美国，他在英国及美国社会主义党以及马克思主义思想方面有极大影响力，也是反殖民主义组织 Beacon Group 的成员之一，在殖民政策终结方面有领先的思想。同时，他也是著名的板球运动方面的作家。1958 年返回特立尼达。1968 年他被邀请回美国，任教于哥伦比亚特区大学。1983 年，C. L. R. James 学院在纽约成立，该学院附属于剑桥大学非洲研究中心。其代表作有《世界革命》（World Revolution）、《黑色雅各宾派：杜桑·卢维杜尔和圣多明戈革命》（The Black Jacobins：Toussaint L'Ouverture and the San Domingo Revolution）、《现在的未来》（The Future in the Present）、《板球》（Cricket）、《超越边界》（Beyond a Boundary）等。

格兰德·贾维（Grant Jarvie），苏格兰爱丁堡大学教授，波兰华沙大学荣誉教授，曾在英国华威大学、赫瑞瓦特大学等多所英国大学任系主任或研究中心主任，同时也在苏格兰国家体育局常委工作。他的研究领域包括体育、健康和研究的各个方面，除了英国体育，他还对丹麦、中国、南非、肯尼亚以及法国的体育有所研究。其代表作除了与玛奎尔合写的《社会思想中的体育与休闲》以外，还有《体育、种族主义和民族性》（Sport，Racism and Ethnicity）、《体育、文化与社会》（Sport，Culture and Society）、《体育、革命与北京奥林匹克运动会》（Sport，Revolution and the Beijing Olympics）等。

　　鲁道夫·拉班（Rudolf Laban，1879~1958 年），捷克裔舞蹈理论家。早年随父在近东和北非生活，曾对不同地区人们的自然动作和习惯动作进行观察，奠定了他舞蹈理论的基础。后长期在巴黎、柏林、维也纳等地研究人体动作规律。第一次世界大战期间，他进行一种动作合唱队的实验，从理论上规范出动作形式和内容，即动作的 8 大因素和空间协调律。同时，他开始研究记录舞蹈的方法，逐步形成影响巨大的拉班舞谱。他的动作理论成为现代舞理论的基础。1954 年，英国成立了拉班动作艺术中心。拉班舞谱于 1928 年正式发表，它以数学、力学和人体解剖学为基础，运用各种形象的符号，精确、灵便地分析并记录人体动作和节奏，至今已实现用电脑记录分析人体动作，被广泛运用于舞蹈、体育、医疗、机械、人体学等与人体动作有关的领域。

　　海伦·林斯基（Helen Lenskyj），居住在多伦多的作家、研究员。自从 1982 年起就成为加拿大促进女性体育发展协会的积极成员。其主要代表作有《出界：妇女、体育和性别》（*Out of Bounds：Women，Sport and Sexuality*）、《妇女、体育和体育活动：研究和参考书目》（*Women，Sport，and Physical Activity：Research and Bibliography*）、《奥林匹克产业内部：权力、政治和激进主义》（*Inside the Olympic Industry：Power，Politics，and Activism*）、《最好的奥林匹克？》（*The Best Olympics Ever?*）、《在球场上：性别、体育和性征》（*Out on the Field：Gender，Sport and Sexualities*）、《很多要学：20 世纪女孩、妇女和教育》（*A Lot to Learn：Girls，Women，and Education in the 20th Century*）、《奥林匹克产业抵抗力：挑战奥林匹克权力和宣传》（*Olympic Industry Resistance：Challenging Olympic Power and Propaganda*）、《1890~1930 年安大略省体育教育在女孩社会化过程中的角色》（*Role of Physical Education in the Socialization of Girls in Ontario，1890-1930*）等。

　　约翰·洛克（John Locke，1632~1704 年），英国哲学家、经验主义的开创人，同时也是第一个全面阐述宪政民主思想的人，在哲学、政治以及教育领域都有重要影响。在哲学方面，洛克认为人类所有的思想和观念都来自或反映了人类的感官经验。在政治方面，洛克是第一个系统阐述宪政民主政治以及提倡人的"自然权利"的人，他主张要捍卫人的生命、自由和财产权。在教育方面，他提出"绅士教育"，主张德、智、体的全面发展。他的思想深远地影响了美国、法国、英国等西方国家。主要著作有《论宽容》（*A Letter Concerning Toleration*）、《政府论》（*Two Treatises of Government*）、《人类理解论》（*An Essay Concerning Human Understanding*）、《教育漫话》（*Some Thoughts Concerning Education*）、《圣经中体现出来的基督教的合理性》（*A Vindication of the Reasonableness of Christianity*）等。

约翰·洛伊（**John W. Loy，1938 年至今**），1967 年在美国威斯康星州麦迪逊大学获得博士学位，被认为是北美体育社会学的奠基人之一，曾在多国大学任教，2000 年退休前任新西兰奥塔哥大学体育学院院长，同年被芬兰于伐斯屈拉大学授予荣誉博士学位。主要著作有《体育、文化与社会：体育社会学读本》（*Sport，Culture，and Society：A Reader on the Sociology of Sport*，合著）、《体育与社会制度：分析、问题与文本指南》（*Sport and Social Systems：A Guide to the Analysis，Problems，and Literature*，合著）、《社会发展中的体育：传统、过渡与转变》（*Sport in Social Development：Traditions，Transitions，and Transformations*，合著）、《体育、文化与社会》（*Sport，Culture，and Society*，合著）等。

顾瑟·卢森（**Günther Lüschen，1931 年至今**），德国体育社会学家。分别在德国的科隆大学、伯恩大学、奥地利的格拉茨大学和美国密歇根大学学习社会学、哲学、德语文学、以及体育研究，先后在科隆体育大学和美国的伊利诺伊大学从教。其研究领域包括体育社会学、家庭社会学以及德国社会学研究。在体育社会学方面，他编写了《体育社会科学手册》（*Handbook of Social Science of Sport*）、《体育的跨文化分析》（*In The Cross Cultural Analysis of Sport and Games*）；发表了论文《两种健康制度的整合：东、西德的社会分层、工作与健康》（*The Integration of two Health Systems：Social Stratification，Work and Health in East and West Germany*）、《健康政策的视角与健康行为：公共健康心理的多层次研究》（*Health Policy Perception and Health Behaviours：A Multilevel Analysis and Implications for Public Health Psychology*）等。

约瑟夫·马奎尔（**Joseph Maguire**），英国拉夫堡大学教授，于莱斯特大学获取社会学博士学位，曾任国际体育社会学协会主席，国际体育科学、体育教育学委员会常委。他的研究领域包括体育、文化和社会，早期研究集中在暴力、运动损伤、体育身体与情感以及媒体研究领域，现在的研究主要集中于体育社会学理论与体育的全球化趋势上，他的研究团队对全球化趋势下的体育产业、体育媒体、体育政治经济、体育传媒、环境问题以及移民现象进行了深入的研究。其代表作有《社会思想中的体育与休闲》（*Sport and Leisure in Social Thought*，合著）、《全球体育：身份、社会与文明化》（*Global Sport：Identities，Societies and Civilizations*）、《权力与全球体育：威望的地带》（*Power and Global Sport：Zones of Prestige*）、《体育世界：社会学的视野》（*Sport Worlds：A Sociological Perspective*）、《体育过程》（*The Sports Process*）以及《体育和移民：边界、分界线与跨越》（*Sport and Migration：Borders，Boundaries and Crossing*）等。

多米尼克·马尔科姆（**Dominic Malcolm**），于 2004 年获得莱斯特大学的博士学位。

马尔科姆是英国拉夫堡大学体育社会学教授，也是《体育社会学国际评论》（*International Review for Sociology of Sport*）的编辑。他的核心研究兴趣是借鉴埃利亚斯型构社会学的理论思想，并将其应用于两个实质性领域：板球的社会发展，体育、健康和医学。代表作有《体育与社会学》（*Sport and Sociology*）、《板球的全球化：英国人特性、帝国与身份》（*Globalizing Cricket：Englishness，Empire and Identity*）、《体育、医学与健康：体育的医学化》（*Sport，Medicine and Health：The Medicalization of Sport*）、《运动、休闲和健康的型构研究》（*Figurational Research in Sport，Leisure and Health*）、《运动中的震荡危机》（*The Concussion Crisis in Sport*）等。

路易斯·曼斯菲尔德（Louise Mansfield），于 2005 年获得拉夫堡大学体育社会学博士学位，任英国伦敦的布鲁内尔大学教授。她是《休闲研究》（*Leisure Studies*）、《体育、锻炼与健康的质性研究》（*Qualitative Research in Sport，Exercise and Health*）和《体育社会学国际评论》（*International Review for Sociology of Sport*）的编辑部成员，也是《休闲研究年鉴》（*Annals of Leisure Research*）的主编。她的研究集中在体育、锻炼与公众健康和福利，体育、休闲与性别身份等议题上。代表作有《体育、身体活动和公共卫生》（*Sport，Physical Activity and Public Health*）、《体育与社会特刊：女性、体育与非洲》（*Sport and Society Special Issue：Women，Sport and Africa*）、《英国无挡板篮球超级联赛：精英女性体育组织特许经营的案例研究》（*The UK Netball Superleague：A Case Study of Franchising in Elite Women's Sport Organisations*）、《休闲身份与真实性》（*Leisure Identities and Authenticity*）、《路径：奥林匹克研究中的批评和话语》（*Pathways：Critiques and Discourse in Olympic Research*）、《体育世界：社会学视角》（*Sport worlds：A Sociological Perspective*）等。

皮尔库·马库勒（Pirkko Markula），加拿大阿尔伯特大学体育运动社会文化研究教授，同时是一名编舞和舞者。她的研究兴趣包括后结构主义、福柯主义和德勒兹主义对舞蹈、锻炼和体育的分析。代表作有《福柯、体育和锻炼：权力、知识和自我的改变》（*Foucault，Sport and Exercise：Power，Knowledge and Transforming the Self*，合著）、《女性主义体育研究：欢乐和痛苦的分享》（*Feminist Sport Studies：Sharing Experiences of Joy and Pain*，合著）、《批判的身体和移动的写作》（*Critical Bodies and Moving Writing*，合著）、《体育文化质性研究》（*Qualitative Research for Physical Culture*）、《奥运女性与媒体：国际视角》（*Olympic Women and the Media：International Perspectives*）、《耐力跑：社会文化检验》（*Endurance running：A Socio-cultural Examination*）、《女性与锻炼：身体、健康与消费主义》（*Women and Exercise：Body，Health and Consumerism*）、《批判的身体：体重和身体管理的表现、身份和实践》（*Critical Bodies：Representations，Identities and*

469

Practices of Weight and Body Management)、《运动写作的丹尼森：在运动研究中精心制作运动》（*Denison of Moving Writing：Crafting Movement in Sport Research*）、《德勒兹和活动的身体》（*Deleuze and Physically Activity Body*）等。

巴里·麦克伯森（Barry McPerson，1942 年至今），加拿大人，1972 年获威斯康星大学博士学位，任职于加拿大滑铁卢大学人体运动学系，研究领域主要为体育社会学、作为社会问题的体育、生活方式及老龄化。

麦克·麦斯纳（Michael Messner，1952 年至今），美国社会学家，分别于 1974 年、1976 年和 1985 年获得加利福尼亚州立大学学士、硕士和博士学位。曾任加利福尼亚州立大学教员、萨克拉门托城市学院教员、加州大学伯克利分校助教、卡博特学院教员、加利福尼亚州立大学讲师，现为南加利福尼亚大学教授，主要研究性别问题，特别是男性研究。其代表著作有《体育、男性和性别秩序：批判女性主义的视角》（*Sport，Men and the Gender Order：Critical Feminist Perspectives*）、《游戏中的权力：体育和男性气概的问题》（*Power at Play：Sports and the Problem of Masculinity*）、《性、暴力和体育中的权力：对男性气概的重新思考》（*Sex，Violence，and Power in Sports：Rethinking Masculinity*）、《男性气概的政治：运动中的男人》（*Politics of Masculinities：Men in Movements*）、《男性气概、性别关系和体育》（*Masculinities，Gender Relations and Sport*）、《关于青年和体育的反论》（*Paradoxes of Youth and Sport*）、《开始比赛：女人、男人和体育》（*Taking the Field：Women，Men，and Sports*）、《比赛之外：论性别和体育》（*Out of Play：Critical Essays on Gender & Sport*）、《男人的生命》（*Men's Lives*）、《一切为了孩子：性别、家庭和青年体育》（*It's All For the Kids：Gender，Families and Youth Sports*）、《透过差异性棱镜的性别》（*Gender Through the Prism of Difference*）等。

托比·米勒（Toby Miller），一位跨越英国、澳大利亚和美国的社会学家、文化研究者，在澳大利亚莫道克大学获得博士学位，先后在澳大利亚莫道克大学、格里菲斯大学和南威尔士大学任教，现为加利福尼亚传媒文化中心主任。他的研究主领域包括传媒、体育、性别、种族以及政治和文化政策。代表作有《体育性别》（*Sport Sex*）、《文化公民》（*Cultural Citizenship*）、《全球化和体育：世界的游戏》（*Globalization and Sport：Playing with the World*）、《好脾气的自我：公民、文化和后现代问题》（*The Well-Tempered Self：Citizenship，Culture and the Postmodern Subject*）等。

迈克尔·诺瓦克（Michael Novak，1933 年至今），美国天主教哲学家、记者、小说家、外交家。他在哲学和文化技术研究方面出版了 25 部书，其中最有名的是《民主资本主义的精神》（*The Spirit of Democratic Capitalism*）。其研究关注的焦点包括资本主义、宗教和政治的民主化，他曾任联合国人权委员会委员，现为美国企业研究所宗教、哲学和公共政策学者。他的代表作有《体育的欢乐》（*Joy of Sports*）、《天主教的道德和资本主义精神》（*The Catholic Ethic and the Spirit of Capitalism*）、《天主教社会思想与解放的机制》（*Catholic Social Thought and Liberal Institutions*）等。

卡洛·奥格罗斯比（Carole Oglesby），美国坦普尔大学体育心理学荣誉教授，曾在加利福尼亚州立大学人体运动学院任院长，是国际妇女体育协会会长。其研究领域包括体育心理学、女性体育、体育领导研究等，其代表作有《女性和体育：通往现实的神话》（*Women and Sport：Myth to Reality*）、《黑人女性和体育》（*Black Women and Sport*，合著）、《美国女性与体育百科全书》（*Encyclopedia of Women and Sport in America*）等。

斯蒂文·欧维尔曼（Steven Overman），美国杰克逊州立大学健康、体育与休闲研究教授。他主要研究新教伦理在美国是如何塑造出体育精神以及体育形式的。其代表作包括专著《新教伦理对体育和休闲的影响》（*The Influence of the Protestant Ethic on Sport and Recreation*）、《体育作为一种清教徒主义：对美国竞技体育的追述》（*Sport as Puritanism：An Etiology of American Athletics*）、《心理健康与身体形象：黑人女性运动员与非运动员的比较》（*Psychological Well-being and Body Image：A Comparison of Black Women Athletes and Nonathletes*）等。

约翰·普里（John Pooley），加拿大达尔豪斯大学健康学院任教，在体育亚文化结构研究方面有着杰出的贡献，其代表作有《密尔沃基市的民族足球俱乐部：融合的研究》（*Ethnic Soccer Clubs in Milwaukee：A Study in Assimillation*）、《体育中的暴力：跨国家年轻人的问题》（*Player Violence in Sport：Consequences for Youth Cross Nationally*）、《初、高中学生对体育暴力的看法》（*Junior and Senior High School Students' Perceptions of Sports Violence*）等。

布赖恩·布朗格（Brien Pronger），加拿大多伦多大学体育与健康学院教授，他在多伦多大学获得博士学位，他的研究主要围绕体育、身体文化、性别和性倾向问题。代表作包括《男子气的竞技场：体育、同性恋和性的意义》（*The Arena of Masculinity：Sports，Homosexuality and the Meaning of Sex*）、《身体法西斯主义：拯救与身健壮的技术》（*Body Fascism：Salvation and the Technology of Physical Fitness*）、《同性恋与体育：谁是赢家》（*Homosexuality and Sport*：*Who's Winning*）、《恐惧与颤抖：体育中的同性恋恐惧症》（*Fear and Trembling*：*Homophobia in Men's Sport*）等。

珍妮薇·瑞尔（Geneviève Rail），于美国伊利诺伊大学获得运动学博士学位，现于美国康卡迪亚大学西蒙·波伏娃学院教授，她是著名的女性评论家，在身体理论、后结构主义、后殖民主义以及媒体研究方面发表了大量的文章。其代表作有《强壮的妇女，脆弱的壁橱：对女性体育的疑惑》（*Strong Women，Fragile Closets*：*The Queering of Women's Sport*）、《体育和后现代》（*Sport and Postmodern Times*）、《关于体重的话题：肥胖症的建构与健康问题》（*The Weight of Words*：*Discursive Constructions of Obesity and Health among Health Professionals*，合著）等。

罗格·芮丝（Roger Rees），美国艾德菲大学健康研究与体育科学学院教授。1977年在马里兰大学获得博士学位。他在体育社会学、身体研究以及体育教育学领域颇有建树。他研究中学体育教育、比赛的公平性、体育中的性别以及种族问题。代表作有编著的《在换衣间学到的课程：学校体育的神话》（*Lessons of the Locker Room*：*The Myth of School Sports*）、《体育和社会理论》（*Sports and Social Theories*），以及文章《体育和学校》（*Sport and Schooling*）、《美国的学校体育：公平竞争的平衡》（*School Sports in America*：*Balancing Fair Play and Winning*）等。

斯蒂文·瑞德海德（Steve Redhead），英国布莱顿大学体育与传媒教授，于英国华威大学取得博士学位，主要研究领域包括后青年文化、流行文化、法律、球迷文化等，他试图把文化研究和法律结合在一起来分析在体育中的文化现象，比如足球中的失范现象、恐怖主义以及社会变迁理论等。其代表作有《世纪聚会的结束》（*End of the Century Party*）、《不断被击败的一代》（*Repetitive Beat Generation*）、《歌唱，当你胜利之时》（*Sing When You're Winning*）、《我们从来没有后现代》（*We Have Never Been Postmodern*）等。

约翰·雷克斯（John Rex），1925年出生于南非伊莉莎白港，英国社会学家。他的学术研究主要集中在分析冲突中社会和社会学理论的关键问题上。他是美国华威大学荣誉教授，他的一生被牛津大学艾米尼奥·马丁斯形容为"热情"和"知识"共存。理论和实践对他来说一直都是动态的。他的代表作主要有《社会学理论的主要问题》（*Key Problems of Sociological Theory*）、《发现社会学》（*Discovering Sociology*）、《种族、殖民主义和城市》（*Race，Colonialism and the City*）、《社会学的方法》（*Approaches to Sociology*）、《社会冲突：理论和概念分析》（*Social Conflict—A Theoretical and Conceptual Analysis*）、

《贫民窟和下层阶级》(*Ghetto and the Underclass*)、《少数民族和现代国家》(*Ethnic Minorities and the Modern Nation State*) 等。

罗伯特·瑞哈特 (Robert Rinehart)，新西兰怀卡托大学体育研究系副教授，于美国伊利诺伊大学获得博士学位。他的研究领域大体有两部分，一部分是质性研究方法论，另一部分是关于非主流体育的问题，如极限运动的产生以及商业文化的形成，代表了后现代主义的思维。代表作有《运动员：当代体育的表现》(*Players All：Performances in Contemporary Sport*)、《表演体育：在全球时代对体育的重新观察》(*Performing Sport：Re-visioning Sport Practices in an Age of Global Discord*)、《多样化与体育参与者消费行为》(*Diversity and Sport Participant Consumer Behavior*，合著) 等。

克里斯·罗杰克 (Chris Rojek)，英国诺丁汉特伦大学理论、文化、社会研究中心教授，在休闲社会理论研究领域做出了极大贡献，被誉为后结构现代主义休闲理论之父。其代表作有《资本主义和社会理论》(*Capitalism and Social Theory*)、《逃离的途径》(*Ways of Escape*)、《去休闲中心化》(*Decentring Leisure*)、《休闲与文化》(*Leisure and Culture*) 等。

乔治·赛吉 (George H. Sage)，美国北科罗拉多大学体育与运动学系教授，他1990年出版的《美国体坛的权力和意识形态：一种批判的观点》(*Power and Ideology in American Sport：A Critical Perspective*) 一书对美国的主导性运动形式进行了比较系统的批判性分析，堪称批判主义理论的代表性著作。其他的重要著作还有《美国体育社会学》(*Sociology of American Sport*，合著)、《体育与美国社会读本》(*Sport and American Society：Selected Reading*) 等。他的论著对北美批判主义体育社会学有较大影响。

辛迪·萨基瓦尼 (Cindy SanGiovanni)，美国薛顿贺尔大学社会学系教授，主要从事体育社会学以及性别社会学研究，与伯特里合著了《体育女性》。

肯尼斯·谢尔德 (Kenneth Sheard)，英国莱斯特大学体育与社会研究中心研究员，莱斯特学派成员，与邓宁共同发表文章《野蛮人、绅士和运动员》一书，除此之外还发表了大量讨论体育社会过程的文章，包括《文化帝国主义：以色列篮球的美国化》(*Cultural Imperialism and Sport：The Americanization of Israeli Basketball*)、《管理变化：欧洲五个橄榄球俱乐部职业化过程中的经济、社会和符号象征三方面的研究》(*Managing Change：The "Economic", "Social" and "Symbolic" Dimensions of Professionalisation in Five*

Elite European Rugby Clubs)、《拳击运动在西方文明化进程中的各个方面》(*Aspects of Boxing in the Western "Civilizing Process"*) 等。

克里斯·希林(**Chris Shilling**),在英国开放大学获得了博士学位,是英国雷肯特大学社会学教授。自 20 世纪 80 年代末以来,他的研究和写作一直寻求对社会学和社会学理论的具身体现做出贡献,并推动"身体研究"的跨学科领域发展。他写了与一系列实质性问题(从宗教、考古学、体育、音乐、健康和疾病,到工作、生存、技术和消费文化)有关的文章,他的出版物已被翻译成多种不同的语言。他的主要著作有《重塑身体:宗教、社区与现代性》(*Re-forming the Body:Religion,Community and Modernity*)、《身体与社会理论》(*The Body and Social theory*)、《文化、技术与社会中的身体》(*The Body in Culture,Technology and Society*)、《改变身体:习惯、危机和创造力》(*Changing Bodies:Habit,Crisis and Creativity*)、《体现社会学:回顾、进展与展望》(*Embodying Sociology:Retrospect,Progress and Prospects*)、《文化、技术和社会中的身体》(*The Body in Culture,Technology and Society*)、《社会学的野心》(*The Sociological Ambition*,合著)。他目前是《社会学评论专著系列》(*The Sociological Review Monograph Series*)的编辑。

埃尔顿·斯纳德(**Eldon Snyder**),于 1962 年在堪萨斯大学取得教育学博士学位,曾任波林格灵州立大学社会学系教授,他的研究领域主要为教育社会学、体育社会学、休闲与工作、社会化、老龄化。代表作有《体育的社会角度》(*Social Aspect of Sport*,合著)、《体育:社会记分牌》(*Sports:A Social Scoreboard*)、《公共教育的弱点》(*The Weaknesses of Public Education:A Societal Point of View*)等。

安德鲁·斯帕克斯(**Andrew Sparkes**),英国利兹贝克特大学体育、体育活动和休闲学教授。他在国际同行评审期刊上发表了大量关于不同环境下的具身和身份转变的文章。其代表作有《运动、锻炼与健康的质性研究方法:从过程到结果》(*Qualitative Research Methods in Sport,Exercise and Health:From Process to Product*)、《传记体方法的进展:创造性应用》(*Advances in Biographical Methods:Creative Applications*)、《劳特利奇运动与锻炼质性研究手册》(*Routledge Handbook of Qualitative Research in Sport and Exercise*)、《在体育文化中寻求感官:行动中的感官学问》(*Seeking the Senses in Physical Culture:Sensuous Scholarship in Action*)等。

艾尔默·斯普雷泽(**Elmer Spreitzer**),1968 年在美国俄亥俄州立大学取得博士学位，曾任波林格灵州立大学社会学系教授，他的研究兴趣主要包括医学社会学、工作和休闲以及体育社会学。代表作为《体育的社会角度》（*Social Aspect of Sport*，合著）。

克里斯托弗·斯蒂文森（Christopher Stevenson），加拿大体育社会学家，加拿大新布伦瑞克大学人体运动学系主任。他在体育的社会化、运动员职业生涯以及体育与宗教领域发表了很多文章。他早期的研究是结构功能主义的代表，但是后期的研究逐渐转向了互动理论。其代表作包括《体育社会化的理论方法：一种制度性社会化的概念》（*An Alternative Theoretical Approach to Sport Socialization：A Concept of Institutional Socialization*）、《寻找身份认定：对游泳运动员职业生涯的理解》（*Seeking Identities towards an Understanding of the Athletic Careers of Masters Swimmers*）、《基督徒运动员：互动发展理论的分析》（*The Christian Athlete：an Interactionist Developmental Analysis*）等。

罗德·斯托基维斯（Rudd Stokvis），荷兰阿姆斯特丹大学社会学教授，曾代表荷兰队两次参加奥运会（1968 年、1972 年）双人赛艇比赛，之后从事体育社会学的研究与教学。其代表作包括论文《体育和文明化：暴力是否是一个中心问题》（*Sport and Civilisation：Is Violence the Central Problem*）、《文明的进程理论在体育中的应用：对多米尼克·马库伦关于板球与文明化进程研究的回应》（*The Civilizing Process Applied to Sports：A Response to Dominic Malcolm Cricket and Civilizing Process*）以及著作《竞赛与文明化：企也与商业文明进程》（*Competition and Civilisation：Enterprises and Commercial Civilizing process*）等。

约翰·瑟顿（John Sugden），曾在埃塞克斯大学学习政治学和经济学，在利物浦大学学习体育教育，1984 年在美国康涅狄格大学取得体育社会学领域的博士学位。他的研究领域集中在政治和体育社会学、体育和国际关系、分裂的社会中的体育以及体育和变异上，其著作大多关于国际拳击运动以及北爱尔兰体育。现为布莱顿大学切尔西学院体育社会学教授，主要代表著作有《权力运动：批判的体育社会学的理论和方法》（*Power Games：Theory and Method for a Critical Sociology of Sport*）、《深入足球地下经济》（*Scum Airways：Inside Football's Underground Economy*）、《坏家伙：交战中的国际足联》（*Badfellas：Fifa Family at War*，合著）、《看奥运：政治、权力和代表》（*Watching the Olympics：Politics，Power，and Representation*，合著）等。

玛格丽特·塔尔博特（Margaret Talbot），国际体育科学与体育教育委员会

（ICSSPE）主席、英国体育教育协会执行主席，曾任英国利兹城市大学体育学院院长和教授，为女性体育的推广以及建立体育性别平等制度做出了巨大的贡献。代表作有《女性和体育的关系：英国女性主义对休闲和文化研究的贡献》（*Understanding the Relationship between Women and Sport：The Contributions of British Feminist Approaches in Leisure and Cultural Studies*）、《妇女与体育：性别的矛盾》（*Women and Sport：A Gender Contradiction in Terms*）、《女性与体育：社会的因素》（*Women and Sport：Social Aspect*）等。

多多纳·秀雄（**Hideo Tatano**），日本九州大学体育社会学教授。体育功能主义的代表，他倡导要用一个系统的模式去分析体育制度，并强调理论框架对体育研究的重要性。其发表的论文有《体育作为一种文化模式的建立：运动系统分析的工作报告》（*Model-Construction of Sport as a Culture：A Working Paper toward a Systematic Analysis of Sport*）等。

南希·西博格（**Nancy Theberge**），加拿大滑铁卢大学社会学系和运动学院教授、女性研究项目顾问委员会主席，她毕业于马萨诸塞大学，主要的研究领域是性别关系以及身体社会学。代表作有《更高的目标：女子冰球运动与性别的政治》（*Higher Goals：Women's Ice Hockey and the Politics of Gender*）、《女性在体育中面临的结构性束缚》（*Structural Constraints Facing Women in Sport*）、《意识形态对女性在体育中的控制》（*Ideological Control of Women in Sport*）、《体育损伤的性别化：从对损伤运动员身体的生物医学话语看女性体育的进步》（*The Gendering of Sports Injury：A Look at "Progress" in Women's Sport through a Case Study of the Biomedical Discourse on the Injured Athletic Body*）等。

霍莉·索普（**Holly Thorpe**），新西兰奥塔哥大学人类发展与运动研究学院教授。她的研究兴趣包括极限运动、青年文化、妇女健康、流动性和重要体育促进发展研究。代表作有《行动、体育文化的跨国流动》（*Transnational Mobilities in Action Sport Cultures*）、《运动中的女性文化：身份、政治和经验》（*Women in Action Sport Cultures：Identity，Politics and Experience*）、《新体育女性》（*New Sporting Femininities*）、《女性主义新唯物主义，运动和健身：激烈的纠葛》（*Feminist New Materialisms，Sport and Fitness：A Lively Entanglement*）、《极限运动和奥运会：过去，现在，未来》（*Action Sports and the Olympic Games：Past，Present，Future*）等。此外，她也是《数字时代的新女性主义》（*New Femininities in Digital*）、《身体与体育文化》（*Physical and Sporting Cultures*）系列丛书的编辑。

艾伦·汤姆林森（**Alan Tomlinson**），社会学博士，英国布莱顿大学切尔西学院科

476

研带头人、教授，主要承担体育社会学理论、休闲社会学以及文化学研究的课程教学，主要指导学生在传媒与体育文化、体育文化与政治对比研究领域进行研究。主要代表著作有《消费、身份和风格》（*Consumption，Identity and Style*）、《国际足联和世界足球比赛》（*FIFA and the Contest for World Football*，合著）、《运动的繁荣》（*The Game's Up*）、《坏家伙：交战中的国际足联》（*Badfellas：Fifa Family at War*，合著）、《体育与休闲文化》（*Sport and Leisure Cultures*）、《国家身份和全球体育赛事：奥运会和足球世界杯中的文化、政治和景观》（*National Identity and Global Sports Events：Culture，Politics and Spectacle in the Olympics and the Football World Cup*）、《德国足球：历史、文化、社会》（*German Football：History，Culture，Society*，合著）。

伊万·沃丁顿（**Ivan Waddington，1945 年至今**），英国莱彻斯特大学博士，英国切斯特大学客座教授。沃丁顿的研究主要集中在体育与健康、医疗、兴奋剂等议题上。他的代表作有《运动、健康与药物》（*Sport，Health and Drugs*）、《体育史》（*Sport Histories*）、《运动中的疼痛和伤害》（*Pain and Injury in Sport*）、《体育中的药物》（*An Introduction to Drugs in Sport*）等。

丹尼斯·瓦斯库（**Dennis Waskul**），美国密歇根州立大学社会学教授。他的研究主要集中在符号互动、身体社会学、感官社会学、性学、超自然社会学和计算机传播学等领域。瓦斯库曾担任符号互动研究学会副会长兼会长、《符号互动研究》（*Study of Symbolic Interaction*）期刊的制作编辑，以及《性学》（*Sexualities*）、《质性社会学》（*Qualitative Sociology*）、《当代民族志》（*Journal of Contemporary Ethnography*）和《社会学季刊》（*The Sociological Quarterly*）等期刊的编辑委员会成员。代表作有《日常生活的幽灵》（*The Hauntings of Everyday Life*）、《自我游戏与身体游戏：网络聊天与网络性爱中的人格》（*Self-Games and Body Play：Personhood in Online Chat and Cybersex*）、《自我、文化和社会中的感官：感官的社会学》（*The Senses in Self，Culture，and Society：A Sociology of the Senses*）、《历史、社会和文化中的超自然现象》（*The Supernatural in History，Society，and Culture*）、《作为日常生活的流行文化》（*Popular Culture as Everyday Life*）、《身体/具身：象征的互动与身体社会学》（*Body/Embodiment：Symbolic Interaction and the Sociology of the Body*）等。

伊恩·维勒德（**Ian Wellard**），就职于英国坎特伯雷基督教堂大学人类与生命科学学院。他的主要研究兴趣涵盖具身实践、身体活动、性别和运动等。代表作有《性别与青年体育再思考》（*Rethinking Gender and Youth Sport*）、《运动，男子气概和身体》（*Sport，*

Masculinities and the Body）、《运动、乐趣和享受：具身方法》（*Sport，Fun and Enjoyment：An Embodied Approach*）、《具身运动研究：探索运动文化》（*Researching Embodied Sport：Exploring Movement Cultures*）等。

贝琳达·威顿（Belinda Wheaton），新西兰怀卡托大学健康学院教授。2015 年之前，在英国大学（伦敦和布莱顿）从事体育与休闲研究、体育新闻、文化研究和社会学方面的教学工作。威顿主要关注研究是生活方式体育中的身份政治，涉及跑酷、冲浪、滑板、风帆冲浪和风筝冲浪等体育文化。代表作有《了解生活方式体育》（*Understanding Lifestyle Sport*）、《生活方式体育的消费与表现》（*The Consumption and Representation of Lifestyle Sport*）、《生活方式体育的文化政治学》（*The Cultural Politics of Lifestyle Sport*）、《极限运动和奥运会：过去，现在，未来》（*Action Sports and the Olympic Games：Past，Present，Future*）等。

艾里斯·杨（Iris Young，1949~2006 年），芝加哥大学政治学系教授，美国最重要的女性主义政治哲学家之一，当代西方马克思主义/社会主义女权主义的代表人物。她生于美国纽约，1974 年在宾夕法尼亚州立大学获得博士学位。2000 年被芝加哥大学聘为政治学教授，此前曾在匹兹堡大学教授国际事务等课程。杨的研究领域包括女性主义理论、正义理论、民主理论、欧陆政治理论、公共政策等，作品已译为 20 多种语言。杨不仅是杰出的思想家，也是草根政治行动的积极参与者，活跃于妇女人权、非洲国家外债减免、劳工权利等领域，《像女孩那样丢球——论女性身体经验》（*On Female Body Experience："Throwing Like a Girl" and Other Essays*）收录了杨就女性在现代西方社会里的身体经验所写下的文章。在书中，杨援引了多位 20 世纪欧陆哲学家的观念，包括波娃、海德格、伊希迦黑、克莉丝蒂娃与梅洛-庞蒂，为肉身化主体性的诠释建构出严谨的分析范畴。这些文章不仅对女性身体经验做出理论性的描述，也对女性今天在自由与机会上依然蒙受的不义限制做出规范性的评断。其他著作包括《正义和差异政治学》（*Justice and the Politics of Difference*）、《交叉的声音：性别、政治哲学和政策的困境》（*Intersecting Voices：Dilemmas of Gender，Political Philosophy，and Policy*）、《包容与民主》（*Inclusion and Democracy*）、《超越不幸的婚姻——对二元制理论的批判》（*Beyond the Unhappy Marriage：A Critique of the Dual Systems*）等。

图书在版编目（CIP）数据

身体、社会与运动：体育社会学理论十讲／熊欢著
．--北京：社会科学文献出版社，2024.3（2025.9 重印）
ISBN 978-7-5228-3407-8

Ⅰ.①身…　Ⅱ.①熊…　Ⅲ.①体育运动社会学-研究
Ⅳ.①G80-051

中国国家版本馆 CIP 数据核字（2024）第 060441 号

身体、社会与运动
——体育社会学理论十讲

著　　者／熊　欢

出 版 人／冀祥德
组稿编辑／谢蕊芬
责任编辑／赵　娜
文稿编辑／张真真　陈彩伊　王　敏
责任印制／岳　阳

出　　版／社会科学文献出版社·群学分社（010）59367002
　　　　　　地址：北京市北三环中路甲 29 号院华龙大厦　邮编：100029
　　　　　　网址：www.ssap.com.cn
发　　行／社会科学文献出版社（010）59367028
印　　装／唐山玺诚印务有限公司

规　　格／开　本：787mm×1092mm　1/16
　　　　　　印　张：30.75　字　数：439 千字
版　　次／2024 年 3 月第 1 版　2025 年 9 月第 3 次印刷
书　　号／ISBN 978-7-5228-3407-8
定　　价／128.00 元

读者服务电话：4008918866

▲ 版权所有 翻印必究